El lenguaje de las emociones
Afecto y cultura en América Latina

Mabel Moraña/Ignacio M. Sánchez Prado (eds.)

  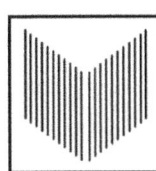

El lenguaje de las emociones

Afecto y cultura en América Latina

Mabel Moraña/Ignacio M. Sánchez Prado (eds.)

Iberoamericana · Vervuert · 2012

Reservados todos los derechos

© Iberoamericana, 2012
Amor de Dios, 1 – E-28014 Madrid
Tel.: +34 91 429 35 22
Fax: +34 91 429 53 97
info@iberoamericanalibros.com
www.ibero-americana.net

© Vervuert, 2012
Elisabethenstr. 3-9 – D-60594 Frankfurt am Main
Tel.: +49 69 597 46 17
Fax: +49 69 597 87 43
info@iberoamericanalibros.com
www.ibero-americana.net

ISBN 978-84-8489-660-9 (Iberoamericana)
ISBN 978-3-86527-711-4 (Vervuert)

Depósito Legal: M-8204-2012

Cubierta: Carlos Zamora
Impreso en España
The paper on which this book is printed meets the requirements of ISO 9706

Índice

Presentación
Ignacio M. Sánchez Prado 11

La batalla de las ideas y las emociones
Roger Bartra 17

I. Afectividad, globalidad y política

La función de los afectos en la economía
político-libidinal
Abril Trigo 39

La productividad del afecto en un contexto post-social
Juan Poblete 55

Globalización, violencia y afectividad en Ciudad Juárez
Ana del Sarto 73

La afectividad epistémica: el sentimiento como
conocimiento en *El secreto de sus ojos* y *La mujer
sin cabeza*
Dierdra Reber 93

II. Género, afecto y ficción

La política de la frivolidad: consumo, bajas pasiones y
género en *Blanca Sol* de Mercedes Cabello de Carbonera
Susan Hallstead 109

El discurso amoroso en los 60: correspondencia
de Marta Traba a Ángel Rama
Ana Pizarro 125

Fernando Gabeira y la crítica de la masculinidad:
la fabricación de un mito
Idelber Avelar 137

Cuerpos masculinos en devenir: sociedades
disciplinarias y afectos en la narrativa latinoamericana
reciente (Bolaño, Feinmann, Saer, Gutiérrez)
Claudia Ferman 151

Emoción, afectividad y sentimiento en la construcción
del pasado setentista
Ana Peluffo 173

III. Expresión musical y emocionalidad

Cuerpo y cultura en la expresión estética musical
afro-americana: la afectiva y epistemológica subversión
del baile
Ángel G. Quintero Rivera 193

Tango como afecto: cruces y cortes de la sensibilidad
moderna y posmoderna
María Rosa Olivera-Williams 211

"Un pequeño defecto": el bolero de Lucho Gatica
entre sus fans y la crítica
Daniel Party 227

IV. Textualidad, afecto y esfera pública

Afecto, política y experiencia cinematográfica en
El águila y la serpiente (1928)
Adela Pineda Franco 245

ROBERTO BOLAÑO Y EL FIN DEL EXILIO
Román de la Campa 257

LA MEMORIA EN EXPANSIÓN: TEXTUALIDADES Y AFECTOS EN
EL BRASIL DE FIN DE SIGLO
Livia de Freitas Reis 273

VISIÓN DESAFECTADA Y RESINGULARIZACIÓN DEL EVENTO
VIOLENTO EN *LOS EJÉRCITOS* DE EVELIO ROSERO
Héctor Hoyos 283

HUGO CHÁVEZ Y MAISANTA. EL FUERA DE LA LEY Y
LA CONSTRUCCIÓN DE UN LINAJE INSURGENTE
Juan Pablo Dabove 297

POSTSCRÍPTUM. EL AFECTO EN LA CAJA DE HERRAMIENTAS
Mabel Moraña 313

SOBRE LOS AUTORES 339

Presentación

Ignacio M. Sánchez Prado
Washington University in Saint Louis

El reciente auge de estudios críticos y teóricos en torno a las emociones y los afectos no debe resultar sorpresivo a ningún intérprete o consumidor de la literatura y cultura de América Latina. A fin de cuentas, distintas dimensiones de la afectividad se han manifestado a lo largo y ancho de la producción cultural del continente, desde las novelas sentimentales que poblaban las bibliotecas domésticas del siglo XIX hasta los melodramas televisivos que, aún hoy, siguen suscitando intensos sentimientos en las audiencias de nuestros países. Hablar de las emociones en el discurso teórico-crítico de los estudios culturales latinoamericanos tampoco es nuevo. Por el contrario, el interés en los distintos afectos y sentimientos desplegados en los textos culturales y sus consumidores son parte crucial de los argumentos en libros fundacionales del paradigma culturalista, como *De los medios a las mediaciones* de Jesús Martín-Barbero o *Consumidores y ciudadanos* de Néstor García Canclini. Pese a la familiaridad de estos temas en géneros completos de la cultura latinoamericana –el bolero, la poesía, el cine, etc.–, el estudio de lo que Sara Ahmed llama "the cultural politics of emotion" en América Latina y en otras latitudes ha sido secundario al trabajo en torno a problemas de formación hegemónica, ideología, política cultural, identidades sociales y economía simbólica, que han constituido el *logos* disciplinario de las distintas prácticas englobadas bajo el nombre de "latinoamericanismo".

El gradual pero inexorable declive del poder explicativo de los vocabularios de los estudios culturales latinoamericanos en los últimos años ha dejado en claro la necesidad de nuevas formas de aproximarse a la cultura desde ese ángulo afectivo que, en la mayoría de los casos, ha sido leído como poco más que un síntoma de procesos políticos e ideológicos subyacentes.

De esta manera, los estudios latinoamericanos han comenzado gradualmente a acercarse a aquello que en ámbitos académicos anglosajones se ha dado por llamar el "giro afectivo" (Ticineto Clough) o la "teoría del afecto" (Gregg). Este "giro" o "teoría", sin embargo, no se refiere a un vocabulario unificado ni a un corpus inmediatamente identificable de lecturas filosóficas. Más bien, se trata de un diverso espectro de lenguajes provenientes de paradigmas distintos y a veces contradictorios, que parecen haber encontrado en el estudio de la afectividad una forma de superar distintos *impasses* generados por la institucionalización de discursos originalmente concebidos como disidentes. Así, podemos encontrar una teoría de los afectos nacida del interés de los estudios *queer* en superar el racionalismo heteronormativo (Ahmed, Sedgwick), en el estudio sociológico de la comodificación de la vida cotidiana en el capitalismo avanzado (Illouz), en los estudios cognitivos y la neurociencia (Damasio), en las líneas filosóficas derivadas de la lectura deleuziana de Spinoza (Massumi), o en los desarrollos más recientes de la psicología cultural (Brennan, Berlant). Esta diversidad teórico-filosófica provee a los estudiosos de producciones culturales conectadas a los afectos —quizá todas las producciones culturales, para ser más precisos— importantes herramientas y reflexiones en la tarea de recalibrar los estudios culturales más allá del privilegio epistemológico otorgado a la ideología y a las identidades sociales desde sus posiciones paradigmáticas.

Es a partir del reto lanzado por las distintas teorías del afecto que, desde el área de Estudios Latinoamericanos de Washington University, decidimos dedicar el tercer congreso y libro de nuestra serie South by Midwest a interrogar la producción cultural latinoamericana desde los distintos lenguajes provistos por el "giro afectivo". Decidimos así convocar, bajo el título *Reading Emotions in Latin America*, a especialistas de distintos países y posturas teóricas dentro del ámbito del latinoamericanismo, con la idea no de reducir la cuestión de los afectos a un paradigma identificable, sino de reflexionar de manera colectiva sobre el enorme potencial que los lenguajes críticos del afecto, la emoción y la sentimentalidad tienen para una posible reinterpretación de producciones canónicas de la cultura latinoamericana. Asimismo, buscamos crear un espacio que permitiera el despliegue de los vocabularios del afecto para encontrar formas de interrogar una contemporaneidad que parece superar cada día más los lenguajes que tenemos para discernirla. Esto, nos pareció, resultaría en una interesante continuación a los debates que se han sostenido en Saint Louis en ocasiones anteriores, que pueden encontrarse en los volúmenes que preceden al presente en nuestra serie editorial: *Cultura y cambio social en América Latina* y *Rethinking Intellectuals in Latin America*. Si el primer libro otorga un panorama diverso de las relaciones entre cultura y movilización política en el continente y el segundo una reflexión sobre el intelectual como agente articulador de las ideologías y prácticas sociales de distintos cuadrantes culturales, el presente tercer volumen busca mostrar los terrenos abiertos por la lectura de distintas formas y momentos de la producción cultural latinoamericana.

Para dar sentido a la diversidad de contribuciones y estudios que aquí presentamos, hemos organizado el libro en secciones que buscan reflejar distintos ámbitos de acción de la teoría de los afectos y las emociones. El libro abre con la ponencia plenaria del congreso, "La batalla entre las ideas y las emociones", en la que se demuestran dos cuestiones centrales que sirven como punto de partida a la reflexión: el fuerte valor que las emociones mantienen aún en las polarizaciones políticas y culturales del continente y el rol ineludible de la emoción y el afecto en discursos fundacionales tanto del discurso latinoamericano de nación como del *ethos* histórico que contribuyó a definirlo. Continúa esta reflexión en la primera parte del libro, "Afectividad, globalidad y política", donde el problema de los afectos aparece entrecruzado con genealogías teóricas como el psicoanálisis, ubicaciones políticas del capitalismo avanzado como la frontera y espacios de articulación político-cultural como el cine. Esta sección se ocupa de las implicaciones teóricas del desplazamiento que va de las ideologías políticas y nacionales a lo que llama la "economía político-libidinal" del capitalismo globalizado, a partir de la intersección del problema del afecto con el trabajo —hecho en otras latitudes por figuras como Gilles Deleuze, Slavoj Žižek o Zygmunt Bauman— que utiliza los recursos del psicoanálisis para la comprensión de los ensamblajes y los cuadrantes del deseo. Los textos que la componen están recorridos por la idea del declive del Estado keynesiano de bienestar y la emergencia de los afectos como formas de ensamblaje social ante el gradual declive de las identidades nacionales. La sección privilegia dos lugares de enunciación y producción de afectos para la discusión del problema de lo global: la frontera, lugar donde se colapsa de manera decisiva la identidad nacional, y la Argentina contemporánea, espacio de fuerte penetración tanto del neoliberalismo como del populismo, donde los afectos han desempeñado un papel crucial en formas nuevas de intersección de lo latinoamericano con el capitalismo globalizado.

La segunda sección, "Género, afecto y ficción", ofrece una serie de estudios críticos sobre literatura y cine que exploran una dimensión esencial de la teoría de los afectos: la construcción de masculinidades y femineidades. Por un lado, algunos textos de la sección abordan la cuestión de la femineidad a partir de dos discursos generalmente atribuidos a la perspectiva "femenina" desde visiones binarias de lo público y lo privado: la moda y el discurso amoroso. Los textos demuestran que la teoría afectiva permite la reconsideración de las construcciones de género en varios momentos culturales del siglo XIX y XX al colapsar la distinción entre público y privado. Otras contribuciones de la sección exploran una de las avenidas más innovadoras en los estudios de la afectividad: la masculinidad. Complementando la revisión del problema de género en discursos de femineidad, los ensayos dan cuenta de la forma en que las nuevas maneras de hablar de lo masculino en el ámbito crítico tienen amplias implicaciones en la revisión del pasado histórico y cultural y en la construcción de agencias sociales y literarias en el contexto de sociedades disciplinarias y neoliberales. El afecto, que atribuye a la masculinidad características que rompen con su definición binarista tradicional, emerge así como un instrumento de reflexión sobre la relación entre el género y lo social, al poner en entredicho las estructuras falocéntricas y las nociones de práctica cultural heredadas del discurso latinoamericanista tradicional.

La tercera sección, "Expresión musical y emocionalidad", resalta la música como un espacio de particular relevancia para el estudio de la afectividad. Desde su capacidad de figurar en su notación un amplio código afectivo, pasando por la habilidad de generar afectos en el cuerpo a través del baile, hasta su inscripción en el amplio código sentimental y emocional en su consumo y reproducción social, la música provee un importante lienzo crítico para desplegar las teorías del giro afectivo. Los ensayos de la sección se interesan, por tanto, en las estrategias que permiten a la música articularse a amplios espacios de *sensorium* popular latinoamericano, a través de un diverso repertorio de prácticas y consumos que ponen en juego el archivo de melodías y notaciones. Finalmente, la sección muestra cómo las emociones que suscita permiten a la música devenir cultura musical y expandirse en distintas direcciones mediáticas y literarias.

La cuarta sección, "Textualidad, afecto y esfera pública", ofrece estudios de casos diversos en los cuales las emociones ocupan un lugar predominante en la formación de discursos y prácticas de la esfera pública. En los distintos estudios de la sección, emergen instancias en las cuales los afectos trascienden el binomio público/privado predominante en varios discursos sobre lo moderno, permitiendo revisitar nociones mismas de formación de sociedades civiles en América Latina. Esta sección, ante todo, nace de la necesidad de ubicar los puntos ciegos del problema de la sociedad civil, que, por su naturaleza conceptual, suele estar demasiado restringida a cuestiones de hegemonía e ideología. En la medida en que la afectividad es una respuesta al colapso de discursos tradicionales de la modernidad occidental, los textos de la sección demuestran no sólo las formas en que dicho colapso crea espacios epistémicos para las emociones, sino también que la configuración misma del espacio público latinoamericano en la actualidad debe mucho a articulaciones afectivas que permiten la superación del *impasse* al que llegaron tanto el liberalismo como el neoliberalismo. El libro cierra con un postscríptum de Mabel Moraña, que revisita los debates teóricos del afecto en relación con los artículos de este libro.

Para finalizar, Mabel Moraña y yo queremos señalar nuestro agradecimiento a las unidades académicas y personas que hicieron posible el evento y el libro. En primer lugar, reconocemos que este libro existe debido a los colaboradores, su participación y su trabajo. El congreso y el libro han sido financiados con el apoyo de distintas partes de la universidad: la School of Arts & Sciences, el Program of International and Area Studies, el Department of Romance Languages and Literatures y el Center of the Humanities. Queremos agradecer de manera particular al decano Gary Wihl, por su amplio apoyo a este evento. Finalmente, expresamos nuestro beneplácito de colaborar con Klaus Vervuert y su casa editorial en la serie South by Midwest.

OBRAS CITADAS

AHMED, Sara. *The Cultural Politics of Emotion*. London: Routledge, 2004.
BERLANT, Lauren. *The Female Complaint. The Unfinished Business of Sentimentality in American Culture*. Durham: Duke University Press, 2008.
BOWDEN, Charles. *Juárez. The Laboratory of Our Future*. New York: Aperture, 1988,
BRENNAN, Teresa. *The Transmission of Affect*. Ithaca: Cornell University Press, 2004.
DAMASIO, Antonio. *Looking for Spinoza. Joy, Sorrow and the Feeling Brain*. New York: Harcourt, 2003.
GARCÍA CANCLINI, Néstor. *Consumidores y ciudadanos. Conflictos multiculturales de la globalización*. México: Grijalbo, 1985.
GREGG, Melissa y Gregory J. SEIGWORTH. *The Affect Theory Reader*. Durham: Duke University Press, 2010.
ILLOUZ, Eva. *Cold Intimacies. The Making of Emotional Capitalism*. Cambridge: Polity, 2004.
MARTÍN-BARBERO, Jesús. *De los medios a las mediaciones. Comunicación, cultura y hegemonía*. México: Ediciones G. Gili, 1987.
MASSUMI, Brian. *Parables of the Virtual. Movement, Affect, Sensation*. Durham: Duke University Press, 2002.
SEDGWICK, Eve Kosofsky. *Touching Feeling. Affect, Pedagogy, Performativity*. Durham: Duke University Press, 2003.
TAYLOR, Diana. *The Archive and the Repertoire. Performing Cultural Memory in the Americas*. Durham: Duke University Press, 2003.
TICINETO CLOUGH, Patricia y Jean O'MALLEY HALLEY. *The Affective Turn. Theorizing the Social*. Durham: Duke University Press, 2007.

La batalla de las ideas y las emociones

Roger Bartra
Universidad Nacional Autónoma de México

Las tensiones intelectuales con frecuencia han adoptado la forma de una batalla entre las emociones y las ideas, algo bien conocido en la historia de las ideas en Occidente. Una de sus expresiones más espectaculares fue la famosa querella del dibujo y el colorido. En la Francia del siglo XVII se inició una confrontación que opuso a los artistas académicos que defendían la primacía del dibujo, como expresión de una racionalidad retomada de la Florencia neoplatónica del siglo anterior; su gran ejemplo era Miguel Ángel. En contraste, quienes defendían la primacía del colorido celebraban los sentimientos, el sufrimiento, la melancolía y se vinculaban a las expresiones venecianas representadas por Ticiano. Fue una lucha entre la idea y la forma. Esta contraposición se expresó también en el ámbito literario, en el seno de la llamada querella de los antiguos y los modernos. En el arte, por un lado, se exaltaba al dibujo como expresión de las ideas intelectuales, masculinas, nobles y divinas. Por el otro, el colorido canalizaba las formas emocionales, la sensualidad plebeya y la corporalidad femenina. Miguel Ángel contra Ticiano; Poussin versus Rubens; Ingres o Delacroix. Del lado del dibujo encontramos el orden, la inteligencia, el contorno y la perspectiva. Con el colorido se hacía énfasis en los claroscuros, los sentidos y las pasiones. En cierta manera, la polaridad todavía pudo observarse en el siglo XX, donde tenemos, por un lado, al gran dibujante que fue Picasso y, por otro, al extraordinario colorista Francis Bacon.

Esta antigua querella ha tenido muy diversos ecos. Uno de ellos fue la curiosa batalla intelectual que en América Latina enfrentó a dos territorios intelectuales de los que no es fácil delimitar sus fronteras con precisión ni definir su perfil ideológico. En aquella época usé la mitología de Julio Cortázar para referirme a la confrontación: una cronopia barroca y epicúrea enfrentaba a una famística gótica y estoica. Usé estas metáforas en una reunión internacional de intelectuales reunida en Valencia en 1987 presidida por Octavio Paz, y durante la cual hubo manifestaciones de esta y otras peleas. Se conmemoraba el famoso congreso de intelectuales antifascistas reunido en Valencia cincuenta años antes.[1]

Muchos creían que los cronopios eran de izquierda y los famas de derecha, pero ello no resultaba para nada claro. Los primeros parecían inclinarse por la crónica y gustaban de *contar* con cierta pasión la historia; los segundos preferirían hacer una *lectura* más bien fría de los acontecimientos, para descifrarlos. Me imagino a Gabriel García Márquez en una esquina del *ring* y, en la opuesta, a Jorge Luis Borges. Podrían estar enfrentándose también Carlos Fuentes y Octavio Paz. Esta querella no era más que una de las muchas batallas intelectuales que agitaban a América Latina durante la segunda mitad del siglo XX.

La cronopia era cercana a las emociones populares y, en contraste, la famística se orientaba hacia la búsqueda de claves estructurales. Me pareció ver en pugna dos grandes castillos culturales, que revivían la vieja oposición entre nacionalistas y universalistas. En un castillo se pertrechaban los críticos de una subjetividad opaca y funcional de símbolos, mitos o arquetipos, ante la cual exaltaban una realidad mágica, multicolor y encantadora. En el castillo opuesto la realidad era vista como un horrendo campo de fuerzas y de poderes, y se proclamaba la necesidad de descubrir un rico tejido de significados escondido en el gris cemento de la vida cotidiana.

Desde luego, la descripción de esta querella no sirve para clasificar e interpretar las obras y las vidas de los intelectuales latinoamericanos. Se trata más bien de la puesta en escena de un drama ficticio que cada quien interpreta a su manera y que sirve como referencia para no perderse del todo en los laberintos de una América Latina en proceso de

---

1. Mi intervención fue publicada como "Entre el desencanto y la utopía" en *Oficio mexicano* 19-24.

transición a la democracia y en el camino resbaloso que debía alejarnos de la condición desmoderna, como se me ocurrió llamarla. Yo pensaba entonces que el ensayo debía ser una puesta en escena y así fue como concebí *La jaula de la melancolía*, que se publicó en 1987.

Una forma diferente de analizar las querellas latinoamericanas me permitió señalar otras dos culturas: la de la sangre y la de la tinta. La cultura de la sangre gusta de invocar identidades éticas, nacionales o de grupo como si estuvieran inscritos profundamente en los cuerpos de sus portadores. En cambio, la cultura de la tinta busca en las escrituras una pluralidad de memorias que se pueden intercambiar entre diversas tradiciones y a lo largo del tiempo. Hay una tenue vinculación entre quienes exaltan la sangre y la cronopia barroca; y, por otro lado, entre los que cultivan las artes de la tinta y la famística descodificadora de estructuras. Quiero recordar que las imágenes sobre la sangre y la tinta fueron ocasionadas por el sorpresivo levantamiento guerrillero neozapatista en Chiapas, encabezado por el subcomandante Marcos, quien afortunadamente gastó mucha tinta en sus misivas y derramó poca sangre. No obstante, los neozapatistas hablaban en nombre de una cultura de la sangre y batían los tambores de la guerra. En aquella época, durante la última década del siglo XX, me manifesté como un defensor de la cultura de la tinta y como un crítico de la cultura de la sangre (Bartra, *La sangre y la tinta*).

La cultura de la sangre ha avanzado durante los años recientes, en parte debido a la erosión de las grandes teorías y el retroceso de las ideologías tradicionales. Acaso por ello mismo ha habido un cierto retorno al interés por las llamadas pasiones del alma, que hoy son exploradas por sociólogos, historiadores y antropólogos con tanto interés como se estudiaban antes las estructuras de poder, las clases sociales, las funciones políticas o los sistemas de parentesco. Desde luego, se trata de dos procesos diferentes. Una cosa es la exaltación política de emociones y sentimientos, para sustituir las deficiencias de las ideas; y otra cosa muy diferente es el redescubrimiento de la importancia de las emociones en el seno de las mismas redes racionales que sostienen a las sociedades modernas. Y sin embargo es posible observar una confluencia entre los dos procesos. Esta confluencia es estimulada por nuevas tendencias intelectuales que han propiciado el auge del relativismo o del constructivismo y el desprecio por la búsqueda de objetividad y de significados. Se ha extendido una actitud que da primacía al significante sobre el significado y a la representación sobre lo representado. El estudio de las emociones se impone sobre el análisis de las razones. Las texturas sentimentales parecen más interesantes que los textos, los discursos y los archivos. El famoso *dictum* de David Hume vuelve a ser enarbolado por muchos: "Reason is, and ought only to be slave of the passions" (62).

IDENTIDADES MELANCÓLICAS

En el seno de la tradición cultural que va de los cronopios barrocos a la exaltación sanguínea de las identidades creció un poderoso mito referido a una de las emociones más cultivadas y al mismo tiempo más temidas desde tiempos antiguos: la melancolía. Aquí podemos observar tensiones y sentimientos dolorosamente sufridos, que incluso llegan a crear estados mentales mórbidos muy peligrosos, y que confluyen con manifestaciones poéticas e intelectuales sofisticadas y refinadas, con actitudes, modas, representaciones artísticas o dramáticas de diversa índole. Estoy convencido de que las manifestaciones culturales, sociales, políticas y psicológicas que giran en torno de la melancolía constituyen un conglomerado mítico de una enorme importancia en la América Latina moderna y contemporánea. Basta recordar a ese enjambre de estereotipos que invade la cultura latinoamericana: gauchos tristes, poesía amarga, indios deprimidos, saudades urbanas, boleros quejumbrosos, tedios campesinos, andinos tristes, tangos nostálgicos y muchos otros más. Sin duda es posible ubicar y estudiar la presencia y expansión de otros conglomerados míticos que crecen, por ejemplo, en torno de emociones como la alegría, el miedo o el odio. Hay muchas texturas sentimentales que es importante explorar y entender.

La idea de una identidad melancólica con frecuencia fue acompañada de otro mito: el mestizo, ese ser híbrido que justamente por serlo demuestra una sensibilidad peculiar, una emotividad propia de situaciones de transición y de frontera. El mestizaje se ha ido convirtiendo en una noción cultural e incluso ideológica, pero no ha logrado desembarazarse completamente de su fundamento biológico. Este sustrato, visto desde la perspectiva científica de hoy, es racista e irracional. El mestizaje se ha referido tradicionalmente a la "mezcla" de razas, y aunque la idea de raza ha adoptado tonos culturales y sociales, no por ello ha perdido totalmente sus implicaciones biológicas. Así que la idea de mestizaje es sumamente incómoda. Hoy comprendemos que la clasificación de las razas fue un ejercicio fútil que no llevó a nada. Los estereotipos raciales se basaron en el color de la piel, la textura y el tono del pelo y algunos rasgos faciales, diferencias que no han sido confirmadas por el análisis de los rasgos genéticos. Quienes han intentado una taxonomía racial han llegado a hablar de tres hasta más de sesenta razas. Obviamente, las llamadas razas humanas son entidades completamente inestables e indefinidas. Además, no existe ninguna relación entre el perfil genético de las poblaciones y las peculiaridades del comportamiento.[2]

Hay que advertir que las exploraciones sobre el perfil sentimental de las identidades se enfrenta a un peligro peculiar: con frecuencia las investigaciones y críticas forman parte de las mismas texturas emocionales que se estudian. De hecho, es común encontrar manifestaciones del fenómeno que se investiga en los mismos estudios que lo abordan. Quiero poner un ejemplo que me parece sintomático e inquietante. Una de las manifestaciones de la cultura de la sangre se ha expresado como una interpretación fatalista y melancólica que contempla a América Latina como el aciago resultado del trauma fundacional de la conquista y la colonización. Desde los tiempos originarios, América Latina habría sido un cuerpo vampirizado por los colonizadores europeos, como lo expuso con gran vehemencia Eduardo Galeano en su famoso libro *Las venas abiertas de América Latina*: "La división internacional del trabajo consiste en que unos países se especializan en ganar y otros en perder. Nuestra comarca del mundo, que hoy llamamos América Latina, fue precoz: se especializó en perder desde los remotos tiempos en que los europeos del Renacimiento se abalanzaron a través del mar y le hundieron los dientes en la garganta" (15). No fue Galeano, por supuesto, el inventor de estas ideas, pero acaso fue quien propugnó por ellas con la mayor carga emocional.

No es necesario aquí adentrarse en el examen de las múltiples teorías sobre el colonialismo y el imperialismo. Quiero enfatizar el hecho de que nos han dejado una herencia de ideas que giran en torno de las teorías de la dependencia, del subdesarrollo, del tercermundismo

---

2. Véase el excelente libro de Cavalli-Sforza, Menozzi y Piazza.

o de la globalización, y que intentan explicar la situación de miseria y atraso en que vive la mayor parte de la población en América Latina, especialmente notable si se la compara con las condiciones que imperan en Europa y los Estados Unidos. Independientemente de las sutilezas teóricas que cada interpretación maneja, se ha ido acumulando en la cultura latinoamericana la sensación de que vivimos una condición dramática desde el momento en que el continente fue herido por la colonización. El resultado de esta especie de pecado original ha sido un proceso trágico, como si las sociedades latinoamericanas hubiesen quedado predestinadas al fracaso. Es sintomático que en la potencia colonial, España, haya trascurrido un proceso similar. Me refiero a la expansión de esa sensibilidad triste y fatalista que se apoderó de la generación del 98 y que contaminó durante decenios la cultura española. El imperio español también fue visto como dominado por una fatalidad que llevaba al fracaso, a un destino doloroso. Se desarrolló el mito de las dos Españas, de un país escindido por una herida terrible que determinaba el curso trágico de la historia. El contexto cultural latinoamericano estaba impregnado por las actitudes de Ortega y Gasset, Unamuno, Azorín y Ganivet, de tal manera que el terreno intelectual estaba abonado para que creciesen los sentimientos de identidades melancólicas lastradas por el peso secular del pecado colonial. A ello se sumaron las doctrinas leninistas, maoístas, tercermundistas o dependentistas que generaron un tejido emocional teñido de pesimismo. El optimismo apareció sólo en los momentos en que se creyó que corrían tiempos de cambio radical, como ocurrió después de la Revolución Cubana. Más recientemente, los triunfos del llamado socialismo bolivariano y la expansión de nuevas expresiones del populismo han inyectado en algunos la esperanza de que, pese a todo, la maldición colonial podía ser conjurada. Pero la previsible deriva de Cuba y de los países sudamericanos con gobiernos populistas hacia el capitalismo del que pretendieron escapar amenaza con sumir de nuevo a muchos en la tristeza ancestral.

En el centro de la cultura populista hay, más que un conjunto articulado de ideas, un ramillete de emociones dirigidas a curar la herida colonial y a exaltar la identidad nacional. Por ello las ideas socialistas puras y duras tienen que combinarse con el conjuro al espíritu bolivariano independentista invocado por los dirigentes populistas en Bolivia, Ecuador y Venezuela. Hay que recordar que la experiencia revolucionaria cubana acorazó el proyecto socialista con el espíritu anticolonial de José Martí. Este proceso tuvo una intensa carga emocional y sin duda logró separar el país del imperialismo capitalista. Pero para caer en algo mucho peor: las miserias de una larga dictadura. Como es evidente, las emociones se ligan a poderosas ideologías nacionalistas que en ocasiones cristalizan en eficientes redes de legitimación de sistemas políticos no democráticos. Posiblemente el caso más emblemático y complejo es el del México posrevolucionario, donde se afianzó durante más de siete décadas una peculiar dictadura que combinó ingredientes sentimentales sobre la identidad nacional con estructuras políticas autoritarias vagamente antiimperialistas y supuestamente revolucionarias.

El fin de una época

El surgimiento de nuevas formas de populismo en América Latina es una respuesta a las grandes tensiones que provoca la intensificación de los procesos globalizadores y a la profunda crisis en que se ha sumergido el socialismo desde 1989. Algunos analistas perciben que el viejo mundo se viene abajo y creen encontrar en los movimientos impulsados por grupos étnicos, minorías raciales o sexuales y ecologistas las señales de nuevas alternativas que podrían generar identidades y subjetividades que sustituyan los cánones destrozados del indigenismo, del mestizaje, del campesinismo y del obrerismo. Se habla de un activismo intelectual subalterno que podría tejer una estructura sentimental, para usar el concepto de Raymond Williams, que sostendría el crecimiento de ideas, mitos, emociones y afectos basado en la recuperación de antiguas tradiciones encarnadas profundamente en las sociedades latinoamericanas, en las subjetividades que emanan del sufrimiento del pueblo y en el carisma de los líderes populistas. Las nuevas subjetividades supuestamente debilitarían la racionalidad moderna que busca rupturas vanguardistas y se negarían a superar las tradiciones: más bien, en un impulso auténticamente conservador, intentarían establecer nuevos vínculos con ellos, bajo el supuesto de que los grupos subalternos son depositarios de tradiciones reciclables en un proceso de emancipación. Hay quienes ven en todo esto una insurgencia política y epistémica de movimientos indígenas que luchan contra la cultura occidental. A mi me parecen más bien los síntomas de que una época ha terminado y que estamos ante una nueva situación que todavía no hemos podido definir.

Hemos vivido desde hace muchas décadas sumergidos en una conciencia nacionalista desdichada que ha alimentado nuestras obsesiones sobre un Tercer Mundo dependiente, atrasado, subdesarrollado, subalterno y poscolonial. Han surgido decenas de teorías para explicar esta condición trágica. Muchas explicaciones llegaron a la conclusión de que solamente era posible escapar de la subordinación colonial o poscolonial mediante un cambio revolucionario que condujese a la liberación nacional. La experiencia política, cultural del necesario proceso revolucionario se fue decantando y ramificando gracias a grandes procesos en todo el mundo encarnados por las figuras de Mahatma Gandhi y Mao Tse-Tung, de Jomo Kenyata y Patrice Lumumba, de Gamal Abdel Nasser y Ahmed Ben Bela, de Ho Chi Minh y Fidel Castro. Otras figuras mostraron facetas menos atractivas como Pol Pot, Idi Amin Dada, Kim Il Sung, Juan Domingo Perón, Muammar al-Qaddafi y muchos otros. Desde luego, todo este inmenso proceso de liberación y revolución es muy complejo y contradictorio, es un conjunto en el que coexisten la lucha por la igualdad con la represión más cruel, los valores más sofisticados y avanzados con las ideas más perversas, conservadoras y rudimentarias. Pero a pesar de su gran heterogeneidad, este inmenso espacio político ha dejado en las tradiciones culturales de hoy una pesada y densa carga emocional que influye intensamente en las actitudes e inclinaciones de la cultura política latinoamericana. Podemos observar su influencia en la novela, en la música, en la poesía, en la teología, en el cine, en las ciencias sociales y en los hábitos políticos. Unos cuantos nombres permiten señalar la constelación cultural a la que me refiero: de García Márquez a Mario Benedetti, de Atahualpa Yupanqui a Mercedes Sosa, de Camilo Torres a Ernesto Cardenal, de Glauber Rocha a Tomás Gutiérrez Alea, de Getulio Vargas a Lázaro Cárdenas.

No quiero discutir ni regatear los méritos de estas personas, que son considerables. Pero creo que este enjambre cultural, lleno de matices y paradojas, ha comenzado lentamente a disolverse. Las transiciones a la democracia en América Latina y la desaparición del bloque socialista iniciaron un proceso de cambio imparable que erosionó sin remedio los mitos nacionalistas tercermundistas. La caída del

Muro de Berlín y la expansión de la democracia marcaron el inicio de una nueva época en la que esos mitos han perdido eficacia y se han reducido a focos emocionales con andamiajes ideológicos anticuados, precarios o inexistentes. Se mantienen gracias al soporte de algunos gobiernos que intentan mantener vivo el fuego mítico revolucionario en Cuba, Bolivia, Ecuador, Nicaragua y Venezuela. Los mitos se conservan también en algunas islas flotantes académicas que sobrevuelan los territorios latinoamericanos, como lo hicieron los laputienses que encontró el capitán Gulliver en su viaje imaginario a Balnibarbi. Y se sostienen también, evidentemente, en las diversas corrientes políticas que impulsan a los movimientos y grupos populistas.

La situación misma de los países que son una base política de los mitos de la subalternidad poscolonial ha contribuido a erosionarlos. La terrible pobreza económica y política en que viven los cubanos, la corrupción que atenaza a los nicaragüenses, la crisis que paraliza a Venezuela, las tensiones que desfiguran a Bolivia y el panorama nebuloso de Ecuador son hechos que no insuflan las esperanzas en una alternativa populista. Por el contrario, los demonios del atraso parecen haber sido convocados en estos países. Por otro lado, se puede decir las regiones que se mantienen en la esfera capitalista y en las que no se buscan salidas anticapitalistas están muy lejos de ser un paraíso. Esto es cierto y evidente. Estas regiones, sean gobernadas por partidos socialdemócratas o por partidos de derecha, continúan experimentando diversas formas de gestión del capitalismo, con todos los defectos y problemas que ello implica. Pero en ellas se está formando un tipo de sociedad en la que domina cada vez más claramente una clase media en expansión, cercana a las élites empresariales. En países como Argentina, Brasil, Chile, Colombia, Costa Rica, México y Uruguay está surgiendo una sociedad cuyo perfil comienza a parecerse al de las sociedades desarrolladas. Es posible que no tardemos mucho en ver que algunos países latinoamericanos vivan condiciones similares a las de los países menos desarrollados de Europa occidental, como Grecia o Portugal.

El Tercer Mundo como cultura política se está extinguiendo y ya no queda de él más que un conjunto de ruinas ideológicas. Desde luego, la miseria sigue acosando a la gente que vive en estas porciones del mundo y la corrupción o la violencia tardarán mucho en desaparecer. Pero ya no pueden ser englobadas en un solo paquete político.

La desaparición casi total del Segundo Mundo –el socialismo– ya auguraba hace dos decenios que la configuración política del globo cambiaría profundamente. Ese Segundo Mundo se ha esfumado, pero no han desaparecido los mecanismos autoritarios, represivos y corrompidos que los caracterizaron. En el postsocialismo ruso o en el socialismo de mercado chino podemos reconocer todavía las lacras del antiguo régimen. Lo mismo ha ocurrido en el Tercer Mundo, aunque el proceso ha sido mucho más lento. Sin embargo, ya han aparecido las primeras señales espectaculares de que se ha producido un cambio enormemente significativo. Las rebeliones en los países musulmanes del norte de África y del Cercano Oriente son signos que indican que esas regiones ya no viven tan sometidas a la lógica tercermundista y nacionalista. De hecho, las rebeliones combaten frontalmente las dictaduras que emanaron del proceso de descolonización. Contra lo previsto por las grandes potencias, que prohijaron los más atrasados y autoritarios sistemas políticos, ha madurado una sociedad moderna que –lejos de estar sometida al fanatismo religioso– busca con fuerza una alternativa democrática. Esta nueva sociedad busca más una salida como la de Turquía que una opción como la de Irán. Es muy sintomático el comienzo del proceso. No comenzó con la detonación de una bomba oculta en la ropa de un suicida fanático. Pero sí se inició con un suicidio, el de un joven vendedor de frutas en Túnez que, después de ser humillado, se prendió fuego para protestar. Y su protesta ocasionó la caída de las dictaduras en su país, en el vecino Egipto, y en Libia y ocasionó movimientos de rebelión en otros países árabes. En cierto sentido, la ola de cambio en el mundo árabe es similar a la oleada de transiciones democráticas en la América Latina de los años ochenta del siglo pasado, y que ocurrieron por lo general bajo el signo de movimientos revolucionarios de izquierda. La democracia en América Latina llegó por la derecha. En la plaza Tahrir de El Cairo nadie quemó banderas de los Estados Unidos o de las potencias europeas. Los jóvenes que protestaban se comunicaron gracias a redes sociales cibernéticas mediante sus teléfonos celulares o Internet. Una gran parte de la clase media y de los sectores populares se movilizó en una lucha por la modernización y por defender la dignidad ante gobiernos represivos y antidemocráticos. Los cambios en el mundo árabe se han iniciado gracias a las convulsiones de una sociedad que quiere ser moderna y no por las sacudidas de movimientos populistas globalifóbicos o de fundamentalistas fanáticos.

¿Retorno del Romanticismo?

Asistimos al final de una época pero no sabemos bien qué terreno estamos pisando. Por ello no debemos extrañarnos que en estos momentos de transición, donde las luces crepusculares se confunden con los destellos de la alborada, la preocupación por las pasiones y los afectos resurja con fuerza. Así, resurgen algunos de los antiguos temas caros al Romanticismo. Es útil, por lo tanto, una reflexión sobre lo que puede significar el retorno de algunas visiones y emociones románticas a comienzos del siglo XXI.

Bolívar Echeverría ha dicho que el Romanticismo es una de las cuatro formas de vivir la modernidad. Según este filósofo, el *ethos romántico* niega las contradicciones propias de la sociedad capitalista, mientras que el ethos *realista* las borra. En contraste, las actitudes *clásica* y *barroca* reconocen las contradicciones de la modernidad capitalista. Pero mientras la primera las acepta, el *ethos* barroco las rechaza. No quiero detenerme en la interpretación que nos ofreció Bolívar Echeverría, que aquí menciono muy sintetizada, de las cuatro posibilidades de volver natural la vida capitalista; es decir, de construir un refugio que nos proteja de una situación que es propiamente invivible. Los cuatro *ethos* son formas de vivir lo invivible, de soportar las contradicciones propias del mundo moderno y de poner en escena el drama capitalista (Echeverría, "Ethos barroco").

Ciertamente, como ha señalado Isaiah Berlin, el Romanticismo puede ser visto como una reacción contra la Ilustración, que había establecido que toda pregunta genuina puede ser contestada (y no por una revelación), y que todas las respuestas deben ser compatibles y coherentes entre ellas, de lo contrario dominaría el caos (22). Ante esta hegemonía de la razón, el Romanticismo ha sido definido como primitivo, juvenil, febril, enfermizo, decadente y melancólico. El Romanticismo erosiona la creencia de que las preguntas centrales sobre la naturaleza del mundo y el sentido de la vida pueden ser respondidas. Según los románticos, la verdad no es una estructura creativa independiente de quienes la buscan, sino que es creada por ellos. La búsqueda y la lucha lo son todo, la victoria no es nada. Ya lo había dicho Fichte: ser libre no es nada, volverse libre es el cielo ("Frei sein is nichts – frei werden ist der Himmel", Berlin, 89). De aquí el culto al creador, al artista solitario.

Para el romántico, ha dicho por su parte Jacques Barzun, las ruinas son un símbolo formidable que expresa el sentimiento de una desarmonía, que refleja, como había dicho Pascal, que somos unas criaturas perdidas en un mundo extraño, desnudo y desamparado. Barzun es muy enfático al negar que sean válidas muchas ideas que se han atribuido al Romanticismo. Cree que es un error asociarlo mecánicamente con el irracionalismo, la sentimentalidad, el individualismo exacerbado, el nacionalismo, la locura, el deseo de retornar al Medioevo, el gusto por lo exótico, la reacción contra la ciencia, la glorificación de la fuerza o el retorno a la naturaleza. De acuerdo con Barzun nada de esto unifica a los románticos. Lo que los une no son las filosofías, las ideas o las actitudes; los une el problema que quieren resolver: quieren crear un nuevo mundo partir de las ruinas del viejo (Barzun 13-4). Así, el Romanticismo no sería una negación o una escapatoria de la realidad. Por el contrario, el espíritu romántico quiere cambiar la parte de la realidad que le desagrada. En este sentido (y en otros), Marx fue un romántico, o al menos un heredero directo del Romanticismo. El arte romántico es realista y parte del modelo grecorromano. La tragedia clásica y los temas antiguos alimentan la literatura romántica. No hay que olvidar que los románticos son una criatura de la Revolución Francesa y del impero napoleónico. Para Barzun, el Romanticismo implica no solamente riesgo: es fuerza y energía. Implica también creación, diversidad y genio. De alguna manera, el Romanticismo es un rasgo permanente de la cultura occidental, en ocasiones dominante y en otras sumergido.

Para estimular una reflexión sobre el vínculo entre el Romanticismo y la modernidad habría que agregar a los enfoques de Berlin y Barzun la interpretación que Ernest Gellner plasma en su libro *Language and solitude*, de 1998. Gellner observa una polaridad básica en el mundo contemporáneo, que hunde sus raíces en largas y antiguas tradiciones. La primera es la visión individualista y atomista. La segunda es la visión orgánica. Creo que igualmente podríamos denominarlas ilustrada y romántica. La primera es racionalista y considera que el conocimiento sólo lo logran los individuos. La segunda cree que el conocimiento se logra en la medida en que se pertenece a la comunidad.

La primera visión no acepta las ataduras culturales; Gellner cita como representante de esta visión a Descartes, Kant y Bertrand Russell. La visión romántica y orgánica repudia el individualismo y está convencida de que ningún hombre está aislado; cita en este polo a Burke, Herder, Scott, Coleridge y D. H. Lawrence. Los primeros resaltan la importancia de la sociedad (*Gesellschaft*), los segundos aprecian la comunidad (*Gemeinschaft*). Los primeros aman el cálculo; los otros, la pasión. Los primeros rinden culto a lo universal y al liberalismo, los segundos exaltan lo local y al nacionalismo. Unos son herederos de la Ilustración, los otros son románticos que aprecian la sangre y la tierra (*Blut und Boden*).

Una cuarta interpretación que quiero traer en mi ayuda es la de Mario Praz en su libro clásico *La carne, la morte e il diavolo nella letteratura romantica*, de 1930. Praz considera que la esencia del Romanticismo se encuentra en lo inefable. Las palabras y las formas son accesorias, lo fundamental es el pensamiento pasivo: "el romántico —dice Praz— exalta al artista que no da forma material a sus sueños, al poeta extático ante la página eternamente blanca, al místico que escucha los prodigiosos conciertos de su alma sin intentar traducirlos en notas" (59). Praz cita a Keats: "Heard melodies are sweet, but those unheard / are sweeter" (del poema "Ode on a Grecian Urn").

Desde luego, los cuatro enfoques —de Berlin, Barzun, Gellner y Praz— no coinciden en muchos puntos. Sin embargo, creo que de ellos es posible desprender algunas conclusiones. El Romanticismo es una parte de la modernidad, aunque aparece como su contrario. Muchas veces se entiende mejor la modernidad si la observamos desde el Romanticismo. Es una época y una cultura históricamente circunscrita, que abarca desde los años 70 del siglo XVIII hasta la época de las revoluciones de 1848. Pero se trata de un *ethos* de larga duración cuya presencia no se ha extinguido y que se ha asomado a la historia en épocas anteriores. La hegemonía cultural del Romanticismo coincide con las revoluciones burguesas (1789-1848). El Romanticismo es algo radicalmente nuevo: significa la separación de gran parte de la cultura de su contexto social y político. Es empujado por las revoluciones burguesas pero no se convierte en una superestructura propiamente capitalista. Si es de alguna manera un espíritu del capitalismo, es un espíritu que vuela con sus propias alas. La magia, lo inefable y el encanto se independizan y se vuelven superfluos, pero no se extinguen. Fundan una alteridad extraña que permanece.

El Romanticismo nos permite comprender que, en algún momento, las esferas culturales dejaron de ser superestructuras y adquirieron vida propia. Ni siquiera el mercado logró someterlas. Y se extienden hasta nuestros días. Daniel Bell se quejaba de que la contracultura hedonista de los años 60 (que es heredera lejana del Romanticismo) había desplazado a la ética burguesa (21). Sin embargo, la modernidad acaba descubriendo y desarrollando mecanismos para extraer legitimidad de la otredad cultural que crece en su seno. Yo he estudiado estos mecanismos en varios fenómenos sintomáticos: las bases irracionales de las identidades étnicas y nacionales, el uso de mitos como el del hombre salvaje para definir la civilización, la función de la melancolía en el trazo del ego moderno y las redes legitimadoras que se tejen en torno del terrorismo. En todos estos fenómenos podemos hallar huellas del Romanticismo. No es posible referirme a ello aquí, por lo que remito a los interesados a los estudios que he realizado.[3]

En todo caso, me parece que la historia del Romanticismo (y de sus tropiezos) nos da muchas claves para entender la modernidad. Habría que explorar otras vertientes de la relación entre Romanticismo y modernidad. ¿Qué sucede si, por ejemplo, en la historia de un país occidental el Romanticismo no despunta o aparece en forma tardía y precaria? Tal parece ser el caso español, donde los únicos grandes románticos (Rosalía de Castro y Gustavo Adolfo Bécquer) escriben durante la segunda mitad del siglo XIX. Allí, además, el Romanticismo tiñe con fuerza al modernismo de la generación del 98. En España encontramos también otro fenómeno sintomático: hubo una extraña y fulgurante Ilustración *avant-la-lettre*, que fue el Siglo de Oro. La cultura ilustrada española posterior fue poco luminosa. Esta situación fue compartida por América Latina. Tal vez podría decirse que el Barroco se insertó en la cultura latinoamericana y llenó el vacío creado por un Romanticismo que llegó muy tarde.

Quizá podríamos decir que el capitalismo ha perdido su espíritu o sus diversos espíritus. Y si no los ha perdido, acaso ya no queda mucho de ellos. O tal vez el espíritu despegó de su base y vuela sin ser con-

---

3. Véase *La jaula de la melancolía; Cultura y melancolía; El salvaje en el espejo; El salvaje artificial; Territorios del terror y la otredad.*

gruente con su punto de partida. En todo caso, creo que podemos comprender, especialmente a partir de la experiencia romántica, que la cultura ha ido ganando una enorme autonomía. Y lo ha logrado en parte porque se ha fragmentado, se ha fracturado y no se deja reducir.

Crisis en la izquierda

Durante muchos años, especialmente después del derrumbe del bloque socialista, en la izquierda ha ocurrido un lento proceso de sustitución de las ideas por los sentimientos. Las ideas han ido retrocediendo ante las pasiones. Como el corpus ideológico tradicional estaba cada vez en peores condiciones para ilustrar el camino de la izquierda, se acudía cada vez más a recursos sentimentales para apuntalar el maltrecho edificio de los partidos progresistas. De esta manera se apelaba a los sentimientos patrióticos, a las fobias contra los países ricos y al amor por los agraviados o desposeídos, para justificar las carencias ideológicas. Si el marxismo en sus diversas variantes no servía ya para entender el mundo, se acudía a las emociones para paliar las frustraciones. No es un recurso raro o desconocido: la derecha con frecuencia ha usado los sentimientos religiosos para compensar sus carencias y vaciedades.

Estos procesos son dañinos porque se desgastan rápidamente y llevan a las fuerzas políticas a condiciones peligrosas. De allí surgen los odios contra los adversarios, que son vistos como enemigos. Es cierto que también asoman los sollozos de los políticos acongojados por la espantosa situación de los pobres y los miserables. Aparecen igualmente el amor por el líder carismático y las envidias políticas más bajas. Las lágrimas ocultan la falta de ideas y el puño colérico sustituye la radicalidad perdida.

Quiero terminar con una reflexión que he hecho repetidamente sobre la situación actual en México, mi país.[4] Los problemas que señalo se concentraron en la campaña electoral de López Obrador de 2006, y por ello mismo se enajenó el apoyo de muy diversas corrientes de izquierda, que comprobaban con alarma la deriva oportunista del caudillo. Los nuevos intelectuales orgánicos señalaron a los culpa-

---

4. Amplío estas ideas en mi libro *La fractura mexicana*.

bles del fracaso. López Obrador había perdido porque los radicales, los cardenistas y los socialdemócratas no lo habían apoyado. La escritora Elena Poniatowska fue muy clara al referirse a los líderes de estas tres corrientes, el subcomandante Marcos, Cuauhtémoc Cárdenas y Patricia Mercado, declaró: "Si estos tres personajes se hubieran sumado, si no se hubieran echado para atrás, no habría la menor duda del triunfo de López Obrador, pero no lo hicieron por envidia".[5] Así, habrían sido los sentimientos –la envidia y no las ideas– los que desviaron los pocos votos que faltaban para que López Obrador ganara. En realidad lo que se demostraba es que el candidato del Partido de la Revolución Democrática (PRD) fue incapaz de lograr el apoyo de tres importantes corrientes de la izquierda en buena medida debido a que había presentado un programa político completamente incoloro.

Es alarmante que hayan sido intelectuales, supuestamente encargados de la generación de ideas y razones, quienes hayan auspiciado una inclinación creciente por los sentimientos, las emociones y las pasiones. Quiero poner otro ejemplo. Un miembro conocido del PRD, Paco Ignacio Taibo II, ha hecho una declaración sintomática, durante una entrevista en que se le preguntó por Octavio Paz. "No tengo ninguna empatía con Octavio Paz, al contrario. Tengo absoluto odio. Paz me parece uno de los grandes gángsters intelectuales de este país".[6]

Cualquiera puede ver que expresiones como ésta revelan que algo se ha torcido en las corrientes de la izquierda. Se ha torcido porque en lugar de hacer lo más sensato –revisar las ideas–, la izquierda que sigue a López Obrador, ante la crisis, ha tejido un manto sentimental de odios y amores para justificar sus actitudes. Y el populismo ha sido el mejor caldo de cultivo para nutrir estas peculiares reacciones de una parte de la izquierda.

---

5. *La Jornada*, 10 de septiembre, 2006.

6. Después de estas palabras Taibo agrega: "Esa lógica suya que ha destruido a parte de la intelectualidad mexicana me parece perversa. Corrupta. Acercarse al poder para obtener beneficios. Y además con ese discurso de autonomía intelectual de billete de a tres pesos. Cada vez que el Príncipe se dejaba, Paz se acercaba. Y manejaba los erarios, y las becas, y las agregadurías culturales, y hacía llamadas por teléfono 'denle tal cosa a tal cuate'. Pagaba. Compraba favores. Vendía el alma. El alma y las nalgas sólo deben ponerse en la mesa una vez; si te equivocaste, te chingaste. Sólo una vez, pero más te vale que protejas la virginidad de ambas" (*emeequis*, entrevista de Ignacio Limón con Paco Ignacio Taibo II, 9 de abril, 2007).

Al olvido de la razón se agrega un abandono de la cultura política democrática, aquella que implica, además de aceptar los mecanismos electorales de representación, el ejercicio de una actitud tolerante y negociadora. Acaso uno de los síntomas más evidentes de esta situación son las convenciones que convoca regularmente López Obrador en el Zócalo, donde se aprueban a mano alzada las decisiones del líder. La política democrática de los partidos modernos suele ser exitosa cuando se acepta un margen de movilidad que admite los pactos, las coaliciones y los acuerdos con otras fuerzas políticas.

Sumida en un sentimentalismo testarudo, gran parte de la izquierda tiende a abandonar uno de sus ejes fundamentales: la igualdad. Podemos comprobar que la izquierda ha diluido la idea de *igualdad* para enfatizar la importancia de la *diferencia*. En lugar de una política que elimine la miseria y reduzca la pobreza, se limitan a una política que cambie las reglas para determinados grupos, señalados por un carácter o una identidad diferente. La política deja de orientarse a la distribución de recursos para enfatizar en su lugar la creación de derechos especiales para cada segmento social. En lugar de igualdad se piensa más en términos de *equidad*, que es el vocablo más usado para hacer referencia a las políticas de inspiración multiculturalista y relativista que practican una "discriminación positiva" hacia sectores en condiciones desfavorables. Estos "derechos especiales" (como los acuerdos de San Andrés) pueden ser recursos pasajeros a los que sin duda hay que acudir. Pero no deben sustituir acciones mucho más caras que establecen prioridades en la distribución de recursos, encaminadas a eliminar las causas de la desigualdad y la discriminación. Y encaminadas, sobre todo, a generar la riqueza que, una vez obtenida, pueda ser distribuida. Hay que comprender que la "discriminación positiva" es una opción barata circunstancial que no debe erosionar los principios de la justicia basada en la igualdad y la libertad.

La izquierda podrá eludir el peligro de convertirse en una especie en extinción si recupera el ejercicio de la razón y de las ideas, y abandona la pobretería sentimental que la ha guiado. Hay que abandonar la costumbre de las rabietas irracionales y de las envidias venenosas. Los buenos sentimientos de amor a la patria y a los pobres no logran sustituir la reflexión, el estudio y el conocimiento.

La gran tragedia política de México a comienzos del siglo XXI radica en la profunda inmersión de la sociedad en la cultura del nacionalismo revolucionario instituida a lo largo del siglo pasado. El hecho de que el rancio partido oficial del antiguo régimen siga gobernando en muchas regiones y la posibilidad de que recupere la presidencia de la República en 2012 le dan un giro más bien tragicómico a la situación política actual.

Estoy convencido de que un cambio en los fundamentos culturales estimularía con mucha fuerza el desarrollo económico del país y le daría a nuestra joven democracia una mayor legitimidad. Estamos enfrentados más a un problema de civilización que a un dilema institucional. Pero aquí creo advertir al menos una disyuntiva importante. Podemos dirigir nuestras emociones a una identidad en crisis e intentar reconstruirla. O bien podemos mirar hacia adelante para darle vida a una nueva cultura cívica democrática. Para muchos es tentadora la idea de iniciar una operación de rescate de la identidad nacional maltrecha y erosionada. Sin embargo, me parece que un nacionalismo reciclado no nos llevaría muy lejos. Nuestra condición posmexicana nos ha llevado más allá de un posible retorno a la institucionalización inducida y corrupta de ese carácter nacional que fuera la base cultural del autoritario nacionalismo revolucionario.

La conciencia nacional, cuando se cuece durante demasiado tiempo, acaba endureciéndose. Pierde la plasticidad que acaso tuvo en sus orígenes y se convierte en una ritualidad dogmática y farragosa. Es lo que ha sucedido con la identidad nacional: se ha convertido en un corpus rígido y opresivo, en una imagen instalada en el altar de la mexicanidad; en una efigie que es sacada en procesión los días de fiesta por los fieles que todavía le rinden culto. La conmemoración de fechas emblemáticas, como el bicentenario de la Independencia y el centenario de la Revolución, forman parte del calendario de festividades que los devotos aprovecharon para sacar las reliquias de la identidad nacional en desfiles de estruendosa exaltación.

Durante el cortejo no faltan voces que critican el culto fundamentalista. Surgen actitudes irreverentes e iconoclastas que señalan las incoherencias de un carácter nacional hierático encerrado en códigos absurdos y decadentes. Pero las ideas disidentes muchas veces son avasalladas por el vocerío de quienes insisten en bañar la conciencia mexicana en las aguas estancadas en que chapotea, supuestamente, desde tiempos primigenios.

El culto a la conciencia nacional no deja de ser un espectáculo fascinante. Sus rituales laberínticos se repiten incansablemente y rara vez ofrecen alguna sorpresa. Pero la insistente repetición acaba produciendo efectos hipnóticos. La iconografía también gira en torno de los modelos establecidos de héroes venerados, personajes con vidas opacadas por la repetición de mentiras o de medias verdades. Estoy convencido de que es mucho más interesante estudiar el ceremonial y la sentimentalidad que rodea la conciencia nacional que la propia deidad que recibe el culto de sus fieles. El objeto del culto es inasible pero las obras y las fiestas que invocan su imagen son un tema inagotable que atrae por igual a críticos literarios, antropólogos e historiadores. Los rastros que dejan las peregrinaciones al santuario de la inmaculada identidad nacional serán dignos de estudios meticulosos por parte de los futuros arqueólogos del pensamiento.

OBRAS CITADAS

BARTRA, Roger. *La jaula de la melancolía. Identidad y metamorfosis del mexicano.* México: Grijalbo, 1987.
— *El salvaje en el espejo.* México: Era, 1992.
— *El salvaje artificial.* México: Era, 1997.
— *La sangre y la tinta. Ensayos sobre la condición posmexicana.* México: Océano, 1999.
— *Cultura y melancolía: Las enfermedades del alma en la España del Siglo de Oro.* Barcelona: Anagrama, 2001.
— *Oficio Mexicano.* México: Consejo Nacional para la Cultura y las Artes, 2003.
— *Territorios del terror y la otredad: Ensayos de cultura política.* Valencia: Pre-Textos, 2007.
La fractura mexicana: izquierda y derecha en la transición democrática. México: Debate, 2009.
BARZUN, Jacques. *Classic, Romantic and Modern.* Chicago: The University of Chicago Press, 1961.
BELL, Daniel. *The Cultural Contradictions of Capitalism.* New York: Basic Books, 1976.
BERLIN, Isaiah. *The Roots of Romanticism.* Princeton: Princeton University Press, 1999.
CAVALLI-SFORZA, L. Luca, Paolo MENOZZI y Alberto PIAZZA. *The History and Geography of Human Genes.* Princeton: Princeton University Press, 1996.

ECHEVERRÍA, Bolívar. "El *ethos* barroco". *Modernidad, mestizaje cultural, ethos barroco.* Comp. Bolívar Echeverría. México: UNAM/El Equilibrista, 1994, pp. 13-36.

GALEANO, Eduardo. *Las venas abiertas de América Latina.* Madrid: Siglo XXI, 2006.

GELLNER, Ernest. *Language and Solitude. Wittgenstein, Malinowski and the Habsburg Dilemma.* Cambridge: Cambridge University Press, 1998.

HUME, David. *Moral Philosophy.* Ed. Geoffrey Sayre-McCord. Indianapolis: Hackett, 2006.

PRAZ, Mario. *La carne, la muerte y el diablo en la literatura romántica.* Trad. Rubén Mettini. Barcelona: El Acantilado, 1999.

I. Afectividad, globalidad y política

La función de los afectos en la economía político-libidinal

Abril Trigo
The Ohio State University

El universo afectivo siempre ha desempeñado un papel primordial en la configuración de la subjetividad, por lo que constituye, por así decirlo, el lado oscuro de las identidades y los imaginarios sociales. Es en el goce que produce la identificación con lo simbólico (ideología, imaginario, Estado o religión) donde el individuo interpelado se realiza como sujeto. Hoy, bajo el régimen de acumulación global, flexible y combinado, se ha venido imponiendo un imaginario global que sustituye las viejas ideologías e imaginarios nacionales por una nueva economía político-libidinal en la cual la catexis del deseo (inversión de energía afectiva, libidinal) es capturada por el capital y la lógica de la mercancía. Esto lleva a una transformación radical de la subjetividad que afecta por igual la psiquis individual y las instituciones sociales y cuyas consecuencias apenas comenzamos a vislumbrar.

Identidad e imaginario social

La identidad es una paradoja. Aun cuando individual, se realiza solamente en lo social, en la interrelación subjetiva, mediada por el lenguaje y la cotidianidad, entre el individuo y el grupo. Viscoso enmadejamiento entre la libido y la política, este sentimiento de estar aparte de los otros y ser parte de los otros es el incierto desenlace de un proceso que comienza cuando el niño elabora su propia imagen en lo que podría ser el primer acto de socialización (Grinberg y Grinberg, *Psicoanálisis,* 62-63; Lacan I, 86 ss.). La psicología, desde Freud en adelante, ha distinguido dos instancias, sucesivas y complementarias, en la formación de la identidad: la identificación constitutiva, también llamada proyectiva o primitiva, y la identificación constituida, o introyectiva, ya madura. La identificación constitutiva, en la cual los objetos aún no se diferencian del sujeto, corresponde a la simbiosis masiva del infante con la imagen materna que desearía ser: constituye el *yo ideal* del Imaginario lacaniano. La identificación constituida, por su parte, corresponde a la identificación del individuo con el punto de vista desde el cual se siente observado pero que adopta como propio: constituye el *ideal del yo* de lo Simbólico lacaniano. Es entonces cuando la imagen del yo rebota en un punto simbólico puramente virtual, que coincide no con lo que el individuo ve, ni con la manera en que los otros lo ven, sino con la manera en que el individuo se ve en la mirada de los otros. De este modo, la identidad, que carece de existencia real, resulta de una operación psico-social, una imagen que el individuo proyecta en un punto virtual y recibe de vuelta convertida en realidad: es el tejido simbólico por el cual accedemos a lo real (Žižek, 13; Lacan II, 647 ss.; Lévi-Strauss, 332).

Teniendo en cuenta esta sobredeterminación psico-social, León y Rebeca Grinberg proponen un modelo teórico según el cual la identidad se forja en una intrincada trabazón de vínculos espaciales, temporales y sociales. Mientras la integración espacial comprende la relación de las distintas partes del cuerpo con el sentimiento de individualidad, y la integración temporal une las distintas representaciones del yo en el tiempo, otorgándole continuidad y sentimiento de mismidad, la integración social hace posible el sentimiento de pertenencia (Grinberg y Grinberg, *Psicoanálisis* 159). Esta triple integración registra la recíproca sobredeterminación entre sujeto y sociedad, pero también la conformación dialéctica de la identidad entre permanencia y cambio, rigidez y plasticidad, estabilidad y transitoriedad, mismidad y alteridad. Porque si la identidad permite permanecer igual a través de los avatares de la vida, esa permanencia es sólo posible en la asimilación de los cambios y la incorporación del diferir. El sujeto, inmerso en lo social, está sometido a un campo de fuerzas centrífugas y de resistencias centrípetas que lo hacen girar, y mientras gira, va desplegando su identidad.

El carácter tautológico de la identidad es captado con candor en la respuesta al otro lado del teléfono: "Soy yo". Ya Heidegger observaba cómo la fórmula identitaria por excelencia (A es A) produce y escamotea la repetición de lo mismo (A = A) (Heidegger, 23 ss.). Claro, la tautología se viene al suelo al ponerla al trasluz de la materialidad histórico-social, lo cual comprueba, según Benjamin, que esta concepción de la identidad, núcleo duro del pensamiento occidental, es simplemente un truismo (Benjamin, 76). De acuerdo a Žižek, esta idea de la identidad como la identidad-de-lo-mismo revela la coincidencia del yo con el lugar vacío de su significación, lo que explica que siempre recurramos a la noción de identidad cada vez que el objeto no puede ser nombrado, y lo ejemplifica estupendamente con el axioma "la Ley es la ley" (Žižek, 34). Buen ejemplo de ideología en estado puro, claro, pero también de cómo la economía tautológica de la identidad revela que ésta, en última instancia, carece de sustancia, es puro valor de cambio escamoteado como valor de uso. Siguiendo la misma lógica del capital y la mercancía, el valor de la identidad es una pura relación de intercambio, un signo vacío cuyo significado depende de las contingencias del mercado de capital simbólico.

La clave de esta paradoja podría encontrarse en el proceso de identificación mismo, cuya especularidad se hace inteligible si recurrimos al concepto de interpelación de Althusser, que cumple una doble función: reproducir la hegemonía y transformar al individuo interpelado en sujeto, un sujeto subalterno y heterónomo que se identifica con la formación discursiva que al de-nominarlo lo constituye como tal (Althusser). En esencia, la interpelación althusseriana designa un proceso de reconocimiento ideológico basado en el desconocimiento de que se trata de un acto: para sentirse interpelado y devenir sujeto, el individuo debe sentirse "elegido" por el "llamado" de la ideología, sin advertir que en realidad es él mismo quien instaura, en el acto de identificación, la supremacía de ésta en forma retroactiva. Todo con el indeliberado, inconsciente propósito de ocultar la pavorosa verdad de que su identidad es apenas un gesto, el acto arbitrario y contingente de la identificación. Es el mismo sujeto quien autoriza, al comportarse como súbdito, la autoridad del imaginario social (Balibar, 41; Lacan II). Sujeción deseada, por supuesto, porque el sentimiento de pertenencia produce placer y el sujeto sólo es en plenitud en y por el placer, la *jouissance* donde encuentra su siempre imposible *Dasein*. Alusiva y elusiva, la *jouissance* constituye, de este modo, la sustancia de toda ideología, que no es, en última instancia, sino una perversa fuente de placer.

Éste es el campo de lucha del imaginario social, que no suministra una imagen de la realidad, sino la realidad misma. Repositorio de imaginemas –significantes vacíos y flotantes que suturan al individuo a la institucionalidad social– el imaginario social, así como su contraparte, la imaginación radical, no es una creación indeterminada y *ex-nihilo*, sino una fabricación retroactiva que se vive como si fuera más real que lo real, aunque esto no se sepa y precisamente porque no se sabe (Castoriadis, 362). Ni estrictamente simbólico ni exiguamente real, y menos aún racional, el imaginario social dispone las redes simbólicas que confieren sentido a cada formación cultural. Interpelado como sujeto, el individuo va identificándose con el imaginario social cuya función primordial es moldearlo y adaptarlo a un "nosotros" colectivo y vacío. Interpelación que no puede operar exclusivamente en el plano simbólico, ya que tiene que estimular un más oscuro mecanismo libidinal para generar el placer que liga a los individuos en torno a una fantasía colectiva.

El régimen de acumulación flexible y combinado

Lo novedoso de la globalización no es la expansión comercial a escala mundial, ni la revolución informática, ni la erosión de la soberanía del Estado, ni la emergencia de una cultura global y cosmopolita. Su más rotunda novedad reside en la subsunción de las distintas esferas de la vida social, el tiempo y el espacio a la lógica expansiva y acumulativa del capital, lo cual hace coincidir como nunca antes la producción de riqueza con la producción de *jouissance*, la extracción de plusvalía con la extracción del *plus-de-jouir*, la explotación del trabajo con la explotación del deseo (Aglietta; Lipietz; Harvey; Hoogvelt; Lee). En una palabra, la novedad de este nuevo régimen de acumulación global, flexible y combinado, reside en la importancia económica que adquiere la producción, distribución y consumo de valor simbólico-afectivo, que dispone así un grado superior de convergencia entre la economía, la política y la cultura. Y ello es así porque toda sociedad opera, no importa el régimen político, el nivel de desarrollo tecnológico o las estructuras socio-económicas de que se trate, sobre dos ejes, la circulación de bienes materiales –jurisdicción de la economía política, que movida por el trabajo genera valor– y la circulación de bienes simbólicos –jurisdicción de la economía libidinal, que movida por el deseo genera placer–.

La formidable acumulación que hace posible este régimen se debe a la redoblada y combinada extracción de plusvalía, tanto relativa como absoluta, mediante una compleja división internacional y transnacional del trabajo a escala mundial; pero más importante aún, de la extracción de plusvalía del deseo, por la constante integración de nuevos mercados consumidores y de nuevos consumidores al mercado. Esta reconversión ha instalado el trabajo inmaterial –y particularmente el trabajo afectivo–, así como el consumo –antes que nada el consumo simbólico-afectivo– en el centro de un sistema que fagocita todas las esferas de la vida social, volviendo inoperante la distinción entre lo material y lo simbólico, la base y la superestructura, lo real y lo imaginario (Negri; Hardt y Negri, 29). Así como en los albores del XIX se produjera la subsunción real del trabajo y la naturaleza (lo que Polanyi denominara la "gran transformación"), el régimen de acumulación flexible y combinado ha gestado el pasaje de la subsunción formal a la sunsunción real, extensiva e intensiva, de aquellas esferas que todavía guardaban cierto grado de autonomía respecto al capital, desde la reproducción de la vida y la fuerza de trabajo, a la regulación del tiempo libre y el futuro virtual, y la biopolítica del cuerpo y la subjetividad (Polanyi; Lipietz).

Pieza central en este modo de regulación de lo social, el consumo cumple una extraordinaria función político-cultural, porque en la economía de la abundancia no se consumen objetos, sino imágenes, símbolos, sentimientos que nos dicen cuánto valemos y quiénes somos. El consumo –y particularmente el consumo cultural– opera a través de la captura de la fuerza del deseo, mediante la incitación y manipulación de los afectos y el corrimiento de los umbrales del placer siempre más allá de su posible realización, atizando el consumo y reforzando el consumismo como estilo de vida. Caracteriza un sistema en el que las mercancías valen en tanto signos y los signos en cuanto mercancías; un sistema en el que todo lo que se produce e intercambia (objetos, servicios, cuerpos, sexo, información, entretenimiento, vida) tiene un valor simbólico-afectivo y es por ello traducible al más absoluto de los signos, el dinero. Un sistema en el que todo pertenece a la jurisdicción de una economía político-libidinal. La confluencia de la cultura del consumismo con el consumo de cultura consuma así el más insidioso, subrepticio y aplastante síntoma de la globalización. Por ello, el consumo, polea de transubstanciación de los símbolos en mercancías, cumple una función estructural en la economía político-libidinal, cuya instancia determinante no es ya la mercancía, regulada por la objetividad última del producto, ni la cultura, redimible siempre de su mercantilización como acto trascendente y sublime, sino la unidad formal, indisoluble ya, de la mercancía y el signo (Baudrillard, *Crítica*, 172-173).

La fuerza del deseo

En tanto Marx pudo intuir la productividad inherente al consumo, no podía sospechar siquiera la expansión que alcanzaría el capital al subsumir el deseo a la lógica de la mercancía o, dicho en otros términos, cuando la lógica de la mercancía, operante en la economía política, subsumiera el universo simbólico-afectivo, jurisdicción de la economía libidinal: "Toda producción deseante ya es de un modo inmediato consumo y consumación", dirán mucho más tarde Deleuze y Guattari (24). Es lo que analizara Baudrillard hacia los años 70 bajo el término de *consumitividad*: "Así como el trabajo concreto va poco a poco abstrayéndose en fuerza de trabajo para hacerlo homogéneo a los medios de producción (…) así también se va abstrayendo y dividiendo el deseo en necesidades para hacerlo homogéneo a los medios de satisfacción (productos, imágenes, objetos-signos, etc.) y multiplicar así la consumitividad" (*Crítica*, 81). O, dicho en términos spinozianos, estaríamos ante la explotación de la fuerza de deseo mediante la manipulación de los afectos: "according as a man is affected through external causes by this or that kind of pleasure, pain, love, hatred, etc., so will his desire be of one kind or another (…) Thus there are as many kinds of desire, as there are kinds of objects whereby we are affected" (Spinoza, Parte 3, Proposición, 56). El deseo, de acuerdo a Spinoza, constituye junto a la voluntad la esencia misma de lo humano, dado que su función es preservar el ser. Es una fuerza latente que se dispara al ser inducida por afectos que afectan directamente la capacidad de acción del cuerpo, aumentándola o reduciéndola. Según el poder de acción del cuerpo y el grado de conciencia del individuo, los afectos devengarán acciones (procesos transitivos donde el sujeto actúa) o pasiones (estados pasivos donde el sujeto es actuado) (Spinoza, Parte 3, Definición, 3).

De aquí proviene la concepción del deseo como fuerza y productividad, intensidad e intención propuesta por Deleuze y Guattari, quienes parten de una crítica a la noción psicoanalítica clásica, según la cual el deseo se limita a llenar la carencia del objeto deseado produciendo un objeto sucedáneo de naturaleza alucinatoria o fantasmática. En otras palabras, la productividad del deseo y, por ende, la realidad misma del objeto producido, habrían sido acotadas a la realidad psíquica, lo cual significa que mientras el objeto real del que el deseo carece refiere a una producción natural o social extrínseca, el deseo se limitaría a producir un objeto imaginario, que duplica lo real. Siguiendo con esta lógica psicoanalítica, las necesidades se definirían por la carencia relativa de un objeto determinado, mientras el deseo se ocuparía de producir un fantasma, separándose aún más del objeto real y redoblando la carencia, sublimada como "una incurable insuficiencia del ser". Para Deleuze y Guattari, en cambio, "si el deseo produce, produce lo real. Si el deseo es productor, sólo puede serlo en realidad, y de realidad". Al restringir la productividad del deseo a la esfera de lo fantasmático, dicen, el psicoanálisis se enreda en una concepción idealista del deseo como carencia, cuando en rigor el deseo no carece de nada. Según Spinoza, "in no case do we strive for, wish for, long for, or desire anything, because we deem it to be good, but on the other hand we deem a thing to be good, because we strive for it, wish for it, long for it, or desire it" (Parte 3, Definición 9). Por ello, el deseo acicateado por el placer es siempre más fuerte que el deseo estimulado por el dolor, en tanto el primero es movido siempre por una causa externa, mientras que el segundo se sustenta en la sola voluntad del individuo: "The force of any passion can overcome the rest of a man's activities or power, so that the passion becomes obstinately fixed to him" (Spinoza, Parte 4, Proposición, 6). Este es el nudo gordiano que ata la economía libidinal a la economía política.

Cuando, consumo mediante, el deseo es subsumido a la lógica acumulativa del capital, la economía libidinal pasa a ser regulada por la misma ley de la caída tendencial de la tasa de ganancia, en este caso de la tasa de placer, que sólo puede mantenerse en alto mediante una más extensa e intensiva explotación del deseo en la forma de plusplacer (*plus-de-jouir*), excedente del placer necesaria y permanentemente insatisfecho, que empuja así a la constitución de nuevos objetos de deseo, activando el consumo y con él la economía. Esto se obtiene, como veremos en seguida, mediante la conversión del deseo en antojos y la inducción de un estado de angustia sistémica, pero guarda relación también con lo que Baudrillard considera el pasaje de una lógica de la representación a una lógica de la simulación (*Crítica*), proceso de autonomización de la producción de valor (simbólico y económico) de toda servidumbre o referencia a lo real que, en rigor, implica la profundización de una misma lógica, la lógica de la equivalencia de la mercancía-signo, que ahora se vuelve auto-referencial y retro-alimentada. Cuando los signos cesan de representar un referente externo y las mercancías de satisfacer necesidades, lo real es fagocitado en una hiperrealidad que escamotea el hecho de que lo real ya no es más lo real, pues todo pertenece a una economía político-libidinal, resguardando de ese modo el principio de la realidad. Gracias a este enmarañamiento de la economía libidinal con la economía política, del aumento de la apropiación de plusplacer, complementario de la apropiación de plusvalía, depende entonces el aumento sostenido de la tasa de ganancia. La obtención de placer –realización del valor de uso simbólico-afectivo que encarna el objeto de deseo– resulta así efecto y coartada del valor de cambio de la mercancía, pues en la sociedad de consumo de la abundancia, donde la inmediata satisfacción de las necesidades está, en principio, teóricamente garantizada, la satisfacción del deseo es empujada siempre más allá por una maquinaria que crea siempre nuevos antojos, con lo cual el deseo termina produciendo deseo (Deleuze y Guattari 35; Bauman, *Globalization* 82-3). En el consumo, así, no sólo se satisfacen necesidades y consuman deseos: también se producen nuevos deseos que, en forma de antojos, se justifican ideológicamente como necesidades. Es por ello que la consumitividad, que explota la productividad del deseo y facilita la reproducción ampliada de deseos, es estructural al régimen de acumulación flexible y combinado.

Lo paradójico es que el placer reside más en el acto de desear que en la satisfacción del deseo, dijera Pascal; en el juego de la seducción y no en la posesión del objeto, agregaría Kierkegaard (Bauman 2002, 181-182); en el flujo descodificador del deseo, que no carece de nada, ni siquiera de objeto, complementarían Deleuze y Guattari (1985). Dilación y suspenso en los cuales reside la productividad del deseo, que acicateada por la publicidad y canalizada en el consumismo, se transmuta en fantasías deseantes (Bauman, *Society* 75). Pues el consumismo derriba todos los obstáculos al libre vuelo de las fantasías, con el fin de adecuar el principio del placer al principio de la realidad, y cuando los flujos del deseo pasan a ser dictados desde el mercado, se vuelven ubicuos, pero como simulación generalizada, en la forma de antojos. La fluida e indeterminada productividad del deseo, que produce su propio objeto mediante la catexis, es capturada y transmutada en antojos, fabricados mediante la manipulación de las fantasías por la oferta inagotable de objetos de deseo y la libertad ilimitada para obtenerlos. Los antojos son los encargados de fijar la energía libidinal en objetos predeterminados bajo la promesa de una gratificación inmediata, lo cual colapsa el futuro en un presente absoluto pero efímero, obsolescente, desechable (Lash y Urry, 245). De ahí la angustia que abruma al consumidor, adicto a la búsqueda de nuevas fantasías. Los antojos, que a diferencia del deseo no requieren de coartadas ni justificaciones, pues su objeto está fijado de antemano (y en esto se asemejan a las necesidades), completan así la "liberación" del principio del placer, aparentemente reconciliado al principio de la realidad (Bauman, *Liquid*, 76).

Esto explica que la angustia que el consumismo genera no sea casual ni arbitraria, en tanto desempeña una función central en la economía político-libidinal. Como dice Renata Salecl, el consumidor se debate entre la melancolía y la euforia. Melancolía alentada por el miedo al fracaso en una sociedad que obliga a gozar y ser feliz; euforia ante la aterradora certeza de tener la felicidad al alcance de la mano. Porque la angustia no proviene de la carencia del objeto de deseo, sino todo lo contrario, de su exceso sofocante y la inminencia de la *jouissance*. La indeterminación que la libertad implica –la probabilidad de lo posible– abre el abismo de la incertidumbre y la agonía en una sociedad que aparentemente no demanda nada, excepto alcanzar la *jouissance* y realizar a plenitud la individualidad, con lo cual la demanda, asumida por el sujeto como propia, se enreda en la culpa. Por ello el consumismo constituye, para Baudrillard, un nuevo tipo de servidumbre y un mecanismo estratégico de poder, en el cual la liberación de las necesidades y la realización del individuo se consuman en su conversión en consumidor (*Crítica*, 83-84). Desublimación represiva llamaba a esto Marcuse; desublimación dirigida, Baudrillard. Deseo reificado en forma de antojos que operan sobre la fetichización del valor simbólico. Y por eso el sujeto, en su rol de consumidor, personifica la realización sublimada del valor de uso, material y simbólico, pues en tanto cree identificarse con su objeto de deseo se está identificando en realidad con el valor de cambio de la mercancía y el signo.

Economía libidinal y subjetividad

Freud fue el primero en establecer los principios de una economía libidinal. En *El malestar en la cultura*, publicado en 1930, sostiene que la cultura constriñe la existencia social y biológica del ser humano, aunque constituya, paradójicamente, su condición de posibilidad. De acuerdo a esto, el propósito de la vida es simplemente realizar el principio del placer; la felicidad, en sentido estricto, consistiría en satisfacer las pulsiones y necesidades del cuerpo y la mente. Pero las restricciones al placer impuestas por la sociedad y la cultura terminan por demostrar al individuo que la felicidad es irrealizable, pues el principio del placer está subordinado al principio de la realidad. Por lo cual, concluye Freud, la felicidad correspondería a la jurisdicción de una economía libidinal: la carencia o escasez de placer, prohibiciones sociales mediante, demuestran al sujeto que al no ser posible satisfacer a pleno el principio del placer, lo aconsejable es resignarse al principio de la realidad.

Como rectificara más tarde Marcuse, así como no es la escasez misma sino la organización social de la escasez, cuyo fin es distinguir y asignar jerarquías, lo que determina las necesidades sociales, es también la organización social de las prohibiciones, y con el mismo propósito de control social, lo que determina la carencia de placer que estimula el deseo (Marcuse, *Eros*, 36). Mientras la economía política se ocupa de la administración de la escasez —escasez que determina las necesidades sociales en un momento histórico dado—, la economía libidinal administra las prohibiciones que establecen la escasez relativa de placer y definen, por ende, qué da placer. La producción —material y libidinal— nunca es organizada en función de una escasez anterior, es la escasez la que se instala social y simbólicamente. Es el arte del vacío como economía de mercado: organizar la escasez y la carencia, hacer que todo el deseo recaiga en el gran miedo a carecer, hacer que el objeto dependa de una producción real que se supone exterior al deseo, mientras la producción del deseo se deriva a lo fantasmático

(Deleuze y Guattari, 35). Para Freud, quien se refería a la sociedad victoriana moderna, caracterizada por su ética del trabajo, el ahorro y el aplazamiento de las satisfacciones a futuro, esto conducía a la sublimación represiva del deseo. Sublimación represiva o, como diría Lacan, enganchamiento del sujeto al plano del lenguaje y lo simbólico, que según Marcuse establece los límites de la modernidad, cuando el individuo se resigna a la promesa de un placer diferido pero seguro; un placer racionado y acotado, muchas veces sublimado, que preserva en el principio de realidad el principio del placer.

Pero la coartada de la escasez pierde todo sentido en una economía de la abundancia en la que los avances de la tecnología y los niveles de productividad material alcanzados permitirían satisfacer las necesidades de toda la humanidad y reducir la jornada laboral sustancialmente. La pobreza global no se explica por la incapacidad productiva del sistema, sino por la distribución desigual, estructural y sistemática de la riqueza. Ahí reside la irracionalidad de la racionalidad capitalista. Una sociedad de la abundancia donde el estoicismo del trabajo, el ahorro y el aplazamiento de las satisfacciones a futuro han sido remplazados por el hedonismo del consumo, el endeudamiento y la gratificación inmediata, determinando el remplazo de la sociedad disciplinaria moderna, sustentada en el Estado y las ideologías, por la sociedad de control posmoderna, posideológica y posestatal. Una ética del *carpe diem* que privilegia el presente sobre el futuro, la estética sobre la política, los sentimientos sobre la razón, y constituye en definitiva un nuevo dispositivo de control, hegemónico, que ha desplazado a las viejas ideologías, y se materializa en las formas mismas del intercambio social, proporcionando al sujeto la *jouissance* donde realiza su identidad social e individual, y donde se autoriza la hegemonía del imaginario social. Sujeción deseada, como he dicho antes, porque el sentimiento de identidad conforta y da placer, y el sujeto sólo se realiza plenamente en y por el placer.

Por ello es más en el consumo que en el trabajo donde se configuran hoy la identidad, la subjetividad, la ciudadanía; no sólo en las posibilidades materiales de acceso al consumo, que determinan la estratificación económica, sino en el valor simbólico y las afinidades afectivas obtenidas en el acto de consumir; no ya en los objetos efectivamente consumidos sino en la ilusión de consumirlos y en la fantasía de que esos sueños son rigurosamente personales. El sujeto, en tanto consumidor, tentado por deseos desconocidos, se convierte en un obseso en pos de una quimera, cuya obtención le dejará siempre insatisfecho, incompleto, vacío. Esto explica, claro está, la profunda inestabilidad de las identidades sociales y políticas, así como la crisis de valores en una sociedad donde todo se vende y todo se compra, donde todo es relativo, intercambiable, donde todo es simulacro y el valor adquiere una presencia ubicua y fantasmática.

Esta crisis de valores se complementa con la ilusión de libertad que genera el consumo (cuando la consumación del ser implica la diaria consumisión del instante), libertad de supermercado que me recuerda siempre el perverso sofisma de la doctrina del libre albedrío: siempre nos queda la libertad de escoger el camino del infierno. Incitado a escoger en forma permanente de un abultado menú de lo mismo, el consumidor se siente dueño de su destino, y es precisamente en ese instante cuando cesan sus aspiraciones por ser libre. Sentimiento de libertad que resulta así un sofisticado mecanismo de ingeniería social (Marcuse), si bien el concepto de alienación individual resulta obsoleto para explicar un sistema en el cual los individuos se identifican, graciosa y felizmente, con una existencia socialmente alienada. Identificación que no es ilusoria, sino real, y alienación que no es ya individual sino social, no es subjetiva sino objetiva. La ideología misma ha sido subsumida en la realidad –lo cual autoriza a que los ideólogos puedan celebrar el fin de las ideologías– del mismo modo que el principio de la realidad lo fuera en el principio del placer. El consumidor es forzado a escoger y el individuo a ser libre; el deseo es conminado a invertirse en una catexis permanentemente devaluada por la obsolescencia planificada y el sujeto instado a reciclar su identidad en la inquietante seducción de la estética. El espectro de las satisfacciones socialmente aceptables se expande indefinidamente, pero esta satisfacción encoge el principio del placer –y reduce la creatividad del deseo– al privarlo de los reclamos inconciliables con el statu quo. El deseo, dirigido y domesticado, termina por generar conformismo y sumisión, al dejar al individuo –embriagado en la libertad y la felicidad de la utopía realizada, una utopía sin *topos*, dice Bauman, que oblitera la posibilidad de la utopía– sin motivos para rebelarse (Bauman, *Society*, 145). Ahí reside la unidimensionalidad del presente modo de vida en esta sociedad que parece fagocitar toda forma de oposición y diferencia en un régimen de inmanencia que se dice posideológico, poshegemónico y posmoderno (Marcuse). Una cultura pornográfica y obscena, en la cual todos son signos visibles, necesarios (Baudrillard, *Seduction*, 34). Una sociedad organizada a partir de relaciones de seducción, dijera Lipovetsky, más que de producción, en tanto la seducción modela nuestro mundo según un proceso sistemático de personalización, que consiste en reemplazar la demanda por la oferta, la interpelación ideológica por la libertad de elección, la homogeneidad por la diversidad, la austeridad por el despilfarro (Lipovetsky, 17-19). De hecho, es este proceso de personalización el que, al proscribir cualquier posición trascendente (política, ideológica, religiosa), engendra una existencia hedonista y una subjetividad narcisista, abandonadas al vértigo de la seducción, cuyo propósito, como dice Baudrillard (*Seduction*, 86), es provocar y engañar al deseo, que existe por apenas un instante para arder en la hoguera de la desilusión. En un sistema organizado según el principio de personalización, los ideales y valores que hacen a la esfera pública se devalúan, siendo reemplazados por el culto del ego, el éxtasis de la realización individual y la obsesión por la apariencia personal. La indiferencia por lo social y la apatía política constituyen un nuevo modo de socialización flexible, una emancipación de la individualidad necesaria para el funcionamiento de un régimen de acumulación fundado en la oferta incesante de nuevas experiencias. Se trata de una subjetividad que sustituye el estoico individualismo moderno, arrebujado en la ideología del progreso, por un individualismo puro, desprovisto de servidumbres teleológicas y horizontes trascendentales, que permite al sujeto, narcisismo mediante, encapsularse en su relación consigo mismo y con los otros, con el tiempo y la afectividad.

Obras citadas

Aglietta, Michel. *A Theory of Capitalist Regulation. The US Experience*. London: NLB, 1979.

Althusser, Louis. "Ideology and Ideological State Apparatuses". *Lenin and Philosophy*. Trad. Ben Brewster. New York: Monthly Review Pess, 1971, pp. 127-186.

Balibar, Etienne. "Citizen Subject". *Who Comes After the Subject?* Eds. Eduardo Cadava, Peter Connor y Jean-Luc Nancy. London: Routledge, 1991, pp. 33-58.

Baudrillard, Jean. *Crítica de la economía política del signo*. México: Siglo XXI, 1997 (1972).

— *Seduction*. New York: St. Martin's Press, 1990 (1979).
BAUMAN, Zygmunt. *Globalization. The Human Consequences*. New York: Columbia University Press, 1998.
— *Liquid Modernity*. Cambridge: Polity, 2000.
— *Society under Siege*. London: Polity, 2002.
BENJAMIN, Walter. *Selected Writings Volume 1, 1913-1926*. Eds. Marcus Bullock y Michael W. Jennings. Cambridge, MA/London: The Belknap Press of Harvard University Press, 1996.
CASTORIADIS, Cornelius. *The Imaginary Institution of Society*. Cambridge: Polity Press, 1987.
DELEUZE, Gilles y Félix GUATTARI. *El Anti-Edipo. Capitalismo y esquizofrenia*. Barcelona: Paidós, 1985.
FREUD, Sigmund. *Civilization and its Discontents*. New York: W.W. Norton, 1961.
GRINBERG, León y Rebeca. *Identidad y cambio*. Buenos Aires: Ediciones Kargieman, 1971.
— *Psicoanálisis de la migración y del exilio*. Madrid: Alianza Editorial, 1984.
HARDT, Michael y Antonio NEGRI. *Empire*. Cambridge, MA: Harvard University Press, 2000.
HARVEY, David. *The Condition of Postmodernity. An Enquiry into the Origins of Cultural Change*. Cambridge, MA: Blackwell, 1990.
HEIDEGGER, Martin. *Identity and Difference*. New York: Harper & Row, 1969.
HOOGVELT, Ankie. *Globalization and the Postcolonial World. The New Political Economy of Development*. Baltimore, MD: The Johns Hopkins University Press, 2001 (1997).
LACAN, Jacques. *Escritos*. México: Siglo XXI, 1998.
LASH, Scott y John URRY. *Economies of Signs and Space*. London: Sage, 1994.
LEE, Martín J. *Consumer Culture Reborn. The Cultural Politics of Consumption*. London: Routledge, 1993.
LÉVI-STRAUSS, Claude. *L'identité. Séminaire interdisciplinaire, 1974-1975*. Paris: Bernard Grasset, 1977.
LIPIETZ, Alain. "The next transformation". *The Milano Papers: Essays in Societal Alternatives*. Ed. Michele Cangiani. Montreal: Black Rose Books, 1996, pp. 112-140.
LIPOVETSKY, Gilles. *La era del vacío*. Barcelona: Anagrama, 2006.
MARCUSE, Herbert. *One-Dimensional Man. Studies in the Ideology of Advanced Industrial Society*. Boston: Beacon Press, 1964.
— *Eros and Civilization. A Philosophical Inquiry into Freud*. Boston: Beacon Press, 1966.

NEGRI, Antonio. "Value and Affect". *Boundary 2*, 26.2 (1999): 77-88.
POLANYI, Karl. *The Great Transformation*. New York: Octagon Books, 1975.
SALECL, Renata. *On Anxiety*. London: Routledge, 2004.
SPINOZA, Benedict de. *The Ethics*. Part III: *On the Origin and Nature of the Emotions*. Traducido del latín por R. H. M. Elwes (1883). Escaneado y revisado por Edward A. Beach, <http://www.yesselman.com/e3elwes.htm>.
— *The Ethics*. Part IV: *Of Human Bondage or the Strength of Emotions*. Traducido del latín por R. H. M. Elwes (1883). Escaneado y revisado por by Edward A. Beach, en <http://www.yesselman.com/e4elwes.htm>.
ŽIŽEK, Slavoj. *For They Know Not What They Do. Enjoyment as a Political Factor*. London: Verso, 1991.

La productividad del afecto en un contexto post-social

Juan Poblete
University of California-Santa Cruz

Investigo cuestiones descritas por las oposiciones visibilidad/invisibilidad, materialidad/virtualidad, incorporación/exclusión en el contexto de la vida diaria en zonas de contacto cultural y político en los Estados Unidos y México en tiempos de globalización neoliberal post-social. Mi hipótesis es que algunas de las dinámicas espaciales y subjetivantes que han dominado tanto la militarización de la frontera física y la maquilización de la estructura productiva como la hibridación y el contacto entre lenguas y culturas en las zonas de frontera, se reproducen en el ámbito de la vida cotidiana de los migrantes y de los estadounidenses más allá de la localización geográfica fronteriza. Quiero hablar de cómo lo virtual y lo real, lo sociopolítico y lo económico se juntan en un régimen de socialidad que organiza y afecta los cuerpos y las experiencias tanto de los migrantes como de los no migrantes a partir de la movilización diferencial del miedo y la inseguridad, de la liberación del racismo, apenas reprimido, y el mutuo resentimiento.

Ya en 1990, al explicar las condiciones de la posmodernidad, David Harvey había hablado del quiebre del compromiso keynesiano que otorgaba salarios que permitían el consumo a los trabajadores, porque entendía producción y consumo como procesos integrados por dinámicas espaciales de coexistencia en un mismo mercado y sociedad nacionales. Ahora, en cambio, decía Harvey hace ya dos décadas, la separación de los espacios y actores involucrados en la producción (en el Tercer Mundo) y el consumo (en el Primero), significaba el fin de tales premisas y permitía la explotación metropolitana de la fuerza de trabajo sin consideración real de sus condiciones de reproducción en el *allá* tercermundista (Harvey, *The Condition*). El nuevo espacio del neoliberalismo post-social que afecta ahora a los migrantes en los Estados Unidos está, en cambio, en proceso de transformar esa separación espacial extranacional, entre un aquí y un allá distantes, en una coexistencia intranacional que, aunque lucra económicamente de la misma desconsideración, ha internalizado intranacionalmente aquella jerarquizada geografía bipolar.

Esto ocurre en un macrocontexto político epocal en que el Estado, que en el capitalismo industrial había encontrado su forma de legitimación en la expansión universalizante de derechos sociales y bienestar, busca ahora —cuando se ha producido una separación relativa entre poder y política— otra forma de legitimación, y la encuentra no en la provisión de un mínimo de seguridad social para *todos* sus ciudadanos, sino en la provisión de seguridad policial y en la explotación política del miedo de *algunos* ciudadanos hacia los otros, excluidos o semi-excluidos.

Esta reterritorialización de lo social, lo político y lo cultural define en los Estados Unidos la geografía social de lo post-social. Entre sus factores constitutivos menciono: una privatización del riesgo social y de su administración en sociedades post-sociales (en las cuales las pensiones, la seguridad social, la salud, la educación y otra serie de derechos a 'servicios sociales' antaño sólidamente establecidos son total o parcialmente privatizados pasando a depender de las contribuciones de cada individuo y del estado del mercado financiero, con el consiguiente aumento de la ansiedad y la inestabilidad); un cambio desde una economía donde muchos de cuyos buenos empleos estaban en la manufactura industrial de alta intensidad de trabajo a otra economía posindustrial de servicios y de menor intensidad laboral; una flexibilización de la fuerza de trabajo como resultado de la cual muchos empleos de baja calificación y aun de manufactura son ocupados por inmigrantes documentados o indocumentados que reciben salarios altamente explotadores; un racismo histórico —resultado tanto de las historias de colonización y esclavitud y sus legados como de la historia de sucesivas olas migratorias europeas y no europeas—

que resulta exacerbado por la necesidad psicológica y política de encontrar culpables de los cambios negativos y de movilizar votantes en tiempos de radical reestructuración de las formas de la economía, la política y lo social.

Por condición post-social entiendo, de este modo, a aquella que resulta de la transformación del Estado-benefactor, con el fin de su *ethos* de lo social como compromiso solidario administrado por el Estado, y su reemplazo por un Estado competitivo cuya racionalidad deriva de la versión neoliberal de la economía, y cuyo *ethos* en vez de socializar y distribuir el riesgo solidariamente, lo individualiza y privatiza (Rose). De hecho, según señala un estudio económico, en los Estados Unidos hay una correlación directa y negativa entre la diversificación étnica de la población y la voluntad de una comunidad urbana de invertir recursos en bienes públicos como la educación, los caminos, el alcantarillado y la recolección de basura:

> …our results are mainly driven by how white majority cities react to varying minority group sizes. The finding is that voters choose lower public goods when a significant fraction of tax revenues collected on one ethnic group are used to provide public goods shared with other ethnic groups (Alesina, Baqr y Easterly, 1244).

Dicho de otra manera, los votantes –y los votantes activos en California y en el resto del país continúan siendo desproporcionadamente blancos– prefieren siempre programas que benefician a gente como ellos y no a los otros grupos étnicos o raciales (Schrag, 213)

Al trazar la historia de la emergencia del neoliberalismo en los Estados Unidos en *The Twilight of Equality*, Lisa Duggan contrasta culturas de redistribución hacia abajo (progresistas) y hacia arriba (conservadoras) y se pregunta cómo es posible que la clase media norteamericana, que había sido la principal beneficiaria de las políticas sociales del Estado-benefactor (*welfare state*) desde los años cincuenta a los setenta, terminara en los ochenta y noventa apoyando las políticas económicas de la élite de negocios y una reducción del tamaño del Estado que tantos subsidios y servicios le brindara en el pasado. Su respuesta se basa, en parte, en un proceso de racialización consistente en una espacializacion de las divisiones sociales por vía de los impuestos en la medida en que los blancos que se habían mudado a los suburbios empiezan, a partir de la Proposición 13 en California, a identificar sus impuestos con *sus* servicios, es decir, comienzan a desarrollar una idea privatizada de ciudadanía de consumo, y no publica y cívica. La gente de color es percibida como una carga que no contribuye con impuestos, aunque consumen los servicios financiados por el Estado, mientras que la clase media se autoconcibe como clientes que, en disputa por recursos darwinianamente limitados, pagan pero no reciben todos los servicios por los que pagan (38-42).

Al privatizar su sentido de lo público (el Estado, los impuestos) y culpar al Estado de desperdiciar su dinero con los pobres, la clase media se ha hecho partícipe de una ideología elitista que sólo favorece la concentración del capital y que significa, en la práctica, un acceso considerablemente limitado a servicios sociales, y un aumento considerable del riesgo y la ansiedad sobre el futuro a nivel individual. Paradojalmente, y contra sus verdaderos intereses, esa clase media termina aceptando, como un mal menor, que al encogerse el Estado, al privatizarse lo público, haya cada vez menos servicios socialmente regulados y disponibles. Menos educación pública, menos salud, menos infraestructura, menos seguridad social. Esta privatización de lo público, este encogimiento de lo que concierne a todos, genera, simultánea y contradictoriamente, ésta es mi hipótesis, una sensación de crisis irremediable y la necesidad del acceso privado a algunos de estos servicios a través del trabajo proporcionado por los otros racializados, los inmigrantes, a costos a menudo inferiores al mínimo legal. En otras palabras, genera tanto confianza y satisfacción privatizadas, como desconfianza y miedo generalizado; tanto interdependencia y contacto como repulsión y externalización. Como señalan Waldinger y Lichter, la preferencia de los empleadores por trabajadores inmigrantes para trabajos que pagan mal, están socialmente estigmatizados y requieren gran esfuerzo físico, va, con frecuencia, perfectamente de la mano

> with an aversion to the immigrants and their communities. (...) A furniture manufacturer with a heavy foreign-born workforce conceded that immigration 'creates the quality of my life,' but also told us that 'on a personal level where we live, a lot of us see the quality of life deteriorating and a lot of us feel it is because of immigration (Waldinger y Lichter, 163-164).

Es la misma lógica contradictoria que, identificando a los inmigrantes simultáneamente como trabajadores y como extraños/extranjeros, genera paradójicos paisajes de miedo suburbano en donde los mismos inmigrantes que prestan los servicios en las casas de la clase media son identificados como la fuente de ansiedad y miedo en las calles (Hill Maher).

El espacio post-social estadounidense, entonces, se nutre de al menos tres grandes fuerzas que operan en el nivel de la experiencia de la vida cotidiana de migrantes y no migrantes que definen las formas y posibilidades de su interrelación: la privatización del riesgo y de los antiguos servicios sociales, la transformación de la estructura productiva y de empleo y los legados históricos del racismo consuetudinario. Capitalismo, Estado, espacio y subjetividad se encuentran penetrando el cuerpo de migrantes y no migrantes y organizando sus interrelaciones y experiencias. El propio Harvey, por ejemplo, señala que la globalización y el cuerpo son dos categorías utilizadas para entender fenómenos contemporáneos situados en los extremos de las formas de escala o perspectiva, de lo más macro y abstracto a lo más micro y concreto, Para Harvey, como para Marx antes de él, el desafío político y epistemológico es cómo conectar estas escalas a partir de una comprensión de su mutua interdependencia e interrelación (Harvey, *Spaces*, 15).

Propongo pues hacer este análisis, capturar la experiencia de la frontera entre cuerpos migrantes y capitalismo de lo posindustrial y post-social en los Estados Unidos, como extensión de aquellas lógicas sociales y productivas. Globalización implica en este contexto no simplemente la forma neoliberal del capitalismo contemporáneo, sino también sus manifestaciones tanto o más poderosas en el ámbito de la constitución de las subjetividades sociales y la movilización del afecto. Quiero pensar entonces algunos casos en que la frontera entre los Estados Unidos y México resulta desplazada y multiplicada en el ámbito de la vida cotidiana tanto en los Estados Unidos como en México. Lo hago en dos partes. La primera la desarrollo en un ensayo en preparación y se ocupa del cuerpo migrante y su materialidad como la última frontera en la expansión y radicalización del capitalismo posindustrial en dos textos fílmicos: *Un día sin mexicanos/A Day Without A Mexican* (2004, Sergio Arau) y *Sleep Dealer* (2008, Alex Rivera). En la segunda, desarrollada en lo que resta de este ensayo, destacaré algunos espacios post-sociales de frontera al interior de los Estados Unidos en donde predomina una cierta forma de estructuración y explotación del afecto, entre ellos, la esquina urbana y los restaurantes.

Ya en 1991, Michael Kearney, uno de los pioneros del estudio trasnacional de las migraciones, había identificado con gran precisión la paradójica pero no menos real forma de inclusión/exclusión que afecta a los inmigrantes latinos en los Estados Unidos debido a las políticas y prácticas inmigratorias en el país:

> This situation results from the special nature of labor as a commodity that is enbodied in persons and persons with national identities. Foreign labor is desired, but the persons in whom it is embodied are not desired. The immigration policies of 'receiving nations' can be seen as expressions of this contradiction and as attempts to resolve it. For the task of efffective immigration policy is to separate labor from the jural person within which it is embodied, that is, to disembody the labor from the migrant worker (Kearney, 58).

Los dos filmes arriba mencionados hablan de la virtualización de la presencia siempre ya fantasmal de los mexicanos en la producción de la vida estadounidense en un momento post-social. Esta virtualización es parte de un proceso social más amplio caracterizado por: la inclusión diferencial (o relativa inclusión/exclusión) de vastos sectores sociales de origen étnico y/o inmigrante, el agravamiento de las diferencias de clase, el aumento de la paranoia y el miedo en la clase media, apretada entre los que están debajo, que desprecia y teme, y los que están arriba, que le ha cerrado el paso efectivo a considerables contingentes mesocráticos y ha disminuido así el poder del sueño americano del ascenso social continuo, reemplazándolo con la permanente angustia de su inversión.

Si la neutralización de la percepción de los otros, la indiferencia hacia los desconocidos en la ciudad, que estudiaron Georg Simmel a comienzos del siglo XX y Ervin Goffman treinta años después, permitía una adaptación de sujetos tradicionales a las nuevas condiciones de la urbe moderna, la vida en la ciudad post-social y en sus alrededores suburbanos en el nuevo milenio produce, en el mejor de los casos, la internalización de una forma de descuido por el otro y su suerte con una aceptación, con diversos grados de tolerancia, de su necesaria presencia; y en el peor, su simultánea persecución y denuncia, basados en el temor al contagio y la transformación de la identidad.

Hoy, entonces, nos enfrentamos a una extensión perversa de aquella lógica de la experiencia moderna en el espacio urbano. En dicha extensión la indiferencia y la aversión hacia los otros se carga ahora de tonos jerárquicos y racistas que permiten tolerar la muy subterránea pero esencial presencia de los otros étnicos y migrantes como condición del acceso a servicios sociales –desde la salud a los alimentos pasando por el cuidado de los niños y los jardines– de otra manera imposibles. Esta indiferencia y aversión, esta cuasi in/tolerancia, van sin embargo acompañadas simultáneamente de una activa denuncia y criminalización de su presencia y de un esfuerzo violento y xenófobo por controlarlos y externalizarlos, que es precisamente el tipo de contexto que hace posible esos servicios bajo las nuevas condiciones de lo post-social.

La frontera, por lo tanto, se desplaza al ámbito de la vida diaria incluyendo zonas muy alejadas de la frontera geográfica. Se vuelve virtual pero no menos real. La cultura cotidiana en donde se realizan estas intervenciones se torna una frontera o zona de contacto en donde se negocian, disputan y establecen, primero, los sentidos comunes sobre lo que sea la inmigración y sobre la frontera deseada y real, y, luego, los afectos que, en cada uno de los grupos sociales involucrados, resultan de esa visión.

La fronterización al interior de los Estados Unidos

Al investigar, desde la perspectiva de una sociología posnacional, las ciudades globales y las nuevas condiciones socio-económicas y políticas creadas por la globalización, junto a la emergencia de fenómenos que penetran y descentran el Estado-nación, Saskia Sassen se ha referido a un proceso que lleva desde los "national borders to embedded borderings". En un intento de descentrar el nacionalismo metodológico prevaleciente en sociología, Sassen propone pluralizar los regímenes dominantes sobre la frontera. Junto al aparato formal que constituye la frontera como institución hay, dice Sassen, "an as yet far less formalized array of novel types of borderings… The geographic borderline is but one point in the chain; institutional points of border-control intervention can form long chains inside a country" (215).

Consecuente con su esfuerzo por entender cómo funciona la globalización no sólo *entre* países sino *dentro* de un país, Sassen señala que con la pluralización de regímenes de frontera (por ejemplo los distintos tipos de liberalización y restricción que afectan la circulación de capitales y de personas) surge la pregunta: "how bordering, historically represented largely as the protection of the perimeter of nacional territory, functions *inside* the nation-state?" (226). A partir de ella es posible teorizar que cada una de estas nuevas zonas fronterizas *dentro* de la nación dependerán de una cierta mediación social y del funcionamiento de una cierta lógica de lo social.

La ciudad emerge así tanto como una entidad territorial cuanto como una instancia escalar específica que no se deja acotar por las tradicionales separaciones entre lo local, lo regional, lo nacional y lo global. De manera similar podemos sostener que las formas de frontera que definieron las territorialidades, los actores sociales y sus formas de habitar el espacio social y de relacionarse con los otros sufren un proceso que es simultáneamente de multiplicación y de interiorización. Se multiplican las formas e interacciones de frontera o más bien, aquellas en donde predominan lo que podríamos llamar condiciones de frontera entre, por un lado, grupos, clases, segmentos ocupacionales (actores) y formas de segmentación y división espacial (espacios). Se constituye así una forma de lo que Sassen ha llamado "transnationalism in situ" (185) o "nuevas geografías transfronterizas de centralidad y marginalidad" (99). Estas nuevas geografías se fundan en dos procesos análogos y conectados: la desregulación en la parte superior (y sobrevalorada) de la economía y la informalización (en la parte inferior y subvalorada) (117).

Aunque esta expansión y/o multiplicación de la frontera (o 'borderization' en el lenguaje de la autora) depende en el enfoque de Sassen de procesos que ella estudia dentro del ámbito de lo que llama ciudades globales, parece indudable que es posible y necesario extender la idea de la fronterización mucho más allá de esos confines. La forma más obvia de esta expansión es la multiplicación de los puntos de encuentro entre los inmigrantes latinos y el resto de la población estadounidense tanto en ciudades globales como en ciudades y pueblos que son globales de maneras diferentes a las grandes "global cities".

Si antes estos encuentros estaban fundamentalmente limitados a los estados que poseían una frontera física con México o a los inmediatamente próximos, lo que es significativo, si no absolutamente nuevo (piénsese en la más larga presencia mexicana, cubana o portorriqueña en Chicago, Miami y Nueva York respectivamente, por ejemplo) es el nuevo patrón migratorio que ha llevado a los latinos a expandirse por todo el territorio nacional. Las nuevas fronteras de la vida cotidiana tienen lugar (es decir, se ubican espacialmente y acontecen como eventos o experiencias) no sólo en aquellos grandes centros urbanos históricamente ligados a la presencia de inmigrantes mexicanos en el sudeste estadounidense, sino, y muy especialmente, en las nuevas fronteras de estados como Carolina del Norte, Georgia, Oregón y Nevada. Cada uno de estos espacios se torna un escenario en el cual se dramatiza la interculturalidad en zonas de contacto y se movilizan los afectos, el miedo y la inseguridad, el odio, el racismo y la indiferencia, pero también, a veces, la solidaridad y la sociabilidad amistosa. Estos espacios pueden ser concebidos desde al menos dos ángulos según sean fundamentalmente definidos, por una parte, por las condiciones macrosociales claramente explotadoras y simultáneamente hostiles a los inmigrantes (piénsese en las zonas militarizadas de la frontera misma, o en espacios regionales como Arizona y Texas), o por otra, por condiciones microsociales localizadas en donde los resultados específicos pueden cubrir el abanico que va desde la violencia directa al respeto y la aceptación relativa.

Refiriéndose al primer tipo, Gilberto Rosas señala que la intensificación de la vigilancia militarizada de la frontera ha generado, junto al vigilantismo racista y a las reacciones por los derechos de los inmigrantes, lo que llama: "the borderlands condition: a coupling of exceptionality [...] and potent political imaginaries" (344) (xenófobos, racistas y resistentes, entre otros). Rosas añade que esta condición fronteriza se está volviendo más densa y viaja ahora por el interior de los Estados Unidos, separada de sus orígenes en el sudoeste geográfico.

La fronterización de la vida cotidiana

En lo que resta de este artículo, y para concluir, quiero desarrollar un poco más el segundo tipo de espacios microsociales arriba mencionados y destacar su impacto en la vida cotidiana de migrantes y no migrantes. Quiero explorar brevemente dos ejemplos de este segundo tipo de espacio post-social de frontera al interior de los Estados Unidos en donde predomina una cierta forma abierta de estructuración y explotación del afecto. Me refiero a la esquina urbana y a los restaurantes.

En América Latina, crónicas como "La esquina es mi corazón (o los New Kids del bloque)", del chileno Pedro Lemebel, se refieren a la "esquina" como un lugar privilegiado en la sociabilidad juvenil de las poblaciones marginales en Santiago de Chile. En la esquina se cruzan los diseños de las políticas de exclusión del neoliberalismo, que ha relegado a estos jóvenes a la calidad de sobrantes o residuos de lo social, con la voluntad de estos mismos sujetos juveniles de encontrar formas de autoorganización y presencia en el entorno urbano. La esquina es, simultáneamente, un lugar ciudadano de exclusión e inclusión, un espacio de invisibilización por exclusión y de altísima visibilización, en tanto lugar y forma de sociabilidad y en cuanto objeto de las políticas y prácticas de criminalización de la pobreza juvenil usadas por las fuerzas policiales y las autoridades municipales. Es, pues, una frontera interna. Algo parecido, y por parecidas razones, ha venido ocurriendo con los inmigrantes en las esquinas urbanas de muchas ciudades y pueblos de los Estados Unidos.

Los llamados *day-laborers* son trabajadores contratados por el día para realizar un trabajo con pago al contado. Normalmente se trata de labores en la construcción, jardinería, pintura y arreglo de casas. Aunque no todos los jornaleros son indocumentados, estos últimos, en su fenotipo racializado, son, en los Estados Unidos, su cara más visible y más controvertida. De acuerdo a un estudio publicado en el año 2006, de los casi 120.000 trabajadores que buscan cada día trabajo de este modo, el 75% son indocumentados y casi el 80% lo buscan en lugares informales como la esquina de las grandes tiendas de materiales de construcción (Valenzuela *et al.*). La gran mayoría de ellos (83%) depende exclusivamente de esta forma de trabajo para su subsistencia. Para muchos, la esquina es su 'oficina' y "un lugar único puesto que es la única oficina (…) en donde a un migrante indocumentado se le permite buscar trabajo en los Estados Unidos" (Bhimji, 163).

La gran mayoría de los jornaleros se halla hoy atrapada entre la crisis económica que ha disminuido significativamente sus ingresos diarios y la imposibilidad de regresar temporalmente a sus países de origen debido a la militarización de la frontera (Bhimji, 174). Aunque muchos se encuentran de paso por una cierta ciudad o incluso sólo temporalmente en los Estados Unidos, casi dos tercios de ellos tiene hijos, el 28% de los cuales nacieron en este país (Valenzuela *et al.*, ii). Para ellos su condición se define entre la realidad laboral de sus países de origen y la crisis del sueño americano y las presiones de una familia en los Estados Unidos. Fazila Bhimji recoge este testimonio en una esquina de Los Ángeles:

> F: What are your future plans? Do you wish to return or do you wish to stay here? David: One is that I can return. But the thing is that my children were born here. [...] This is their country. So, I have to think of them. [...] The situation is such that what I earn there [Guatemala] in fifteen days I earn here in two days. For these reasons, I will stay here. My children will get ahead, and, well, one has to have faith in God (Bhimji, 173).

Existen dos tipos básicos de espacios a través de los cuales los jornaleros tienen acceso al mercado laboral. El más común es el espacio informal de la esquina vastamente extendido por zonas urbanas y suburbanas en los Estados Unidos. Allí, en una situación de alta exposición y visibilidad, además de encontrar ocasionalmente trabajo, los jornaleros son con frecuencia víctimas del rechazo y, a veces, del racismo explícito de los miembros blancos de la comunidad. Una de las formas comunes de esta reacción ha sido el uso de las ordenanzas municipales (contra el vagabundeo, el abandono de basuras en la vía pública, etc.) como una forma directa de hostilizar a los inmigrantes en este espacio laboral de la esquina. Varsanyi ha llamado a estas tácticas una suerte de "política de inmigración por otras vías" ("immigration policy by proxy") o 'por la puerta trasera' dado que, por ley, sólo al gobierno federal le compete la regulación y control de la inmigración (Varsanyi, 135-136). El otro espacio laboral para jornaleros son los llamados centros de contratación, en donde bajo diferentes formas se intenta organizar más formalmente la relación entre empleador y jornalero (Purser; Cleaveland y Pierson).

El cuerpo hipervisibilizado de los jornaleros se constituye en estos espacios de manera doble: se trata, por un lado, de cuerpos marcados socialmente por procesos de racialización excluyente que los hacen sospechosos a priori; por otro, ese mismo cuerpo funciona como lo que Lois Wacquant (citado por Purser, 121) ha llamado "capital corporal" masculino en tanto dicha apariencia corporal es la base de su percibida disposición y capacidad para realizar las tareas duras y sucias que se les encargan. Esta dinámica reproduce aquella análoga identificada por Waldinger y Lichter en la cual lo que define al inmigrante latino como 'buen trabajador' para trabajos de alta explotación y bajos salarios, es lo mismo que los confirma ante sus patrones como ciudadanos de segunda o tercera categoría sin inglés o aspiraciones y los hace objeto de su menosprecio.

En palabras de Nicholas de Genova, en esta fronterización de la vida cotidiana:

> The boundary lines have less to do with the border in and of itself, and more to do with the stark textures of everyday life and labor for Mexican migrants in the United States. Mexican migrants' racialization is plainly inseparable from their subordination as workers, and the social production of migrant 'illegality' that is so essential to the exploitation of their labor is likewise deeply interwoven with the particularities of their racialization (De Genova, 143).

Un caso similar al de los jornaleros es el de los trabajadores latinos de restaurantes a lo largo del país. En este caso, sin embargo, las dinámicas de socialización del espacio físico se ordenan de acuerdo a lo que, en un trabajo pionero de 1959, Erving Goffman propuso analizar como regiones sociales y las formas de conducta que generan en las diferentes formas de presentación del yo. Distinguió para ello entre espacios de atrás y de adelante (relativamente privado y público, informal y formal) y las formas de comportamiento y adaptación que suponían, y reveló así una topología de lo social en que espacio, roles sociales y conducta o performance se hallaban claramente imbricados. Esta cartografía incluía, además de la división fundamental entre atrás y adelante, las formas de conexión, los pasajes o fronteras entre uno y otro.

Junto a las contradicciones entre los estándares predominantes en las regiones visibles e invisibles, y las formas dispares de conducta según si el actor se conceptualiza a sí mismo como *in* o *out of charac-*

ter, dentro o fuera de la zona performática visible, Goffman menciona varios ejemplos que hablan no sólo de la estratificación de clase que dirige la separación entre regiones, sino también de discriminación racial ("Employers complete the harmony by hiring persons with undesirable visual attributes for back region work, placing persons who 'make a good impression' in the front regions" [124]) y de formas de estructuración genérica del poder en el hogar (123). Se constituía así toda una serie de regiones en donde una doble conducta y una variedad de estándares eran las características definidoras de acuerdo a un eje organizador que separaba lo visible de lo invisible.

Aunque el interés básico de Goffman era estudiar los cambios de conducta en sujetos que debían pasar de una región de la vida cotidiana a otra, mucho más que la segregación de clase, raza, género o etnicidad, su trabajo me sirve aquí para presentar a los trabajadores latinos de restaurantes como ejemplos de estas zonas y formas de la liminalidad que, en sus varias encarnaciones, han pasado a ser parte integral de los paisajes urbanos, suburbanos y aun rurales en los Estados Unidos.

Los inmigrantes latinos en diversos grados de indocumentación constituyen una parte cada vez más importante de los trabajadores que prestan servicios en restaurantes. Más específicamente, en ciudades como Nueva York, Chicago y Los Ángeles son, con frecuencia, la mayoría de quienes trabajan en la parte trasera del negocio.

La hiperflexibilidad del trabajador indocumentado latino se manifiesta aquí, nuevamente y de manera algo perversa, como aquello que al mismo tiempo que los califica para el trabajo de la cocina en la parte de atrás de los restaurantes (y los descalifica para la producción del afecto adecuado y en inglés en el contacto de servicio con el público anglo) asegura su sistemática explotación como trabajadores sin derechos.

En palabras del gerente de un restaurante francés en Los Ángeles:

> Yes the immigrants just want to work, work long hours, just want to do anything. (...) They like to work. They have large families, a big work ethic, and small salaries. The whites [empleados en la parte delantera del negocio] have more, so they're willing to work fewer hours. Vacation time is imporant to them. (...) The back-of-the-house workers take vacation pay and the work through their vacation (citado por Waldinger y Lichter, 161).

Lo que hace posible esta alta disposición a aceptar, primero, cualquier trabajo bajo cualquier condición, y, luego, continuar en él indefinidamente es, por supuesto, lo que De Genova ha llamado la 'activa ilegalización' del migrante por parte del Estado y la economía norteamericana. El miedo, la ansiedad, la inseguridad permanente y la falta de derechos son la receta perfecta para hacer del trabajador migrante un factor de altísima productividad para el capital y la provisión privada de servicios en un contexto post-social.

En la crónica de una organización pionera en la lucha por los derechos de los trabajadores de restaurantes en Nueva York, Rinku Sen señala, por su parte, que hacia el reciente cambio de siglo había en esa ciudad norteamericana 165.000 trabajadores en dicha industria. De ellos, el 70% aproximadamente era extranjero y de entre ellos, el 40% se suponía indocumentado. La mayoría de estos extranjeros trabajaban, y trabajan aún, en la parte de atrás de la empresa bajo condiciones frecuentemente abusivas y discriminatorias (Sen, 46). Cuando el Restaurant Opportunities Center de Nueva York (ROC-NY) terminó de producir su exhaustivo informe *Behind the Kitchen Door*, había logrado determinar una clara "jerarquía racial" en la industria: los mejores trabajos, en el frente, se reservaban para los blancos, mientras que los trabajos duros, mal pagados y sin posibilidad de movilidad eran destinados a los trabajadores extranjeros. Además de abundantes testimonios de abusos y de empleadores que duplican la lógica y la visión del gerente arriba citado, el informe contiene, sin embargo, varios ejemplos del exitoso trabajo de organización trasnfronteriza, entre los trabajadores blancos de las regiones frontales y los trabajadores de color de las traseras, en la lucha por recuperar salarios negados y establecer derechos comunes. A través de ellos podemos entrever una forma potencial de política progresista trasnfronteriza que, fundada en un afecto alternativo y solidario, sea capaz de revertir la dinámica de la fronterización racializada de la vida cotidiana en muchos espacios laborales en los Estados Unidos. Sen señala:

> An organization that seemed to have nothing to do with white people —whose staff and members were overwhelmingly people of color, overwhelmingly undocumented immigrants— had turned out to be the one place where the white U.S.-born workers could find a way to stand up for themselves (Sen, 44).

Tanto en el caso de los jornaleros en la esquina como en el de los trabajadores en la parte trasera del restaurante se trata de entender la doble y paradójica productividad de una zona de fronterización en la vida cotidiana, que se funda tanto en la administración de los afectos mutuos, especialmente del miedo, la ansiedad y el resentimiento bajo condiciones de explotación, cuanto en la mutua pero desigual construcción de espacios e identidad sociales que definen a los *insiders* y a los *outsiders*. Todos sufren alguna forma de miedo e inseguridad, pero algunos tienen muchos derechos y oportunidades, mientras que otros gozan de muy pocos. En ambos casos los trabajadores migrantes entran en contacto directo o indirecto con las clases medias que, simultáneamente, les temen y los necesitan para la provisión de servicios. Servicios que, ahora, sólo parecen posibles bajo las condiciones de sospecha y miedo, explotación y falta de derechos generadas por las políticas inmigratorias del Estado norteamericano. Los trabajadores indocumentados de restaurantes y los jornaleros son así otro ejemplo de algunas de las formas de liminaridad que afectan, por ejemplo, a los centroamericanos en los Estados Unidos (Menjivar) o a muchos indocumentados en ciudades globales (Sassen). Son también, por otro lado, un ejemplo de las formas de redefinición de las prácticas de ciudadanía por parte de sujetos que, habiendo establecido un contrato social informal con las sociedades que los reciben, luchan por expandir su acceso al reconocimiento y a los derechos formales (Sassen). Esta dialéctica entre "liminaridad social" y "negociación cultural" caracteriza la salud mental y la psicología del migrante, incluso más allá de su documentación o indocumentación (Simich, Maiter y Ochocka). El miedo a los otros, el temor al riesgo y la inseguridad afectan también, aunque de modos diversos, no sólo a la población inmigrante indocumentada sujeta a condiciones de fronterización —desde los estudiantes californianos llamados AB 540 a las empleadas domésticas de puertas adentro pasando por los trabajadores agrícolas—, sino que puede ser descrita, siguiendo a Brian Massumi, como una condición generalizada de la vida en el capitalismo tardío: "Fear is not fundamentally an emotion. It is the objectivity of the subjective under late capitalism" (Massumi, 12). Una condición menos personal que difusa y omnipresente se manifiesta tanto en el consumo, que intenta, insatisfactoriamente, darnos más entidad y espesor, como en el temor al riesgo y al accidente que se extiende desde lo viral a lo ambiental, pasando por el terrorismo y la violencia gratuita de los otros (y hacia los otros). Corey Robin, por su parte, habla, en el contexto estadounidense, de una doble politización y despolitización de los objetos del miedo político. Políticamente, el miedo –a los terroristas, a la decadencia económica o moral, al gobierno o al crimen– es movilizado para producir formas de identidad política que funcionan por la vía de un contraste radical entre el yo y los otros. La despolitización ocurre por la vía de negar esta misma movilización política del miedo y la inseguridad para asumirla, en cambio, como la última forma de unidad al alcance de una colectividad amenazada por los otros dentro y fuera del país (Corey, 6).

Conclusión

En la nueva ciudad latinoamericana del momento neoliberal, de la cual nos habla Jesús Martín-Barbero, hay una doble economía social de la violencia, a través de la cual, primero, los medios de comunicación median insistentemente el miedo al otro con noticias y programas sensacionalistas que acentúan la falta de seguridad, mientras que, en segundo lugar, la misma desconfianza hacia los otros se manifiesta espacialmente tanto en su exclusión en favelas como en los amurallados y exclusivos conjuntos habitacionales. Allí se erosiona de este modo la memoria urbana colectiva y se privatiza la experiencia de la ciudad y su cultura multiplicándose en el proceso lo que aquí he llamado zonas de fronterización al interior del país, con las consiguientes dinámicas de desconfianza y miedo hacia aquellos que sólo pertenecen a la polis de una manera disminuida o informalizada. En los Estados Unidos esos lugares de frontera (la esquina urbana, el campo agrícola y los restaurantes para sólo nombrar tres) son la cara visible, los puntos de sintomatización de una economía social igualmente violenta y discriminatoria que esconde la presencia y la contribución esencial de los trabajadores inmigrantes a la economía y sociedad norteamericanas y les niega la pertenencia formal.

Todo ello forma parte de un campo emergente y necesario que podríamos llamar del estudio de la alta productividad de los otros en su otredad localizada e informalizada. Tanto delincuentes, reales e imaginados, como inmigrantes, documentados e indocumentados, son parte de esta economía neoliberal que ha amurallado, metafórica, y a menudo físicamente, a la clase media; que ha colocado a la violencia y al crimen urbano como la principal preocupación de muchas agendas públicas y a la ansiedad, el miedo y la desconfianza hacia el otro racializado y/o informalizado como el objetivo de las consecuentes políticas de contención y represión; que al mismo tiempo que ha luchado por poner fin a las formas de servicios sociales que, favoreciendo sustancialmente a las clases medias, aliviaban también la pobreza de los destituidos y hacían posibles algunas formas de movilidad social, integración, y/o asimilación, ha multiplicado, en razonamiento circular, los presupuestos de seguridad interna y externa destinados a controlar a estos cada vez más temidos y destituidos cuasi-ciudadanos.

Obras citadas

Alesina, Alberto, Reza Baqr y William Easterly. "Public Goods and Ethnic Divisions". *The Quarterly Journal of Economics* 114, 4 (1999): 1243-1284.

Bhimji, Fazila. "Undocumented Immigrant Day Laborers Coping with the Economic Meltdown in Los Angeles". *Cultural Dynamics*, 22, 3 (2010): 157-178.

Cleaveland, Carol y Leo Pierson. "Parking Lots and Police. Undocumented Latinos' Tactics for Finding Day Labor Jobs". *Ethnography* 10, 4 (2009): 515-533.

De Genova, Nicholas. *Working the Boundaries. Race, Space and 'Illegality' in Mexican Chicago*. Durham: Duke University Press, 2005.

Duggan, Lisa. *The Twilight of Equality. Neoliberalism, Cultural Politics, and the Attack on Democracy*. Boston: Beacon Press, 2003.

Goffman, Erving. *The Presentation of the Self in Everyday Life*. New York: Doubleday, 1959.

Harvey, David. *The Condition of Postmodernity. An Enquiry into the Origins of Social Change*. London: Blackwell, 1990.

— *Spaces of Hope*. Berkeley: University of California Press, 2000.

Hill Maher, Kristen. "Workers and Strangers. The Household Service Economy and the Landscape of Suburban Fear". *Urban Affairs Review* 38, 6 (2003): 751-786.

Kearney, Michael. "Borders and Boundaries of State and Self at the End of Empire". *Journal of Historical Sociology*, 4, 1 (1991): 52-74.

Lemebel, Pedro. *La esquina es mi corazón*. Santiago de Chile: Cuarto Propio, 1995.

Massumi, Brian. "Everywhere You Want to Be: Introduction to Fear". *The Politics of Everyday Fear*. Ed. Brian Massumi. Minneapolis: University of Minnesota Press, 1993, pp. 3-38.

Martín-Barbero, Jesús. "La ciudad que median los miedos". *Espacio urbano, comunicación y violencia en América Latina*. Ed. Mabel Moraña. Pittsburgh: IILI, 2002, pp. 19-35.

Menjivar, Cecilia. "Liminal Legality: Salvadoran and Guatemalan Immigrants' Lives in the United States". *American Journal of Sociology* 111, 4 (2006): 999-1037.

Purser, Gretchen. "The Dignity of Job-Seeking Men. Boundary Work among Immigrant Day Laborers". *Journal of Contemporary Ethnography*, 38:1 (2009): 117-139.

Robin, Corey. *Fear. The History of a Political Idea*. Oxford: Oxford University Press, 2004.

Restaurant Opportunities Center. *Behind the Kitchen Door: Pervasive Inequality in New York City's Thriving Restaurant Industry*. New York: ROC-NY, 2005

Rosas, Gilberto. "The Thickening Borderlands: Difussed Exceptionality and 'Immigrant' Social Struggles during the 'War on Terror'". *Cultural Dynamics* 18 (2006): 335-349.

Rose, Nikolas. *Powers of Freedom. Reframing Political Thought*. Cambridge: Cambridge University Press, 1999.

Sassen, Saskia. *A Sociology of Globalization*. New York: W.W. Norton, 2007.

Sen, Rinku. "Back of the House, Front of the House. What a Campaign to Organize New York Restaurant Workers Tells Us about Immigrant Integration". *National Civic Review* 242 (2009): 43-51.

Schrag, Peter. *California. America's High-Stakes Experiment*. Berkeley: University of California Press, 2008.

Simich, Laura, Sarah Maiter y Joanna Ochocka. "From Social Liminality to Cultural Negotiation: Transformative Processes in Immigrant Mental Wellbeing". *Anthropology and Medicine* 16, 3 (2009): 253-266.

Valenzuela Jr, Abel, Nik Theodore, Edwin Meléndez y Ana Luz González. "On the Corner: Day Labor in the United States". Technical Report, UCLA Center for the Study of Urban Poverty, 2006.

Varsanyi, Monica. "City Ordinances as 'Immigration Policing by Proxy': Local Governments and the Regulation of Undocumented day Laborers". *Taking Local Control: Immigration Policy Activism in U.S. Cities and States*. Ed. Monica Varsanyi. Stanford: Stanford University Press, 2010, pp. 135-54.

Waldinger, Roger y Michael I. Lichter. *How the Other Half Works. Immigration and the Social Organization of Labor*. Berkeley: University of California Press, 2003.

Globalización, violencia y afectividad en Ciudad Juárez

Ana del Sarto
The Ohio State University

> Las *maquilas* son puramente *pinche putadero*, puramente *pinche corrupción*. Pienso que una *chingada cantina* es más limpia que las *maquilas*.
>
> (Margarita, en Vila, *Ethnography*, 85)

Ciudad Juárez

A fines del siglo XX, se decía que Ciudad Juárez demostraría ser el ejemplo más exitoso de la globalización neoliberal en América Latina. A pesar de ser una de las ciudades mexicanas con mayor índice de ingreso per capita, se perciben niveles desmedidos de explotación, desempleo, corrupción, impunidad, violencia, desigualdad genérica, abuso sexual, tráficos ilegales, crímenes organizados y muertes atroces (violaciones y mutilaciones de mujeres y niñas y decapitaciones de varones). Según Howard Campbell y Josiah McC. Heyman,

> la yuxtaposición de la riqueza concentrada y la pobreza extrema forma los contornos de la vida cotidiana y de la cultura del consumo en la frontera. Las 2000 millas de frontera entre los Estados Unidos y México es el único lugar en el mundo donde un país desarrollado comparte frontera con un país en desarrollo. Y esto no es así por casualidad, pues la prosperidad de los Estados Unidos depende de la explotación de la

barata fuerza de trabajo mexicana y de sus abundantes recursos naturales (325).[1]

En 1921, el cónsul general de Estados Unidos en México, John Dye, declaraba que "Juárez [era] el lugar más inmoral, degenerado y perverso que él había visto y oído en sus viajes... es la Meca de los criminales de ambos lados de la frontera" (Óscar Martínez, *Ciudad Juárez*, citado en González Rodríguez 79). Paraíso de bandidos, válvula de escape de aquellos huidos de la legalidad estadounidense, de aquellos refugiados en la impunidad de las instituciones mexicanas contemporáneas. En *Murder City* (2010), Charles Bowden afirma que:

> Juárez siempre ha ofrecido a los americanos lo que ellos querían: tragos durante la Prohibición, mujeres todo el tiempo, drogas prohibidas en Estados Unidos, divorcios rápidos... –y como el resto de México, el gobierno de la ciudad ha operado asociado a las organizaciones criminales. La geografía ha hecho de la ciudad un puente entre el centro de México y las arterias de transportes hacia Estados Unidos. En los 1980, las mayores rutas de cocaína se desplazan desde Florida a México, y Juárez se convierte así en el beneficiario de este cambio. Las ganancias se multiplican, y para 1995, el cartel de Juárez recibe $250 millones por semana de acuerdo a la DEA. La violencia crece tanto como la corrupción del gobierno local para proteger ese dinero (3-4).

En verdad, Juárez fue siempre una ciudad fronteriza muy ajetreada, que tuvo su período de pompa y jolgorio gracias a la producción de alcohol durante los primeros años del siglo XX, transformándose a fines de siglo en la ciudad mexicana con los índices de crecimiento y de violencia más altos.[2] Desde mediados de los años 60, los planes de

---

1. Todos los textos originalmente en inglés han sido traducidos por la autora.
2. Desde el año 2009 Ciudad Juárez ocupa el primer lugar en la lista de ciudades del mundo con mayor tasa de asesinatos. La tasa de 130 homicidios dolosos cada 100.000 habitantes que se dio en 2009, pasó a 191 en 2010 y a 229 cuando aún faltaban tres meses para que finalizara 2011. Desde 2006, cuando el presidente Felipe Calderón asumió el poder, y declaró la guerra al narcotráfico, los muertos ascienden a más de 40.000 personas. Datos obtenidos de diversas fuentes: "Juárez, la ciudad más violenta del mundo", *El Informador*, Guadalajara 2009, <http://www.informador.com.mx/mexico/2010/169697/6/juarez-la-ciudad-mas-violenta-del-mundo.htm>; "Estudio compara-

desarrollo de la frontera mexicana en zonas industriales de exportación –las cuales pretendían ocupar la mano de obra que había quedado desempleada al cerrarse los programas de braceros al fin de la Segunda Guerra Mundial– exacerbaron las inversiones en maquiladoras (plantas de ensamblaje multinacionales) con salarios extremadamente bajos. Producto de esta modernización acelerada y brutal en una zona inalcanzada por previas modernizaciones,[3] la violencia comienza a incrementarse a partir de los años 80. Específicamente después del Tequilazo de 1982 y de la entrada de México en el GATT en 1986, años en los cuales se negocian las políticas de ajuste estructural neoliberales y, durante los 90, con la firma del Tratado de Libre Comercio (TLC/Nafta, 1994). La expansión del capitalismo global en su etapa posfordista azotó México, nación periférica aunque lindera con el país más rico del mundo,[4] de forma desigual y dispareja: el sector rural fue el primero en sentir esta dislocación. Con la profundización de dichas medidas durante los 90, sobre todo con la puesta en práctica del TLC después de 1994, los habitantes rurales comenzaron a desplazarse conformando una nueva, emergente y sumamente vulnerable fuerza de trabajo migrante.[5] Su característica más importante, el estado de transitoriedad. Un ejército de reserva peculiar, pues si de un lado de la frontera, en México, se caracterizan por la pobreza y la destitución, su horizonte de futuro está del otro lado, en EE UU.

---

tivo de la incidencia de homicidios dolosos en ciudades y jurisdicciones nacionales de los países del mundo (2010)", Consejo Ciudadano para la Seguridad Pública y Justicia Social, en "Datos y numeritos", <http://datosynumeritos.blogspot.com/2011/01/las-ciudades-mas-peligrosas-del-mundo.html>.

3. Si el Estado nacional revolucionario nunca había llegado a la Sierra, mucho menos habría llegado a Ciudad Juárez.

4. Siempre es interesante recordar el *dictum* atribuido a Porfirio Díaz: "Tan lejos de Dios y tan cerca de los Estados Unidos".

5. El salario con el cual comienzan en general los trabajadores más inexpertos de las maquilas asciende a 35 dólares por semana. Claro, con la recesión, a mediados de los años 2000, esto pareció muy alto para el capital y comenzó a desplazarse a China, donde encontraban mano de obra por un cuarto de ese monto. Véase, "Sube el salario mínimo a 59.80 pesos diarios en Ciudad Juárez", *El Monetario*, Ciudad Juárez, <http://www.elmonetario.com.mx/?p=5607>.

La dinámica que se creó en Ciudad Juárez a partir de la implementación del Programa de Industrialización Fronterizo que posteriormente materializaría la globalización neoliberal en los 90, ejemplifica muy bien el quiebre del modelo disciplinante del régimen de acumulación fordista al modelo de control del régimen de acumulación flexible y combinado. En este ensayo quisiera analizar qué tipos de afectos/afectividad despierta este cambio de modelo laboral y de regulación (disciplinamiento/control) de la fuerza de trabajo, a través de la reconfiguración de la subjetividad de las mujeres migrantes jóvenes, de bajos recursos y con escasa educación. La hipótesis general del trabajo propone que, paradójicamente, tanto la configuración de la subjetividad de estas mujeres como su disciplinamiento como mano de obra para las maquilas pasa por la captura de los afectos (como poder de acción/contacto) en dinámicas afectivas (de allí que enfatice el par afectos/afectividad, pues los afectos no tienen necesariamente una carga simbolizada, a diferencia de la afectividad capturada en determinadas dinámicas), cuyo control cristaliza los procesos de mercantilización de la vida, al ser subsumida ésta a la lógica de la violencia sistémica que predomina en estos espacios.

De la globalización

La globalización actual nos propone ser partícipes de una contemporaneidad extendida espacialmente a todo el globo e intensivamente comprimida en el tiempo, en un presente constante donde prima la autonomía y el sentimiento de libertad que nos hace a cada uno individualmente responsables de nuestro destino. En las opciones se miden las oportunidades. Mientras el incólume mandato del imaginario global nos interpela a través de ese sentimiento de libertad y autonomía, capaz de convencernos de la posibilidad de personalizar cada uno de los aspectos que nos constituyen (dimensión micropolítica), el capital sigue prestidigitando no sólo el diseño global de los espacios urbanos transnacionales y los flujos migratorios entre y hacia ellos, sino que su influencia se diluye tanto que simula desaparecer, aunque termine colándose con la misma fuerza arrasadora en lo más íntimo de nuestra vida (dimensión macropolítica). El acto mismo de sentirnos todopoderosos y capaces de transformarnos a voluntad, más allá de las diferencias socio-económicas, no sería posible sin la presencia estimulante y estipulante del capital. Pues, como sostiene Abril Trigo,

> [la] verdadera y más rotunda novedad [de la globalización] reside en la inédita subsunción de las distintas esferas de la vida social, incluyendo los afectos, los valores, los deseos, a la lógica expansiva y acumulativa del capital, lo cual hace coincidir como nunca antes en la historia de la modernidad la producción de riqueza con la producción de *jouissance*, la extracción de plusvalía con la extracción del *plus-de-jouir*, la explotación del trabajo con la explotación del deseo. En definitiva, la economía política y la economía libidinal se han conjugado en un sistema en el cual la distinción entre lo material y lo simbólico, la base y la superestructura, lo estructural y lo contingente, lo real y lo ideológico finalmente se diluyen, en tanto la ideología está empotrada en la forma mercancía-signo, la cual, tan invisible como transparente, impregna y regula el sistema (6-7).

Es la abstracción de esta forma signo-mercancía la que resume y rezuma, sintetiza y deja ver, la violencia sistémica hoy en día, ya que es ella quien despoja a los cuerpos de toda subjetividad creativa como posibilidad humana de producir un valor alternativo al monetario. En otras palabras, en el capitalismo tardío se presupone que el trabajo material no es el único motor que produce valor, ya que la mayor productividad y beneficios pasan hoy por el capital financiero, el trabajo inmaterial, la inteligencia artificial, la tecnología de punta, desplazando el papel protagónico de la humanidad. A la vez, es esa misma violencia sistémica la que sugiere, moldea y, la mayoría de las veces, impone las condiciones de transformación como "necesarias", despertando la capacidad afectiva pero naturalizando en el mismo proceso las capturas o controles que ella genera en distintos niveles. En este caso particular me interesa destacar cómo se conjugan dos aspectos contradictorios en los procesos de configuración de las subjetividades de esas mujeres jóvenes, de bajos recursos y escasa educación, a partir de la encarnación de un dispositivo paradójico, inconmensurable hoy en día pues funciona a nivel global: por un lado, un aspecto táctico de liberación a nivel micropolítico y, por otro, un aspecto estratégico de subyugación a nivel macropolítico. Por ejemplo, el primer aspecto se manifestaría a través de las relaciones de género, mientras que el segundo lo hace a través de lo económico-social.

Violencia sistémica

> La violencia está en todos lados. La violencia es cada vez mayor. Y la violencia no tiene una fuente aparente o simple. Es como el polvo en el aire, parte de la vida misma. (Bowden, *Murder City*, 22)

El Programa de Industrialización Fronterizo de mediados de los años 60 no se comprendería sin articularlo a la cancelación del Programa de Braceros en Estados Unidos y a las políticas desarrollistas predominantes en dicha década en América Latina. En ese momento se presuponía que la mano de obra involucrada sería masculina (empleando a aquellos migrantes retornados) y, en el diseño macro, estas industrias estarían ligadas a la estructura productiva nacional. Con el correr de pocos años y sucesivas crisis económicas nacionales e internacionales (la cancelación del patrón oro, la crisis financiera de sobreacumulación en los países de la OPEC, el endeudamiento externo de los países del "Tercer Mundo", las políticas de ajuste estructural propuestas por el FMI y el Banco Mundial, etc.), este modelo desarrollista irá dando paso al modelo neoliberal hegemónico en los 90. En este contexto, las maquiladoras de la frontera norte mexicana, fomentadas por el sistema "Zonas Libres y Franjas Fronterizas",[6] invertirán desde su propio interior las políticas macroeconómicas del Estado desarrollista. Por un lado, el capital se expandirá, abaratando aún más la mano de obra al construir un tipo ideal de trabajador basado en la "mujer joven, soltera, dócil y sumisa, sin derecho a reproducirse, poco capacitada y migrante" (Quintero, 193). Ello se produce gracias a la incorporación masiva de un ejército de mujeres pobres, antes mantenidas como contingentes de reserva de acuerdo a

---

6. "La zona libre cubría la totalidad de la península de la Baja California y el extremo noroccidental del estado de Sonora, en México. En tanto a la franja fronteriza se la definió como el espacio delimitado a través de una línea de 20 kilómetros hacia el sur de Estados Unidos y solamente para el caso de la frontera de Ciudad Juárez, la distancia se amplió a 70 kilómetros en 1987 (Barajas 1989)" (De la O, 32).

la división sexual del trabajo, a este mercado laboral. Por otro lado, estas zonas productivas funcionarán integradas no ya a la estructura nacional, sino a las necesidades productivas de las empresas multinacionales, quedando sometidas así a dinámicas del mercado global. En el cruce de estos dos procesos se producen incongruencias, desajustes, contradicciones y, en definitiva, violencia.

Gritos de sacos de huesos

> Las cosas pasan y nadie dice nada. Luego, después de un tiempo, nadie admite que las cosas hayan pasado. [...]
> Esta es la cobija con la cual envolvemos nuestros sueños y la llamamos seguridad. Inventamos infiernos, carteles, ciudades como Juárez. Llamamos a los amos de las drogas asesinos mientras venden tortura y muertes. Controlamos meticulosamente los cielos y la tierra, miramos cautelosamente con lentes infrarrojos durante la noche, nos quejamos, nos conectamos y construimos murallas entre nosotros. Y nunca enfrentamos la cara de los que tenemos enfrente, nunca enfrentamos lo que está dentro del lenguaje patético de los carteles, los señores de las drogas y la seguridad patriótica [*Homeland Security*], nunca enfrentamos las fuerzas que liberamos en la tierra con los nombres de pobreza, enigmas, asesinatos y desesperanza, y nuestras herramientas no pueden domesticar estas fuerzas.
> Miss Sinaloa lo sabe. Y yo lo estoy aprendiendo.
> (Bowden, *Murder City*, 38)

La violencia en Ciudad Juárez no tiene una causa absoluta ("miedo al otro"), ni múltiples causas relativas. Simple y soezmente es producto de una conjunción de factores y procesos económicos, políticos, sociales y culturales en condiciones socio-históricas e ideológicas específicas que los sobredeterminan. La complejidad intrínseca, la enhiesta complicación que producen las múltiples interpretaciones de lo que allí sucede y la constante invención de narrativas que tienden a hacer desaparecer los hechos (es decir, la permanente producción de evidencia falsa), la irresolución o, quizás peor, la espiralada agudización de los fenómenos violentos, entre otros más, son algunas de las características más salientes. Quisiera en esta sección analizar dos fenómenos interrelacionados: por un lado, qué tipo de violencias se presentan en *Huesos en el desierto* (2002) de Sergio González Rodríguez y en *Cosecha de mujeres: Safari en el desierto mexicano* (2005) de Diana Washington Valdez; y, por otro, cómo en esos textos aparece el habla de cuerpos ausentes sólo representados por un saco de huesos o cómo hablan los huesos de esos cuerpos ausentes, cuerpos que fueron torturados, cercenados, violados, fragmentados y/o decapitados.

Desde mediados de los años 80, cuando la globalización comenzó a materializarse en Ciudad Juárez, más de 800 mujeres jóvenes fueron asesinadas y sus cuerpos descartados en medio del desierto.[7] Se creó una categoría legal a propósito de estos crímenes horrorosos: femicidios/feminicidios.[8] Aun cuando los cuerpos de mujeres desechados en espacios baldíos hayan disminuido, el número de muertes y asesinatos ha aumentado y muchas mujeres jóvenes y niños han seguido desapareciendo sin dejar rastro.

La frontera es "la promesa de mejoría que entraña lo peor"[9]

Slavo Žižek establece una distinción que creo pertinente para el caso de Ciudad Juárez, no porque lo explique, sino porque lo desarticula y nos permite pensarlo de otra manera. En *Violence* (2008), distingue la violencia subjetiva de la objetiva. La primera es aquella violencia visible que tiene un agente causante/actor responsable claramente identificable y una víctima determinada; mientras que la segunda es

---

7. Diana Washington Valdez, "Juárez nonprofit makes bid for MAC Cosmetics' $100K pledge".

8. Rosa-Linda Fregoso y Cynthia Bejarano aclaran esta diferencia específica en *Terrorizing Women: Feminicide in the Americas*. *Femicidio* es una definición genérica que se refiere a "un asesinato de mujeres y niñas por el hecho de ser mujeres", mientras que el *feminicidio* corresponde a los "asesinatos de mujeres y niñas basados en una estructura de poder genérica"; representa "una violencia genérica que es tanto privada como pública, en consecuencia, implicando tanto al estado como a individuos"; es "una violencia sistémica enraizada en las desigualdades sociales, políticas, económicas y culturales". Por último, siguiendo la formulación propuesta por Marcela Lagarde, el feminicidio "es un crimen contra la humanidad" ("Introduction", 5).

9. González Rodríguez, 14.

una violencia invisible, que carece de un actor a quien atribuir la responsabilidad, puesto que todos en mayor o menor medida somos cómplices y víctimas a la vez. Esta violencia se manifiesta de dos maneras: la violencia simbólica, una violencia constitutiva encarnada en y por el lenguaje, y la violencia sistémica, aquella que surge como consecuencia "del buen funcionamiento de nuestros sistemas económicos y políticos [...] la violencia inherente al estado de cosas normal" (1-2; mi traducción). Hoy, en Ciudad Juárez, no prevalece un estado de cosas normal; al contrario, las distintas violencias se conjugan dando lugar a una situación caótica, de descontrol total, de ausencia de garantías al ciudadano a pesar de que el Estado está presente con miles de tropas militares, precisamente para asegurar su propia disolución frente al capital transnacional. Con el propósito de sofocar la narco-violencia, en marzo de 2006, el presidente Felipe Calderón envió 5.000 soldados del Ejército Nacional y 1.000 integrantes de la Policía Federal Preventiva a Ciudad Juárez. Al comienzo de este sitio, los asesinatos y la violencia decrecieron drásticamente, pero con el tiempo la violencia, los feminicidios y las desapariciones regresaron a escena. En 2008, se intensificaron aún más las masacres cotidianas produciéndose una combinación muy interesante de estos y otros distintos tipos de violencia. Uno de los motivos más importantes, de acuerdo a Charles Bowden, es el control y distribución de las ganancias del narcotráfico y de otras formas del crimen organizado.

Después de varias décadas, la violencia objetiva en Ciudad Juárez no sólo se ha hecho visible, sino que se ha naturalizado como dispositivo de control, orden y limpieza social. La violencia subjetiva, producto de la saturación y explosión de la violencia objetiva, es ambiguamente visible e invisible, pues si bien todo el mundo podría reconocer a los actores, ninguno de ellos es legalmente responsable o fue judicialmente condenado por su responsabilidad. En otras palabras, los responsables siguen impunes. Es decir, se ha creado una cultura del miedo y la impunidad que cada vez se retroalimenta más y más. Esta impunidad, combinada con la mercantilización de la vida, produce necesariamente cuerpos descartables de gente indeseable pero indispensable para mantener los altos retornos del capital. Habría distintas razones y argumentos para explicar estos procesos. Los más importantes: la transitoriedad de la vida en la zona de frontera; la vulnerabilidad de la población migrante; la pobreza e indigencia que producen las maquilas; la desfachatez y depravación de los narcos; la corruptela y el poder del dinero; la mercantilización de la vida, los cuerpos, los seres humanos; la sed narcisista de éxito y acceso a las comodidades y lujos que provee la globalización, entre muchas otras.

Sergio González Rodríguez y Diana Washington Valdez han seguido estos eventos de cerca, creando pistas y denunciando responsables a pesar de haber sido amenazados varias veces. En el caso de González, una de las voces más autorizadas del lado mexicano sobre este tema, fue secuestrado, golpeado y abandonado a la intemperie dándolo por muerto.[10] Desde uno y otro lado de la frontera, México D. F. y El Paso, ambos fueron dando cuenta a través de los periódicos *Reforma* y *El Paso Times*, de los rastreos de los cuerpos de mujeres arrojados en el desierto de Juárez desde 1993 hasta 2003, y haciendo públicos los nombres vinculados a los feminicidios. No por casualidad, casi en este mismo período, "Amado Carrillo se convierte en el líder del más moderno cartel en México, el cartel de Juárez, y transformará la industria de la cocaína en un negocio multinacional. Desde 1993 a 1997, año en que es asesinado en Cancún, produce un capital de 10 a 12 billones por año. Paradójicamente, [afirma Bowden] esta época se conoce como la era de la paz en Juárez" (Bowden 10). Una paz contenida precisamente en el sacrificio no sólo de las mujeres, sino en el sacrificio de "la gente invisible... parte de ese ejército que tiene brigadas por todo México y, sobre todo en Juárez, [se manifiestan como] las tropas de choque de la pobreza, de la drogas y el trago, de la desesperación" (Bowden 34).

Tanto *Huesos en el desierto* como *Cosecha de mujeres* denuncian la violencia de género (ideológica y cultural) en tanto violencia sistémica. Una de las hipótesis centrales de *Huesos en el desierto* es que detrás de los crímenes de mujeres (homicidios dolosos, feminicidios o crímenes contra la humanidad) hay gente muy poderosa (Prólogo a la segunda edición, II), gente que representa el poder tradicional y patriarcal en la zona y que está vinculada tanto a los aparatos del

---

10. En junio de 1999 sufrió la primera golpiza que casi acaba con su vida; en diciembre del mismo año lo secuestran por segunda vez y lo dejan abandonado pensando que lo habían matado. En 2004 recibe una amenaza de muerte de alguien relacionado a los aparatos de seguridad del Estado (*Huesos en el desierto*, xvi).

Estado como al narcotráfico.[11] Para Diana Washington Valdez, en *Cosecha de mujeres*, los feminicidios son producto de un juego de caza perverso, el safari en el desierto de los poderosos juniors (23). Un problema, a mi entender, es que esta violencia sistémica la mayor parte de las veces es atribuida o vinculada a los sistemas político, judicial y social como si fuera posible separarlos en la realidad de la materialidad económica. Es decir, muy pocos aceptan que esta violencia sistémica es estructural e inherente al sistema capitalista mundial contemporáneo. No obstante, una de las contradicciones más extrañas que se pueden rastrear en las páginas de estos textos es que estos sacos de huesos se transfiguran a partir de la escritura en subjetividades precarias, frágiles y vulnerables, pues si tuvieron en algún momento poder de decisión y gestión (la mayoría de ellas decidió dejar su casa y su pueblo para comenzar una nueva vida, muchas veces sola), el secuestro a pleno día, la violación, la mutilación y, muchas veces, el estrangulamiento y la tortura, fue su último acaecimiento. Sin embargo, esos cuerpos ausentes continúan hablando a través de imágenes, textos, eventos, denuncias y, sobre todo, a través de la memoria, tanto de familiares, amigos y conocidos, como de todos aquellos que se comprometieron a no olvidar.

De la violencia de género

> Las muertas estaban semidesnudas, boca abajo y estranguladas. Vestían ropa análoga: playera y pantalones vaqueros. Eran delgadas, de piel morena y cabellos largos. (González, *Huesos en el desierto*, 15)

En México, hoy en día, se vive una serie de crisis interrelacionadas: crisis de gobernabilidad, de seguridad y de respeto por los dere-

---

11. Entre ellos se menciona al comandante Francisco Minjárez, quien muere asesinado en 2003, como el principal responsable de los levantones y desapariciones de mujeres en Juárez. Obviamente, no lo hacía solo… había/hay toda una red. Sobre todo respondía en primer lugar al jefe del Instituto Nacional para el combate a las drogas, Francisco Molina Ruiz. También se habla de miembros de la familia Zaragoza Fuentes, como Valentín Fuentes Téllez, Lino Korrodi (suegro de Fuentes Téllez y financiador de la campaña de Fox). Y muchos otros que no viene al caso nombrarlos, pues todos ellos están libres y sin querella o demanda de juicio.

chos humanos, todas ellas engendradas por una violencia sistémica y estructural que es cíclica y recurrente, como todos lo reconocen. Rosa-Linda Fregoso y Cinthia Bejarano citan a Marcela Lagarde para definir la violencia sistémica: "La violencia feminicida encuentra campo fértil en las asimetrías sociales y es más aguda bajo condiciones de 'extrema marginación y exclusión social, judicial y política... y formas de opresión de género, incluyendo los mecanismos de desvalorización, exclusión de género, discriminación y explotación' (*Terrorizing Women*, 12; mi traducción). Definitivamente, argumenta Mercedes Olivera, "la violencia sistémica es de naturaleza estructural [...] y surge de factores estructurales: el desempleo, la pobreza, la desintegración de la economía rural, la migración, la crisis nacional de gobernabilidad [...] la flexibilización del trabajo, el neoliberalismo" ("Violencia Feminicida", 105-109). Esta activista e investigadora chiapaneca es la única que habla de violencia sistémica en relación al caso de los feminicidios. Sin embargo, todavía no es el capitalismo el sistema que produciría esta violencia, sino el "sistema social neoliberal" en conjunción y cortocircuito con el sistema patriarcal.

La violencia de género es definitivamente parte de la violencia sistémica, es decir, es invisible (todos somos cómplices y todos somos víctimas), y es una categoría que permanece ambigua, pues como producto cultural el género tendrá distintas manifestaciones en diferentes lugares de acuerdo a cómo se articulen las prácticas genéricas y los valores subyacentes en situaciones específicas.[12] En el caso de Ciudad Juárez, esta violencia de género es una de las condiciones necesarias, en tanto condiciones de posibilidad, de la reestructuración del sistema capitalista en la época contemporánea. Buscando concentrar los mayores beneficios reduciendo los costos de mano de obra, el capital siempre crea ejércitos de reserva de mano de obra. Pero en Juárez fueron las mujeres migrantes el caldo de cultivo a partir del

---

12. "La violencia de género es violencia misógina contra la mujer por ser mujer situada en relaciones marcadas por la desigualdad genérica: opresión, exclusión, subordinación, discriminación, explotación y marginación. Las mujeres son víctimas de amenazas, asaltos, maltratos, lesiones y daño misógino. La violencia puede ser física, psicológica, sexual, económica y estar relacionada a la propiedad, y las modalidades de violencia de género pueden darse en la familia, en el trabajo y en la escuela; en la comunidad; en las instituciones; y a través del feminicidio" (Marcela Lagarde y de los Ríos en *Terrorizing Women*, xxii).

cual se mantuvo la mano de obra barata. Como se mencionó anteriormente, en casos de modernización acelerada, desigual y despareja en zonas no alcanzadas por modernizaciones anteriores, este reajuste creó una disyunción: mientras las prácticas de los papeles de género cambian súbita y rápidamente, los valores quedan atados a tradiciones patriarcales que todavía subyacen en la cultura. Es decir, las mujeres al conseguir trabajo, se independizan económicamente y deciden liberarse en distintas esferas y/o comportamientos. El problema surge cuando en la relación entre hombres y mujeres las prácticas no se corresponden con las imágenes y representaciones predominantes tanto del papel masculino de proveedor y del papel femenino de reproducción.

Del trabajo

En el caso de Tijuana, Mexicali, Nogales, Ciudad Juárez y Matamoros, los efectos de esta modernización neoliberal fueron devastadores. La "feminización del mercado laboral"[13] se produce no sólo porque empíricamente se verifica una mayor oferta de empleo para las mujeres, hecho que moderniza su papel social y de género, sino también porque el tipo ideal que se construye desde las maquilas utiliza los valores asignados a la mujer por la lógica arcaica del sistema patriarcal: sumisión, docilidad, mayor responsabilidad, capacidad afectiva. Esta aparente contradicción le sirvió al capital transnacional, por un lado, para descalificar la mano de obra tanto de mujeres como de hombres, abaratándola aún más, aunque paradójicamente construya el trabajo en la maquila como más prestigioso que el trabajo doméstico. Por otro lado, la incorporación de esta fuerza de trabajo al mercado global también resulta en efectos incompatibles, pues si bien se verifica una mayor integración de las mujeres a la estructura productiva, liberándolas de ciertas estructuras sociales tradicionales, la racionalidad hipermoderna imperante en esas redes globales hace que la naturaleza misma del trabajo se transforme en forma radical. A las características globales del trabajo como flexible, precario e inestable,

---

13. Ver *Soy más que mis manos: los diferentes mundos de la mujer en la maquila* de Quintero Ramírez y Dragustinovis y "Trabajo femenino en las maquiladoras: ¿explotación o liberación?" de Cirila Quintero Ramírez.

se agrega aquí su carácter complementario y temporal. Y estas características no sólo se aplican a las mujeres sino también a los hombres, redoblando así su humillación.[14]

Por ejemplo, varios estudios afirman que

> los análisis teóricos de la maquila parecen coincidir en la evidente explotación que existe en estas industrias, aunque también resulta cierto que los datos empíricos parecen cuestionar esta aseveración, dado que un porcentaje importante de mujeres que trabajan en esta industria consideran como satisfactorio y agradable el trabajo en esas empresas. Es decir, el trabajo femenino, para estas mujeres, va de la satisfacción, debido a la supuesta liberación que les da al tener su propia fuente de ingreso (Kalm), hasta la aceptación de este trabajo como cualquier otro (Quintero 191).

En definitiva, es por ello que el trabajo en la maquiladora sigue siendo "segregacionista", pues relega a la mujer a actividades poco remuneradas; "discriminatorio" en términos salariales, ya que a la mujer se le paga mucho menos; y "violador de los derechos laborales", pues por ejemplo, las mujeres no consiguen empleo si no presentan el "certificado de no embarazo" (Quintero 208).

De la migrancia

Estos procesos de reconversión productiva provocaron enormes desplazamientos migratorios. Como sostiene Arturo Escobar, estos desplazamientos constituyen una de las características constitutivas más naturalizadas de la modernidad, y si bien están disparados por el modelo de desarrollo, producen violencia endémica. Cuando hay violencia no sólo se despiertan e intensifican los afectos, sino que también se crean las condiciones de transformación de las dinámicas afectivas, las cuales pautan las formas de cambio como "necesarias"

---

14. En *Fragmented Lives, Assembled Parts*, Alejandro Lugo afirma que si bien las maquilas en un primer momento fomentaron la atracción de mano de obra femenina, muy rápidamente estuvieron dispuestas a contratar a hombres. Si bien Lugo no lo confirma, es claro que estas últimas contrataciones sólo serían posible siempre y cuando aceptaran las condiciones que se habían estipulado con respecto a la feminización del trabajo.

en ese mismo proceso. La migración interna, desde el sur de México hacia el norte, y la migración internacional, sobre todo de países centroamericanos más pobres, como Guatemala y Honduras, hacia las zonas de procesamiento de exportaciones, se debe no sólo a la mayor oferta de trabajo sino también a la cercanía de los Estados Unidos. Como desde el comienzo las maquilas prefirieron contratar mujeres, esto fomentó una gran migración de mujeres jóvenes, de bajos recursos, con escasa educación y provenientes de sectores rurales, hacia los conglomerados urbanos fronterizos. Si la modernización y el desarrollismo prevalecientes a mediados del siglo XX promovieron políticas de integración de los diversos sectores sociales a la estructura productiva nacional, hoy en día la globalización pactada desde la aceleración intensiva de la circulación del capital financiero propulsa una dinámica "centrípeta-centrífuga. Mientras unos pocos ciudadanos globales experimentan la globalización como condición provisional, que presupone consumo diversificado y sofisticado, mejor acceso a información y tecnología y el abandono alegre a las seducciones de una vida impredecible y vertiginosa, las mayorías experimentan la globalización como una condición precaria, caracterizada por la inseguridad laboral, violencia social y pobreza sin esperanza" (Trigo, 10). En otras palabras, la globalización promueve a la vez la integración de los poseedores de capital y la exclusión social de los pobres, acentuando así la periferalización doméstica al interior de los países ricos y pobres (Hoogvelt, 65).

Esta lógica interna de la globalización obviamente facilita las condiciones que estimulan la movilidad de los ejércitos de reserva en forma de migrantes. En las últimas cinco décadas, las cifras globales de la migración –generalmente pautando una movilidad rural-urbana en condiciones internas y sur-norte para las rutas internacionales– muestran un incremento de 100 millones de personas, es decir, se pasa de "76 millones de migrantes que se movilizaban en 1960 a 175 millones en el 2000, de los cuales al menos el 48% está constituido por mujeres" (Monzón, 5). Estas periferias ambulantes, encandiladas por la promesa de una vida mejor, persiguen un objetivo imposible, ya que sólo serán invitados en tanto le sirvan a la voracidad reproductiva de la maximización de ganancias y en tanto permanezcan en condiciones de desigualdad, en otras palabras, sean pauperizados para que el capital pueda seguir expropiando parte de su trabajo. Lo destacable de estas periferias ambulantes estacionadas en la frontera norte de México es que encarnan la transitoriedad: si bien se caracterizan por la pobreza y la destitución, su horizonte está siempre del lado de la promesa, del otro lado de la frontera.[15] Por el momento, se puede aceptar cualquier tipo de vida; todo lo que se tenga que soportar es válido, pues en el norte habrá trabajo y una vida mejor. En otras palabras, están convencidas de que su salvación es la misma fuente de su destitución: el capitalismo tardío. Sólo que por el momento se hallan en el lugar equivocado… sólo temporalmente.

De la subjetividad

Uno de los efectos más agudos de la globalización en los países de América Latina es, según Martín Hopenhayn, la integración desintegradora. Con ello alude a una paradoja: mientras la dinámica global integra visual y simbólicamente a la población mundial (siendo los medios masivos de comunicación los responsables directos), a nivel local muchos grupos de personas están siendo excluidos social y económicamente (en la medida en que la realización del consumo es imposible para los pobres). Esta condición en sectores socio-económicos bajos genera violencia, ya que imaginariamente se desea lo imposible, lo que no se tiene capacidad de obtener. En el caso de las mujeres trabajadoras en maquilas en Ciudad Juárez esta situación en alguna medida no se cumple y en algunos aspectos se revierte: estas mujeres en general tienen un puesto de trabajo que les otorga un lugar socio-económico muy bajo (pueden sobrevivir solas, viviendo con amigas y administrando sus propias vidas), pero por ello mismo

---

15. En caso contrario, como sucedió con el ejemplo de Lupe, es decir, cuando el proyecto de migración fracasa en la muerte y/o desaparición surgen narrativas que inoculan su ejemplaridad: "En la región, migrar a Estados Unidos, cuando se fracasa, puede aparecer como una búsqueda injustificada de dinero o ambición desmedida que, por ello, debe ser castigada. Ante los testimonios habidos en la comunidad o los comentarios hechos por los vecinos, tenemos que hacernos estas preguntas: ¿La búsqueda del 'sueño americano', para parte de la comunidad, podría ser una tentación del diablo? La desaparición en el desierto, ¿es un castigo por vender su alma al diablo? Visto desde esta tesitura, ¿dónde está Lupe? Las mentes más piadosas pensarán que en el cielo. Acaso las más perversas pensarán que en el infierno, pagando el delito de ser mujer y migrar, por haberle vendido el alma al diablo a la manera de Mefistófeles" (Marroni y Meneses, 23).

son objetos de violencia: cuerpos desechables material y simbólicamente. Estos cuerpos son desaparecibles, violables, asesinables, descuartizables, por pertenecer a subjetividades desde siempre excluidas, pues el hecho mismo de ser mujeres independientes en la "ciudad del vicio" las posiciona en dicho lugar.[16] Y eso justifica no sólo su despojo material a través de las vejaciones y la muerte a las que son sometidas, sino también simbólico, ya que son desechadas en espacios baldíos como cuerpos inermes –desamparados, vulnerables, indefensos– ofreciendo el mensaje de amenaza a toda su especie. En este sentido, muchas de las mujeres que migraron a la zona de frontera atraídas por la oferta de trabajo no calificado, lo hicieron a conciencia de dejar atrás un mundo arcaico, unas prácticas culturales que ya no las contenían, y con la mirada atenta a un futuro posible. Estos primeros pasos dan cuenta de un poder de gestión, más allá de las condiciones en las cuales se producen estos cambios. Saben que no quieren regresar a su pueblo, pues de hacerlo estarían "casadas y con una chorrera de hijos" condenadas a la miseria. Miseria por miseria, es preferible estar solas, vivir con amigas de su edad, administrar su precaria economía y esperar el momento oportuno para poder cruzar la frontera. Precisamente es esta situación inestable lo que les provoca la suficiente adrenalina como para soportar las duras condiciones de vida, lo que las expone a una mayor vulnerabilidad.

Para concluir, quisiera destacar cómo la violencia sistémica, reproducida a través del signo-mercancía socava los afectos y las dinámicas de la vida. Ella es una forma indirecta aunque segura de represión/configuración subjetiva y de alienación cultural con respecto a subjetividades creativas/alternativas a los procesos de configuración propuestos alrededor del capital. El capitalismo sobrevive en ciclos de crisis y transformación a partir de su necesidad de expansión y reproducción: una vez que territorialmente se alcanzaron ciertos límites, se inició una segmentación social al interior de cada unidad territorial (conversión de los Estados benefactores en Estados neoliberales); al alcanzar este límite y ya no ser productivo, comenzó la conquista de los inconscientes aparatos psíquicos: creyéndonos que estamos en la cúspide de

---

16. En varios de sus últimos libros, pero sobre todo en *Border Identifications*, Pablo Vila analiza sutil y perspicazmente las dinámicas identitarias que se generan en Ciudad Juárez.

nuestro poder para moldearnos de acuerdo a nuestros caprichos nos cegamos ante la captura afectiva y la producción de adrenalina. Quisiera creer que no todos los afectos que circulan han sido, son o serán capturados por el capital, pues cuando los afectos crean dinámicas, las inercias son mucho más profundas y destructivas.[17]

Obras citadas

Arendt, Hannah. *On Violence*. New York: Harcourt, Brace, and World, 1959.

Bowden, Charles. *Murder City: Ciudad Juárez and the Global Economy's New Killing Fields*. New York: Nation Books, 2010.

— *Juárez: The Laboratory of Our Future*. Hong Kong: Everbest Printing Co, 1998.

Bowden, Charles y Alice Briggs. *Dreamland: The Way Out of Juárez*. Austin: University of Texas Press, 2010.

Campbell, Howard y Josiah McC. Heyman. "The Study of Borderlands Consumption Potentials and Precautions". *Land of Necessity. Consumer Culture in the United States-Mexico Borderlands*. Ed. Alexis McCrossen. Durham: Duke University Press, 2009, pp. 325-332.

De la O, María Eugenia. "El trabajo de las mujeres en la industria maquiladora de México: balance de cuatro décadas de estudio". *Debate Feminista* 35.18 (2007): 31-56.

Domínguez-Ruvalcaba, Héctor e Ignacio Corona (eds.). *Gender Violence at the US-Mexico Border: Media Representation and Public Response*. Tucson: University of Arizona Press, 2010.

Fregoso, Rosa-Linda y Cinthia Bejarano (eds.). *Terrorizing Women: Feminicide in the Americas*. Durham: Duke University Press, 2010.

González Rodríguez, Sergio. *Huesos en el desierto*. Barcelona: Anagrama, 2002.

Hoogvelt, Ankie. *Globalization and the Postcolonial World. The New Political Economy of Development*. Baltimore, MD: John Hopkins University Press, 2001.

Hopenhayn, Martín. *Ni apocalípticos, ni integrados*. Santiago de Chile: Fondo de Cultura Económica, 1994.

---

17. Afirma A. Hoogvelt: "It is a usage that is an indication of a particular world view of the world [...] that capitalism, instead of destroying itself in consequence of its systemic internal contradiction, is repeatedly able to overcome self-inflicted crises by total renewal" (65).

LIVINGSTON, Jessica. "Murder in Juárez. Gender, Sexual Violence and the Global Assembly Line". *Frontiers* 25.1 (2004): 59-76.

LUGO, Alejandro. *Fragmented Lives, Assembled Parts: Culture, Capitalism, and Conquest at the U.S-Mexico Border.* Austin: University of Texas Press, 2008.

MARTÍNEZ DE LA ESCALERA, Ana María (coord.). *Feminicidio: actas de denuncia y controversia.* México: UNAM/PUEG, 2010.

MARRONI, María da Gloria y Guillermo Alonso MENESES. "El fin del sueño americano. Mujeres migrantes muertas en la frontera México-Estados Unidos". *Migraciones Internacionales* 3.3 (2006): 5-30.

MONÁRREZ FRAGOSO, Julia Estela y María Socorro TABUENCA DE CÓRDOBA (eds.). *Bordeando la violencia contra las mujeres en la frontera norte de México.* Tijuana/México: El Colegio de la Frontera Norte/Miguel Ángel Porrúa, 2007.

MONZÓN, Ana Silvia. *Las viajeras invisibles: Mujeres migrantes en la región centroamericana y el sur de México.* Ciudad de Guatemala: PCS/CAMEX, 2006.

OLIVERA, Mercedes. "Violencia Feminicida: Violence Against Women and Mexico's Structural Crisis". *Terrorizing Women: Feminicides in The Americas.* Eds. Rosa-Linda Fregoso y Cinthia Bejarano. Durham: Duke University Press, 2010, pp. 49-58.

QUINTERO RAMÍREZ, Cirila. "Trabajo femenino en las maquinadoras: ¿Explotación o liberación?". *Bordeando la violencia contra las mujeres en la frontera norte de México.* Eds. Julia Monárrez Fragoso y María Socorro Tabuenca de Córdoba. Tijuana/México: El Colegio de la Frontera Norte/Miguel Ángel Porrúa, 2007, pp. 191-218

QUINTERO RAMÍREZ, Cirila y Javier DRAGUSTINOVIS. *Soy más que mis manos: los diferentes mundos de la mujer en la maquila.* México: Friedrich Ebert Sttiftung, 2007.

SALZINGER, Leslie. "De los tacones altos a los cuerpos acotados: significados generizados en (la) producción de la industria maquiladora para la exportación de México". *Debate feminista* 35.18 (2007): 3-30.

SEGATO, Rita Laura. "La escritura en el cuerpo de las mujeres asesinadas en Ciudad Juárez: territorio, soberanía y crímenes de segundo grado". *Debate Feminista* 37.19 (2008): 78-102.

STAUDT, Kathleen. *Violence and Activism at the Border. Gender, Fear, and Everyday Life in Ciudad Juárez.* Austin: University of Texas Press, 2008.

TRIGO, Abril. "A Critique of the Political-Libidinal Economy of Contemporary Culture". Manuscrito. [Véase su artículo en este volumen, pp. 39-53.]

VILA, Pablo (ed.). *Ethnography at the Border.* Minneapolis: University of Minnesota Press, 2003.

— *Border Identifications: Narratives of Religion, Gender, and Class on the U.S.-Mexico Border.* Austin: University of Texas Press, 2005.

WASHINGTON VALDEZ, Diana. *Cosecha de mujeres: Safari en el desierto mexicano.* México: Océano, 2005.

WEISSMAN, Deborah. "Global Economics and Their Progenies. Theorizing Femicide in Context". *Terrorizing Women: Feminicides in The Americas.* Eds. Rosa-Linda Fregoso y Cinthia Bejarano. Durham: Duke University Press, 2010, pp. 225-242.

WRIGHT, Melissa. *Disposable Women and Other Myths of Global Capitalism.* New York: Routledge, 2006.

ŽIŽEK, Slavoj. *Violence: Six Sideways Reflections.* New York: Picador: 2008.

LA AFECTIVIDAD EPISTÉMICA: EL SENTIMIENTO COMO CONOCIMIENTO EN *EL SECRETO DE SUS OJOS* Y *LA MUJER SIN CABEZA*

Dierdra Reber
Emory University

Si se hiciera un inventario de la más reciente producción cinematográfica latinoamericana, notaríamos de inmediato la tendencia hacia una narrativa emocional. Esto es cierto tanto en el desarrollo de la trama como en el despliegue de estrategias audiovisuales. Es decir, una historia arraigada en un progreso sentimental casi siempre hace avanzar al argumento narrativo, mientras que las imágenes y sonidos del cuerpo sensible ocupan el espacio tradicional reservado para el diálogo y la información de trasfondo que orienta al espectador. La película *El secreto de sus ojos* (2009) de Juan José Campanella es un ejemplo perfecto de la narrativa emocional en cuanto a estructura narrativa y *La mujer sin cabeza* (2008) a nivel lenguaje audiovisual. *El secreto de sus ojos* presenta la historia de un crimen a través del filtro de una relación amorosa incompleta; *La mujer sin cabeza*, de un posible accidente automovilístico –*hit-and-run*– a través de una intensa y sostenida mirada en primer plano de las secuelas emocionales experimentadas por la posible perpetradora. En ambos casos, lo que es significativo es que estas historias emocionalmente narradas tienen un contenido político altamente cargado. En *El secreto de sus ojos*, la memoria cultural posdictatorial es negociada de maneras distintas entre dos tipos de amantes. En *La mujer sin cabeza* se representan los conflictos de clase como el purgatorio emocional experimentado por una mujer burguesa que puede que haya atropellado a un niño indio pobre. La consecuente represión de esos sentimientos funciona como la última reafirmación de una jerarquía social racializada y basada en diferencias de clases.

Es mi parecer que estos dos filmes son representativos de un fenómeno mucho más amplio en el que la emoción ha venido a reemplazar a la razón como el árbitro de la significación cultural. "Pienso, luego soy" ha cedido a "siento, luego soy" como nuestro nuevo *cogito*. Arguyo que este fenómeno es impulsado por los dictados epistemológicos del capitalismo, y que nos encontramos ahora en una situación en la cual la afirmación y el cuestionamiento de la cultura hegemónica se llevará a cabo en el lenguaje del afecto. En última instancia, sostengo que el afecto –percepción sensorial, emoción, sentimiento– ha eclipsado a la razón como el vehículo epistémico dominante para la delineación de la forma y los límites del conocimiento y la construcción de significados culturales.

Me gustaría comenzar este texto esbozando un modelo teórico del mencionado giro epistémico hacia el afecto, antes de regresar a los dos filmes como medio para pensar las implicaciones de tal cambio. Ante una coyuntura intelectual caracterizada por la escasez de teoría relevante, este modelo de significación estética y social se propone a sí mismo en resonancia con la cultura global y espera encontrar resonancia dentro de los estudios literarios, cinematográficos y culturales en el campo de estudios hispanistas y más allá.

* * *

Incluso el inventario más superficial del presente cultural proporciona, ejemplo tras ejemplo, una lógica de naturaleza más afectiva que racional. La persistente representación del afecto en la narrativa cultural actual –la política, la publicidad, el cine, la televisión, los nuevos medios– no ha pasado desapercibida, pero un modelo teórico de su explicación y análisis aún no ha emergido. Busco enfrentar la pregunta del por qué de este "giro afectivo" (Ticineto Clough) y cartografiar sus contornos estéticos para así poner al descubierto sus patrones epistémicos. De este modo, arguyo que el afecto es constitutivo de una lógica social dominante completamente consumada, que se ha estado desarrollando durante dos siglos pero que sólo ahora ha comenzado a hacerse eminentemente visible, durante la era actual de una globalización suscrita por el triunfo universal de la democracia liberal capitalista.

Un vistazo panorámico de las intervenciones más innovadoras en los campos culturales y críticos atestigua la visibilidad de la lógica afectiva. En 1995, el psicólogo Daniel Goleman revolucionó el mundo de los negocios con su noción de "inteligencia emocional"; el concepto del EQ (por sus siglas en inglés) se elevó rápidamente para retar a su contraparte racionalmente concebida, el IQ (cociente intelectual, de nuevo por sus siglas en inglés). Ese mismo año, la crítica de estudios *queer* Eve Kosofsky Sedgwick fue pionera de un modelo teórico para la personalidad ("*personhood*") social no-racional al recopilar las investigaciones acerca de las emociones hechas a mitad del siglo pasado por el psicólogo Silvan Tomkins, para su uso en las humanidades. También en 1995, Antonio Damasio buscó desmitificar el dualismo cartesiano con la afirmación radical de que, fisiológicamente hablando, la emoción es fundacional para la razón en un continuo complejo. Innovadores en sus diversas y respectivas disciplinas, estos tres ejemplos representan las múltiples instancias en las que el afecto surge en la vanguardia muchas veces controvertible del discurso cultural y su estudio interdisciplinario. Otros ejemplos incluyen la emoción positiva en la publicidad, la vindicación de la idea de Charles Darwin acerca de la universalidad de las emociones por el psicólogo Paul Ekman, y la aseveración del politólogo Drew Westen que más que la preferencia desapasionada, es la preferencia emocional la que conduce al electorado. Esta última afirmación contraviene el modelo teórico de larga data en las ciencias sociales del actor social racional, cuya aparente pérdida es lamentada por Slavoj Žižek y Al Gore, en sus respectivas acusaciones tanto desde la izquierda como desde la derecha por su fallecimiento. El reto epistémico a la razón trasciende cualquier posición ideológica.

Si la razón ha sido demonizada y abandonada por toda la gama de nuestro espectro político, se debe a que un nuevo avatar de la agencia social ha comenzado emerger: el afecto. En las últimas dos décadas de triunfo neoliberal, un significativo corpus de trabajo crítico ha registrado esta marejada epistémica. Gran parte de estos trabajos reinterpretan los cánones disciplinarios a través de filtros afectivos. Rei Terada descubre "el sentimiento" en la teoría posestructural; Daniel Heller-Roazen desentierra el tratamiento de la emoción en la filosofía occidental; Stephen Toulmin reimagina el proyecto tricentenario del modernismo cartesiano al desarrollar un hipotético contra-modelo afectivo basado en la filosofía de Montaigne. Un *reader* de Duke University Press, publicado en 2010, anuncia la interdisciplinariedad de los estudios sobre el afecto (Gregg). Ahora, en nuestro campo, la conferencia en la Washington University in St. Louis dedicada a la lectura de las emociones en textos latinoamericanos junto con el presente volumen al que ésta dio origen legitimizan el afecto como un lente de análisis textual. Esta redefinición de los cánones y métodos vigentes tiene como paralelo la emergencia de un nuevo lenguaje crítico enunciado desde el registro afectivo. Kathleen Stewart deriva conceptos racionalizados como política, subjetividad, agencia y poder de meditaciones emocionales a modo de diario personal en un tipo de escritura etnográfica experimental que, para Michael Taussig, "reescribe las ciencias sociales de arriba a abajo". Algunos críticos también han teorizado acerca de la experiencia de la cultura mediática contemporánea como ontológicamente afectiva (Massumi; Hansen); otros han asociado el afecto con la cultura de consumo capitalista (Hochschild; Illouz). No obstante, estas intervenciones se detienen antes de alcanzar una investigación de diagnóstico a gran escala que profundice en la raíz del discurso afectivo, prefiriendo tratar el surgimiento de la emoción como un objeto cultural encontrado más que teorizando su génesis y sus contornos epistémicos.

Sostengo que a pesar de que el giro epistémico de la razón al afecto se haya hecho visible en los veinte años posteriores al final de la Guerra Fría, el nacimiento de tal giro puede ser trazado al origen histórico del capitalismo de libre mercado en la era de las revoluciones decimonónicas (Estados Unidos, Francia, Haití y Latinoamérica), que desplazó la monarquía colonial mercantilista para abrir camino a una burguesía capitalista democrática. El capitalismo de libre mercado y la democracia liberal –dos facetas de un mismo prisma del poder burgués– reubicó el control de los recursos económicos y el gobierno político de la monarquía al cuerpo público ("del pueblo, por el pueblo"). Si el mandato monárquico vertical encontró sostén epistémico en la noción cartesiana de la mente racional que subyuga al cuerpo 'irracional' conducido por los afectos, ahora el flujo horizontal del capital vindicaba precisamente esos afectos como la base de una autorregulación homeostática no-racional que neutralizaba la jerarquía entre la burguesía y la monarquía al hacer innecesaria la intervención de arriba (la "mano invisible" de Adam Smith, por ejemplo). Así emergió el afecto como un innovador discurso para un modelo de poder totalmente nuevo, redefiniendo las categorías del orden social y los límites del conocimiento.

El afecto epistémico pudo haber nacido de la era de las revoluciones, pero por los próximos dos siglos coexistió híbridamente con la razón –la episteme del imperialismo colonial– en el contexto de aparatos de Estados (neo)imperiales involucrados tanto en prácticas y discursos colonialistas como de libre mercado. Es sólo con el final de la Guerra Fría y, con éste, del colonialismo formal cuando el capitalismo de libre mercado ha gozado de una total dominancia epistémica en la forma de neoliberalismo global –una realización radical de principios y políticas de libre mercado–. Aunque en su práctica el neoliberalismo podría describirse como una fuerza neocolonial racionalizadora que busca un control global total, su discurso de autojustificación afirma todo lo contrario: que es el motor de una democracia perfecta y que promueve la armonía social cuyo vehículo epistémico es un cuerpo autorregulado por el principio homeostático. En los últimos veinte años, las instituciones antes dedicadas al proyecto de colonialismo racional –el Estado, la ciencia y la medicina, la universidad– han sido progresivamente conquistadas por el mercado neoliberal y han reflejado, de la misma manera, un nuevo compromiso con el principio afectivo de organización dictado por el autogobierno y el paradigma de conocimiento a través del sentimiento. Lo que es conocible es definido por los extremos homeostáticos del éxito y el fracaso: el bienestar y el malestar, expresiones de una condición somática densamente influidas por la emoción. En la época del capitalismo de libre mercado rampante, esta dicotomía vertebral se hace el nuevo lenguaje tanto del conocimiento social como de su crítica.

* * *

Latinoamérica participa dentro de esta lógica cultural compartida a través de diferentes perspectivas. Desde la crisis de la segunda mitad de los noventa y los primeros años del siglo XXI, y el consecuente sentimiento antineoliberal que se engendró a escala continental, a la par con una izquierda renovada, la cultura latinoamericana ha sido sumamente crítica con el neoliberalismo y, más específicamente, con los dictados culturales estadounidenses. Sea como fuere, sin embargo, insisto en que el lenguaje en el que se articula esta crítica del neoliberalismo liderado por los Estados Unidos revela la existencia de un sustrato cultural común configurado por la lógica afectiva. Es decir, los usos de la lógica afectiva responderán a las exigencias culturales locales, pero el hecho compartido de su despliegue y manipulación estético resulta ser un fenómeno común en ambos hemisferios –en una relación especular de un variado desarrollo político-económico– constitutivo de un microcosmo de un discurso global más amplio.

Es así que un documental como *Memoria del saqueo* (2004) de Fernando "Pino" Solanas, cuya razón de ser es una exposición didáctica de los males explotadores de los años de Carlos Menem, alcanza su crescendo conceptual no en un discurso racional modernista de la injusticia –como fue el caso de su documental de 1968 *La hora de los hornos*, por ejemplo–, sino a través de una imagen desgarradora de un pequeño recién nacido entubado, muriendo de desnutrición. Es esta imagen de malestar la que sirve como máxima denunciación de un régimen neoliberal que deja morir de hambre a la mayor parte de su población en una distribución mortalmente asimétrica de bienes y riquezas. Del mismo modo, *The Take* (2004), un documental canadiense acerca del fenómeno de las fábricas tomadas por trabajadores en Argentina, realizado por Avi Lewis y la ya famosa activista antiglobalización Naomi Klein, recurre a la apelación afectiva más que racional al presentar estas fábricas tomadas como una alternativa al modelo neoliberal. En un momento clave de los esfuerzos legales de los trabajadores para obtener un cese al desalojamiento, la cámara permanece sobre unos hombres adultos que lloran de alegría y alivio ante el fallo de la jueza a su favor. Estas lágrimas son el nuevo discurso político, la nueva argumentación de los derechos de los trabajadores, la nueva acusación de la explotación por la élite industrial, del mismo modo que el jadeo del recién nacido de Solanas condena una generación de cultura político-económica que lleva a la nación, literalmente, hacia la muerte.

No es sólo que estas imágenes sean, en sí mismas, innovadoras; lo innovador es el parco estilo en el que se presentan. Las lágrimas de los hombres y la respiración extenuada del recién nacido constituyen un discurso político independiente. No hay un segundo nivel de explicaciones racionalizadas –por ejemplo, "este recién nacido representa…"

o "estas lágrimas simbolizan…"–, más bien se destacan por su cuenta como un sistema completo y autónomo de significación afectiva de un discurso político de justicia social mucho más amplio. Donde el modelo neoliberal dominante ha prometido bienestar, estos documentales lo tachan como un fracaso al enfrentar su promesa a un espejo para revelar precisamente la imagen inversa: en lugar de ofrecer salud social, el neoliberalismo ha transmitido una enfermedad social. Es esta acusación de malestar la que sirve como máximo vehículo de la crítica política.

Esta estrategia de representación es válida tanto para filmes narrativos como para sus contrapartes documentales. Podríamos pensar en *Diarios de motocicleta* (2004) de Walter Salles como un ejemplo de narrativa emocional. En ésta, el despertar de la conciencia política del joven Che (Gael García Bernal) toma la forma de una historia de amor continental en la que él tiene que aprender a dominar su propio malestar fisiológico, el asma, como prueba de su habilidad para encarnar y trasmitir la revolución como bienestar. En un registro inverso de cinismo y desespero, la película de Pablo Trapero *Mundo grúa* (1999) denuncia el mundo del progreso neoliberal, simbolizado en su máxima expresión por la grúa, como uno que atrapa a los miembros de la clase trabajadora en un ciclo de malestar que los deja tanto indigentes y sin hogar como obesos y sin amor.

Este *collage* probatorio que atestigua la investidura de la emoción con significados sociales podría estirarse hacia el infinito. A modo de síntesis he seleccionado *El secreto de sus ojos* y *La mujer sin cabeza* como sinécdoques de dos marcadores estéticos fundamentales de este fenómeno en su registro narrativo y formal, respectivamente.

El secreto de sus ojos de Juan José Campanella vuelve a la Guerra Sucia argentina como sitio de memoria cultural y crítica. Es decir, retoma tanto el tema de la herida histórica como el lente interpretativo que el discurso posdictatorial ha canonizado desde el regreso a la democracia. Esta historia y su interpretación se han construido en los términos ideológicos de la política modernista –militarismo conservador versus utopismo de izquierda, el primero al servicio del capitalismo elitista y el segundo, del socialismo popular–. Este conflicto ha sido clásicamente entendido como uno de ideales políticos que compiten, sin que las políticas racionales pierdan su viabilidad potencial, aun cuando son brutalmente reprimidas.

El filme de Campanella se deshace casi totalmente del tema de la ideología política para acercarse a la división nacional como una marcada por el amor. Al presentar a Argentina como una joven y bella esposa (Carla Quevedo), la película, entonces, muestra a su asesino-violador (Javier Godino), e incipiente colaborador paramilitar, como un perverso y violento –pero poderoso– amante. En contraste, el esposo de la víctima (Pablo Rago) aparece cual modelo del amor respetuoso, gentil, eternamente fiel y sacrificado. Pero a diferencia del asesino-violador, el esposo es impotente en el sentido de que su decencia lo hace confiar de un sistema jurídico que, por su parte, también es impotente.

Sin embargo y al contrario de nuestras expectativas, no es al esposo de la víctima a quien el filme empareja como la contraparte del asesino-violador, sino al suboficial judiciario (Ricardo Darín) encargado de investigar el caso. El suboficial es, también, un amante, y tan fiel y eternamente dedicado como el esposo y el violador-asesino, que, después de todo, conoce a la víctima desde la infancia. En dos ocasiones los sentimientos del asesino-violador hacia la preciosa víctima son caracterizados como 'adoración'; un corte entre un primer plano fotográfico de los ojos del violador-asesino mientras observa a su víctima en un entorno social provincial y otro primer plano de los ojos del suboficial judiciario cuando observa el objeto de su propio deseo, una joven jueza (Soledad Villamil), en una fiesta de oficina, establecen la equivalencia entre el asesino-violador y el suboficial que lo llevará ante la justicia. Esta equivalencia supone un antagonismo arraigado en la identidad de cada uno como amante. Por un lado, el violador-asesino obsesionado con la víctima –con su país–, que expresa su amor inmortal como destrucción impenitente; por el otro, el suboficial obsesionado con su superior judiciario –la posibilidad de la justicia social en su país–. Este último, en un marcado contraste con el asesino-violador, parece incapaz de expresar su amor por su joven jefa, y así, por lo tanto, incapaz de cambiar el destino inminente de su país, que se aproxima a la dictadura militar.

Hay poco o ningún discurso político abiertamente expresado en la película. El suboficial idealista aborrece las falsedades y la búsqueda racializada de chivos expiatorios; el futuro mando dictatorial, al que el asesino-violador le reportará, trafica mentiras y prejuicios raciales. Pero el marcador más significativo de lo que podríamos considerar propiamente ideológico en el sentido marxista-leninista de la revolución social y su discurso compensatorio del progreso capitalista es la diferencia de clases entre el suboficial y su amada jefa. Mientras que el suboficial tiene un estatus social inferior que es infantilizado (en una escena es obligado a soportar una lenta pronunciación humillante de su apellido, por parte de su superior, el juez Fortuna Lacalle [Mario Alarcón], "Es-pó-si-to") y denigrado ("vos sos Espósito, o sea, nada"), la joven jueza tiene un nombre compuesto que denota su ascendencia europea de élite y que le da la confianza innata de afirmar su privilegio aun ante sus superiores, como hace cuando corrige a su propio jefe –el mismo Fortuna Lacalle que insultará a Espósito– en cuanto a la pronunciación de su apellido: cuando éste la presenta como "Hastings", con una a corta, ella rápidamente interviene con una a larga, junto con una justificación de la pronunciación debida: "Hastings, se pronuncia Hastings porque es escocés". Más adelante, el mismo futuro cómplice de la dictadura (Mario Argento) que le dice a Espósito que éste no es "nada" afirma que su jefa es "intocable" por sus apellidos. Espósito, habiendo internalizado esta diferencia de valor social como una falla imposible de cruzar, pronuncia el apellido del prometido de su jefa a modo hiperbólico, añadiéndole tres o cuatro apellidos prestigiosos en un acto de autodesprecio comparativo: ¿quién es él para competir?

Lo que permite que una extraña utopía prevalezca al cierre del filme es la habilidad del suboficial para absorber las lecciones del corazón ofrecidas por el viudo de la víctima. Espósito cruza una brecha cuando descubre que, por veinticinco años, el viudo ha encarcelado de manera clandestina al asesino violador en una cárcel casera: la justicia del corazón es más fuerte que la letra de la ley. Cuando el suboficial es capaz de analizar estos dos tipos de justicia, logra abandonar el guión de inferioridad social que existía en la letra de la ley para poder finalmente declarar su amor a su jefa, que lo acepta sin titubeos. Esta incipiente relación amorosa, atrasada por treinta años, representa la recuperación de los ideales del momento predictatorial encapsulado dentro del gesto simbólicamente cargado de cruzar la división de clase entre amantes. El matrimonio, tanto de élite como de desamor de la jefa, desaparece como un espectro de la lógica del elitismo que servía como soporte implícito de la dictadura, a pesar de que la última aseveración, "va a ser complicado", sirve para matizar la transición de jerarquía a democracia.

No obstante, la unión de los amantes simboliza la plenitud de las posibilidades democráticas de la nación. Interesantemente, el modelo de este amor, que es sumamente democrático, se deriva del modelo del banquero Es la lógica del banquero–y la lógica del capital, por extensión, en su idealización epistémica– de bienestar sin igual en la forma de amor puro e infinito que se le hace disponible al judiciario en una ecuación que rinde una perfecta democracia liberal. Quizás es por esta razón que el filme ha sido menospreciado como una apología para la cultura capitalista que traiciona la memoria de la violencia dictatorial (e. g., Losada). Sin importar cómo nos posicionemos ante las propuestas políticas de la película, lo que es significativo aquí es subrayar el hecho de que éstas están articuladas a través de un filtro afectivo. Aquí, el amor es política; la ideología no tiene ninguna existencia significativa más allá de los contornos de lo afectivo.

Si consideramos el afecto como epistémicamente operativo a nivel narrativo en *El secreto de sus ojos*, entonces alcanza una expresión aún más radical a nivel formal en *La mujer sin cabeza*. Este tercer filme de Lucrecia Martel relata un breve segmento de la vida de una mujer argentina, burguesa, de edad media (María Onetto), alrededor de las consecuencias de un accidente automovilístico. Lo que es significativo en esta película es que nos ofrece la información narrativa casi exclusivamente a través de la expresión emocional. A pesar de que el evento central de la narrativa es el momento en el que la señora burguesa golpea algo mientras conduce sola en su auto en una carretera abandonada de provincia, nunca sabemos qué o a quién atropella. La escena del golpe es filmada como una toma sostenida de perfil del rostro la mujer; paralizada en el asiento del conductor, sus manos aprietan el volante tras haberse detenido al borde del camino y el garrotazo de miedo inunda lentamente su cara. Cuando la vemos poner el auto en movimiento nuevamente, sin tan siquiera mirar para atrás, sabemos que la negación será el motor de sus acciones mientras progresa hacia la resolución.

Esta negación se extiende a todos los miembros de su clase social, una clase social unida por el nepotismo y el incesto, como en *La Ciénaga* (2001) y *La niña santa* (2004), ya que aquí vemos la borradura sistemática de cualquier evidencia que implique a la señora en la muerte de un niño indígena cuya desaparición coincide con el momento del accidente. Esta borradura –de archivos médicos, de recibos de hoteles, de la sospecha misma en la mujer de que ha matado al niño– es una narrativa de soporte minimalista para explicar la historia principal, que sólo puede ser caracterizada como una secuencia de disposiciones emocionales, en la que vemos a la mujer moverse de la comodidad burguesa al miedo, a la ansiedad y de vuelta a la anterior comodidad una vez queda satisfecha de que la borradura de su culpabilidad ha sido completada, y así, cualquier imperativo de remordimiento o reconocimiento de infracción moral igualmente eliminado. Las actuales preocupaciones de Martel –de clase, raza y género (Peluffo)– están aquí aproximadas a través de un matiz radicalmente afectivo que ancla la trama cinematográfica en la navegación estrictamente emocional por esos problemas sociales. La hegemonía social de la burguesía criolla se perpetúa en términos emocionales, con el bienestar de la protagonista apoyado en el malestar de la perfecta falta de responsabilidad de la muerte de un niño indio que ella quizás ocasionara. Si la narrativa acusa a la clase burguesa de derivar su bienestar de esta explotación de vida o muerte del otro étnico e indígena, entonces el trabajo de cámara encarcela al espectador en la realidad emocional de la burguesía, planteando el regreso inexorable de la burguesía al bienestar a costa del malestar de una clase subordinada étnicamente marcada como las mecánicas emocionales de la jerarquía del poder social.

Lo que *La mujer sin cabeza* y *El secreto de sus ojos* apuntalan es una tendencia afectiva mucho más amplia en tanto la producción cultural como su crítica –una tendencia que yo veo en condiciones de caracterizar como un giro epistémico que está proporcionando subjetividades culturales afectivas, conocimientos afectivos, políticas afectivas–. Nuestro hasta ahora racionalizado mapa de poder y conocimiento está siendo reformulado ante nuestros ojos en el lenguaje conceptual del afecto. En otras palabras, el sujeto cultural de la globalización neoliberal es epistémicamente afectivo, ya sea en afirmación o impugnación de la cultura dominante. Ya que el conocimiento es poder, nuestro reconocimiento de la labor epistémica del afecto es crucial no sólo para nuestra comprensión de la cultura neoliberal, sino también, y quizás esto sea de mayor importancia para nuestro campo, para la identificación y comprensión de las estrategias insistentemente afectivas de la contestación de la cultura neoliberal.

(Traducción de Sergio Gutiérrez Negrón.)

Obras citadas

La Ciénaga. Dir. Lucrecia Martel. Int. Mercedes Morán, Graciela Borges y Martín Adjemián. 4k Films, 2001. DVD.

DAMASIO, Antonio. *Descartes' Error: Emotion, Reason, and the Human Brain*. New York: Harper Perennial, 1995.

Diarios de motocicleta. Dir. Walter Salles. Int. Gael García Bernal, Rodrigo de la Serna y Mercedes Morán. FilmFour, 2004. DVD.

DARWIN, Charles. *The Expression of the Emotions in Man and Animals*. Ed. Ekman, Paul. Oxford: Oxford University Press, 1995.

GOLEMAN, Daniel. *Emotional Intelligence: Why It Can Matter More than IQ*. New York: Bantam, 1995.

GORE, Al. *The Assault on Reason*. New York: Penguin, 2007.

GREGG, Melissa y Gregory J. SEIGWORTH (eds.). *The Affect Theory Reader*. Durham: Duke University Press, 2010.

HANSEN, Mark B. N. *New Philosophy for New Media*. Cambridge: MIT Press, 2006.

HELLER-ROAZEN, Daniel. *The Inner Touch: Archaeology of a Sensation*. New York: Zone, 2007.

HOCHSCHILD, Arlie Russell. *The Managed Heart: Commercialization of Human Feeling*. Berkeley: University of California Press, 2003.

La hora de los hornos: notas y testimonios sobre el neocolonialismo, la violencia y la liberación. Dir. Fernando "Pino" Solanas y Octavio Getino. Grupo Cine Liberación, 1968. Cine.

ILLOUZ, Eva. *Cold Intimacies: The Making of Emotional Capitalism*. New York: Polity, 2007.

LOSADA, Matt. "*The Secret in Their Eyes*: Historical Memory, Production Model, and the Foreign Film Oscar". *Cineaste* 36.1, <http://www.cineaste.com/articles/emthe-secret-in-their-eyesem-historical-memory-production-models-and-the-foreign-film-oscar >, 2010.

MASSUMI, Brian. *Parables for the Virtual: Movement, Affect, Sensation*. Durham: Duke University Press, 2002.

Memoria del saqueo. Dir. Fernando "Pino" Solanas. ADR Productions, 2004. DVD.

La mujer sin cabeza. Dir. Lucrecia Martel. Int. María Onetto, Claudia Cantero y César Bordón. Aquafilms, 2008. DVD.

Mundo grúa. Dir. Pablo Trapero. Int. Luis Margani, Adriana Aizemberg y Daniel Valenzuela. Instituto Nacional de Cine y Artes Audiovisuales, 1999. DVD.

La niña santa. Dir. Lucrecia Martel. Ind. Mercedes Morán, Carlos Belloso y Alejandro Urdapilleta. La Pasionaria S.r.l., 2004. DVD.

PELUFFO, Ana. "Staging Class, Gender and Ethnicity in Lucrecia Martel's *La ciénaga/ The Swamp*". *New Trends in Argentine and Brazilian Cinema*. Eds. Cacilda M. Rêgo y Carolina Rocha. Liverpool: Intellect, 2011, pp. 211-224.

El secreto de sus ojos. Dir. Juan José Campanella. Int. Ricardo Darín, Soledad Villamil y Pablo Rago. Tornasol Films, 2009. DVD.

STEWART, Kathleen. *Ordinary Affects*. Durham: Duke University Press, 2007.

The Take. Dir. Avi Lewis y Naomi Klein. Barna-Alper Productions, 2004. DVD.

TERADA, Rei. *Feeling in Theory: Emotion after the "Death of the Subject"*. Cambridge: Harvard University Press, 2003.

TICINETO CLOUGH, Patricia y Jean HALLEY (eds.). *The Affective Turn: Theorizing the Social*. Durham: Duke University Press, 2007.

TOULMIN, Stephen Edelston. *Cosmopolis: The Hidden Agenda of Modernity*. Chicago: University of Chicago Press, 1992.

WESTEN, Drew. *The Political Brain: The Role of Emotion in Deciding the Fate of the Nation*. New York: Public Affairs, 2007.

ŽIŽEK, Slavoj. *The Ticklish Subject: The Absent Centre of Political Ontology*. London: Verso

II. Género, afecto y ficción

La política de la frivolidad: consumo, bajas pasiones y género en *Blanca Sol* de Mercedes Cabello de Carbonera

Susan Hallstead
The University of Colorado-Boulder

El consumo de la moda, particularmente de aquélla cuyo diseño o cuyas telas provenían de los grandes centros mundiales de la moda –en el siglo XIX en particular ese centro fue París (Entwistle)– y de los objetos de lujo (muebles, porcelanas, joyería, *bibelots* y demás parafernalia) produjo, en casi todas las metrópolis latinoamericanas, un amplio espectro de reacciones en la élite letrada: maravilla, desdén, deseo y pasión, envidia, desprecio y hasta miedo.[1] Consideremos algunos casos paradigmáticos, como el de José Martí. Martí concibió las grandes exhibiciones finiseculares (en particular la de Chicago, que es la que registró con amplio detalle en sus famosas crónicas) como posibles laboratorios desde donde se podía estudiar lo que González-Stephan destaca como una "estética de la vida cotidiana" ("Martí"). Es decir, Martí concibió el consumo como una entrada más desde donde estudiar los hábitos de la vida moderna norteamericana (y por extensión, occidental). No obstante, para Martí, la moda y el consumo de objetos de lujo también sirvieron como metáforas o como ejemplos del imperialismo cultural, a tal extremo que, como escribió en *Nuestra América*: "El lujo venenoso, enemigo de la liber-

---

1. Uno de los miedos más sobresalientes relacionados con la moda fue el temor de que el deseo por el lujo y la ornamentación llevaría a la mujer decente a la prostitución (Guy; Hallstead).

tad, pudre al hombre liviano y abre la puerta al extranjero" (166). Incluso en *Nuestra América*, la naturaleza hibrida de la formación social americana está metaforizada por medio de la ropa: "Éramos una máscara, con los calzones de Inglaterra, el chaleco parisiense, el chaquetón de Norteamérica y la montera de España. [...] Éramos charreteras y togas en países que venían al mundo con la alpargata en los pies y la vincha en la cabeza" (164). El argentino Eugenio Cambaceres, por su parte, expresó una incomodidad similar con respecto al consumo: como miembro de la Generación del 80 reconoció la importancia del libre mercado y del nexo argentino a una economía transatlántica fuerte. Temió, no obstante, los efectos democratizadores (y para él, disolventes) del consumo. Debido a éste, las poblaciones inmigrantes estaban invadiendo y contaminando (Nouzeilles) un espacio dominado (o al menos, percibido como tal) por el privilegio legítimo de la élite porteña, uno de cuyos rasgos era la homogeneidad racial (a pesar de las comunidades afroargentinas y mestizas/mulatas que sí compartían el espacio urbano).[2] Esas ansiedades se manifestaron de manera más obvia en su novela *En la sangre* (1887), cuyo protagonista, de ascendencia italiana, Genaro Piazza, logró destruir la tradicional familia criolla usando como arma o treta su apariencia de caballero y hombre de bien. La piedra de toque de esta apariencia es el consumo de ropas a la moda y la adquisición (o imitación) de los modos de la "gente decente" que, debido a la "astucia felina de su raza" (30), pudo realizar. También las escritoras finiseculares (Juana Manso, Juana Manuela Gorriti, Mercedes Cabello de Carbonera, Carolina Freire de Jaimes, entre otras) comentaron, en sus muchas revistas de modas, la presencia y el impacto de las modas (y del consumo de las modas en las tiendas) en sus vidas: e irónicamente, en muchos casos –desde las revistas de Lima hasta las de Buenos Aires– las mujeres alababan sus corsés y sus crinolinas por haberlas podido contener, tanto literal como metafóricamente, de los excesos que les producía el afán al comprar.[3]

2. Sobre los afroargentinos, véanse Andrews, Sabato y Castro.
3. Consideren, por ejemplo, una historia curiosa que salió en *El Álbum del Hogar* (Buenos Aires, año II, nº 3, 20 de julio de 1879) que narra la historia de una señorita María Amalia y la emoción que le provocó un vestido violeta: "En fin, por un heroico esfuerzo de voluntad conseguí arrancarme de tan dulces ensueños y toda trémula me

Blanca Sol, novela realista escrita en 1887 por la peruana Mercedes Cabello de Carbonera, gira en torno a la relación entre moda y las bajas pasiones (la codicia, el deseo, la envidia, la furia) que despierta. Esas pasiones eventualmente llevan a una familia limeña tradicional a la ruina. El lugar donde esa relación se establece es la figura de la mujer/madre consumidora (la protagonista Blanca Sol). En este relato, el consumo de la moda, las emociones que genera y el género se entrelazan en una narrativa que expone uno de los muchos aspectos idiosincráticos del proceso modernizador emprendido en el siglo XIX latinoamericano: las mujeres consumidoras eran, casi exclusivamente,[4] los blancos de la propaganda en las revistas y periódicos del momento. De esto modo, era casi un deber nacional que las mujeres se dejaran llevar por las maravillas de una esfera pública cada vez más diversificada y por lo que Lancaster nombra *el lujo democratizado* que las grandes tiendas y líneas de crédito permitían (31).

Los periódicos limeños del momento sirven como testigos de esta diversificación. Dentro de este medio podemos citar un ejemplo de particular interés. *El Oasis: Semanario de literatura y recreo* ofrece una escena aparentemente típica, donde los hombres observan, con placer, a las mujeres haciendo sus compras. Pero aquí se ponen en evidencia dos cosas: primero que las mujeres circulaban en el espacio público con relativa libertad (y esa libertad fue el resultado directo del consumo, porque consumir era una actividad pública aceptable) y segundo que esa circulación era el resultado directo de la proliferación de tiendas. Es interesante que el autor clasifique aquí a las mujeres y sus compras según su edad (poniendo en claro que las compras se ligaban muy estrechamente a la identidad y/o su construcción):

> Las de veinte años, acariciando el lijero paquete que llevan en la mano, rosadas las mejillas, alegre la pupila, conversando con viveza y en

---

puse mi inolvidable vestido violeta; mi corazón palpitaba violentamente y, ¡Dios me perdone! pero creo que si no hubiese sido por el muro salvador que le ofrecía el corsé, mi vestido, que en esos momentos constituía toda mi alegría, habría estallado ruidosamente".

4. Esto no quiere decir que la moda masculina o el consumo masculino de artículos de lujo dejara de ser una práctica importante (es sobre todo en el siglo XIX cuando surge el dandi, figura de excesos consumistas por excelencia). Más bien, la forma en la que se llevó acabo el consumo y cómo los hombres consumidores comunicaban su estatus cambió. Véase Breward sobre el consumo masculino en el siglo XIX europeo (más específicamente inglés).

voz alta de las *novedades* que acaban de ver [...]. Las de treinta, serias, el ceño ligeramente fruncido, quejándose de la poca educación del dependiente que no ha sabido atenderlas y temiendo que el adorno comprado tal vez no será de la última moda ni realzara lo suficiente la belleza que ya se les va escapando. Y las de cuarenta, disgustadas con el precio, siempre demasiado subido para ellas, pensando en que tal vez se habrán equivocado en el dibujo, en el color o la calidad de la tela, y si las descontentadizas "muchachas" no rechazaran la compra. Y todas, jóvenes o viejas, cuando el ultimo arrebol palidece, desapareciendo en dirección a sus casas [...] (serie II, nº 3, Lima, domingo 17 de mayo de 1885).

No obstante, *al mismo tiempo* las mujeres tenían el arduo deber de ser el repositorio de los valores "tradicionales". Por ende, era imperativo que resistieran el deseo de consumir en exceso, entendiendo que, por definición, la frontera entre un consumo aceptable y el descontrol siempre fue, ambigua y cambiante. Los periódicos del momento ponían muy en claro los "deberes" de la mujer de la época, y relacionaban el consumo y el lujo como amenazas a lo doméstico o como los responsables por la degradación que afligía, según el juicio del artículo, lo doméstico. En *El Correo del Perú* (para dar uno entre muchos ejemplos) salió un artículo titulado "La sociedad y la familia" que liga enfáticamente el consumo con los placeres públicos que ponían en peligro lo doméstico: "La sociedad es el placer, la vanidad, la holganza y el lujo; la familia en la economía, la virtud, el orden y el trabajo" (año VI, nº LI, 17 de diciembre de 1876). En *El Picaflor*, un autor anónimo ofreció la siguiente opinión a su audiencia femenina en su artículo "El lujo": "¿Qué [sic] se proponen esas mujeres, reinas y esclavas de la moda, que acaso con ruina de sus familias, y siempre en mengua de sus deberes, ostentan un lujo que escandaliza a la virtud, e insulta al infortunio?" (año 1, nº 19, 10 de julio de 1888). Hasta las mujeres escritoras mismas recordaban sus *deberes* a sus lectoras. Clorinda Matto de Turner escribió lo siguiente en *El Perú Ilustrado*: "la mujer ha nacido para madre y debe ser toda ternura y sentimiento, porque el código que la rige es el corazón.... hoy en fin, que, la indiferencia de los unos, la turbulencia de los otros y el egoísmo de los más amenazan la completa destrucción de nuestro mutilado Perú, las responsabilidades de las madres de familia se multiplican" (año 2, semestre II, 12 de enero 1889). De la misma manera que los periódicos del momento ponían en escena este conflicto, la novela *Blanca Sol* también expone las contradicciones de los discursos modernizadores adoptados por la élite letrada y muestra cómo estos discursos posicionaban ambiguamente a la mujer consumidora. La mujer (particularmente la mujer blanca, adinerada, urbana) debe de maravillarse ante al consumo.[5] Si no, el resultado podría ser que el Perú y el proyecto liberal modernizador fracasaran (precisamente porque parte fundamental de este proceso modernizador dependía del consumo) y el país nunca pudiera superar los traumas de la Guerra del Pacífico ni disfrutar de la prosperidad característica del Porfiriato mexicano, del *orden conservador* argentino (Botana) o de la relativa estabilidad del Imperio y la posterior República brasilera. Pero, por otro lado, sucumbir a las bajas pasiones y al deseo descontrolado que se creía que el consumo producía en la mujer (debido, en gran medida, a la percibida debilidad de ésta por la entrega y el despliegue por las emociones comparada a la racionalidad o la emocionalidad reprimida del hombre) podría exponer el país a la degradación moral y al desmantelamiento de la unidad familiar tradicional y a los valores que se debe de propagar en tal espacio.[6] Es de esta ambigüedad de donde

---

5. Ofrezco como evidencia un fragmento de *Perlas y Flores* (que después se convirtió en *El Perú Ilustrado*), que publicaba una columna regular sobre las últimas ocurrencias en los barrios comerciales. Es obvio que el propósito de estos "anuncios" era promover el consumo y despertar en interés en los productos ofrecidos en las muchas tiendas del momento (la autora usa con frecuencia palabras como "fantasía", "elegancia", "buen gusto", etc.): "El Petit Bon Marche de Lima profusamente iluminado parecía un salón de exposición de esplendidas novedades con que se tratara de satisfacer el gusto más exijente del bello sexo limeño. ¡Que vestidos para señoras! Que telas de tan alta novedad, que adornos y que artículos de fantasía. [...] Mas alla, la antigua casa Rivara situada en el mismo portal, ofreciendo un verdadero museo de preciosidades, destinadas a los regalos con que obsequia a sus favorecedores. La elegancia y el gusto verdaderamente artístico con que todos esos preciosos objetos están arreglados para su exhibición superan a todo elogio. [...] En la misma calle de Mercaderes, llamaban la atencion del publico pero de una manera verdaderamente esplendida los almacenes de los "Dos Amigos" y los de los señores Anzardo y Garcia. ¡Que lujo de novedades de tan refinado gusto y que arte tan especial el que se notaba en el arreglo de los mostradores [...!]" (año III, sábado 25 de diciembre de 1886).

6. Esto lo notó Clorinda Matto de Turner muy claramente en 1889, en *El Perú Ilustrado*: "...las calamidades de la Patria son la consecuencia inmediata de la desorganización moral del hogar, pues nadie desconoce que el grupo primordial de la patria es la familia, ni puede negarse que [...] la ventura de las sociedades está en relación de la ventura doméstica" (año 2, semestre II, 12 de enero de 1889).

surge lo que llamo una *política de la frivolidad*. Muchos literatos, tanto hombres como mujeres, de tradiciones nacionales distintas, manipularon esta ambigüedad relacionada al consumo. Con ello buscaban explorar las cambiantes dinámicas de género de la época al mismo tiempo que discutir/contemplar los efectos de los cambios radicales que experimentaron muchos de los países latinoamericanos: la urbanización, la secularización, la entronización de las relaciones de mercado como reguladoras de lo social además de los efectos de la inmigración europea y las tensiones de clase, raza y etnia que surgieron a medida que los gobiernos positivistas de fin de siglo buscaban modernizar la región.

No debe de sorprender que el tema de la moda y la manipulación de las emociones en la literatura se encuentren entrelazados dado que, en términos de sus principios teóricos, son notablemente similares. Hay tres puntos en particular que quisiera elaborar para el propósito del presente ensayo. Primero, la moda en el siglo XIX, y las emociones desde mucho antes, se relegaban casi exclusivamente a la esfera femenina y, de esta manera, ambas se articulaban a los dualismos entonces dominantes de hombre/mujer, público/privado, mente/cuerpo (Jaggar, 50). Muchos de los discursos sobre el consumo de la moda/objetos de lujo y las emociones comparten la idea de que las mujeres se ligaban innatamente a estas dos esferas de actividad y/o manera de ser. La moda ha sido más específicamente ligada el reino de lo femenino dado que por su mera naturaleza la vestimenta se liga al cuerpo y sabemos que la manera en la que se presentan los cuerpos en la esfera pública constituye la identidad, la sexualidad, la clase y el género, entre muchas otras categorías identitarias (Craik, 46). La moda con la que se vestía el cuerpo femenino también adquirió importancia en el siglo XIX dado que éste fue el siglo que marcó un distanciamiento importante entre las modas masculinas (las del Ancien Régime) y las femeninas. Denominado "la gran renunciación" (Flügel), este cambio se caracterizó, por un lado, por una simplificación notable en la vestimenta masculina (una vestimenta menos ostentosa y ornada que sentó las bases de lo que es hoy en día el traje formal masculino). Por otro lado, la vestimenta para la mujer se hizo cada vez más elaborada (o cuando menos permaneció tan elaborada como en el siglo XVIII) y restringida a tal escala que en muchos casos impidió el movimiento. (La aparición de la crinolina y la reaparición del corsé en el siglo XIX son sugestivos ejemplos de esta tendencia.)

Ligar estas dos "categorías" (la moda y las emociones) al reino de la mujer ha resultado hasta muy recientemente en el desdén teórico de estas dos categorías como de poco o insignificante importe en el análisis cultural. En el caso de la teoría sobre las emociones, ha llevado a lo que Harding y Pribam consideran ser "la marginalización de las emociones en la producción del conocimiento, y en muchos caso, a su ligazón con la irracionalidad, la antítesis de la razón" (1).[7] Peluffo, haciendo referencia específica al caso peruano, ha notado semejante tendencia con respecto a la novela *Aves sin nido* de Clorinda Matto de Turner (contemporánea de Cabello de Carbonera), una novela que fue, durante muchos años, marginalizada en parte debido a su percibida *sentimentalidad*, lo que Peluffo denomina "una retórica de la lágrimas" que la autora usó para apelar a su audiencia.[8] En cuanto a la moda, Wilson ha argumentado este mismo punto dado que muchas veces las modas y las prácticas de vestir y de consumir han sido consideradas como las actividades frívolas y carentes de reflexión con las que las mujeres se entretienen en la esfera doméstica (aunque claramente la moda tiene su faceta pública) en su búsquedas y deseos insaciables de estar al día con las últimas modas (europeas). Pero lo importante con respecto a las teorías sobre las modas y las emociones es que, por más que se haya querido relegar estas dos categorías a un solo reino (el femenino), ninguna de las dos pertenece exclusivamente a una sola categoría de análisis. No son categorías ni enteramente públicas ni privadas sino que residen en un espacio intermedio, lo que les da la posibilidad de exponer tanto la construcción histórico-cultural de esta distinción (público vs. privado) como las relaciones y las luchas de poder que marcan las concepciones sobre el género hasta la actualidad. La moda y las emociones muchas veces sirven como intermediarias entre las esferas públicas y privadas: esencialmente se convierten en sitios donde el mundo social se encuentra con el priva-

---

7. Esta traducción y las subsiguientes son mías.
8. Peluffo afirma: "El auge de la cultura de los sentimientos que valorizó lo emocional por encima de lo racional y que para fines del siglo XIX tenía connotaciones feminizantes fue a contramano de corrientes estéticas antisentimentales que plantearon la necesidad de virilizar a la comunidad nacional en una época posbélica" (*Lágrimas*, 26).

do (lo que Berlant llama "la esfera pública íntima") y se mueven sin solución de continuidad entre los dos espacios, sirviendo para transgredir comportamiento normativos tanto como para reforzarlos. Tanto la moda como las emociones son importantes en la formación de las identidades privadas, aunque al mismo tiempo pertenecen a lo social y forman parte significativa de la construcción de las identidades colectivas.

Segundo, en cuanto al género, tanto la moda como las emociones son altamente *performativas* y las dos en muchos casos comodifican la feminidad: las dos ponen en escena *modos de ser* femeninos (la moda, por ejemplo, refuerza cómo las mujeres *deben* de vestirse, qué/cómo las mujeres *deben* de consumir, dónde/cuándo deben de exponerse al ojo público; y las emociones refuerzan cuáles actitudes o comportamientos son aceptables o inaceptables para las mujeres tanto en público como en privado). Pero, y ahí es donde estas dos categorías de análisis adquieren importancia estratégica, la moda y las emociones constituyen pero no fijan las identidades porque lo que es aceptable o de moda en cualquier momento está en constante flujo (Buckley y Fawcett 9) y eso deja abierta la posibilidad para la manipulación o la subversión de las reglas de comportamiento normativo. Tercero, tanto la moda como las emociones son componentes importantes en la *producción de sentido* en el ámbito social. Las dos revelan, en cualquier momento de cualquier época algo sobre el estado de las relaciones de género, clase, raza/etnia, etc.

Blanca Sol narra el ascenso de su protagonista epónima a la cima del poder socio-político en la Lima de la época. Narra también su subsecuente caída, debido a su deseo insaciable de reconocimiento social, lujo y poder. Blanca derrocha la fortuna de su esposo, es la causa principal de su locura y recurre a la prostitución para mantener a sus seis hijos. Las primeras páginas de la novela establecen fuera de todo equívoco el papel perjudicial que la madre de Blanca (quien es, asimismo, una mujer consumista) tuvo sobre la protagonista. En vez de inculcarle lo que se hubiesen considerado valores apropiados del período para la conducta femenina (por ejemplo, la religiosidad, la piedad, el pudor, etc.), la madre de Blanca la persuade de que prestar la debida atención a la moda siempre le asegurará el reconocimiento social y un estado de clase aceptable (aunque ella misma resultó terriblemente endeudada debido a sus excesos de consumo). Estas tempranas lecciones provocan en Blanca lo que después se convertirá en sus deseos de vida y políticas identitarias: la moda y el consumo de objetos de lujo se convierten en las condiciones de posibilidad que crean las emociones que la motivan. En su deseo por lograr prestigio y poder político (una actividad completamente fuera del alcance para la mujer, inclusive la mujer de clase alta, en aquel entonces), la moda hace posible el lazo entre lo social y lo doméstico y, en última instancia, le permite a Blanca transgredir o por lo menos burlarse (aunque temporalmente) del comportamiento normativo impuesto a la mujer de la época. Un ejemplo de esto se ve en cómo Blanca prioriza las reuniones sociales y las tertulias mucho más que la maternidad y la domesticidad. Blanca detesta la maternidad y se resiente del efecto que ha producido en su cuerpo: "Blanca quejábase amargamente de esta fecundidad que engrosaba su talle e imperfeccionaba su cuerpo, impidiéndole ser como esas mujeres estériles, que dan todo su tiempo a la moda y conservan la independencia y libertad de la joven soltera" (54). También, a través del consumo (que la protagonista usa para adquirir cierto prestigio social) Blanca logra invertir la dinámica de poder de su propio matrimonio: don Serafín, su marido, desea una vida doméstica tranquila (comparada con la activa vida social en la que se encuentra sumergido debido a su mujer) y hasta pierde el respeto de sus contemporáneos porque Blanca, obviamente, es la figura dominante de la relación: "Blanca Sol llegó a ser lo que en Lima se llama una gran señora [....] Ella no pasó a ser la señora de Rubio, pero sí ocurrió que al millonario D. Serafín lo designaran con frecuencia, llamándole el *marido de Blanca Sol*" (53). No obstante, el encuentro entre lo social o lo individual que la moda facilita en la novela también, en ciertas circunstancias, refuerza el comportamiento normativo de género. Esto ocurre a través del ejemplo de la prostitución: Blanca fue, inicialmente y de una manera socialmente aceptable, prostituida al matrimonio para pagar sus propias deudas y las deudas de su madre y su hermana originadas por el excesivo consumo de moda. (Desde luego, los matrimonios arreglados eran comunes en aquel entonces, pero la novela enfatiza la distinción entre un matrimonio arreglado y el tráfico de mujeres –pero dirigido por otras mujeres– que este tipo de matrimonio en particular sugiere.) En última instancia, al final de la novela, Blanca se entrega a la prostitución ante la necesidad de pedir limosna, pero sólo después de haber dilapidado la fortuna de su marido y de haber causado su colapso mental. La transgresión de Blanca de las fronteras entre público y privado por medio de la moda causan, en última instancia, la necesidad de reforzar los roles tradicionales de género, dado que la prostitución, aunque despreciada y percibida como una de las principales causas de los males que plagaban la vida finisecular, era una actividad femenina normativa.

También la novela expone cómo la manipulación de las modas/las emociones sirve para dar cuenta de la naturaleza performativa del género. El lector ve esto por primera vez cuando Blanca se viste para asistir a un evento religioso y fluctúa entre sus reflexiones sobre la moda, la elegancia y su deseo de deslumbrar a sus admiradores mientras que, simultáneamente, reza. Esencialmente, Blanca, sin duda y sin remordimientos, se mueve entre los dos roles performativos y opuestos para la mujer decimonónica. "*Padre nuestro que estás en los cielos, santificado...* Quién creería que en todo Lima no haya encajes más ricos que esos... *Venga a nos tu reino... hágase tu voluntad.* Y tendré que llevar encajes que ya me han visto.... *así en la tierra como en el cielo....* Mucho me temo que madama Cherí se guarde parte del encaje... Si tal cosa hiciera la estrangularía, ¡buena estoy yo para robos! *Y perdónanos nuestras deudas así como nosotros perdonamos.* Sácame la mantilla de encajes: ¡quizá veré a Alcides!... *y no nos dejes caer en la tentación más líbranos de...* ¡Vaya! estoy tan preocupada que no puedo rezar mi rosario. Lo rezaré en San Pedro" (62).

Aquí, la moda se convierte en la religión de Blanca y, sin conflictos aparentes, ella concentra las dos identidades que las mujeres de cierta clase tenían que reconciliar: simultáneamente moderna y tradicional, de moda pero religiosa, provocativa (y eso lo vemos en su interés por ver a Alicides, que después se convertirá en su amante) a la vez que profesa la modestia y la moralidad. Pero Blanca ejerce esta versión extrema de la femineidad para transgredir el comportamiento normativo y esto es más obvio en su afán por el prestigio político. Debido al estatus público que conquista a través de su consumo y al conseguir ser proclamada la "reina" de la vida de salón (algo que consigue por actuar excesivamente, según las líneas aceptables de femineidad: por estar elegantemente vestida, ser encantadora, locuaz y ocurrente, aunque aparentara desinterés en la política), logra orquestar el ascenso de su marido al cargo de ministro del gobierno. Pero sus actos públicos de excesiva femineidad casi siempre desaparecen en las escenas domésticas con su marido: en este ámbito es taimada (logra, por ejemplo, atraer a su amante Alcides a situaciones comprometedoras para halagar su vanidad), manipuladora (sueña que su marido llegará a ser presidente de la República para que ella también pueda llegar a ser en la política lo que es en la "sociedad" [107]), cruel y constantemente le recuerda al marido que fue ella la que logró que él consiguiera cierta posición política. Blanca también ejerce su femineidad, muchas veces a través de la puesta en escena de emociones (y ésa es la cuestión, su identidad, en un alto grado, se reduce a un despliegue/uso político de la emoción), para lograr ciertas metas económicas. Hacia el final de la novela, cuando su familia está al borde de la ruina total, ella manipula a través de las lágrimas a un prestamista judío que originalmente rechaza devolverle los aros de diamantes que le había empeñado. Blanca necesita los diamantes para asistir a una fiesta donde espera dar la apariencia de que su familia no está arruinada debido a sus excesos de consumo: "Blanca llevando a los ojos su pañuelo de rica batista, prorrumpió en amarguísimos sollozos: ¡Dios mío!... ¡Qué va a ser de mí!... ¡Yo voy a volverme loca!... Qué le diré a él... ¡Esto es horrible!... (174)". El prestamista, desde luego, sucumbe a las manipulaciones de la protagonista: "Señora, usted puede hacer lo que quiera de un hombre como yo: no necesita usted llorar, sino pedir, o mejor mandar. Blanca sonrió con gracias y coquetería y el sectario de Israel, tomole la mano y la llevó a sus labios" (175).

Como se mencionó al principio de este ensayo, la moda y las emociones son herramientas útiles para evaluar los estándares y los valores de la sociedad y están intrínsicamente relacionados con la *producción de sentido* en el ámbito social. La protagonista de esta novela muestra cómo la mujer, a través del consumo, se relacionaba a la esfera pública de una manera diferente y de manera más directa: lejos de las tapadas de la época colonial, el deseo de Blanca por una existencia de lujo la lleva a la política, a la búsqueda de préstamos, a la seducción de otros hombres y, en última instancia a la fundación de su propio burdel que, sin duda, causará la ruina de innumerables familias adicionales.

De esta manera, al igual que los periódicos y novelas contemporáneos del período (novelas y periódicos que van desde tradiciones literarias nacionales distintas, desde Zola o Galdós a Altamirano y otros), *Blanca Sol* deposita la degradación moral en la mujer que participa en el mundo del consumo sin la aprobación de la figura masculina. (Blanca fue, sobre todo, educada en el consumo por su madre, quien a su vez carecía de dirección masculina en su consumo.) Pero, y quizá de manera más importante, la novela da testimonio de la profunda disrupción que los nuevos patrones de consumo efectuaban en la sociedad limeña en términos de identidad colectiva. *Blanca Sol* nos muestra lo que numerosos críticos literarios y culturales han articulado: con la emergencia de la nación moderna latinoamericana, la genealogía ya no sirve como el único o el más importante rasgo distintivo de la identidad o la pertenencia a cierta clase o rango social, sino que la producción y el consumo de bienes se convierten en el espacio fundamental desde donde la identidad, la afiliación y también la diferencia, clase y estatus social se negocian y/o se consolidan (Bourdieu y Baudrillard). Esta transición también se relaciona directamente con el surgimiento de la *grande tienda* (grandes almacenes) en Lima y los otros centros metropolitanos latinoamericanos (Buenos Aires, México D. F.). En un claro empuje para superar la devastación de la Guerra del Pacífico, los periódicos limeños del momento bombardeaban a sus lectores con anuncios y propagandas de las nuevas tiendas (con innumerables productos nuevos) y muchas veces urgían, y casi rogaban, a sus lectores a salir a comprar como si fuera un deber nacional (El Petit Bon Marché de Lima fue, quizá, la tienda más grande del momento, aunque existían docenas de establecimientos parecidos).

Hay dos cuestiones relacionadas con el tipo de consumo que promovían los grandes almacenes que merecen mencionarse en la novela *Blanca Sol*: una se relaciona al uso del crédito y la otra, a una cuestión de clase (dado que los grandes almacenes, deliberadamente, congregaban a mujeres de diferentes clases). Antes del advenimiento de los grandes almacenes en América Latina, las compras a crédito eran raras, mientras que el regateo o el pago en el momento eran las prácticas comunes (Sabato y Romero, 59). Pero las compras basadas en el crédito (una práctica que surgió en la segunda mitad del siglo XIX) fueron fundamentales en el desarrollo de la confianza en los futuros pagos, y esto, según ha notado Jeremy Adelman en el contexto del desarrollo del intercambio transatlántico en el siglo XIX (*Republic of*

Capital, 229), fue un paso fundamental hacia la modernización y el liberalismo económico. Las compras hechas a crédito surgen en la novela (y hasta las propagandas de Le Gran Marché recuerdan a sus lectoras y futuras clientas sobre su "sistema especial", que permite comprar ahora y pagar después), y son vistas con debida precaución: el acceso al crédito junto con la pasión desenfrenada de Blanca por la vestimenta de modo causaron, en última instancia, la ruina de su familia. Pero también en la novela hay una cuestión relacionada con la problemática de la clase social y esto también es resultado directo de los cambios de los patrones de consumo, dado que la clase social de uno ya no se ligaba específicamente a la genealogía. Josefina, la costurera de Blanca, pertenece a una clase mucho más baja (aunque sus antepasados habían tenido cierta suma de dinero, ella y su familia inmediata carecían de él). Pudo, sin embargo, llegar a formar parte de la élite limeña porque se casó con el antiguo amante de Blanca, Alcides, quien había acumulado una significativa fortuna relacionada directamente con la ruina de Blanca. Y en esta transición desde la pobreza a la riqueza se establece una interesante dicotomía. Como nos hace recordar Peluffo ("Las trampas"), Josefina representa la fuerza productiva del trabajo (ella produce la ropa y las flores de tela que después vende), mientras que Blanca sólo consume el producto del trabajo de otros (hasta el de Josefina). Al final de la novela, la clase original de Josefina (baja) resulta menos importante que su productividad (lo cual también crea un paralelo entre su virtud y moralidad) y sus capacidades productivas la ayudan a esquivar los riesgos de la prostitución, no como Blanca, cuyo único recurso, dado que sólo sabía consumir, era ése (irónicamente por consumir, Blanca se convierte en objeto de consumo).

Claramente *Blanca Sol* es una novela que pretende advertir a sus lectores (especialmente femeninos) sobre los peligros del consumo femenino (y las bajas pasiones que generaba) y de esta manera enfatiza y reitera los argumentos dominantes en las revistas del momento desde *El Perú Ilustrado* a *El Correo del Perú*, *El Oasis*, *El Picaflor*, *La Revista Social* o muchos otros que casi siempre depositaban la percibida degradación moral de la sociedad peruana (y en muchos casos las preocupaciones de salud pública relacionada a la prostitución) en la incapacidad de la mujer de controlar sus deseos consumistas.

OBRAS CITADAS

ADELMAN, Jeremy. *Republic of Capital: Buenos Aires and the Legal Transformation of the Atlantic World*. Stanford: Stanford University Press, 1999.
ANDREWS, George Reid. *The Afro-Argentines of Buenos Aires 1800-1900*. Madison: University of Wisconsin Press, 1980.
BAUDRILLARD, Jean. "The Ideological Genesis of Needs". *The Costumer Society Reader*. Eds. Juliet B. Schor y Douglas B. Holt. New York: New Press, 1993, pp. 57-80.
BERLANT, Lauren. "Intimate Public Sphere". *Emotions: a Cultural Studies Reader*. Eds. Juliet B. Schor y Douglas B. Holt. *The Consumer Society Reader*. New York: The New Press, 2000, pp. 229-245.
BOTANA, Natalio R. *El orden conservador: la política argentina entre 1880 y 1916*. Buenos Aires: Editorial Sudamericana, 1994.
BOURDIEU, Pierre. "The Aesthetic Sense as the Sense of Distinction". *Emotions: a Cultural Studies Reader*. Eds. Juliet B. Schor y Douglas B. Holt. *The Consumer Society Reader*. New York: The New Press, 2000, pp. 205-211.
BREWARD, Christopher. *The hidden consumer: masculinities, fashion and city life 1860-1914*. Manchester: Manchester University Press, 1999.
BUCKLEY, Cheryl y Hilary FAWCETT (eds.). *Fashioning the Feminine: Representation and Women's Fashion from the Fin de Siècle to the Present*. New York: I. B. Tauris, 2002.
CABELLO DE CARBONERA, Mercedes. *Blanca Sol (novela social)*. Edición, introducción y notas de María Cristina Arambel-Guiñazú. Madrid/Frankfurt: Iberoamericana/Vervuert, 2004.
Cambaceres, Eugenio. *En la sangre*. Ed. María Eugenia Mudrovcic. Buenos Aires: Stockcero, 2006.
CASTRO, Donald S. *The Afro-Argentine in Argentine Culture: El Negro del Acordeón*. Lewiston: The Edwin Mellen Press, 2001.
CRAIK, Jennifer. *The Face of Fashion: Cultural Studies in Fashion*. New York: Routledge, 1994.
El Álbum del Hogar. Buenos Aires, 1878.
El Correo del Perú. Lima, 1876.
El Oasis: Semanario de literatura y recreo. Lima, 1885.
El Perú Ilustrado. Lima, 1889.
El Picaflor. Lima, 1888.
ENTWISTLE, Joanne. *The Fashioned Body: Fashion, Dress and Modern Social Theory*. Cambridge: Polity Press, 2000.
FLÜGEL, J. C. *The Psychology of Clothes*. London: Hogarth Press, 1940.

GONZÁLEZ-STEPHAN, Beatriz. "Cultura material y educación de la mirada: José Martí y los dilemas de la modernización". *Bulletin of Hispanic Studies* 84, 1 (2007): 77-98.

GUY, Donna J. *Sex and Danger in Buenos Aires: Prostitution, Family, and Nation in Argentina*. Lincoln: University of Nebraska Press, 1991.

HALLSTEAD, Susan. "Disease and Immorality: The Problem of Fashionable Dress in Buenos Aires (1862-1880)". *Latin American Literary Review* 73 (2009): 90-117.

HARDING, Jennifer y Deidre PRIBAM. *Emotions: a Cultural Studies Reader*. New York: Routledge, 2009.

JAGGAR, Alison. "Love and Knowledge: Emotion in Feminist Epistemology". *Emotions: a Cultural Studies Reader*. Eds. Juliet B. Schor y Douglas B. Holt. *The Consumer Society Reader*. New York: The New Press, 2000, pp. 39-55.

LANCASTER, Bill. *The Department Store: A Social History*. London: Leicester University Press, 1995.

MARTÍ, José. *Nuestra América*. Investigación, presentación y notas de Cintio Vitier. La Habana: Centro de Estudios Martianos, Casa de las Américas, 1991.

NOUZEILLES, Gabriela. *Ficciones somáticas: Naturalismo, nacionalismo y políticas médicas del cuerpo (Argentina 1880-1910)*. Rosario: Beatriz Viterbo, 2000.

PELUFFO, Ana. *Lágrimas andinas: sentimentalismo, género y virtud republicana en Clorinda Matto de Turner*. Pittsburgh: Instituto Internacional de Literatura Iberoamericana, 2005

— "Las trampas del naturalismo en *Blanca Sol*: Prostitutas y costureras en el paisaje urbano de Mercedes Cabello de Carbonera". *Revista de Crítica Literaria Latinoamericana* 55 (2002): 37-52.

Perlas y Flores. Lima, 1886.

SABATO, Hilda. "La vida pública en Buenos Aires". *Nueva Historia Argentina. Vol. IV "Liberalismo, estado y orden burgués (1852-1880)*. Ed. Marta Bonaudo. Buenos Aires: Editorial Sudamericana, 1998, pp. 161-216.

SABATO, Hilda y Luis Alberto ROMERO. *Los trabajadores de Buenos Aires: La experiencia del Mercado: 1850-1880*. Buenos Aires: Editorial Sudamericana, 1992.

SCHOR, Juliet B. y Douglas B. HOLT (eds.). *The Consumer Society Reader*. New York: The New Press, 2000.

SOMMER, Doris. *Foundational Fictions: The National Romances of Latin America*. Berkeley: University of California Press, 1993.

WILSON, Elizabeth. *Adorned in Dreams: Fashion and Modernity*. Berkeley: University of California Press, 1987.

El discurso amoroso en los 60: correspondencia de Marta Traba a Ángel Rama

Ana Pizarro
Universidad de Santiago de Chile

Voy a intentar llevar a cabo una reflexión sobre el discurso amoroso, tema que en general soslayamos. Éste aparece como una disrupción en el discurso académico. Sin embargo, la correspondencia personal entre una pareja de intelectuales tiene dimensiones que son de interés público, como lo ha sido desde 1999, cuando fue publicada en alemán la correspondencia entre Hanna Arendt y el filósofo Martin Heidegger. Allí quedó en evidencia para el lector común una relación, de alrededor de cincuenta años, entre la gran teórica judía del totalitarismo y el filósofo de filiación nazi. Curiosa relación que pone en evidencia e incorpora el discurso amoroso dentro de una historia europea por lo menos tormentosa. Allí se pregunta Heidegger:

> ¿Por qué es el amor tan rico, superando todas las dimensiones de las otras posibilidades humanas, y por qué supone una carga dulce para aquellos a quienes afecta? Porque nos convertimos en aquello que amamos y, no obstante, seguimos siendo nosotros mismos. Querríamos dar entonces las gracias al amado y no encontramos nada que satisfaga ese deseo. Sólo podemos dar las gracias dándonos a nosotros mismos. El amor transforma la gratitud en fidelidad a nosotros mismos y en fe incondicional al otro. De este modo aumenta el amor continuamente su misterio más propio (21-II-1925).

¿Cómo se vive y se piensa el discurso amoroso entre dos intelectuales de gran talla? ¿Cuáles son los artificios, las estrategias, las figuras de este discurso? ¿Cómo se dirimen las zonas de independencia y de desarrollo propio, fundamentales, en el señalamiento de Heidegger? ¿Cuál es la vivencia en la relación con la historia?

En el caso que nos ocupa he dudado y me he preguntado durante mucho tiempo, años diría, sobre esta aproximación: un cierto pudor no me permitía entrar en el tema. No por la cuestión académica sino porque conocí de cerca a quien enuncia y a su destinatario-narratario y me era difícil aproximarme de un modo no antes consentido a su intimidad. Pero una serie de razones, entre las cuales la importancia de la percepción histórica, el tiempo transcurrido o la función del analista, me hizo animarme a hacerlo. Se trata de la correspondencia de Marta Traba a Ángel Rama.

Anota Barthes sobre esto:

> el discurso amoroso es hoy de una extrema soledad. Es un discurso tal vez hablado por miles de personas (¿quién lo sabe?) pero al que nadie sostiene; está completamente abandonado por los lenguajes circundantes: o ignorado o despreciado, o escarnecido por ellos, separado no solamente del poder sino también de sus mecanismos (ciencias, conocimiento, artes) (13).

El epistolario de Marta Traba no está publicado aún. Tiene ya cerca de cincuenta años y estamos cerca de los treinta años de la muerte de ambos. Aunque numeroso, el conjunto de textos que poseemos corresponde a algunas etapas de la vida de Marta y de su relación con Ángel. Las cartas se sitúan sobre todo en el primer período de la relación, es decir, antes del año 1969, en que Marta vive en Bogotá y Ángel en Montevideo. Un segundo grupo pertenece a un momento en que ella está en Barcelona, luego de haber vivido juntos en Caracas y Ángel permanece allí. Otros textos pertenecen a distintos momentos, incluso cuando están juntos, en que ella le deja mensajes esporádicos en casa. Recordemos que la vida de ambos es bastante ubicua: cuando se juntan, luego de un viaje a Chile, Marta va a vivir a Montevideo en 1969. Viene de Bogotá en donde ha hecho una carrera en la universidad, en los medios, ha hecho una labor fundamental en la organización de las artes visuales incorporando la plástica alternativa: Botero, Ramírez Villamizar, Obregón. Su mirada se ha extendido ya a la plástica latinoamericana al publicar *La pintura nueva en Latinoamérica* o en la exposición que realiza en los Estados Unidos titulada *3.000 años de arte latinoamericano*. También la ocupan las artes visuales internacionales. De Montevideo salen exiliados. El circuito será largo y será un acontecimiento en todas las universidades por donde pasan: Puerto Rico, Caracas, Maryland, París. Dictan, además, cursos en otras universidades.

Una de las razones por las cuales me permití trabajar estos textos es la reflexión sobre el narratario. En las cartas hay, efectivamente, un sujeto de la enunciación y un narratario: el destinatario es el receptor de un relato. Ahora bien, estas cartas dejan de ser lo que son –una relación de intimidad–, en cuanto surge la mirada otra del crítico, que es, como señala en un texto muy perceptivo el investigador Leonidas Morales, un cambio de narratario que introduce otros códigos de valoración. En éstos, la mirada externa intenta construir ya no los lenguajes de la enunciación, que sí están, sino los lenguajes que construyen la enunciación y que dan lugar a otros discursos, a otros espacios de la percepción que probablemente los protagonistas, aunque críticos mayores, no necesariamente tuvieron. Es más, si bien el narratario primero es Ángel, hay una oscilación que se deja entrever y a veces decididamente ver: se escribe con un sentido de futuro. Hay una conciencia del papel que se desempeña en la historia intelectual de América Latina. Ella se transparenta en el juego enunciativo que, sin embargo, no le transfiere a la voz ningún peso de solemnidad:

> Releyendo a Miller (no he encontrado nada demasiado bueno para leer, fuera de un libro mal pero enredado, "cosmos" de gombrowicz, que me obliga a fijar la atención súper dispersa); mira qué lindo: "La maestría en cualquier forma de expresión debe llevar inevitablemente a la forma última de expresión; la maestría de la vida. En este terreno se encuentra uno absolutamente solo, cara a cara con los elementos mismos de la creación. Es una experiencia cuyo resultado nadie puede predecir. Pero si tiene éxito el mundo entero queda influído en un grado no conocido hasta entonces". ¡Te mando estas citas para que cuando se publique nuestra correspondencia se vea lo cultos que somos!

En este sentido, la escritura de la carta construye dos sujetos: construye al sujeto narratario y también construye al sujeto de la enunciación. En esta reflexión nos interesa sobre todo el primero, pero en el entendido que no se perfila a sí mismo sino en relación con el otro.

Hay aquí una voluntad que está regida por el sentimiento amoroso. La expectativa del sujeto de la enunciación es de aceptación, de logro, y para esto, desde luego sin proponérselo racionalmente, desarrolla una estrategia. Marta quiere ser amada, quiere ser aceptada como una compañera de vida y ése es su desafío frente a este "objeto del deseo", que es Ángel. Objeto que ella construye y deconstruye permanentemente. En esta dinámica se da su discurso. Es un objeto construido, es "el Maestro", es el hombre inteligente, que está liderando formas del pensamiento latinoamericano pero es al mismo tiempo un sujeto presa de debilidades. Cito: "Lo que me preocupa es ese estado negativo y la persistencia en el juego de masacre que te has propuesto a ti mismo, entre la rutina y la tapia". En otro lugar insiste en: "Tu manía de tapiarte como un animal sin salida". Esta deconstrucción es a la vez un acto de lucidez y uno de amor:

> Pensar la vida contigo, a sabiendas de tus cóleras, tu carácter imperioso y dominante, tu capacidad de traición, tu medioevalismo en relación con la mujer que vive contigo, tu necesidad prematura pero urgente de toda la tranquilidad, todo el aburrimiento y todo el amor, pensar en eso, así, objetivamente, es lo que me da la mayor felicidad.

¿Cuándo escribe esto? Difícil informarlo porque las cartas no tienen fecha, salvo, por una parte del *orden de las cartas*, por otra de las referencias que nos permiten situarlas. No hay fechas y a menudo no está referido el lugar desde donde las escribe. La información es: "Bogotá, 1º de octubre", "sábado", "Bogotá, lunes 2", ¿qué año?, ¿qué mes?, ¿qué día? Imposible saberlo, sólo está el registro del enunciado.

En este enunciado, que da para lectura histórica, va desfilando la historia política del momento. Desde Bogotá, Marta refiere:

> Desde aquí lo de México y el Uruguay parece seguir el melancólico y efectivo camino que abrió brillantemente Colombia; tanques, tropa, desalojo de la universidad, pérdida de la autonomía, diáspora de los dirigentes estudiantiles, expulsión de algunos profesores o directivos progresistas; y se consigue una universidad sumisa y castrada, con el espinazo doblado convenientemente para las reverencias. ¿O no es así? (1 de octubre).

Pero no sólo la historia política, hay también en estas cartas espacios de una historia intelectual, así como de la historia de la vida cotidiana de los escritores del momento, los que el mismo Ángel había puesto en evidencia cuando dirigía el suplemento literario del semanario *Marcha*, en Montevideo: "Por aquí pasaron Vargas Llosa, Oviedo y Gabo y ya conoces el plan demencial de Bogotá". Otra cita:

> Ayer pasó por Bogotá Juan Rulfo. Llegó anteayer por la noche, no me encontró en ninguna parte, por supuesto, y ayer cuando abrí el periódico por la horrible y pálida madrugada en que me levanto, veo su foto de loco y sus declaraciones, me precipito al teléfono (obviamente Hotel Tequendama para viajeros tontos-oficiales) y doy con él. Me ha dado una gran alegría estar con Juan, aunque fuera un día; es un ser tierno, desvalido y adorable cuyo sentido del humor no morirá nunca. Pero al tiempo me ha parecido tremendo que sea vocero de esa porquería de congreso y que viaje junto a un sapo llamado jose López-Cuautémoc, invitando a Germán arciniegas a méxico, como representante de los valores tradicionales. Para no pelearnos, pues, no hablamos de su triste negocio y que se deje exhibir como el célebre juan Rulfo como se pasea Borges ciego dando traspiés por américa, sino que nos reímos de todo y todos y pasamos una tarde formidable.

En este largo párrafo hay varios aspectos que me gustaría observar: por una parte en lo relativo al enunciado, la centralidad de Marta en la vida de los intelectuales del momento en América Latina. En segundo lugar, el valor de información que entrega sobre la historia política, tema sobre el que está opinando absolutamente al día y con conocimiento de causa, además con una seguridad nueva y propia de las mujeres de la generación que vendrá después. En tercer lugar la capacidad narrativa de quien enuncia. En cuarto lugar la cita pone en evidencia una capacidad de disfrute de la vida, muy propia del Caribe y escasa en el sur, propia, eso sí, de ella. Condición que se transparenta en el enunciado de la correspondencia y en la enunciación permanentemente y que constituye parte del ejercicio de seducción que da un tono al epistolario.

Respecto de lo primero, la centralidad de Marta Traba en la vida intelectual de América Latina en el momento no se debe a su relación con Ángel –aún no están juntos– sino al trabajo de ella misma, que desde su llegada a Colombia se ha hecho toda una historia no sólo de intelectual en sentido estrecho sino además de agente cultural movilizador. Tiene un lugar importante en los programas de televisión en relación al arte y la cultura, en un momento en que la televisión es reciente, logro que le crea grandes problemas porque también ella es un referente en relación a la vida política y cultural de Colombia. Más allá de eso, como señalábamos antes, ya ha publicado libros centrales de la crítica y el pensamiento latinoamericanos. Además, ella es ya no sólo una crítica de arte consolidada y reconocida, sino que es una narradora que ya ha obtenido premios importantes como el de Casa de las Américas con *Las ceremonias de verano*, en 1966 con un jurado de primer nivel. Es decir, cuando Marta escribe estas cartas es una mujer bastante única en el ámbito de la cultura en América Latina.

En relación a sus expresiones respecto de la vida política, la correspondencia nos sume en pleno en una dupla conceptual que es muy propia de la época, como es la de "intelectual y política". Pocas veces en la historia el intelectual ha tenido una centralidad tan grande en la vida pública y política de nuestros países. Por una parte el pensamiento de izquierda dominante en los intelectuales, por otra el influjo sartreano que se había incorporado en el pensamiento de esta generación, como señaló alguna vez Óscar Terán. Pero, en los hechos concretos, el impacto en la vida latinoamericana y mucho más allá que tiene la Revolución Cubana en ese momento son elementos que configuran formas de pensamiento y roles que condicionan la vida de los intelectuales. Expresiones como "el papel del intelectual", "el compromiso intelectual" "intelectual y política" están en el ambiente de la discusión y de los nuevos medios audiovisuales que están comenzando a tener un papel importante en la vida latinoamericana. Recordemos que la televisión se va generalizando en el continente a fines de los sesenta. El intelectual es un personaje que ha comenzado a ser peligroso para el *establishment*. Al llegar a Santiago a uno de los primeros encuentros de escritores del continente, Marta es detenida algunas horas en el aeropuerto por tener ficha política en la Interpol. Esta dinámica de la relación intelectual y política es puesta en el texto de la correspondencia y entrega el clima del momento:

> En Buenos Aires se cerró el circo y el espectáculo de Viñas acusando a Sábato, Orgambide y Castillo a Cortázar, Sábato a todos, todos a Borges, la Sarraute diciendo imbecilidades, todos hablando (sacralmente)

hombres de Primera Plana, P.P. desvistiendo a los escritores tránsfugas, cartas abiertas de unos a los otros y otros a los unos, los jóvenes pidiendo auxilio, los viejos en una decrepitud solitaria; todos haciendo estallar las acusaciones de mucha política, centrismo, poca política, política equivocada, poco o mucho castrismo, línea de Pekin, revolución cultural, etc.

La correspondencia informa sobre la política latinoamericana, pero en especial sobre lo más candente en esos años, como es la Revolución Cubana. Respecto de ella hay un primer momento de fuerte apoyo y es importante observar cómo se estructura la enunciación:

quería decirte que por dios le digas a marcia a haydée santamaría y a toda la gente de la casa y a pablo armando que cada día crece mi cariño y mi necesidad de verlos y de alguna manera pública, visible y agresiva serles adicta y darles mi solidaridad [...] todo lo que creo y respeto políticamente está allá y tocarlo es como lavarse del lodo diario y el oprobio de cada día. Y quiero decirte antes que caiga desplomada en el reposo de la guerrera, que ¿qué? Espera se me olvidó.

Me interesa observar aquí cómo el juego de la escritura pone en evidencia un movimiento de sacralización y desacralización, que da cuenta justamente de su percepción crítica del mundo: este apoyo en ella no es de sumisión, como es el propio de algunas posturas de izquierda, que le critican la actitud. Su relación es de adhesión, pero ella nunca deja de ser crítica, porque es una intelectual y su crítica se orienta en el sentido amplio. En el párrafo citado incluso desarrolla un juego deconstructivo con la frase final: "Espera se me olvidó", que remite a una relectura bajtiniana de la polifonía. La obsecuencia está lejos de ella. En la correspondencia, su gesto subversivo y crítico tiene una señal: no hay fechas, tampoco hay mayúsculas. Todo así pareciera tener un tono menor, evidenciar una ruptura, situando al lector en un espacio de relatividad, de incertidumbre.

Pero luego, en 1971, se aleja de la Revolución Cubana a raíz del conflicto producido en torno al poeta Heberto Padilla, que produce un impacto en los intelectuales de dimensión internacional. Con la misma pasión Marta escribirá entonces a Ángel desde una postura contraria. Si bien ellos comparten reflexiones sobre la actualidad política que les concierne, no siempre las decisiones que toman son similares. Ángel, por ejemplo, con crítica y todo, vuelve a tomar contacto con Casa de las Américas (Fernández Retamar). No es el caso de Marta. Cuando los Estados Unidos de Reagan les niegan la visa, Ángel apela, apoyado por sectores importantes de la opinión internacional. Marta decide no hacerlo, por un "rechazo irreprimible": la "absoluta ignorancia sobre nosotros", "las nefastas intromisiones", la idea de que son "ciudadanos de cuarta –dice–, sólo buenos para subempleos".

El género carta despliega una riqueza de niveles convergentes por donde circula el sentido y se va estructurando un orden (Morales). Este orden apunta a una lógica que rige la escritura. En este caso, esa lógica tiene que ver con la seducción. No es sólo la seducción explícita que, con su alegre desparpajo, Marta está permanentemente ejerciendo. El tono de distanciamiento, de relación humorística con la vida incluso en los momentos difíciles que se manifiesta en general en el epistolario, se hace así presente:

> No he vuelto a escribirte diariamente contrariando mis feroces deseos, ante tu carta única pidiendo tregua y expresando un pánico que nunca deja de desconcertarme; lo que yo considero compañía tú lo interpretas como cerco (mortal) y esta diferencia de semántica es definitivamente grave. No quiero tener un hombre (un amigo, si prefieres) sitiado.

Y luego la súplica en la figura del abandono: "Amor, quiéreme, olvídame, expúlsame, llámame, haz algo que me haga pensar que sabes que estoy parada (o abatida) en alguna parte del mundo". En otro de los textos le informa que quiéralo él o no ella irá a Montevideo y declara su acoso en el tono desacralizador de la ironía: "no pienso interrumpir hasta que esa gran humanidad diga BASTA y se ponga a huir". Más allá señala que seguirá en su empeño "hasta que depongas las armas y te declares en rendición incondicional", y luego, devolviéndole su imagen: "mejor que no vaya porque vas a recluirte en una casa de retiro a meditar sobre Quiroga".

Decíamos, aquí hay una lógica explícita, que está elaborada en el tono del humor. Pero hay un segundo nivel que estructura esa lógica y que tiene que ver con la construcción de un yo aceptable por el interlocutor. Se trata de la construcción de una imagen de sí misma que rompa el estereotipo que su vida pública entrega y que ponga en evidencia a la persona que ella está proponiendo para conquistar el "objeto del deseo". Para esto, es necesario primero romper la superficie:

> me duele que insistas en tener de mí una imagen de una falsedad sin atenuantes; amor, yo puedo O NO ir a una discoteca o a la quintrala; puedo O NO pasarme una hora en el café todas las noches; puedo o no vagabundear con el carro a mil cuando se vacía la ciudad [...] Todo esto es incidental; el brillo, las marquesinas, el espectáculo [...] Pero lo que quiero que aceptes de una vez es que *NO soy una show/woman*; que nada de eso me importa absolutamente un rábano y que la verdad, sólo la verdad y únicamente la verdad detrás de esa fachada de music-hall que tú me endilgas injusta y gratuitamente, es mi sumisión, mi lealtad a muerte con la persona con la cual vivo, la innecesariedad de nada distinto a ella, la pasión real por el trabajo y eso sí, cada vez más, la acción política.

Más allá de esto –la evidencia–, el sujeto de la enunciación va construyendo una imagen para sí misma y para el interlocutor, que es de humildad, de aceptación de la grandeza del otro, una imagen diríamos a tono con lo que ella denomina el "medioevalismo" de Ángel. Ella toma, con convicción, así, desde el espacio de estrella que había conquistado, al lugar de personaje secundario con la felicidad que el sentimiento que la anima le entrega: "he descubierto que ya no tengo ego, prefiero ser mencionada a la rastra del célebre Ángel Rama, como una novelista uruguaya cualquiera" (24 de enero).

Es así como, al compartir la vida con Ángel, incluso cambia su discurso crítico y se vuelve hacia la escritura narrativa. En el epistolario esta transformación tiene lugar en el discurso, que va pasando por distintas estaciones de lo que el amor cortesano en el siglo XVII había llamado la *Carte du Tendre*. En ella, Mme de Sevigné había situado lo que contemporáneamente Barthes llama "las figuras" del discurso amoroso. Se trata de situaciones propias de él, figuras sin orden, porque dependen del azar de la vida de uno, dice el autor. "El discurso amoroso no es dialéctico", afirma Barthes, "gira como un calendario perpetuo, como una enciclopedia de la cultura afectiva" (16).

El sujeto aceptable que construye Marta, entonces, a través de estos recursos, es el sujeto menor: tomando su gesto diríamos "tú lo sabes todo, eres el maestro, el 'gran Ángel Rama', que todos admiramos con razón". Frente a este sujeto, "objeto del deseo", siempre construido por la correspondencia como interlocutor, porque el género construye tanto al interlocutor como a la sujeto de la enunciación, estamos observando la identidad que ésta elabora de sí misma. Esta construcción no se da solamente en relación a la mirada del narratario primero (nosotros somos el segundo) sino a lo que éste espera en contradicción con lo que ella misma percibe como demanda de la sociedad (colombiana y latinoamericana): la necesidad del estrellato. Necesidad social en un momento de fuerte emergencia de los medios y en especial de la televisión. Así, ella se devela a sí misma como menor y su diálogo con Ángel será desde esa situación de enunciación.

Sin embargo, esta jibarización que Marta hace de sí misma, cuyo mecanismo queda en evidencia en la correspondencia, no tiene que ver con la imagen que históricamente podemos tener de ella. En términos reales su valor se construye en el trabajo anterior a su encuentro con Ángel y en la participación que ella tiene, a través del diálogo intelectual, en las propuestas que para la cultura latinoamericana desarrolla él mismo. En este sentido, toda la dimensión plástica y visual pertenece a Marta. Hay aquí un esquema de colaboración. En una de sus cartas ella escribe, con el humor que conduce su relación con la vida, su relato del último viernes en Montevideo: "Yo pasé las calles repentinamente vaciadas y hostiles (bolero) a la casa de Germán Cabrera, que me encantó y tres cosas son formidables; por supuesto en tu brutalidad plástica no me habías dicho nada…".

La realidad es que con ambos críticos se cancela en América Latina cualquier opción, en plástica o en literatura, que no sea la de un pensamiento sin concesiones. Ambos emprendieron en sus respectivos campos de trabajo un intento de comprensión y explicación de los procesos de la cultura. Pero no de cualquier cultura: la de la mezcla, de la imposición y recuperación, las culturas de la descolonización. De allí surge para Ángel la propuesta de la "transculturación narrativa", el interés por las operaciones que Marta desarrolla en su perspectiva de las artes visuales. En ese mismo contexto ella trabaja el de las diferenciaciones del continente, surgidas de procesos históricos de aproximación. De allí las "áreas abiertas" y "áreas cerradas" de Marta, imbuida en la reflexión antropológica. Lo importante en ambos es la mirada orientada hacia el origen de los procesos, la determinación fundante de una línea explicativa, la exigencia de modernización del trabajo crítico. Las dos reflexiones se sitúan así en el vértice que marca el inicio del nuevo pensamiento de la modernidad. Un proyecto común y un pensamiento común en el trabajo intelectual de dos grandes pensadores de la cultura latinoamericana.

Para lograr este empeño conjunto, y un lugar que aún la historia no le ha concedido, Marta apuntó a una imagen menor de sí misma, creó una identidad secundaria en la que creyó con toda certeza, y con toda la felicidad que expresa el epistolario. Es lo que le permitió a través de las figuras y estrategias del discurso amoroso darle contenido a la presencia de una ausencia que es lo que constituye a una carta. Tal vez sería el momento de ubicar a Marta Traba no en el lugar que ella quiso darse en el discurso amoroso sino en el que le corresponde en la historia de la cultura latinoamericana.

Obras citadas

Arendt, Hannah y Martin Heidegger. *Correspondencia 1925-1975*. Barcelona: Herder, 2000.

Barthes, Roland. *Fragmentos de un discurso amoroso*. Madrid: Siglo XXI, 1997.

Fernández Retamar, Roberto. "Ángel Rama y la Casa de las Américas", <www.dataespertise.com.ar/malabia/upload/Notas/334/casa.americas2.pdf>.

Morales, Leonidas. *Carta de Amor y Sujeto Femenino en Chile*. Santiago de Chile: Cuarto Propio, 2003.

Fernando Gabeira y la crítica de la masculinidad: la fabricación de un mito

Idelber Avelar
Tulane University

O que é isso, companheiro? (1979), de Fernando Gabeira, publicado inmediatamente después de su regreso del exilio, se ha convertido en las memorias más leídas de la guerrilla brasileña de la época de la dictadura militar (1964-1985). Hay varias razones para esta condición de *best-seller*, y una de las más célebres es el abrazo llamativo del autor a lo que se pasó a llamar en Brasil *desbunde*, el abandono de una política tradicional de izquierda, anclada en el concepto de clase, hacia una nueva preocupación con el cuerpo, los experimentos con las drogas y el énfasis en el potencial político de la cultura. Justo después del exilio, Gabeira, visto en las playas de Río de Janeiro con un traje de baño minúsculo, perteneciente a su prima, la periodista televisiva Leda Nagle, causó bastante escándalo entre aquellos que esperaban una postura más sobria y "masculina" de un ex guerrillero. Gabeira, con su traje de baño, se volvió una de las imágenes más emblemáticas de la transición a la democracia en Brasil hacia fines de los setenta, y contribuyó a que se lo percibiera como alguien que barajaba y confundía las identidades de género. No se trataba de un hombre gay, por lo menos no abiertamente identificado como gay. Su imagen post-exilio era, más bien, la de un hombre ligeramente afeminado, una figura algo indeterminada y andrógina. Esta transformación iba de la mano con lo que había cambiado en la política de género en el país, en la estela de una serie de manifestaciones culturales que habían tenido lugar mientras él se encontraba en el exilio. Gabeira consolidaría una narrativa según la cual la izquierda brasileña se había saltado completamente la masculinidad plena. La guerrilla adolescente de aún-no-hombres de 1969 se había convertido en los sujetos multigénero, post-hombre de 1979. De alguna forma, el modelo fálico cubano no había arraigado.

Sin embargo, hay varias otras razones que ayudan explicar la tremenda popularidad de las memorias de Gabeira. El lenguaje es coloquial. El narrador interpela al lector como si conversaran al pie de un fuego hogareño. El sujeto presente relata las condiciones agobiantes de la guerrilla urbana de 1969-1970 como un proceso del cual él se ha removido por completo, en lo temporal al subrayar lo diferentes que son las circunstancias, y en lo emocional al relatar casualmente los acontecimientos, como si se tratara de una aventura. Lo que nos llega no es exactamente una renuncia arrepentida del pasado de compromiso político –no hay expresiones explícitas de arrepentimiento–, sino una narrativa casual que enfatiza la naturaleza adolescente de la acción y sus trivialidades cotidianas. "La visión crítica del período, madurada colectivamente en el largo exilio, es retrospectivamente ubicada en el fuego mismo de los acontecimientos, concentrándose en el personaje principal. Y así, Gabeira resurge despegado de la ingenuidad del ambiente, reescrito por el autor con una superconsciencia de las tragedias que vendrían" (Reis, 103). El narrador protagonista habla en el pasado con la voz presente, penetrando con su mirada una ingenuidad que nadie más percibe. El texto establece complicidad entre el narrador y el lector a costa, por lo tanto, de los otros personajes, precisamente aquellos cuyas complejidades uno tendría que captar para entender aquel movimiento político. Si quieres aprender algo acerca de la experiencia de la lucha armada contra la dictadura militar brasileña, *O que é isso, companheiro?* seguramente no es el libro más indicado con el cual empezar. Pero se trata del libro clave en la conformación de una cierta *imagen* de aquella experiencia, la que se volvió hegemónica durante la transición a la democracia. La revisión de la masculinidad realizada por el texto fue una de las razones de dicha hegemonía.

"Vivíamos, tal vez, un poco acosados por nuestras preguntas reprimidas. Lanzar una de ellas era siempre peligroso y terminaba con autoafirmaciones de la victoria inevitable del proletariado" (Gabeira,

54). Se podría tomar esta frase como expresión del comentario retrospectivo típico de *O que é isso, companheiro?* Casualmente se localiza al protagonista en un pasado que el narrador presente mira desde una distancia. Se desvela una cierta ingenuidad dogmática en el pasado. Se señala algo que el protagonista pasado era incapaz de ver, pero al cual tanto el narrador como el lector tienen acceso no problemático. Se capta una limitación en el pasado que era indudablemente real: es verdad que, dentro de la izquierda armada de los sesenta, preguntas legítimas eran, a menudo, silenciadas con el dogma de que el proletariado se encaminaba hacia una victoria inevitable. Sin embargo, la observación de Gabeira va más lejos. Establece esa movida dogmática como la norma; postula la tesis mucho menos defendible de que, en la guerrilla brasileña, todas las preguntas incómodas siempre y necesariamente se silenciaban con el dogma de la victoria final del proletariado. De hecho, incontables documentos y testimonios confirman que la izquierda armada a menudo se enfrentó, dentro de sus límites, claro, con cuestiones relacionadas con la cultura, el comportamiento y la experiencia, en términos que contradecían la creencia en la marcha inevitable de la Historia. Pero no hay mucho espacio para los matices en el retrato que pinta Gabeira de la izquierda.

Después de leer *O que é isso, companheiro?*, uno tiene la sensación de que un joven y valeroso militante siempre se topaba contra una muralla de dogmatismo, a pesar de que una lectura cuidadosa del texto muestra que, en verdad, el cuestionamiento del narrador presente se está proyectando sistemáticamente hacia el personaje pasado. Nada de lo que está en el texto autoriza al lector a presuponer que el joven Gabeira estuviera cuestionando nada. Pero la narración está estructurada como si de esto se tratara, gracias a la complicidad entre el narrador y el lector, cuidadosamente tejida a través de una gruesa capa de sentido común de clase media:

> Un día nos van a entender –comentaba uno de los partícipes de la marcha de primero de mayo, en 1968. Las masas prefirieron abiertamente el fútbol. Cuántas veces, más tarde, no escucharíamos esta frase: un día nos van a entender. Los maoístas suecos, con su cero punto no sé cuántos por ciento de los votos, alrededor de un café vaporoso en Librería Octubre: un día nos van a entender, cuando la crisis golpee, nos van a entender (65).

Nótese la comparación: 1968 fue el año en que la resistencia a la dictadura militar brasileña puso a cien mil estudiantes en las calles en una marcha contra el régimen. Sean cuales hayan sido las ilusiones de la resistencia en aquel momento –y fueron muchas–, el volumen de las protestas seguramente se prestaba a la interpretación de que las "masas" estaban "entendiendo" algo. La frase "un día nos van a entender", dicha en ese contexto, significa algo distinto a lo que pueda significar cuando es enunciada por un maoísta sueco en uno de los Estados de bienestar más exitosos del mundo. Además de presentarnos la imagen de un sujeto ahora sí iluminado por el escepticismo, la yuxtaposición de Gabeira de esos dos contextos borra la diferencia entre ellos. La frase "un día nos entenderán" puede entonces asumir el carácter de emblema de una izquierda que no ha logrado entender nada.

Gabeira nació en 1941 y se unió a la lucha política tardíamente para los patrones de la época. Sólo hacia fines de los sesenta, mientras miraba las manifestaciones desde una oficina del *Jornal do Brasil*, decidió unirse a la "Disidencia Comunista", una escisión del Partido Comunista, desilusionada con la estrategia gradualista y conciliadora adoptada por el partido después de la dictadura. Al reflexionar acerca de esta contingencia, su mirada hacia el pasado a veces permite alguna complejidad, que anuncia una perspectiva con matices: "Aquella generación de jóvenes políticos tenía unos diez años menos que yo. Mi revuelta se gestó en el triángulo familiar, en la luchas por tener a los amigos que quisiera, escoger la carrera que me pareciera mejor, llegar más tarde a casa. Ellos se toparon, en la adolescencia, con un problema inédito para nosotros: la dictadura militar" (52). Gabeira saca algunas conclusiones significativas de este hecho histórico: "Estas diferencias pesaban bastante en las formaciones que se enfrentaban allí, ante una actividad común. Para ellos, todo era política partidaria" (52). En efecto, la investigación histórica confirma la premisa de que, para aquella generación de activistas, la lucha política atravesaba lo personal en un grado sin precedentes. Ello sí los llevó a forzar las cuestiones personales para encajarse en un marco político previamente construido. Pero la imagen que escoge Gabeira para ilustrar dicha reducción de nuevo no deja mucho espacio para los matices: "Así como nuestras tías pensaban que la civilización occidental y cristiana se derrumbaría si continuáramos moviendo nuestros culos y piernas al sonido del Rock and Roll, muchos creían, solemnemente, que el edificio marxista-leninista colapsaría si, de golpe, empezáramos a frotar el clítoris de las mujeres" (53). De la muy perspicaz observación acerca de la naturaleza ubicua de la política partidaria en la época, pasamos de nuevo a la esfera del puro estereotipo.

Que no quede lugar a dudas: había mucho que revisar en la incapacidad de la izquierda para lidiar con cuestiones culturales y de comportamiento. Sin embargo, las fórmulas pop de Gabeira cumplieron el papel de reducir los fenómenos sociales a su denominador más bajo, con el claro propósito de presentar el *desbunde* de Gabeira hacia fines de los setenta como una subversión sin precedentes. Al aludir a la elección de la lucha armada, Gabeira toma lo que fue una sensación común entre militantes jóvenes y recientes como él como si fuera una descripción de todo el movimiento: "El sueño de muchos de nosotros era integrarse pronto a un grupo armado [...] Salir del movimiento de masas hacia un grupo armado era como salir de la provincia para la metrópoli, ascender de un equipo de tercera división para el Campeonato Nacional" (86). En realidad, el liderazgo de las organizaciones de izquierda de la época tenía muy claro que el paso de un movimiento de masas a una acción armada aislada por una autotitulada vanguardia representaba una pérdida de ímpetu en la resistencia a la dictadura. No importa cuán idealizada haya sido su presentación de esta elección, el "nosotros" de Gabeira incluía, en realidad, mucha menos gente de lo que uno tenderá a asumir si permanece sin noticias acerca del papel marginal y lateral de Gabeira en la época. Ningún libro hizo más que *O que é isso, companheiro?* para diseminar la noción de que las cuestiones culturales, de comportamiento y de género habrían sido completamente obliteradas por la izquierda en los años sesenta y habrían emergido triunfalmente hacia fines de los setenta, en gran medida– y esto no tiene que decirse explícitamente en el libro– como parte de la intervención del mismo Gabeira. Un ejemplo claro es el relato de Gabeira de las preparaciones del secuestro del embajador estadounidense, Charles Elbrick, en 1969.

El secuestro de Elbrick fue el acontecimiento más exitoso en la trayectoria de la izquierda armada de los sesenta. El antecedente inmediato fue la caída del congreso de la Unión Nacional de los Estudiantes (UNE), en octubre de 1968. Los líderes estudiantiles habían decidido reunir a centenares de activistas en un congreso secreto en un rancho en Ibiúna, 70 kilómetros al oeste de São Paulo.

Los militares los rastrearon y sorprendieron antes de que el congreso pudiera empezar. El régimen los encarceló masivamente y envió a la prisión al principal líder estudiantil del momento en el país, Vladimir Palmeira. La idea de un secuestro que pudiera libertar a Palmeira y a otros líderes fue concebida por Zé Roberto, activista de la Disidencia Comunista (Berquó, 41). Franklin Martins (que después se haría un respetado periodista y llegaría a la Secretaría de Comunicaciones del presidente Lula) le daría continuidad al percibir que el auto de Elbrick salía de la embajada, en el barrio carioca de Botafogo, todos los días a la misma hora y sin ninguna protección. Martins también era militante de la Disidencia Comunista, que decidió reivindicar la acción como Movimiento Revolucionario 8 de Octubre, en memoria de la fecha de la muerte de Ernesto Guevara. Se trataba allí de un notable golpe de relaciones públicas, ya que el Cenimar (Centro de Información de la Marina) había destruido una sección sin nombre de la Disidencia Comunista en Río, que editaba un diario titulado *8 de Octubre*. Sin saber cómo hacer propaganda de su victoria sobre una organización sin nombre, la Marina los llamó "Movimiento Revolucionario 8 de Octubre" con el objetivo de anunciar su destrucción, apenas para ver la más exitosa acción armada contra el régimen aparecer firmada por el MR-8 unos pocos meses después (Berquó, 72).

Puesto que contaban con no más que cuarenta militantes y unos treinta simpatizantes desprovistos de experiencia militar, la Disidencia Comunista invitó a la ALN (Alianza Libertadora Nacional) a colaborar en la acción. Ambas eran escisiones del Partido Comunista que habían roto con la estrategia gradualista y conciliadora del partido después del golpe de 1964. Mantenían buenas relaciones entre sí, a pesar de un desacuerdo fundamental, ya que la Disidencia Comunista creía en una revolución socialista y la ALN sostenía que Brasil tendría que pasar por un período nacional democrático antes de que estuviera maduro para el socialismo. Sorprendidos por el secuestro, en la semana de la Independencia patria, los militares reaccionaron con estupefacción. Pero el 5 de septiembre, veinticuatro horas después del acontecimiento, el régimen ya sabía dónde mantenían secuestrado a Elbrick los militantes. Se discutió, entre los ministros militares, la posibilidad de allanar la casa y asesinar a los activistas, pero un telegrama del Departamento de Estado de EE UU, solicitando que se tomaran "todas las medidas, repito, todas las medidas" para la liberación de Elbrick, no les dejaba mucho margen para arriesgarse (Gaspari, 93). En menos de cuarenta y ocho horas, la dictadura se doblegaba y accedía a las dos exigencias de los secuestradores: la liberación de quince prisioneros políticos, que deberían ser llevados a México, y la transmisión de un manifiesto, con una crítica feroz al régimen, en cadena nacional.

El relato que hace Gabeira de este episodio es parte de la mitología que le permitió aparecer como una gran fuerza de renovación de la masculinidad brasileña a principios de los ochenta. Contribuyeron a ese efecto un uso talentoso de la primera persona del plural, omisiones estratégicas de actores fundamentales en la operación y la construcción cuidadosa de algunas ilusiones retrospectivas. En el hecho histórico real, Gabeira era un activista de rango bajísimo, que se enteró del plan el día mismo de su ejecución (y ésta es una información que el libro omite). Se le había asignado la tarea de alquilar una casa para que la organización armara su prensa, en un momento en que no estaba claro para nadie que ésa sería la casa utilizada para retener al embajador estadounidense. En *O que é isso, companheiro?*, sin embargo, leemos: "Mientras Vera examinaba la casa del embajador en Botafogo, buscábamos en Santa Teresa la casa donde él quedaría, cuando estuviera secuestrado. El clima era un poco más tenso en aquellas negociaciones. El dueño de la casa se llamaba Vladimir y sospechaba de mí" (110). Tomadas literalmente, estas frases no contienen exactamente una mentira, pero llevan al lector a creer que Gabeira estaba encargado de escoger la casa donde se escondería a Elbrick. La extraña construcción "buscábamos en Santa Teresa la casa donde él quedaría, cuando estuviera secuestrado", le permite al autor hacer esa sugerencia sin explícitamente afirmar la falsedad. Todo el episodio es narrado con estrategias retóricas semejantes, que deliberadamente exageran –sin mentir de forma literal– el papel real de Gabeira en el proceso.

Otro ejemplo de esa estrategia es la preparación de la acción. Gabeira escribe: "Inicialmente, era necesario recoger el mayor número posible de datos. Dónde vivía exactamente, qué tipo de seguridad traía cuando se desplazaba, si tenía o no tenía conexión directa con la Embajada por radio especial. Vera estaba en mejores condiciones que nosotros para realizar la tarea" (109). Lo que es verdadero en la frase es que Vera [Silvia Magalhães, cuadro de la Disidencia Comunista] fue escogida porque una mujer estaría en mejores condiciones para hacer lo que era necesario. La organización decidió que Vera debería hacerse pasar por una empleada doméstica en busca de trabajo, y así compilar informaciones sobre sus horarios, su trayectoria diaria y la distribución de la propia casa. Pero la primera persona del plural en la frase ("mejores condiciones que nosotros") hacía más que eso, sugiriendo de nuevo que Gabeira habría estado entre aquellos que podrían haber sido escogidos para tareas relacionadas con el secuestro. No lo estaba. Como se ha señalado arriba, él se enteró de la acción el mismo día de su ejecución. Pero, una vez más, el libro omite el dato.

Una dinámica semejante tiene lugar en los pasajes dedicados al manifiesto transmitido por televisión y radio en la noche del 4 de septiembre. A lo largo del capítulo dedicado al manifiesto, la autoría del texto aparece en primera persona del plural, bajo, uno diría, la comprensible lógica de que la totalidad de las dos organizaciones hablaba a través del texto. Correcto, pero además de omitir la información de que el autor del escrito era Franklin Martins, Gabeira también arma la narrativa de tal forma que un lector sin conocimiento previo del acontecimiento no puede sino concluir que el propio Gabeira lo había escrito: "otro aspecto del manifiesto era el intento, aunque no elaborado, de escapar del viejo blablablá de la izquierda, de los discursos muy académicos que no atraían a nadie" (114). En un libro que retrata la totalidad de la izquierda como prisionera de dicho "blablablá" y le confiere al narrador protagonista el mérito de encarnar novedades que sólo se materializarían una década después, esta frase fue suficiente para engañar a la mayoría de los lectores, en particular en un contexto en que se designa al autor del manifiesto como "redactor", palabra que evocaba el universo del periodismo, precisamente la profesión ejercida por Gabeira antes de unirse a la izquierda armada. Sólo hacia fines de los años noventa, con la película de Bruno Barreto basada en *O que é isso, companheiro?*, que falsifica aún más la realidad histórica, Gabeira se sintió forzado a incluir una nota en la reedición del libro, explicando que el autor del manifiesto había sido Franklin Martins y él no lo había "consignado" en ediciones anteriores.

Algunas distorsiones históricas más graves ocurren cuando Gabeira describe el trabajo de mapeo hecho por Vera Silvia Magalhães dentro y alrededor de la casa de Elbrick. Era común que las organizaciones clandestinas emplearan a mujeres para ciertas tareas. En este caso particular, pasar por candidata para trabajar en la casa le permitió a Vera tener acceso a información acerca de los hábitos del embajador. Escribe Gabeira: "El jefe de la seguridad personal del embajador, Antônio Jamir, se interesó especialmente por aquella candidata a empleada doméstica: '[…] manos tan finas […] ¿le gustaría conocer la casa?'. Vera sintió en el aire que había sexo y encaminó inmediatamente para ese lado. Llegó a concertar una cita con el jefe de seguridad, pero antes de ello hizo incontables preguntas" (109). La frase "sintió en el aire que había sexo" suena tan rara y vaga en portugués como en castellano, particularmente si no se sigue de ninguna explicación. Lo mismo ocurre con el uso agramatical del verbo "encaminar", sin objeto ni pronombre reflexivo. En este contexto, la frase parece sugerir no sólo que Vera haya utilizado la seducción para conseguir lo que quería, sino también que ella tuvo relaciones sexuales con el jefe de seguridad. Por lo menos, la ambigüedad de la frase permite, si no sugiere, esta interpretación. Una vez más, una falsedad sugerida de manera implícita en el texto de Gabeira se transformó en una falsedad afirmada explícitamente en la película de Bruno Barreto, que incluye una escena de sexo entre Vera y el jefe de seguridad. Vera, brutalmente torturada por la dictadura y exiliada en una silla de ruedas, concedió una entrevista a *Estado de São Paulo* en 1997 y corrigió la distorsión: "No hubo nada de eso. Todo el mundo lo sabe, es algo cultural, que una mujer ofrece más seguridad para una actividad como esa. Puedes jugar con la seducción, pero sin llegar al hecho. Nunca tuve relaciones con ningún guardia" (Salem, 66). En su relato, Gabeira presentó el argumento feminista de que "a pesar de las sucesivas noticias sobre la participación de las mujeres en acciones armadas, el peso de la estructura patriarcal aún impedía que muchos las asociaran a la violencia o incluso al coraje" (109), pero permitió que la sugerencia difamatoria acerca de Vera se reimprimiera en sucesivas ediciones del libro, a pesar de que ésta, aún viva y activa en política comunitaria, estaba fácilmente disponible para aclarar los detalles de la operación.

En la medida en que los miembros de la operación de secuestro, incluidos los secundarios como Gabeira, se escondían en la clandestinidad, pasarían por experiencias que les cambiarían la vida. Gabeira vivió en un departamento con una mujer llamada Ana, y su rutina se redujo a limpiar la casa, cocinar y esperar a que Ana regresara del trabajo, mientras él se entretenía con un mosquito llamado Eduardo. Las dos grandes referencias de su vida cotidiana eran la salida de Ana para el trabajo en la mañana y su regreso en la tarde: "el momento en que comprendí la brutalidad de la vida de un ama de casa, incesantemente reducida a su rutina" (134). La militancia clandestina envió a los hombres a un espacio de domesticidad al cual no estaban acostumbrados. Gabeira merece crédito por haber enfocado la brutal deshumanización que era experiencia diaria de tantas mujeres de las clases media y trabajadora. Es lamentable, sin embargo, que las memorias de Gabeira hayan representado el papel de mujeres reales, como Vera Silvia Magalhães, de forma distorsionada y potencialmente difamatoria.

La experiencia de la guerrilla urbana fue, entonces, una combinación entre posiciones de género contradictorias, en la cual se pensaba la acción como esencialmente masculina, a pesar de que jamás podría haber funcionado sin las contribuciones de las mujeres. El activismo político de los sesenta y setenta se pensó a sí mismo como una actividad que crearía un mundo sin jerarquías de género, pero cultivó una asociación implícita entre la masculinidad y el coraje revolucionario. Sin embargo, como hemos visto con Gabeira, los grandes portavoces de la revisión de aquella masculinidad no fueron exactamente capaces de hacerle justicia a la complejidad de la experiencia. Otro ejemplo es el relato de Gabeira de su período en la prisión. Después de ser trasladado a São Paulo por la organización, Gabeira cayó en una trampa armada por la policía y recibió un balazo por la espalda mientras trataba de escapar. La bala le perforó el estómago, hígado y uno de los riñones. La propia narrativa de Gabeira se refiere a este balazo como una bendición, ya que su precaria condición física limitó la frecuencia y la intensidad de la tortura a la que fue sometido. Como he argumentado en una publicación anterior (Avelar, 25-49), todo análisis "racional" de un sujeto que experimentó la tortura es, por definición, obsceno. Los comentarios que se siguen sólo se refieren al recuento de la experiencia, su narrativización, y no al comportamiento de Gabeira en la prisión que, de hecho, no llevó a los militares a capturar a ningún otro militante.

"Yo absolutamente no tenía fuerzas para un comportamiento del género turco: 'nada tengo que declarar y voy a morir bajo tortura'"

(154). Según el relato, su estrategia era sobrevivir y evitar el sufrimiento innecesario, siempre contestando algo, de preferencia dándole a sus torturadores información vieja que no llevaría a la captura de nadie. La estrategia era auxiliada por el hecho de que Gabeira sangraba profusamente y no era, en todo caso, un cuadro con información que no estuviera de otra manera disponible para los militares. Al relatar su experiencia en la prisión, Gabeira señala honestamente que sufrió poco en comparación con lo que sufrieron otros. En el momento del balance de la experiencia, sin embargo, una vez más, demuestra que su principal antagonista era una imagen estereotipada de la masculinidad: "las marcas del machismo sudamericano son fuertes, pero tantos años pasados tal vez las hayan disipado en mí […]. El verdadero campo de discusión no es el campo de los héroes, mártires y torturados. ¿No sería la política única de nada decir, por ejemplo, de resistir hasta la muerte, la consecuencia de una visión de mundo, de una comprensión global de los militantes como hombres de mármol?" (155). En verdad, los sesenta desarrollaron una mitología del heroísmo anclada en el rechazo a doblarse bajo la tortura, pero las relaciones de este mito con la masculinidad merecen un análisis más detallado.

El relato de Gabeira se apoya en una comprensión particular de la mitología de izquierda en épocas de derrota. Según esa mitología, el sujeto torturado se vuelve tanto femenino como masculino. Es feminizado al ser sometido a formas inenarrables de violencia sobre las cuales no tiene control. Reinstala sus credenciales de macho al resistir y rehusarse a hablar. La concepción de masculinidad que preside esta ética militante sería, entonces, ascética, con claros vínculos con el martirio cristiano. La narrativa de Gabeira es, ella misma, tributaria de esta concepción, precisamente al hacer del martirio un marco omnipresente. Lo que desestabiliza esta mitología, sin embargo, es el hecho real de que incontables mujeres activistas estuvieron entre las más valerosas al resistir a la tortura. En sus narrativas, sin embargo, ellas formularon la resistencia en términos bastante distintos, insertas en el proyecto de la izquierda pero independientes de la mitología cristiana del martirio y del heroísmo. De nuevo, la entrevista de Vera Silvia Magalhães ofrece un contrapunto interesante a las memorias de Gabeira: "La tortura fue enloquecedora. No sabía qué día, qué hora era; cuando me pusieron delante de un espejo, no me reconocí. Tampoco les dije lo que querían y creo que me fue mejor para la cabeza.

No creo que exista eso de heroísmo, depende de cada uno, de como te sientes. Nuestra organización era muy ética" (Salem, 67). Para encontrar otro ejemplo de una narrativa bastante contrastante con la de Gabeira, en la cual la resistencia no es formulada en términos heroicos o redentores, no hay que ir más lejos que a la actual presidenta del país, Dilma Rousseff, entonces activista en la VAR-Palmares (Vanguardia Armada Revolucionaria) y brutalmente torturada por más de veinte días en 1970. Así como Magalhães, Rousseff y otras mujeres explicaron sus razones para no ceder al torturador en términos mucho más realistas, es decir, distantes de la reiterada reducción de Gabeira del acto de resistencia al martirio cristiano de izquierda.

Paradójicamente, entonces, aquél a quien se acredita con más frecuencia la revisión de las concepciones de masculinidad dominantes en la izquierda brasileña sólo pudo hacerlo al distorsionar y silenciar el rol de las mujeres en la experiencia. *Crepúsculo do Macho* (1980), sobre su exilio en Suecia y Chile, y *Entradas y bandeiras* (1981), dedicado a su regreso a Brasil, continuaron la marca registrada de Gabeira de retratar una izquierda rancia y homogénea contra la cual su discurso aparecía como expresión de una liberación sin precedentes. *Entradas y bandeiras*, en particular, nos da una idea bastante clara de cómo Gabeira veía su propio rol. La forma verbal más repetida en el libro es "ellos deben haber pensado": el protagonista sistemáticamente se pone en el lugar de sus compatriotas para fantasear que ellos no serían capaces de comprenderlo o bien que su presencia era el heraldo de una transformación revolucionaria de valores. Al llegar a una fiesta de gente de izquierda con más de dos mil personas, por ejemplo, Gabeira explica su aislamiento de la siguiente manera: "fui a una fiesta con una chaqueta rosada y violeta, creo que la gente sospechó que yo estaba vestido de manera diferente" (95). No se le ocurre al autor la hipótesis de que no le hayan hablado simplemente porque no percibieron su presencia. Después, al perderse un vuelo a Aracaju, capital de la provincia de Sergipe, en el Nordeste, donde se suponía que tendría lugar un debate, Gabeira se imagina "patrullas ideológicas estacionadas en el aeropuerto, llevando sombreros de cuero del llano, golpeándole al asfalto con sus rifles y gritando 'si fumas mota / pierdes tu patota'" (115). Cuando un amigo de izquierda le confía su preocupación de que un artículo sobre él, publicado en el diario *Última Hora*, pudo no ser muy positivo, Gabeira inmediatamente asume que se trataba de su masculinidad radicalmente novedosa: "si *Última Hora* hiciera alguna alusión a mi masculinidad, yo no me defendería con el viejo argumento liberal de que no se debe tocar las vidas personales [...] Durante muchos años yo ya no tenía nada que ver con un sistema que oprimía a la gente y mucho menos con una visión de la sexualidad que era la otra faz de esa opresión" (85). La confianza con la que Gabeira afirma que ya no tiene *nada* que ver con el sistema opresivo sexista ya te dice todo lo que tienes que saber acerca de cómo el ex guerrillero vio su regreso a Brasil.

En temas como los movimientos ecológico, afrobrasileño o de mujeres, *Entradas y bandeiras* daba testimonio de un exiliado que regresaba a un país que ya no conocía muy bien, a pesar de que no parece haberlo percibido. Al relatar su encuentro con una de las leyendas de la música popular del país, el afrobrasileño Gilberto Gil, Gabeira habla con aprobación del giro de Gil, entonces reciente, hacia sus raíces africanas. Acto seguido pasa a manifestar su deseo de una presencia más decisiva del movimiento negro con la siguiente pregunta: "¿cuándo regresarían nuestros amigos negros que se exiliaron, para que pudieran transmitir la experiencia aprendida en otras tierras?" (120). De nuevo, parece habérsele escapado a Gabeira la posibilidad de que algunos afrobrasileños que nunca habían salido del país ya estaban ocupados, desde hacía una década, construyendo un poderoso movimiento cultural y político. Otro revelador ejemplo de cómo Gabeira vio su papel en el regreso fue su comentario acerca de un debate en el cual participaría en la Amazonía: "no sería necesario hablar de la importancia de la ecología, ya que el movimiento más importante allá era exactamente la defensa de la Amazonía" (126). Es bastante asombroso que un intelectual que acababa de desarrollar preocupaciones ecológicas no pensara en la posibilidad de que la ecología era un tema apropiado de conversación precisamente porque él podría así *aprender* algo de un movimiento que tenía larga historia y sólidos lazos con su entorno. Incluso la crítica de Gabeira a los sueños grandiosos de la izquierda parecen haberlo llevado a una percepción un poco inflada de su papel: "mi permanencia no logró aumentar el nivel de consciencia y organización de la clase obrera, ni hizo más próximo el fin del sistema capitalista. Pero fue capaz de introducir una serie de temas importantes para la felicidad de la gente, temas que no podían esperar una distante e incierta revolución proletaria"

(165). Si es verdad que el párrafo siguiente reconoce que él no fue el introductor de estos temas, Gabeira no deja de comentar que lo que había en Brasil antes de su llegada eran "*semillas* de mis posiciones".

No hay que negar que Gabeira realizó una contribución importante a una serie de procesos políticos y culturales en Brasil. Pero hay que mirar con cierto escepticismo la narrativa dominante de un Gabeira radicalmente renovado, ecológico, feminista y multicultural deshaciendo mitos dogmáticos y homogéneos de una vieja izquierda. Se trata de un edificio simplista a cuya construcción el mismo Gabeira contribuyó con notable talento de autopromoción. En muchos círculos brasilianistas, se sigue repitiendo este mito, con la complaciente y autosatisfecha representación de la izquierda guerrillera como un dinosaurio heterosexista y machista. En la medida en que los estudios de la masculinidad avanzan hacia la comprensión de que la "crisis de la masculinidad" es una formulación pleonástica y en la medida en que nunca hubo masculinidad que no estuviera en crisis, vale la pena recordar que muchas rupturas tomadas como ciertas y cristalinas pueden haber sido ilusiones ópticas.

OBRAS CITADAS

AVELAR, Idelber. *The Letter of Violence: Essays on Narrative, Ethics, and Politics*. New York: Palgrave, 2004.

BERQUÓ, Alberto. *O sequestro dia a dia*. Rio de Janeiro: Nova Fronteira, 1997.

GABEIRA, Fernando. *Crepúsculo do macho*. Rio de Janeiro: Codecri, 1980.

— *Entradas e bandeiras*. Rio de Janeiro: Codecri, 1981.

— *O que é isso, companheiro?* 27ª edición. Rio de Janeiro: Codecri, 1981 [1979].

GASPARI, Elio. *A ditadura escancarada*. São Paulo: Companhia das Letras, 2002.

REIS, Daniel Aarão. "Versões e ficções: a luta pela apropriação da memória". *Versões e ficções: O sequestro da história*. São Paulo: Perseu Abramo, 1997, pp. 101-106.

RIDENTI, Marcelo et al. *Versões e ficções: O sequestro da história*. São Paulo: Perseu Abramo, 1997.

SALEM, Helena. "Ex-militante inspira personagens femininas: Entrevista com Vera Silvia Magalhães". *Versões e ficções: O sequestro da história*. São Paulo: Perseu Abramo, 1997, pp. 61-69.

Cuerpos masculinos en devenir: sociedades disciplinarias y afectos en la narrativa latinoamericana reciente (Bolaño, Feinmann, Saer, Gutiérrez)[1]

Claudia Ferman
University of Richmond

Prólogo

> Lo que son las cosas, Mauricio Silva, llamado el Ojo, siempre intentó escapar de la violencia aun a riesgo de ser considerado un cobarde, pero de la violencia, de la verdadera violencia, no se puede escapar, al menos no nosotros, los nacidos en Latinoamérica en la década de los cincuenta, los que rondábamos los veinte años cuando murió Salvador Allende (Bolaño, 11).

La cita que abre este artículo constituye el primer párrafo del cuento de Roberto Bolaño "El Ojo Silva" (en *Putas asesinas*), que ha sido frecuentemente citado en la incipiente literatura crítica sobre el autor.[2] La repetida atención que ha recibido este cuento se detiene en

---

1. Agradezco las generosas orientaciones del doctor en Filosofía Santiago González-Casares y de la psicóloga y profesora Ana Sibemhart con quienes conversé algunos de los puntos de este artículo.

2. Véase, por ejemplo, la referencia a este cuento en la reseña de Marcelo Ballvé a la publicación por New Directions de las traducciones al inglés de la novelas de Bolaño *By Night in Chile*, 2003 (*Nocturno de Chile*) y *Distant Star*, 2004 (*Estrella distante*), para el *San Francisco Bay Guardian*. Carlos Burgos, en su estudio sobre "El Ojo Silva" también apunta su condición de cuento más frecuentemente antologado hasta la fecha.

la consideración de este primer párrafo, que sin duda puede ser relacionado con la otra muy citada intervención de Bolaño, su discurso de aceptación del Premio Rómulo Gallegos y la caracterización de la tragedia generacional chilena y latinoamericana:

> Y esto me viene a la cabeza porque en gran medida todo lo que he escrito es *una carta de amor o de despedida a mi propia generación, los que nacimos en la década del cincuenta y los que escogimos en un momento dado el ejercicio de la milicia,* en este caso sería más correcto decir la militancia, y entregamos lo poco que teníamos, lo mucho que teníamos, que era nuestra juventud, a una causa que creímos la más generosa de las causas del mundo y que en cierta forma lo era, pero que en la realidad no lo era. De más está decir que luchamos a brazo partido, que tuvimos jefes corruptos, líderes cobardes, un aparato de propaganda que era peor que una leprosería, luchamos por partidos que de haber vencido nos habrían enviado de inmediato a un campo de trabajos forzados, luchamos y pusimos toda nuestra generosidad en un ideal que hacía más de cincuenta años que estaba muerto, y algunos lo sabíamos, y cómo no lo íbamos a saber si habíamos leído a Trotski o éramos trotskistas, pero igual lo hicimos, porque fuimos estúpidos y generosos, como son todos los jóvenes, que todo lo entregan y no piden nada a cambio, y ahora de esos jóvenes ya no queda nada, los que no murieron en Bolivia murieron en Argentina o en Perú, y los que sobrevivieron se fueron a morir a Chile o a México, y a los que no mataron allí los mataron después en Nicaragua, en Colombia o en El Salvador. Toda Latinoamérica está sembrada con los huesos de estos jóvenes olvidados (Discurso de Caracas, 37-38, mi énfasis).

"El Ojo Silva" es un cuento bastante clásico, borgeanamente clásico: hay un narrador que cuenta la peripecia de un chileno a quien ha conocido en México y que, muchos años después, reencuentra en Berlín cuando es ya un escritor publicado y se halla en Berlín en un viaje profesional. Como ya ha sido señalado, este cuento tiene una estructura de relato enmarcado, es decir, hay dos historias que se entretejen (Fernández Aguirre, "Oralidad y escritura..."). El marco pertenece a "la gran saga Bolaño" en su capítulo de México, Distrito Federal: el café La Habana de la calle Bucareli,[3] sus amigos poetas, la

---

3. Deberíamos hacer notar que el café del DF aparece en este cuento con su nombre real, La Habana, mientras que en *Los detectives salvajes* se lo llama café Quito. La men-

casa del narrador en la calle Versalles, su madre, su hermana.[4] Esta parte de la narración contiene sin duda elementos autobiográficos que Bolaño anota sin énfasis, y que se distribuyen a todo lo largo del relato-marco. Es posiblemente esta relación con la novelística larga y la biografía de Bolaño lo que explica la atención que ha atraído este cuento, aunque se trate de una atención más demostrativa que analítica. En "El Ojo Silva" no solamente está presente el escenario de *Los detectives salvajes* que acabamos de mencionar, con sus correlatos documentales, sino que también aparecen referencias biográficas a la vida posterior de Bolaño, ya escritor profesional y padre de un hijo, como veremos más adelante.

En el relato-marco, Mauricio Silva, el Ojo, es presentado con datos precisos: en enero de 1974, "cuatro meses después del golpe de Estado", el Ojo se exilia en Buenos Aires y poco después, cuando empeora la situación en Argentina, parte a México, donde conoce al narrador. Como todos los personajes a los que se enfoca en ese gran escenario de la "saga Bolaño", el Ojo es certeramente caracterizado de dos maneras: en primer lugar, en su relación con el narrador ("nos hicimos amigos", 11), y en segundo lugar, en la opinión que este narrador tiene del personaje:

> No era como la mayoría de los chilenos que por entonces vivía en el DF: no se vanagloriaba de haber participado en una resistencia más fantasmal que real, no frecuentaba los círculos de exiliados (11).

Y:

> Por aquellos días se decía que el Ojo era homosexual. Quiero decir: en los círculos de exiliados chilenos corría ese rumor, en parte como manifestación de maledicencia y en parte como un nuevo chisme que alimentaba la vida más bien aburrida de los exiliados, gente de izquierdas que pensaba, al menos de la cintura para abajo, exactamente igual que la gente de derecha que en aquel tiempo se enseñoreaba de Chile (12).

---

ción no es superflua, ya que aludiremos a este juego entre documentalidad y mundo onírico que caracteriza este cuento.

4. La estructura en totalidad que aquí llamamos "saga Bolaño" ha sido ya extensamente comentada. Por ejemplo, véase Rodrigo Pinto, que describe esta característica con la imagen de "círculos concéntricos".

Como se ve, el dato no es menor políticamente hablando, da pie para referirse al machismo-leninismo que predominó ampliamente durante los años "utópicos" de la revolución, no muy distante de la heterosexualidad normativa propia del autoritarismo cristiano y conservador de la utopía capitalista. Por otra parte, la condición homosexual del Ojo pone el cuerpo en el centro del relato. Efectivamente, un poco más adelante, el narrador relata que el Ojo, en un último encuentro en el café La Habana, le anuncia que se marcha del DF, y "le confiesa" que es homosexual. Estos dos hechos, sin embargo, al parecer no están relacionados: el Ojo se marcha porque un amigo le ha conseguido un trabajo en una agencia de fotógrafos de París. Pero la conversación de los amigos sobre la homosexualidad continúa, y en el diálogo se subraya la disidencia entre homosexualidad e izquierdas, y se mencionan las formas peyorativas del lenguaje en diversas variedades dialectales del español, para referirse a esta inclinación sexual. El relato-marco continúa: muchos años después, el narrador y el Ojo se encuentran en Berlín. El narrador ya es padre y escritor publicado (bien podría llamarse Arturo Belano, haciendo explícita la referencia a la saga de la que hablábamos). El Ojo está cambiado, más viejo, ahora bebe más.

> Pasaron los años. Muchos años. Algunos amigos murieron. Yo me casé, tuve un hijo, publiqué algunos libros.
> En cierta ocasión tuve que ir a Berlín. La última noche, después de cenar con Heinrich von Berenberg y su familia, cogí un taxi (aunque usualmente era Heinrich el que cada noche me iba a dejar al hotel) al que ordené que se detuviera antes porque quería pasear un poco (14).

Aparece aquí una nueva información documental: efectivamente, el traductor al alemán de *Los detectives salvajes*, entre otros textos de Bolaño, es Heinrich von Berenberg, y Bolaño lo visitó más de una vez en Berlín. Este contraste que se establece entre la documentalidad incorporada al relato-marco, y la irrealidad que permea el relato enmarcado del Ojo que ahora veremos, es precisamente uno de los rasgos estilísticos más distintivos de la escritura de Bolaño. Aunque éste no es el espacio para discutir esta característica, que ya ha sido señalada como emblemática en Bolaño, la particular discrepancia en "El Ojo Silva" entre la facticidad autobiográfica del marco y las imprecisiones constantes en el relato del Ojo desactiva una posible postulación realista y ubican el cuento en un plano más deudor de las ficciones de Borges y Cortázar que de cualquiera de las corrientes testimoniales latinoamericanas.

La historia enmarcada es la del Ojo, y está contada en forma de diálogo: una confesión del personaje al narrador ("algo que nunca le había contado a nadie", 16), en Berlín, muchos años después del encuentro en México. Al final del encuentro viene la segunda confesión del Ojo, que abre el relato enmarcado: "Aquí empieza la verdadera historia del Ojo" (17). La historia del Ojo es un relato sobre el cuerpo, sobre la castración, sobre la compulsión a la mirada y también sobre la obligada complicidad de quien ve o conoce, de quien representa: no por nada el personaje tiene como sobrenombre "el Ojo". El Ojo Silva cuenta que había sido comisionado para ilustrar un par de reportajes sobre la India que ya estaban escritos. Uno de ellos es sobre el barrio de las putas de una ciudad de la India que no se nombra. Allí, alguien le ofrece acostarse con una prostituta, el Ojo Silva no se interesa. Este rechazo es interpretado por sus anfitriones como una elección sexual, por lo que al día siguiente conducen al Ojo a un "burdel de jóvenes maricas". La reacción del Ojo es intensa:

> Esa noche el Ojo enfermó. Ya estaba dentro de la India y no me había dado cuenta, dijo estudiando las sombras del parque berlinés. ¿Qué hiciste?, le pregunté. Nada. Miré y sonreí. Y no hice nada (18).

Sus anfitriones interpretan su falta de reacción y deciden llevarlo a otro lugar. Allí, el Ojo se entera que en ese establecimiento se celebra una fiesta ya prohibida por las leyes de la República India, pero que sigue vigente. La celebración consiste en ofrecer niños a un dios y para ello, como paso previo a la celebración, el niño es castrado.

> El dios, que se encarna en él durante la celebración, exige un cuerpo de hombre –aunque los niños no suelen tener más de siete años– sin la mácula de los atributos masculinos (19).

Estos niños castrados, explica el Ojo, son luego rechazados por su familia y por lo tanto terminan en un burdel, como el que visita el Ojo Silva. Es entonces cuando al Ojo le traen "un joven castrado que no debía tener más de diez años" (20). Para describir el encuentro, El Ojo dice:

> [...] Nadie se puede hacer una idea. Ni la víctima, ni los verdugos, ni los espectadores. Sólo una foto.
> ¿Le sacaste una foto?, dije. Me pareció que el Ojo era sacudido por un escalofrío. Saqué mi cámara, dijo, y le hice una foto. Sabía que estaba condenándome para toda la eternidad, pero lo hice (20).

La confrontación con esa realidad "cambia" al Ojo:

> [...] el Ojo se convirtió en otra cosa, aunque la palabra que él empleó no fue "otra cosa" sino "madre".
> Dijo madre y suspiró. Por fin. Madre (22).

La reacción del Ojo es violenta: se enfrenta a los hombres del establecimiento y huye con dos niños, éste a quien le acaban de presentar y otro que iba a ser castrado. Ahí comienza una larga peripecia de huida que concluye con la muerte de los niños por una peste. Durante la huida, el Ojo tiene pesadillas constantes en las que lo persiguen, primero la policía y luego "Esbirros de la secta del dios castrado" (24). La historia del Ojo Silva, el relato enmarcado, concluye con una nueva referencia generacional:

> Aquella noche, cuando llegó al hotel, sin poder dejar de llorar, por sus hijos muertos, por los niños castrados que él no había conocido, por su juventud perdida, por todos los jóvenes que ya no eran jóvenes y por los jóvenes que murieron jóvenes, por los que lucharon por Salvador Allende y por lo que tuvieron miedo de luchar por Salvador Allende,... (25).

Las últimas palabras del cuento son precisamente: "Y luego siguió llorando [el Ojo Silva] sin parar". En el cuento de Bolaño la herida, la castración, es "representada", aunque lo sea en términos de lo indecible ("nadie se puede hacer una idea"...), es decir, la fotografía "muestra", representa para el lector aunque se escatime la imagen, y la condición escópica de la revelación persiste. La reacción de Silva puede constituir una cartografía del "rapto", en los términos propuestos por C. S. Pierce en *Abduction*, pensamiento que todavía está expresado en sentimientos, afectos, actualizaciones corporales.[5] El rapto de los niños equipara el rapto que sufre el Ojo frente a la presencia del cuerpo que exhibe sus heridas sociales, materializaciones de la temporalidad de ese cuerpo, y a la compulsión a fotografiarlo. Esa "sobrecarga de intuición" para el Ojo (*abduction*), deviene en un "estado" en el dominio de lo imaginario y lo simbólico ("Por fin. Madre".), al mismo tiempo que produce una puesta en acto de ese rapto: la apropiación de esos niños y la huida.

En su análisis sobre la violencia en la literatura de Roberto Bolaño, Carlos Burgos propone que la que encontramos más frecuentemente en su obra puede ser caracterizada con el concepto de "violencia fundadora" de Walter Benjamin. Esta clase de violencia estaría en el origen, no existe fuera del derecho sino que "lo funda, constituye y conserva" (123).

Si aceptamos que la obra de Bolaño se ubica en gran parte en la época de los gobiernos latinoamericanos autoritario de los setenta, y se adentra en casos como el chileno, no puede dejarse de lado esta importante consideración sobre la manera en que aquellos gobiernos construían un discurso violento y lo volvían operativo en aquellas sociedades. Referirse a esos regímenes meramente como engendros perversos, máquinas asesinas o centros de corrupción, desvía la atención sobre uno de los aspectos centrales de aquellas dictaduras: su carácter fundante y disciplinador (Burgos, 124).

Burgos asocia el concepto de Adorno "renacimiento nacional", propio de los regímenes fascistas, con la necesidad de la dictadura pinochetista de establecer "un principio ordenador que borre un caos previo" (124), con la que la aplicación de la violencia estaría ligada al ejercicio de un sacrificio ritual. Ese sacrificio requiere de "víctimas

---

5. Véase Fann, K T. *Peirce's Theory of Abduction* y la apropiación de Massumi del concepto peirciano (Massumi, *Interview*). Para la conceptualización sobre afecto y cuerpo (*body-movement/sensation-change*) sigo el libro de Patricia Ticineto Clough en colaboración con Jean Halley, *The Affective Turn; Theorizing the Social*, especialmente la introducción de Michael Hardt y la de Ticineto Clough, y los artículos de Karen Wendy Gilbert, Melissa Ditmore y Greg Goldberg y Craig Willse; y la entrevista que le hace Mary Zournazi a Brian Massumi. También el libro *Parables for the Virtual. Movement, Affect, Sensation* de Brian Massumi y el artículo de Roberto J. Walton, "Reducción fenomenológica y figuras de la excedencia". De más está decir que el enfoque general se debe a *A Thousand Plateau, Capitalism and Schizophrenia* de Deleuze y Guattari.

ofrendables", "[e]s la violencia que se ejerce para eliminar la violencia".[6]

El Ojo no ha visto, no ha presenciado la dictadura chilena, porque siempre había huido de la violencia; sin embargo, en la India "presencia" y "representa" una emasculación que le resulta intolerable, y que marca un punto de conciencia del que no hay regreso porque corporiza y manifiesta lo acontecido a su generación. El Ojo ve en la herida la violencia sacrificial y el rapto que sufre es la conciencia de que el otro, el niño indio, no es distinto a sí; ése que ve, que fotografía, es su propio cuerpo. "Trauma is a forgetting without memory, so that traumatic effects are a symptomology [*sic*] substituting for what was never experiences as such" (Ruth Leys, citado en Ticineto, 6). El Ojo no ha podido evitar lo político, ha sido atravesado por ello, y su ego ha quedado fijado en el evento, el evento de la castración, no la de los niños sino la de su generación. Esa identificación inicial se resuelve en un cambio de "estado" (Madre) y en el acto del rapto de esos nuevos cuerpos sacrificiales, que de todas maneras están condenados a la muerte.

En la historia que Mauricio Silva le cuenta al narrador, la imprecisión, la indefinición espacial y temporal ("No sé a qué ciudad llegó el Ojo, tal vez Bombay, Calcuta, tal vez Benarés o Madrás...", 17) son cuidadosamente construidas:

> Es costumbre *en algunas partes* de la India, me dijo el Ojo mirando el suelo, ofrecer un niño a *una deidad cuyo nombre no recuerdo*. En un arranque desafortunado le hice notar que *no sólo no recordaba el nombre de la deidad sino que tampoco el nombre de la ciudad ni el de ninguna persona de su historia*. El Ojo me miró y sonrió. Trato de olvidar, dijo (18-19, mi énfasis).

Si el relato-marco ancla la historia "testimonialmente": el "yo testigo" narrador, un yo-parte que comparte la generación, y que rubrica la historicidad del texto, el relato enmarcado se presenta con constantes indefiniciones; inclusive el prostíbulo en el que el Ojo encuentra a los niños, no existe ya cuando el personaje regresa después de que

---

6. Burgos propone aplicar al análisis la relación que establece Rene Girard entre violencia, mito y sacrificio.

esos niños han muerto. En el desenlace, el Ojo subraya e interpreta esta indefinición: "El resultado final era aún más horroroso, me confesó el Ojo, pero yo ya me había acostumbrado a las pesadillas y *de alguna forma siempre supe que estaba en el interior de un sueño, que eso no era la realidad*" (24, mi énfasis).

Al principio del cuento el narrador había presentado al personaje de Mauricio Silva como un lugar de memoria: "El caso del Ojo es paradigmático y ejemplar y tal vez no sea ocioso volver a recordarlo, sobre todo cuando ya han pasado tantos años" (11). Este carácter "conjetural" claramente presente en el relato enmarcado de "El Ojo Silva" es estudiado por Burgos en el contexto más general de la obra de Bolaño. En el tercer apartado de su artículo, Burgos discute la relación que existe entre la figura del desaparecido y la posibilidad de la representación. La interesante discusión que realiza es ajena a los objetivos del presente trabajo, salvo en el punto que establece que toda representación de un desaparecido es siempre conjetural, "una conjetura que abra caminos y que no los cierre". La figura del desaparecido, afirma, "no puede encajar en lo absoluto dentro de un aura sacrificial"; y "el desaparecido queda flotando en un mar de indeterminación". "El desaparecido [...] [d]emanda una lectura más abierta, más ambigua, que incluye otros tipos de discursividad" (139). "Bolaño explora la "conjetura" a la que invita la figura del desparecido.

La obra de Bolaño, en ese sentido, marca una distancia no sólo frente a las narrativas auráticas sobre el dictador y la dictadura, sino también frente a los discursos cerrados de la memoria. Bolaño explota "la conjetura" a la que invita la figura del desaparecido" (Burgos, 140).

Si el relato-marco ancla la historia "testimonialmente" (yo testigo = yo parte = yo comparto la misma generación), el relato enmarcado se presenta como ejemplar, arquetípico, la fábula que permite *leer* la condición de la generación de los latinoamericanos nacidos en los cincuenta, de allí su carácter emblemático. Este carácter debe extenderse de la historia enmarcada al cuento mismo y de allí que lo propongamos como cartografía del rapto de la generación frente al acto violento sacrificial, y fundante, que ejercen las dictaduras del Cono Sur. Pero nos interesa señalar que este rapto, además de presentarse como momento y lugar del trauma, y por eso dar lugar a la repetición infinita e invariante de la herida, también deja ver una transversalidad, una fuga, en el devenir masculino de esta generación. Esta transversalidad es latinoamericana y se sitúa históricamente (lo que no quita, claro, que otras masculinidades compartan este reposicionamiento y redefinición). Es su carácter localizado e histórico el que nos induce a proponer un estudio contrastivo de una serie de textos latinoamericanos que remiten a la "época heroica", como la llamaría Pedro Juan Gutiérrez, a la crisis del modelo utópico revolucionario (el "ejercicio de la milicia", como lo llamaría Roberto Bolaño), y a la herida y sus cicatrices corporales en la genitalidad masculina directamente asociada con ese preciso contexto. Estos textos dialogan entre sí (aunque se desconozcan) en cuanto expresan no sólo lugares de memoria (testimoniales) sino, y fundamentalmente, un espacio de constitución de los afectos fundado en la definición de género (masculino), un espacio del devenir en su momento más dinámico, en donde se escribe y se ejerce con y en contra de los sistemas tradicionales de la sexualidad y sus correlatos políticos y sociales.

Paso I. Feinmann-Saer, novelas del proceso

Las dos novelas que voy a considerar en este apartado son *La astucia de la razón*, de José Pablo Feinmann, publicada en Buenos Aires en 1990 (con reimpresión en 2001), y *Lo imborrable*, de Juan José Saer, publicada también en Buenos Aires, en 1993. Las historias de estas novelas emergen, prácticamente en todos los niveles, de las circunstancias de la última dictadura argentina y las luchas populares que la precedieron, es decir, se afincan en el tiempo del que escapa el personaje del Ojo que acabamos de ver. Por ello, ambas novelas pueden ser calificadas como "novelas del proceso"; gran parte de su eficacia reside en la calidad con que estos dos textos narrativizan la "cultura política" de la década (movilización y confrontación), y el poderoso disloque que vivió la sociedad argentina como producto de la dictadura.

Ambas novelas se centran en la descripción de crisis profundas que sufren sus protagonistas masculinos, y que se despliegan en el espacio de sus cuerpos, en procesos de materialización de los social y lo político. El protagonista de la novela de Feinmann, Pablo Epstein, debe someterse a la extirpación de su testículo derecho, en donde tiene alojado un tumor; los temores de una disminución de su potencia sexual se mezclan con los temores a la represión de la dictadura, en un juego de múltiples persecuciones y posibles impotencias. Carlos Tomatis, el protagonista de la novela de Saer, a su vez, sufre un colapso nervioso cuando descubre que su mujer ha echado de su casa a una joven de veinticinco años, la Tacuara, a quien conocen desde niña, y que está huyendo de la represión. La muchacha, a los pocos días, es apresada y desaparecida. Tomatis desciende hasta "el último escalón del sótano, ése contra el que viene a golpear, chirle y pesada, el agua negra [...] el último escalón de la especie humana" (12) para luego subir al "penúltimo escalón de la escala humana", de la mano de un conocimiento que no ve ni experimenta (el apresamiento de la Tacuara, su tortura y asesinato), pero que tiene un correlato directo sobre el cuerpo del protagonista: una depresión profunda que es acompañada por la progresiva desaparición de sus genitales. En esta novela, la emasculación es, digamos, metafórica, y se consuma por la pérdida sistemática del deseo:

> [...] ya el deseo había sido devorado con tanta minucia, por tantas mandíbulas que sería cansador ponerse a enumerarlas [...] Como ella estaba sentada en un sillón y yo parado a cincuenta centímetros de ella más o menos, con el puño en el que apretujaba un pañuelo me aplicó sin mucha fuerza un golpe en *los testículos que, por suerte, y gracias al viejo postulado de que la función hace al órgano, habían casi desaparecido junto con el aditamento que pretende capitanearlos...* (Saer, 178).

El "exceso de conciencia" de Tomatis, su reacción ética, provoca la herida en su genitalidad. Como contrapartida, Tomatis se refiere al general Negri ("el carnicero de Paraná como le dicen", 32-33), y sus relaciones cercanas con un literato canalla al que llama Waltercito:

> Hay dos clases de homicidas desequilibrados entre los que gobiernan actualmente: los que tienen una erección cuando mandan a cometer a terceros los crímenes que planifican, y los que solo pueden tenerla si sacrifican a sus semejantes con sus propias manos. Va de cajón que el general Negri pertenece a la segunda categoría [...] (33).

En *La astucia de la razón* (LAR), la mitad más uno de los capítulos de la novela (seis de once) se estructuran en torno al diálogo terapéutico que entabla Epstein con su psicoanalista, Norman Backhauss. Una serie de fechas clave estructuran la neurosis de Epstein: el 12 de noviembre de 1975, fecha de la extirpación de su testículo derecho (ciento treinta y dos días antes del golpe militar del 24 de marzo de 1976), y el 28 de enero de 1979, su primera sesión con Backhauss. Estos seis capítulos-sesiones remiten a otras múltiples sesiones que podemos imaginar como calcos de las que están escritas. La indagación en este diálogo terapéutico se centra en torno a la figura del padre de Epstein, quien, según Backhauss, condenó a su hijo a "matarlo", y a la neurosis altamente paranoica de Epstein en relación con la extirpación de su testículo.

> En noviembre de 1965, antes de la finalización de la primera quincena de ese mes, que tiene, precisamente, dos quincenas, pues tiene treinta días, dos quincenas como *dos huevos* tenía Pablo Epstein, como los tenía, al menos, *antes* de su operación, *antes* de eso que sus médicos denominaron *intervención quirúrgica*, y que consistió en extirparle a él, a Pablo Epstein, una quincena, o mejor dicho: un testículo, *un huevo*, el derecho, como si le quitaran quince días a, digamos, la primavera, y que se lo quitaron, se lo extirparon, a Pablo Epstein, el huevo, casi exactamente diez años después del mes de noviembre de 1965 y, según ya ha sido escrito, ciento treinta y dos días antes del 24 de marzo de 1976, es decir, ciento treinta y dos días antes del *golpe militar* del 24 de marzo de 1976, es decir, ciento treinta y dos días antes de ese feroz hecho histórico, cuya ferocidad, por decirlo más claramente: la ferocidad del *golpe militar* que encabezaba el general Jorge Rafael Videla, cuya ferocidad debió ser enfrentada por Pablo tal como había salido de la sala de operaciones, es decir, con un solo huevo, así, cercenado, desvalido, desvalido y cercenado justamente cuando, según todos sus amigos lo decían, había que tener *huevos* para bancarse lo que venía, es decir, para enfrentar, o, al menos, soportar la ferocidad del *golpe militar* que encabezaba el general Jorge Rafael Videla, había que tener, decían todos sus amigos, para esto, *huevos*, es decir, había que ser más duro y más valiente que nunca, había que tener *más* huevos que nunca, ¿y cómo habría de tener Pablo Epstein *más* huevos que nunca si su situación era la contraria, si tenía, precisamente *menos* huevos que nunca? (24-25).

El discurso obsesivo de la repetición y la circularidad organiza tanto la narración de los capítulos pares como de los impares. El trauma es repetido compulsivamente: la mutilación física asociada con la mutilación política:

Antes = primavera = cuerpo "sano" / sociedad "sana" => dos huevos
Enfermedad / intervención quirúrgica => un huevo
golpe militar => necesidad de *tener huevos / más huevos*
intervención quirúrgica => *menos huevos*

La escritura circular, hecha de paráfrasis y reiteraciones, remite a la neurosis obsesiva del narrador-protagonista. La crisis de Epstein se materializa en su afecto: el tumor-temor; el país como trampa de muerte ("externa", dirá Epstein), de la cual no hay escape, porque el exilio trae también la muerte ("interna" para Epstein, Feinmann, 179). "Usted *hizo* un tumor de testículo", señala Norman Backhauss, lo que Brian Massumi describiría como "*a change in capacity*". El tumor es la acción de la energía afectiva del cuerpo de Epstein, su razón corporal; pensar el sentido de la filosofía es la acción mental, su pasión *racional*.

Los capítulos pares se centran en la discusión filosófica que Epstein entabla una noche en 1965, en una playa de Buenos Aires con tres amigos, sobre "el sentido final de la filosofía", la que de alguna manera uno de ellos, Hugo Hernández, concluye con la exposición del *gran teorema latinoamericano*. Estos capítulos pares que narran la larga conversación filosófica emprendida por esos cuatro amigos a orillas del mar ofrecen una presentación de la razón de ser de la militancia revolucionaria (siguiendo la Idea de la Historia), así como una posible refutación o superación por vías de un pensamiento latinoamericano basado en la participación histórica de los individuos en la nación y su devenir. En un estudio de la novela, María José Punte puntualiza con detalle los principios filosóficos que se desarrollan en la discusión, los que describen puntualmente "el *clima espiritual* de su generación" (Feinmann, 32).

La discusión sobre el sentido final de la filosofía "implicaba la del *sentido final* de sus vidas" (27), es decir, suponía una toma de posición frente a la vida y al mundo, y en cada uno de los jóvenes va a estar relacionada con una actitud vital distinta. De todos modos, en ese momento los cuatro tenían algo en común y era que "creían que la historia era una linealidad necesaria y progresiva, una linealidad racional" (115).

La astucia de la razón se abre con una cita de Hegel, tomada de su *Lectures on the History of Philosophy*, en la que se plantea el concepto de la Idea Universal, y lo particular, individual, las Pasiones, a través de las que existe la Idea.

> [...] la realización de lo universal lleva como inseparable el interés particular de la pasión, pues de lo particular y determinado y de la negación de ello resulta lo universal. Es lo particular lo que se halla empeñado en la lucha y lo que, en parte, queda destruido. No es la Idea general la que se entrega a la lucha y oposición y se expone al peligro; ella se mantiene en la retaguardia, puesta a salvo e incólume. Debe llamarse *astucia de la razón* al hecho de que ella haga actuar en lugar suyo a las pasiones [...] Lo particular es, casi siempre, demasiado pequeño frente a lo universal; as así como los individuos quedan sacrificados y abandonados. La Idea paga el tributo de la existencia y de la caducidad no por sí misma, sino mediante las pasiones de los sujetos (Feinmann, 8).

En realidad, la totalidad de la novela podría pensarse como una refutación indirecta a la razón hegeliana, que guiaba el pensamiento del joven Epstein (en 1965), y la constatación de que gracias a la "astucia de la razón", que compromete las vidas y los cuerpos de esos individuos dedicados a "hacer avanzar la historia" a orillas del Río de la Plata, su generación ha sufrido una herida esencial, que el personaje puede ver y sentir en su propio cuerpo.

Siguiendo a Spinoza, las dos líneas narrativas que se han establecido en la novela, la del cuerpo y la de la cabeza, recorren un derrotero paralelo (aunque no cronológicamente paralelo, ya que los capítulos impares relatan sucesos de los años sesenta mientras que los impares se refieren a los setenta, aunque las sucesivas sesiones con su analista aludidas podrían tener lugar con posterioridad). Aparentemente autónomas, la novela le propone al lector asociar estas dos partes, estos dos derroteros, y hacerlo junto con el personaje, participando de alguna manera en el proceso de sanación del protagonista, una sanación que involucraría una "crítica de las armas". Los capítulos pares concluyen con la afirmación de Hugo Hernández, "con una voz grave y presagiosa": "La hora de la crítica de las armas no está lejos en la Argentina" (290),[7] mientras que los impares, es decir, el

---

7. *La crítica de las armas* es precisamente el título de otra novela que escribe Feinmann, publicada por primera vez en 2003, con asociaciones explícitas y sobreabundan-

final del libro, con la confirmación que recibe Epstein del cirujano después de su operación de que todo ha salido bien y de que ha sido necesario extirparle el testículo. La cita de esta confirmación que Epstein hace en la sesión con Backhaus remite a su instalación en la locura ("Pablo Epstein había cruzado las puertas del infierno"), y la marca discursiva de la sesión terapéutica revela indefectiblemente la condición de repetición necesaria de ese diálogo terapéutico ("–Por hoy, terminamos –dijo Norman Backhaus); con estas dos oraciones acaba la novela en el capítulo XI (impar).

Como apunta Michael Hardt, a pesar de que existe una necesaria correspondencia entre razón y cuerpo, esto no aclara las relaciones que se establecen y es esto precisamente lo que debe estudiarse. Pensar bajo la perspectiva del afecto, dice Hardt, nos obliga a presentar la cuestión cuerpo/cabeza con el presupuesto de que sus poderes se corresponden de cierta manera permanentemente. "El afecto cabalga la correspondencia entre cuerpo y alma" (Hardt, 8). El exceso de conciencia en Epstein lo lleva al delirio neurótico. En el delirio neurótico, cáncer y debate sobre filosofía y política navegan autónomamente, pero se relacionan estrechamente en el dominio biopolítico. La novela se construye sobre "el esfuerzo para superar la repetición"; salir del *rapto* frente a la amenaza de la emasculación, que se desarrolla en los capítulo impares: la muerte de afuera (la represión militar) o la muerte de adentro (el cáncer en el exilio, lejos de sus médicos). La narración avanza, en los capítulos pares, en el debate sobre el posible desarrollo de un pensamiento que construya una filosofía latinoamericana, fuera de los universales de la razón hegeliana. La novela concluye con un capítulo impar (es decir, con la sesión terapéutica), y concluye en un punto de detención: el rapto de Epstein frente a la confirmación de su "falta", "el infierno". Pero los capítulos impares, los del debate filosófico, concluyen con la afirmación de Hugo de que no estaría lejos la hora de la crítica de las armas, lo que supone un espacio de movimiento que necesariamente debe dar lugar a respuestas. Si la herida remite al trauma que condena a la repetición, el

---

tes referidas a *La astucia*, y que ilumina, en el sentido de que explaya, mucha de las cuestiones esbozadas en *La astucia*. Pero esta nueva novela, en el plano del debate de las ideas, del debate filosófico, toma cierta distancia con *La astucia*, y es mucho más crítica de la ideología y de la propia generación.

final de la discusión remite a la inestabilidad, a la marca sobre el devenir, al señalamiento de que la herida en la virilidad está por ser pensada.

Tanto en *La astucia* como en *Lo imborrable*, dos novelas del proceso, la virilidad se asociada con modelos tradicionales de la masculinidad. En *La astucia*... la conjunción enfermedad-dictadura constituye una amenaza al ideal de la virilidad tradicional, pero también a la revolucionaria (*tener [más] huevos*). El personaje sufre obsesivamente este enfrentamiento radical a su *ser hombre*: la sociedad autoritaria puede contestarse mediante una posible hipermasculinidad revolucionaria (la del *hombre nuevo*) pero su herida afectivo-corporal (social) le impide acceder a ese ideal de la razón revolucionaria. En Saer, frente a la virilidad fascista de los militares torturadores (quienes tienen una erección ordenando asesinar o los que tienen una erección asesinando), el exceso de conciencia en Tomatis anula su sexualidad y por lo tanto en su cuerpo se marca una ausencia, algo de lo que se carece. La situación traumática que se establece como cotidiano pasa a formar un dispositivo maquinal del que los individuos son parte: no es la prisión y la tortura sino el estado de conciencia de la prisión y la tortura de otros, lo que constituye una amenaza constante sobre el propio cuerpo. El cuerpo manifiesta el trauma, la biopolítica atraviesa los individuos y sus cuerpos; pero esos cuerpos también manifiesta el devenir, la imposibilidad de continuar siendo ese masculino del dispositivo maquinal dictatorial. Los cuerpos no son sólo memoria, fantasmas del trauma, son también espacios de cambio, de reorganización: "el organismo está abierto a la posibilidad del cambio en su organización y su estructura" (Ticineto Clough, 12),[8] y estos textos dan cuenta de ese momento de conciencia, de esa ruptura.

Paso II. El ciclo Centro Habana, Pedro Juan Gutiérrez

El ciclo Centro Habana ha sido contextualizado, discutido e interpretado en relación con la dolarización de la economía cubana y las

---

8. "As such the organism is opened to the possibility of change in its organization and structure and is better understood as a machinic assemblage, which, at this time, is approaching a 'techno-ontological threshold,' such as the human is implicated in a postbiological evolution as part of its very definition" (Ticineto, 12).

reglas del mercado, particularmente las del mercado editorial europeo, y la satisfacción de las demandas de exotismo y erotismo del lector de ese mercado.[9] Por otra parte, el personaje de Pedro Juan y el de Reynaldo en *El rey de La Habana* han sido asociados con la picaresca, la tradicional y la cubana, y también su obra ha sido discutida dentro de los parámetros del *realismo sucio*.[10] En lo que sigue perseguimos un objetivo más acotado, centrado en la consideración de esa escritura en su posible relación con los tres textos ya discutidos y caracterizando esta escritura en términos del devenir del sujeto masculino latinoamericano y la masculinidad.

Bajo la sociedad disciplinaria de la carestía/escasez del Periodo Especial en Cuba, la genitalidad de los personajes del ciclo Centro Habana de Gutiérrez estalla. En la *perlana* de Reinaldo en *El Rey de La Habana*,[11] en la maníaca búsqueda de placer del personaje de Pedro Juan, en la monumentalidad del miembro de Supermán[12] de la *Trilogía* y de *Nuestro GG en La Habana*, la escritura de Gutiérrez reitera y desarticula las identidades sexuales tradicionales[13] y, asimismo,

---

9. Pueden citarse los trabajos de Esther Whitfield como los que más trascendencia han tenido en relación con esa propuesta interpretativa global de la obra de Gutiérrez.

10. Para una breve pero certera lista de los distintos enfoques que ha provocado la obra de Gutiérrez, ver la nota 4, del artículo de M. Edwards.

11. Para un estudio de las transformaciones operadas sobre el cuerpo del personaje de *El Rey de la Habana*, ver Pedro Koo, "Tatuajes…". En el trabajo citado, puede encontrarse una definición de *perlana*: [O]peración que consiste en la implantación de pequeñas esferas de metal en la parte del glande del órgano sexual […], p. 128.

12. El ciclo Centro Habana presenta también, como la narrativa de Bolaño, una interesante y original asociación con lo testimonial. Por razones de espacio no podemos desarrollar esta cuestión aquí, pero baste con mencionar un fragmento de un artículo reciente en *Vanity Fair* (agosto de 2011) que alude al personaje (histórico) de Supermán. Testimonio de Rosa Lowinger, autora de *Tropicana nights*, y curadora de arte: "The night in question, Marlon Brando rolled into the Shangai with two showgirls and Cabrera Infante and Sungo Carrera in his wake. The Shangai featured live sex shows with a man known as Superman. He was famous for having an 18-inch erect penis. I heard he'd first have sex with a performer onstage, and then he'd invite a woman up from the audience to do it with him. He'd wrap a towel around the base of his cock and see how far he could go in. That night, I'm told, Brando wanted to meet him. They were introduced, and Brando dumped the two showgirls and took off with Superman".

13. "[L]a novela de Pedro Juan Gutiérrez sigue una tradición retórica que se ha explorado desde comienzos del siglo XX, retórica sexual 'que ha sido uno de los elementos que ha configurado el imaginario de la identidad nacional cubana desde el inicio de

confronta los sistemas culturales de la heterosexualidad revolucionaria. Como apunta Matthew Edwards en su análisis del "desencuentro con la masculinidad en *El rey de la Habana*", en los 90, se quiebra el pacto de "unión permanente entre lo oficial y lo popular", que caracterizaba un régimen autodefinido como popular. En el ciclo Centro Habana, los personajes viven "fuera de la utopía creada por su gobierno" (13). En una entrevista reciente a Gutiérrez, Jorge Ruffinelli apunta que en su literatura puede verse un traspaso de la "revolución permanente" a la "seducción permanente" (97). Gutiérrez afirma que, en el origen de su literatura, está ese agotamiento de la "Cuba extraordinariamente heroica" (92) y que se trata de un retrato del "macho cubano normal" (96).[14] En esta vida que retrata Gutiérrez, los cuerpos de los personajes protagonizan gran parte de la acción narrativa; los cuerpos no son "pensados" por el narrador y por momentos recorren una vía autónoma de acción. La conceptualización está ausente porque no hay registro (escritura) de la herida: esa intolerable separación entre lo oficial y lo popular del gobierno revolucionario no puede ser enunciada, absorbida; está apenas ocurriendo. ¿Desde dónde puede pensarse?, ¿cómo articular discursivamente esa experiencia en el contexto cubano hiperpolitizado?

Los cuerpos del ciclo Centro Habana recuerdan sin conciencia, actúan una herida sin memoria del evento. Si Feinmann "separa" la razón en capítulos pares, Gutiérrez revisa obsesivamente su escritura para asegurarse de que no quede ningún rastro posible de pensamiento político. El trauma es innombrable; el significante de la Revolución se resemantiza con sentidos inabarcables, pero fundamentalmente, inescribibles dentro de la isla. Es pura escasez, y como tal, carece de origen. Los cuerpos estallan, maníacamente sexualizados: hay una fascinación con el objeto del evento (lo sexual); el ego no se distingue del evento, es una memoria sin conciencia, un ensimismamiento de los cuerpos.

El ego está encapsulado en el trauma (el rapto) y se transforma en "memoria incorporada, memoria corporal, memoria celular" (por

---

la formación como estado independiente'" (Álvarez, 13), citado en Pedro Koo, "Tatuajes...".

14. Para más sobre estas conceptualizaciones, puede verse también mi documental *Real sucio Habana*.

ejemplo, la *perlana*). Hay una fascinación con el "objeto del evento"; el ego no se distingue del objeto. Pero la memoria es inconsciente, es acciones sin conciencia. El trauma es repetido compulsivamente. "El esfuerzo por superar la repetición fracasa y fracasa el intento de terminar con la repetición" (Ticineto, 7; mi traducción).

Tanto el personaje de Epstein como el de Pedro Juan constituyen formas experimentales de escritura en las que se actúa la repetición neurótica obsesiva. El personaje de Mauricio Silva, el Ojo, al igual que Tomatis, presencia (*prae-*, ante(s) + *esse* [ser / estar]) y fotografía, o "representa", un acto perpetrado por otros sobre otros y, en ese acto y en su representación se ve a sí mismo y a su generación. Los cuerpos de estos personajes están atravesados por la biopolítica, y sus obsesiones remiten al ser social pero también protagonizan su propio cambio.

> Living systems and their boundaries are caught up in machinic assemblages that involve modes of transversal becoming, [...] that is, communication across species and genus (género), across the evolution of phyletic lineages (Pearson en Ticineto, 11).

Es este cambio, *that transversal becoming*, lo que también señalan esos cuerpos más allá de la memoria del trauma. La lectura contrastiva de esta serie de textos permite pensar una posible salida de la circularidad de lo alegórico, lo simbólico donde la castración se lee como memoria, como una metáfora de la impotencia, la inmovilidad, la esterilidad. Si bien en esta literatura esa castración-emasculación se significa como locura, también da lugar a actos de reacción (cambio) dentro de ese complejo maquinal, una señal de acceso a otro tipo de masculinidades. Salir de las alegorías de la memoria para pensar el devenir, buscando las pistas de lo posbiológico.

Obras citadas

Álvarez, Inmaculada. "El discurso sexual como valor de identidad nacional de lo cubano". *Revista de Humanidades* (Tecnológico de Monterrey) 14 (2003): 13-15.

Ballvé, Marcelo. "The face in the mirror: Late Chilean novelist Roberto Bolaño was a chronicler of Latin America's dashed utopias". *San Francisco Bay Guardian*, "Arts and Entertainment", 39 (2004): 17.

BOLAÑO, Roberto. *Putas asesinas*. Barcelona: Anagrama, 2001.
— *Entre Paréntesis. Ensayos, artículos y discursos (1998-2003)*. Ed. Ignacio Echeverria. Barcelona: Anagrama, 2004.
BURGOS, Carlos. "Roberto Bolaño: la violencia, el mal, la memoria". *Nuevo Texto Crítico* 42-3 (2009): 123-44.
DELEUZE, Gilles y Félix GUATTARI. *A Thousand Plateau, Capitalism and Schizophrenia*. Trad. Brian Massumi. Minneapolis: University of Minnesota Press, 1987.
EDWARDS, Matthew. "A la sombra del Macho: Pedro Juan Gutiérrez y el desencuentro con la masculinidad en *El Rey de la Habana*". *Chasqui* 36:2 (2007): 3-17.
FANN, K. T. *Peirce's Theory of Abduction*. Den Haag: Martinus Nijhoff, 1970.
FEINMANN, José Pablo. *La astucia de la razón*. Buenos Aires: Alfaguara, 1993.
— *La crítica de las armas*. Buenos Aires: Grupo Editorial Norma, 2003.
FERMAN, Claudia. "Textos del derrumbe: Horacio Castellanos Moya, Fernando Vallejo, Daniel Guebel". *Voces y silencios de la crítica y la historiografía literaria centroamericana*. Eds. Albino Chacón Gutiérrez y Marjorie Gamboa. Heredia: EUNA, 2010.
— *Real sucio Habana*. Videograbación. Papelitos Cine, 2009.
FERNÁNDEZ AGUIRRE, Ma. Isabel. "'El Ojo Silva'" de Roberto Bolaño: oralidad y escritura o el retorno al origen del relato", <http://es.scribd.com/doc/39740992/El-Ojo-Silva-de-Roberto-Bolano-oralidad-y-escritura-o-el-retorno-al-origen-del-relato>.
GIRARD, René. *La violencia y lo sagrado*. Barcelona: Anagrama, 2005.
GUTIÉRREZ, Pedro Juan. *Trilogía sucia de La Habana*. Barcelona: Anagrama, 1998.
— *Animal tropical*. Barcelona: Anagrama, 2001.
— *Carne de perro*. Barcelona: Anagrama, 2003.
— *El insaciable hombre araña*. Barcelona: Anagrama, 2002.
— *El rey de La Habana*. Barcelona: Anagrama, 1999.
HARDT. Michael. "Foreword: What affects are good for". *The Affective Turn. Theorizing the Social*. Eds. Ticineto Clough, Patricia y Jean Halley. Durham: Duke University Press, 2007, pp. x-xiii.
HEGEL, Georg Wilhelm Friedrich. *Lectures on the History of Philosophy 1825-6*. Ed. Robert F. Brown. Oxford: Clarendon Press, 2006.
KOO, Pedro. "Tatuajes, perlanas y dietas: Transformando el cuerpo masculino en *El rey de la Habana* de Pedro Juan Gutiérrez". *Hispanic Journal* 29.1 (2008): 123-139.
LEYS, Ruth. *Trauma: A Genealogy*. Chicago: University of Chicago Press, 2000.

MASSUMI, Brian. *Parables for the Virtual. Movement, Affect, Sensation.* Durham: Duke University Press, 2002.

PINTO, Rodrigo. "Bolaño revisitado". *Revista UDP. Pensamiento y cultura* (julio 2006), <http://www.letra.s5.com/rb29058.html>.

PUNTE, María José. "El peronismo alternativo. John William Cooke: *La astucia de la razón* de José Pablo Feinmann". *Rostros de la utopía. La proyección del peronismo en la novela argentina de la década de los 80*. Pamplona: EUNSA, Anejos de Rilce 39, 2002, pp. 101-123.

RUFFINELLI, Jorge. "Pedro Juan Gutiérrez, harto de heroísmo". *Nuevo texto Crítico* 42-43 (2009): 91-99.

SAER, Juan José. *Lo imborrable.* Buenos Aires: Alianza Editorial, 1993.

TICINETO CLOUGH, Patricia y Jean HALLEY. *The Affective Turn. Theorizing the Social.* Durham: Duke University Press, 2007.

WALTON, Roberto. "Reducción fenomenológica y figuras de la excedencia". *Tópicos* 16 (2008): 169-187.

WHITFIELD, Esther K. *Cuban Currency: The Dollar and "Special Period" Fiction.* Minneapolis: University of Minnesota Press, 2008.

Emoción, afectividad y sentimiento en la construcción del pasado setentista[1]

Ana Peluffo
University of California, Davis

El 23 de julio de 2010, pocos meses antes de terminar su gestión de gobierno, el presidente Lula Da Silva lloró frente a las cámaras de televisión, en un gesto que demostraba la centralidad de los afectos en la construcción de una retórica política. La primera ocasión en la que Lula lloró fue al recordar el día en el que el Banco Nacional de Desarrollo firmó un préstamo de millones de reales para una cooperativa social de cartoneros; pocos minutos después, el discurso se volvió a quebrar cuando Lula recordó emocionado cómo un grupo de personas "sin techo" lo visitaron en el palacio gubernamental: "nuestra mayor conquista es que esta gente haya entrado al Palacio de Gobierno donde jamás pensaron entrar...", dijo.[2] Poco tiempo después, Cristina Kirchner estuvo a punto de llorar públicamente en un acto político en el Luna Park, esta vez por una tragedia más privada que pública. A diferencia de lo que ocurrió con Lula, la presidenta se esforzó por reprimir las lágrimas en un intento de mostrarse fuerte y en total control de sus emociones. Invocando el fantasma de Néstor Kircher dijo: "A los que se fueron peleando, luchando, sin renunciar

---

1. A no ser que se indique lo contrario todas las traducciones que aparecen en este trabajo son mías.
2. El video de la entrevista que la periodista Adriana Aráujo le hizo a Lula el 23 de julio de 2010 puede consultarse en <www.youtube.com/watch?v=YRN0Q5mevZk>.

nunca a una sola de sus convicciones uno los tiene que recordar sonriendo y no llorando".[3] La necesidad de romper la relación tautológica entre femineidad y lágrimas ya se había materializado en la proyección televisiva del funeral de Néstor Kirchner, en el que unas enormes gafas negras actuaron como mampara entre la presidenta y sus emociones.

De la comparación de estas escenas, puede extrapolarse que el uso político de la retórica sentimental (entendida por Shirley Samuels como una modalidad cultural que busca generar una respuesta emocional en el lector/espectador) está genéricamente marcado pese a la presunción de que vivimos en sociedades posgenéricas y posemocionales. Aunque pensemos que las lágrimas no tienen género en una época de liquidez afectiva (Bauman) que parece moverse hacia la androginización de las identidades, su carga semántica varía según su fuente de origen sea un cuerpo femenino o masculino. Mientras que en Lula las lágrimas, calificadas como "emotivas" por la prensa, fluyen libremente como prueba de la humanidad del mandatario (y, de hecho, en un artículo de Perry Anderson del *London Review of Books* se cita la definición que hace Dilma Rousseff del carisma de Lula como un híbrido de calidez afectiva/o inteligencia emocional y racionalidad); en Kirchner, la performance lacrimógena amenaza con devolver su subjetividad al estereotipo de un sujeto femenino emocionalmente inestable y fuera de control.[4] Aunque el uso político de la afectividad ha estado muy presente en la elaboración más reciente de una imagen pública que aprovecha la viudez y el luto para construir una "razón populista" en la que el afecto es central (Laclau), se trata siempre de mantener las lágrimas a raya para impedir el desborde afectivo. Los momentos mediáticos en los que la presidenta escenifica

---

3. "En un acto, Cristina lloró al recordar a Kirchner" *Los Andes*, 16 de noviembre, 2010, <http://www.losandes.com.ar/notas/2010/11/16/acto-cristina-lloro-recordar-kirchner-527639.asp>.

4. A la hora de explicar la rareza de que un presidente como Lula acabe dos mandatos sucesivos con un alto índice de aprobación por parte de los votantes, Perry concuerda con Rousseff en que la inteligencia afectiva cumple un papel primordial. Dice: "That success has owed much to an exceptional set of personal gifts, a mixture of *warm social sensibility* and cool political calculation, or –as his successor, Dilma Rousseff, puts it –rational assessment and *emotional intelligence*, not to speak of lively good humour and personal charm" (3, énfasis mío).

el sufrimiento para las cámaras (la mano que reprime una lágrima antes de que las otras le nublen la mirada, la voz que se quiebra un instante para volver inmediatamente al tono crispado, la ropa de luto pero "de moda" que actúa como sinécdoque pública del sufrimiento doméstico), están ahí para subrayar la fortaleza titánica de una presidenta capaz de mantener "la racionalidad" política de su gestión sin dejarse arrollar por la fuerza volcánica de las emociones. Retomando una serie de preguntas que Roland Barthes se planteaba en *Fragmentos de un discurso amoroso* sobre el llanto como logotipo de lo emocional/sensible ("¿Quién hará la historia de las lágrimas? ¿En qué sociedades, en qué tiempos se ha llorado? ¿Desde cuándo los hombres (y no las mujeres) ya no lloran?" [174]), podríamos leer esta irrupción de lo lacrimógeno en el texto político latinoamericano como un clima de época en el que se vuelve no sólo aceptable sino también mediáticamente indispensable hacer un uso político de las emociones.

La palabra afecto (*affectus*) viene del latín y en su estado premoderno podía significar tanto pasión como sentimiento. Según Teresa Brennan, es recién en el siglo XIX cuando se sexualiza el término pasión, que ya en textos como la *Retórica* de Aristóteles alternaba casi indistintamente con la palabra sentimiento (3-4). Convencer y emocionar eran actos finamente imbricados en la retórica aristotélica que incorporaba a la dialéctica de la persuasión no solamente ideas y argumentos, sino también un abanico plural de emociones entre las que figuraban el deseo, el miedo, el coraje, la envidia, la alegría, el amor, el odio, los celos y la compasión, entre otras (96). En la taxonomía de los sentimientos/pasiones que establecía la retórica, éstos se dividían en dos macrocategorías según derivaran del dolor o del placer, y condujeran a la acción o a la *stasis*. Dentro del campo de la crítica cultural contemporánea, es con el llamado "giro afectivo" (término acuñado por Patricia Ticineto Clough) cuando se empiezan a teorizar las diferencias entre lo sentimental, lo emocional y lo afectivo, enfatizando, como lo hace Brian Massumi en *Parables for the Virtual*, la necesidad de diferenciar estos términos.[5] En un artículo

---

5. Según Brian Massumi, la diferencia entre afectos y emociones remite a distintos niveles de intensidad. Mientras que lo afectivo remite a la emoción abstracta, virtual y no lineal, lo emocional remite a la subjetivización de lo afectivo. Dice: "Emotion is qualified intensity, the conventional, consensual point of insertion of intensity into semanti-

reciente sobre la novela histórica norteamericana titulado "Intuitionists: History and the Affective Event", Lauren Berlant desplaza la atención de lo sentimental/emocional al campo de lo afectivo, y define lo afectivo como "la receptividad activa del cuerpo a la intensidad del tiempo presente".[6] Si bien pensamos en los afectos y los sentimientos como categorías tautológicas e intercambiables, el texto de Berlant postula una diferenciación entre estos estados emocionales, sugerida en el trabajo de Deleuze sobre Spinoza, y definida por Massumi en sus notas a la traducción de *A Thousand Plateaus* como una "intensidad prepersonal" y no biográfica que remitía a la capacidad biopolítica de los cuerpos de afectar y ser afectados entre sí (xvi). Reciclando, y al mismo tiempo revisando el oximorónico concepto de Raymond Williams, de "estructura de sentimiento", Berlant propone que lejos de pensar los sentimientos como categorías "residuales", interesa pensarlos como medulares a la construcción cultural del "sensorium normativo" de un determinado momento histórico.

La idea de la afectividad como una intensidad más abstracta y menos biográfica que los sentimientos y/o emociones (que conformarían pese a la diferencia de matices una suerte de material afectivo etiquetado y procesado por el lenguaje) entra en diálogo asimismo con la teoría de los afectos desarrollada por Teresa Brennan en *The Transmission of Affect*, donde promueve una idea porosa de la subjetividad afectiva a contrapelo del carácter acorazado y aislacionista del yo freudiano. Mientras que las sociedades preindustriales y premodernas creían en el proceso de transmisión emocional, el psicoanálisis no piensa que los afectos se transmitan, dice Brennan, pese a estar estructurado de acuerdo a la lógica de la transferencia (12-13). En esto, Brennan parece seguir a los filósofos del siglo XVIII y particularmente a David Hume, que se focalizaba en la circulación del afecto entre cuerpos poniendo énfasis en el carácter nómade y contagioso de las emociones. Para Bren-

---

cally and semiotically formed progressions, into narrativizable action-reacion circuits, into function and meaning. It is intensity owned and recognized" (28).

6. La definición que Berlant da de lo afectivo como un estado preverbal cercano a lo intuitivo coincide con la de Massumi. Cabe citar el siguiente pasaje: "For the purposes of this essay, my claim will be that affect, the body's active presence to the intensities of the present, embeds the subject in a historical field, and that its scholarly pursuit can communicate the conditions of an historical moment's production as a visceral moment" (845-846).

nan, ese proceso fluido de transmisión afectiva es social pero tiene un efecto biológico en los cuerpos (3). Cree que es el carácter amorfo y molecular del afecto lo que posibilita su transmisión entre cuerpos, receptivos a esa intensidad de la que habla Berlant cuando se planteaba la siguiente pregunta: "How does a particular affective response come to be exemplary of a shared historical time, and in what terms?".

Aunque este trabajo forma parte de una reflexión más amplia sobre la ficcionalización del afecto masculino en una serie de novelas argentinas (*Derrumbe* [2007] de Daniel Guebel, *Era el cielo* [2007] de Sergio Bizzio, y *El llanto* [(1992] de César Aira), me interesa detenerme en *Historia del llanto. Un testimonio* de Alan Pauls (2007). Es a través de las lágrimas del personaje sensible de esta novela, que llora sin saber por qué, como el narrador mide la intensidad afectiva de un pasado reciente en el que la pasión casi mística de la militancia política parecía plantearse como una de las únicas formas posibles de cercanía. Con un título doblemente irónico que apunta hacia la desconfianza que le generan al autor tanto la masculinidad lacrimógena como el fetichismo de la cercanía que promueve el testimonio, *Historia del llanto* tematiza las tensiones entre estoicismo y sentimentalismo en las que se debaten las subjetividades contemporáneas a la hora de procesar el pasado traumático de las dictaduras. ¿Qué papel cumplen los afectos en la construcción de subjetividades masculinas melancólicas que enuncian el pasado desde la visión desencantada de las políticas neoliberales? ¿Cómo dialoga esta visión del pasado con el reciclaje afectivo que hacen los gobiernos de centro-izquierda del imaginario revolucionario setentista? ¿De qué manera las diferentes formas de activismo político que Pauls ficcionaliza en esta *nouvelle* comparten un clima afectivo espeso y cargado que Pauls desmenuza desde una óptica hiperrealista y crítica?

Perteneciente a una trilogía de novelas históricas que ficcionalizan la primera parte de los años setenta en la Argentina, *Historia del llanto. Un testimonio* propone una aproximación lateral/sesgada a la predictadura desde la mirada húmeda de un niño que capta emocionalmente, desde la ventana de su departamento, señales miniaturizadas del horror que se avecina.[7] El cruce entre domesticidad y política, en

---

7. Las otras novelas del tríptico de Alan Pauls en las que se eligen objetos arbitrarios y mínimos (pelo-dinero-llanto) para convocar narrativamente el pasado setentista son *Historia del pelo* (2010) y la todavía no aparecida *Historia del dinero*.

una novela que corrige la representación elíptica de la historia en su novela anterior, *El pasado* (2003), queda planteado en aquellas escenas en las que la imaginación lúdica del niño convierte a los militares en alienígenas de la serie *Los invasores*, de la misma manera que en una criticada escena del documental de Albertina Carri, *Los rubios*, la niña procesaba el evento traumático de la desaparición de sus padres usando muñequitos Playmobils.[8] Si lo que hace Carri en ese film es, en palabras del mismo Pauls, dar una versión "impura, mixta, sucia" ("Presentación", 81) de la memoria que "atenta contra las reglas del Buen Recordar, contra la mnemotécnica oficial que domina los intentos de interrogar la experiencia de los años 70 en Argentina" ("Presentación", 81), la novela de Pauls da una versión íntima y privatizada de la historia que cuestiona desde un énfasis en la miniatura, lo pequeño y lo mínimo, la sacralidad monumental del recuerdo. A través de la mirada microscópica de un niño sumergido en la vorágine de una familia rota, la novela construye pequeñas postales de una ciudad invadida por el andar robótico y "zombi" de militares cuyos uniformes/disfraces "planchados, limpios, parejos de color, perfectamente a medida, flamantes [....]" (*Historia*, 69) remiten en su exagerada prolijidad a la teratología de una brutalidad oculta que el niño intuye con particular intensidad. Lejos de celebrar la poética carnavalesca como un desorden bakhtiniano que permite la emergencia de nuevas subjetividades, el narrador de Pauls hace una lectura crítica de la constelación de temas que giran alrededor de la serie léxica máscara/disfraz en una cadena de significantes que incluye términos como "ocultamiento", "falsedad", "engaño" y "trampa". Sólo los disfraces "fallidos" o imperfectos se salvan de la negatividad ontológica, en parte porque no tratan de borrar la disonancia entre el ser y el querer ser. Tal es el caso del disfraz "casero" de Superman que en una fotografía de infancia aparece con la "S" manchada de leche chocolatada, "el dobladillo descosido que él arrastra al caminar y a veces aplasta con el talón desnudo, los botones demasiado visibles, las costuras abiertas en las axilas, la tela que sobra y cuelga en el pecho [...]" (69), y del uniforme "fallado" del militar vecino que encubre el cuerpo de

---

8. El cuestionamiento de esta representación lúdica con muñequitos Playmobil supuestamente "despolitizante" del hecho traumático del secuestro le corresponde sobre todo al artículo de Martín Kohan.

una militante montonera que se ha disfrazado para entrar en la clandestinidad. Es en la escena del ascensor, donde la mirada microscópica del niño focalizada en el detalle detecta una imperfección en el disfraz que la separa de los otros militares y que profetiza la relación afectiva que se desarrollará entre ellos.

> Otra vez la misma fascinación, el encandilamiento, el estupor en que lo sumen esas telas lisas, homogéneas, limpias de la más mínima irregularidad [...]. Y sin embargo, al segundo o tercer rastrillaje, sus ojos, después de subir y bajar, se dejan sorprender por una disonancia, algo que parece hacer ruido en el ruedo de la chaqueta, allí donde la mano del vecino abre y cierra una y otra vez esos dedos esbeltos y relucientes, evidentemente manicurados, sobre un juego de llaves. El forro de la chaqueta, descosido, deja escapar una lengua lánguida por debajo del ruedo (76-77).

La alianza afectiva que establece el niño con este personaje travesti que lo atiende, lo acuna y lo arrulla remite por un lado a la paradójica cercanía de ese niño con el mundo de la lucha armada del que en su modalidad adulta se siente tan lejano; y por otro, a la inestabilidad de una madre joven en crisis que está más preocupada por encontrarse a sí misma que por atender al hijo. Si, la novela de Pauls recoge, revisa y cuestiona ciertas estrategias fílmicas de documentales como *Los Rubios* (2003) (la circulación de fotografías, la desconfianza con respecto a la memoria, el intento de romper con el sentimentalismo) le corresponde a la madre cuestionar la representación unívoca que hace el hijo del recuerdo para demostrar que hay varias formas de hacer memoria.

Cada vez que ella rechaza haber estado en el episodio, ni hablar cuando rechaza que el episodio pueda haber sucedido, él siente que pierde una parte vital de la escena, no una parte de las que ya están en su poder, por otro lado muy pocas, sino una nueva, todavía desdibujada pero promisoria, que tal vez le permitiera deducir todas las que le faltan pero que el mutismo de su madre, infalible, devuelve de inmediato a las penumbras de las que recién empezaba a salir (81-82)

La novela de Pauls construye una subjetividad infantil que pese a su aparente ajenidad/pequeñez con respecto a la grandiosidad de la política está literalmente habitada por ésta. El niño de Pauls intuye desde un estado de percepción no verbal un clima afectivo marcado por una intensidad dolorosa: es un prodigio de la sensibilidad, un 'lágrima fácil" que como una versión en miniatura del Cocodrilo de Felisberto Hernández usa las secreciones oculares como moneda de cambio para establecer alianzas afectivas y conseguir cosas (en este caso no medias sino la cercanía afectiva con un padre progresista y semiausente que se enorgullece de la sensibilidad del hijo). La transferencia o circulación vertical de los estados afectivos en la novela queda dramatizada en términos intergeneracionales cuando el padre, "formado en una escuela para la que la introspección, como las palabras que la traducen, es una pérdida de tiempo si no una debilidad" (35) deposita en el hijo aquellas emociones *light* que parecen ir a contrapelo de la idea normativa de la masculinidad patriarcal. Dice el sujeto narrativo sobre la liquidez emocional de este niño: en él, "esa capacidad extraordinaria que tiene de llorar ante el menor estímulo, dolor físico, frustración, tristeza, la desgracia ajena, incluso el espectáculo fortuito que le presentan en la calle mendigos o personas mutiladas, tiene la impresión de que solo la pone en práctica, incluso de que la posee, así, lisa y llanamente, cuando su padre está cerca" (30). Hijo de padres divorciados, el niño actúa como esponja de la atmósfera social progresista pero también como puente entre dos casas o economías familiares que se rigen por diferentes valores. Mientras que en casa de la madre es una oreja que escucha y absorbe las tragedias domésticas de los otros estoicamente y sin llorar; en casa del padre es un ojo que traduce al lenguaje de las lágrimas lo que le cuentan y absorbe en la casa materna. "Todo lo que no llora de un lado lo llora del otro" (31). Esta situación esquizofrénica parece resolverse cuando el niño, transformado en adolescente marxista, opta por reprimir ese exceso afectivo que lo liga emocionalmente al mundo de las mujeres, los ancianos, los débiles y los desamparados. La intensidad sinestésica con la que el niño vive un pasado que la ficción transforma en presente queda materializada en la piel de los dedos del niño que se va desgastando/arrugando progresivamente al rozar el fondo de la pileta en sus excursiones de buceo. El clima afectivo que rodea al niño atraviesa las membranas dejando huellas en un cuerpo frágil que expulsa la toxicidad transformada en lágrimas.

Una forma de leer esta forma de masculinidad excesivamente sensible es pensarla en términos feminizados, como una violación del famoso lema "los hombres no lloran". Sin embargo, me parece más productivo imaginarla como una ruptura generacional y una respuesta a ansiedades homosociales dentro de la esfera masculina. El placer incómodo que el padre deriva del espectáculo de las lágrimas del hijo tiene un costado sádico, pero es también, una forma oblicua de colocar en un afuera muy cercano ese exceso sentimental que amenaza con corroer la política de la contención y el desapego desde la que construye su masculinidad. Si tal y como lo afirma Víctor Seigler en *Rediscovering Masculinities* es a partir de la Ilustración o edad de la razón cuando se empezó a definir lo que más tarde Connell llamará la masculinidad dominante o hegemónica a contrapelo de lo emocional y lo somático (46), en la novela de Pauls ese ideal aspiracional complejo remite a la necesidad de no ser como los grupos colocados culturalmente del lado de lo afectivo. En un entorno formado por personajes emocionales (los amigos llorones del padre, la mucama, los abuelos) ocupa un lugar importante la madre divorciada, que busca en fármacos y terapeutas respuestas anestésicas a un estado perpetuo de crisis. La representación de la sensibilidad femenina sirve para confirmar la necesidad masculina de construir una racionalidad nómade que no se deje inmovilizar por las pasiones:

> [S]e siente vieja, usada, vacía, en una palabra: muerta, una muerta en vida, que es la expresión con la que él de hecho la describe para sus adentros unos años más tarde, cada vez que pasa frente a su cuarto a media mañana y la ve tendida entre almohadas en salto de cama, completamente inmóvil, con la cara embadurnada de crema, los ojos tapados por dos algodones húmedos y dos o tres frascos de pastillas en la mesa de luz, entregada a toda clase de tratamientos que le prodiga un pequeño ejército de mujeres solícitas a las que ella llama cosmetóloga, masajista, manicura, fisioterapeuta, acupunturista, poco importa, pero que él ya sabe que no son sino reanimadoras profesionales, gente especializada como los bomberos o los bañeros, en devolver a una vida por otro lado bastante precaria a personas que ya están con un pie en el otro lado (25).

La representación que se hace en este pasaje de la subjetividad de la madre como un telón de fondo sobre el que el hijo construye la suya vuelve a aparecer en la imagen final de la novela en la que la figura del hijo lector se recorta contra la de una madre que llora en la penumbra de una habitación desordenada en cuya geografía se mezclan libros, pastillas, pañuelos de papel y ropa. Frente a la construcción de esta escena íntima sería tentador ensayar una lectura sexogenérica de las lágrimas en la que éstas son expulsadas de la cultura masculina para establecer una relación tautológica con la femineidad. Sin embargo, la lágrima que el adolescente marxista derrama por la comandante Silvia que yace acribillada, "sucia de tierra" y muerta en una fotografía borrosa de *La causa peronista* (122-123) postula un vaivén emocional dentro del sujeto masculino que imposibilita la lectura ideológica.

Dentro de una situación de orfandad parcial, en la que ninguno de los dos padres puede funcionar como figura protectora o ejemplar, el niño imaginado por Pauls busca modelos de identidad en el mundo de las historietas de superhéroes que consume con voracidad. En las primeras páginas de la novela, el narrador hace que su personaje infantil, vestido de Superman, se estrelle contra una puerta de vidrio en el mismo momento que su padre viene a recogerlo para una de las salidas de fin de semana. La lectura que hace el niño del "hombre de acero" es la de un ideal aspiracional complejo que tiene muchas facetas. El Superman que interpela al niño hipersensible de Pauls desde las páginas de las revistas de historietas no es el épico de las hazañas hercúleas sino el que es capaz de arriesgar su vida para "evitar que un ciego o mendiga trastabille y caiga en una zanja" o el que está a punto de morir por el efecto de las piedras malas (10). La capacidad de leer más allá de la superficie de las cosas, de conectarse con la realidad a través del sufrimiento y el dolor es lo que define la sensibilidad de un niño que se relaciona de forma mediada con la realidad circundante a través del acto de lectura. Al referirse a Superman como su "héroe absoluto o "monumento" dice que sus "aventuras lo absorben de tal modo que, como hacen los miopes, prácticamente se adhiere las páginas de las revistas a los ojos, aunque menos para leer, porque todavía no lee, que para dejarse obnubilar por colores y formas, no son las proezas las que lo encandilan sino los momentos de defección, muy raros, es cierto, y quizá por eso tanto más intensos [...]" (9).

La escena clave de la novela es aquella en la que el niño sensible, devenido adolescente marxista, se declara incapaz de llorar cuando ve por televisión acompañado de un amigo el bombardeo del Palacio de la Moneda, el 11 de septiembre de 1973. La repentina sequedad en los ojos de este personaje sin nombre, que ha venido siguiendo la lucha armada desde lejos, a través de la apasionada lectura de la prensa guerrillera (*La causa peronista*, *Estrella roja*, *El combatiente*) contrasta con las lágrimas abundantes que era capaz de derramar en su infancia, y que ahora parecen haber migrado al cuerpo del amigo. En un artículo titulado "Los hijos de la lágrima. Una polémica generacional", Micaela Cuesta y Mariano Zarowsky leen la *nouvelle* de Pauls como "una historia de pasaje, el pasaje del mundo de la sensibilidad y la presencia absoluta (lo cerca) al mundo de la perspectiva y la distancia (Lo mediado)" anclando esta dicotomía en un debate sobre diferentes formas de vinculación con el activismo político de la predictadura. Dentro de esta aparente oposición binaria, que no hace completa justicia a la densidad ideológica de la novela de Pauls, el narrador siente que no estuvo a la altura de ese pasado que evoca. La bifurcación entre lo cercano de la militancia armada y el distanciamiento crítico intelectual remite en la novela a la discordia de linajes que Piglia detectó en la idea de masculinidad/argentinidad promovida por la poética borgiana en la que se enfrentaban lo intelectual y lo militar, las letras y las armas. Aunque el personaje de Pauls experimenta una culpabilidad melancólica por el hecho de no haber estado más cerca de la utopía revolucionaria (como el amigo que llora por la muerte de Allende o como la compañera Silvia que muere en acción), lo que perdura como propuesta en la novela es la defensa del compromiso intelectual mediado y distanciado como modalidad no necesariamente menos intensa, cercana o afectiva de relacionarse con la esfera política que la participación en la lucha armada a la manera de Rodolfo Walsh.

La ficcionalización que Pauls hace del pasado participa de esta forma en un debate anclado en el presente del horizonte de recepción de la novela que es el de la institucionalización de la política de la memoria que hace el kirchnerismo. "Estoy harto de la memoria", dice Pauls en un artículo donde trata de separar a la cantante infantil María Elena Walsh del sentimentalismo inherente al género, "prefiero pensar en huellas" ("Hacer huella"). Producida en el marco de la desconfianza con respecto a la primera persona que se da en el debate sobre los usos culturales y jurídicos del testimonio (y aquí creo que el giro hacia la tercera persona encuentra puntos de coincidencia con la crítica al testimonio que hace Sarlo en *Tiempo pasado*), la novela de Pauls privilegia el lado nebuloso e incompleto de la memoria, no sólo en la elección de la figura de un niño no del todo confiable como testigo, sino también a través de una serie de huecos lingüísticos que aparecen representados en el texto por puntos suspensivos, entre corchetes que omiten grandes zonas de la historia. La lejanía óptica de la tercera persona es también cercanía, ya que la narrativización de la época de los setenta no se hace a través de un yo épico testimonial sino desde un personaje infantil que no hizo nada, no creyó en nada y, sin embargo, lo sintió todo. La figura de este testigo indirecto/irrelevante, pero no por eso menos veraz e intenso, que accede a lo político desde la periferia doméstica y a la *nouvelle* a través de la voz omnisciente de una tercera persona, entra en conflicto al llegar a la vida adulta con un personaje casi paródico, el "oligarca torturado", que vivió como la comandante Silvia la lucha armada de cerca y que le reprocha al escritor sensible la falta de autoridad de su lugar de enunciación: "Eso porque vos nunca estuviste atado a un elástico de metal mientras dos tipos te picaneaban los huevos" (56).

La aparición de esta frase explosiva permite leer la novela en el marco de debates recientes sobre los años setenta en la Argentina en los que se lee en términos no dicotómicos o simplistas la actuación de los grupos guerrilleros de izquierda. Al mismo tiempo, la reivindicación de un punto de vista indirecto y excéntrico con respecto a los hechos históricos remite no sólo a la política no mediada del testimonio sino también a la relación que la cultura de masas establece con el pueblo y la representación de las emociones. A través de un cantante popular feminizado (vestido con mameluco de maestra jardinera o mujer embarazada), el protagonista critica una forma de "exhibicionismo emocional" populista que emblematiza el sentimentalismo falso y contagioso omnipresente en el clima afectivo de esta generación. Figura icónica de la industria de lo sensible, representante de eso que Sedgwick denomina lo *kitsch* el cantante a quien el adolescente llama "Bondad Humana", en homenaje a la única película de Kurosawa que no le gusta, representa la forma en que la industria cultural lucra con las emociones. Desde una posición anclada en la cultura letrada, este personaje le sirve al sujeto narrativo para parodiar una cultura "psico-bolche" que fracasa en sus pretensiones de profundidad al quedarse en la superficie de los clichés. Lo que el cliché produce en el campo de producción masivo es una sensación de inmediatez por el uso de lugares comunes que remiten a "contenidos colectivos cristalizados" que ocupan un lugar privilegiado en el clima afectivo de la burguesía progresista.[9]

El universo lingüístico de las canciones de este cantante gira alrededor de conceptos como "destapar, expresar, liberar" que después quedarán popularizados en el movimiento de liberación masculina de los años setenta que mantenía la necesidad de "liberar" a los hombres de dos cosas: por un lado el papel de "sostén económico de la familia" y por otro el tabú de no poder representar las emociones. El sentimentalismo que promueve el cantante tiene un poder contagioso en la esfera masculina que rodea al niño, ya que su padre es "fan" de este personaje. "Hay que sacarlo todo afuera/Como la primavera/Nadie quiere que algo adentro se muera" (45), dice una canción mientras el padre progresista, que pensaba en los hijos "como secuelas vivientes de una concesión hecha a las mujeres de la que después no les alcanza toda la vida para arrepentirse" (22) trata de lograr una cercanía emocional falsa con el hijo invocando una retórica del destape que parece sacada de las canciones: "Dale, hablame. Llorá conmigo" (90). Se podría decir entonces que el cantautor de protesta es el foco irradiador de un modelo de masculinidad sentimental que le causa repulsión al narrador y que amenaza con corroer el distanciamiento crítico de una forma más acorazada de subjetividad.[10] Dentro de un triángulo masculino formado por el hijo, el padre y el cantautor de protesta, el hijo es el único capaz de distanciarse de ese exceso afectivo que describe en términos paródicos y frente al que la única solución es un progresivo estoicismo en el que se pasa de llorar a hacer llorar.

A caballo entre lo sentimental y lo político, en una mezcla de psicología pop con marxismo *light*, las canciones de protesta pasan de la "industria de lo sensible" al mercado político cuando "el cantautor

---

9. Para una discusión semiológica de la relación del cliché con la cultura letrada véase Amossy y Herschberg Pierrot.

10. En "Elogio del acento" Alan Pauls reflexiona sobre la estética del mal gusto y el "untuoso sentimentalismo" que propagaban los cantantes populistas extranjeros en las primeras décadas de los años setenta en Argentina. A diferencia del cantante que aparece en *Historia del llanto*, los cantantes *mersas* de los que habla Pauls tenían un acento que "*fundaba* una emoción" que "actuaba de un modo paradojal, a la vez en la proximidad y la distancia, en la adhesión y la perspectiva, en el reconocimiento y la lectura; el acento producía emoción, sí, pero al mismo tiempo designaba la emoción que producía y la lengua en la que irrumpía" (177).

decide revestir la humanidad de sus canciones con [una] capa de agresividad, crispación y denuncia" (*Historia*, 40). En un momento entrópico de la novela, el personaje adolescente transforma las lágrimas en rabia cuando cuenta cómo siente ganas de quemar el diario cada vez que ve la foto del cantante, de romper el televisor cuando lo ve cantar desde diversas ciudades latinoamericanas, o de "moler a golpes a la persona que acaba de soltar su nombre" (47).

En la apología que hace la novela de la lectura como forma de compromiso político focalizada en el consumo de la prensa guerrillera (que el personaje lee con el mismo fervor con el que en la infancia devoraba los cómics infantiles), el nombre de Puig aparece de pronto, como el costado sensible de la masculinidad épica que promueve la militancia. A la hora de buscar modelos de identidad masculinos, el adolescente devenido escritor se sumerge en el siguiente soliloquio:

> Para puto, Puig, piensa. El escritor Manuel Puig, que no soportaba que lo real estuviera tan lejos, que llegaba a lo real acelerando, acortando camino por la vía de la ficción, su verdadero y único *intermezzo*. Él, la ficción la usa ál revés, para mantener lo real a distancia, para interponer algo entre él y lo real, algo de otro orden, algo, si es posible, que sea en sí mismo otro orden (73).

A partir de esta mención de Puig se podría conectar el antisentimentalismo de Pauls con "la política del pudor" borgeana, eso que en su libro *El factor Borges* asocia con una invisibilidad masculina o deseo de anonimato que trabaja con "la prescindencia, la distancia, el desapego" (53). Lo que se rescata de Borges en la construcción de una pose/máscara pública es esa "afectividad contenida" o reticencia que nunca cae según Pauls en lo quejumbroso o lo sentimental. Complejizando la línea genealógica de ese antisentimentalismo argentino que lee el exceso afectivo como parodia, se podría añadir a la ecuación la figura no mencionada por Pauls de Cortázar (con quien ya Sarlo en su lectura de *El pasado* establece una cierta afinidad). Pero no pienso aquí en el Cortazar de *Rayuela* sino en *Historia de cronopios y de famas*, un texto en el que se daban instrucciones a los lectores, presuntamente masculinos, sobre cómo llorar de forma decorosa sin perder la masculinidad. "Dejándonos de lado los motivos, atengámonos a la manera correcta de llorar, entendiendo por esto un llanto que no ingrese en el escándalo. [...] Llegado el llanto se tapará con decoro el rostro usando ambas manos con la palma hacia adentro. [...] Duración del llanto: tres minutos".

En la transmisión televisiva del golpe de Estado chileno, la incapacidad de llorar del personaje principal se recorta contra el llanto no decoroso de su amigo que violando los preceptos de Cortázar llora "sin consuelo" mientras el Palacio de la Moneda "arde tres veces, una en Santiago, otra en la pantalla del televisor, la tercera en su corazón comunista, precoz pero deshidratado" (91). La envidia que el narrador experimenta frente al espectáculo de las lágrimas del amigo complejiza la visión aparentemente distanciada que Pauls tiene del sentimentalismo masculino:

> Envidia el llanto, desde luego, lo incontenible del llanto y todo el circo a su alrededor, los lagrimales rojo sangre, las erupciones de rubor, los accesos de hipo que sacuden a su amigo, la saña desconsolada con que se refriega las manos, el modo en que cada tanto se cubre la cara para ahogar, quizás para estimular, una nueva racha de lágrimas. Pero más que nada envidia lo cerca que su amigo está de las imágenes que lo hacen llorar [...] (86).

En *Ugly Feelings*, Sianne Ngai le asigna a la envidia un lugar privilegiado en una taxonomía de emociones anticanónicas que según ella merecen ser rescatadas de su negatividad cultural por la posibilidad que plantean de criticar zonas institucionalizadas de injusticia social (129). Invocando una cita de Kierkegaard, lee la envidia como una forma oculta de la admiración porque "[u]n admirador que siente que la devoción no lo puede hacer feliz elegirá sentir envidia de eso que admira. Hablará una lengua diferente, y en esta lengua declarará que eso que realmente admira es una cosa inconsecuente, tonta, ilusoria, y perversa" (130).[11] Pese al registro casi satírico con el que el personaje de Pauls se refiere a las lágrimas del amigo se podría leer la

---

11. Para un estudio comparativo entre la envidia y los celos véase Ben-Ze'ev. Al comparar estos dos estados emocionales dice que aunque ambos se relacionan con la idea de cambio, ya sea por el miedo a la pérdida o por el deseo de adquirir algo que no se tiene: "Envy involves a negative evaluation of our underserved inferiority, whereas jealousy involves a negative evaluation of the possibility of losing something, typically, a favorable human relationship to someone else" (281).

aparición de la envidia en este pasaje como la punta del iceberg de un abanico de emociones soterradas que circulan bajo la superficie del discurso erosionando las fronteras entre racionalidad/afectividad, sentimentalismo/antisentimentalismo, cercanía/distancia, cultura alta/baja, masculino/femenino. Aunque el narrador critica esas lágrimas que desmienten el lema liberal normativo de que los hombres no lloran, la envidia, entendida en términos de un *ressentiment* nietzscheano apunta a ese exceso sentimental conectado con la infancia que, aunque siempre es colocado del lado de afuera del yo, no llega a desaparecer nunca de la subjetividad distanciada que asume el personaje. Si por un lado la novela elogia el distanciamiento mediado de la lectura por oposición a la cercanía que promueven el activismo político o la cultura popular, ese alejamiento provoca una suerte de frustración en el sujeto liberal que se reprocha a sí mismo que "[n]o ha sido contemporáneo. No es contemporáneo, no lo será nunca" (Pauls, *Historia* 124). Lejos de asumir que el pasaje de lo cercano a lo mediado es un proceso de subjetivación lineal que resuelve la relación afectiva del sujeto narrativo con el pasado setentista, me interesa pensarlo en sus momentos de máxima densidad, como una intervención melancólica que al mismo tiempo que exalta el campo de lo distante, llora sin lágrimas por la pérdida de la intensidad y cercanía.

Obras citadas

Aira, César. *El llanto*. Buenos Aires: Viterbo, 1992.

Amossy, Ruth y Anne Herschberg Pierrot. *Estereotipos y clichés*. Buenos Aires: Eudeba, 2005.

Anderson, Perry. "Lula's Brazil". *London Review of Books* 33, 31 de marzo, (2011): 3-12.

Aristóteles. *Retórica*. Trad. César Rodríguez Mondino. Buenos Aires: Gradifco, 2007.

Barthes, Roland. *Fragmentos de un discurso amoroso*. Madrid: Siglo XXI, 2007.

Bauman, Zygmunt. *Amor líquido. Acerca de la fragilidad de los vínculos humanos*. Buenos Aires: Fondo de Cultura Económica, 2008.

Berlant, Lauren. "Intuitionists: History and the Affective Event". *American Literary History* 20, invierno, (2008): 845-846.

Brennan, Teresa. *The Transmission of Affect*. Ithaca: Cornell University Press, 2004.

CONNELL, R. W. *Masculinities*. Berkeley: University of California Press, 1995.
CUESTA, Micaela y Mariano ZAROWSKY. "Los hijos de la lágrima. Una polémica generacional". *El interpretador de libros* 36, abril, (2008), <http://elinterpretador.wordpress.com/2008/04/04/los-hijos-de-la-lagrima-una-polemica-generacional/>.
DELEUZE, Gilles y Félix GUATTARI. *A Thousand Plateaus, Capitalism and Schizophrenia*. Trad. Brian Massumi. Minneapolis: University of Minnesota Press, 1987.
"En un acto, Cristina lloró al recordar a Kirchner". *Los Andes*, 16 de noviembre, 2010, <http://www.losandes.com.ar/notas/2010/11/16/acto-cristina-lloro-recordar-kirchner-527639.asp>.
FRANCO, Marina y Florencia LEVÍN (eds.). *Historia reciente. Perspectivas y desafíos para un campo en construcción*. Buenos Aires: Paidós, 2007.
GUEBEL, Daniel. *Derrumbe*. Buenos Aires: Mondadori, 2007.
LACLAU, Ernesto. *La razón populista*. México: Fondo de Cultura Económica, 2005.
"Lula lloró al hablar de su gestión", 23 de julio, 2010, <http://www.youtube.com/ watch?v=YRN0Q5mevZk>.
MASSUMI, Brian. *Parables for the Virtual. Movement, Affect, Sensation*. Durham: Duke University Press, 2002.
NGAI, Sianne. *Ugly Feelings*. Cambridge: Harvard University Press, 2005.
PAULS, Alan. "Elogio del acento". *Poéticas de la distancia. Adentro y afuera de la literatura argentina*. Eds. Sylvia Molloy y Mariano Siskind. Buenos Aires: Norma, 2006, pp. 171-181.
— "Hacer huella". *Página 12*, 16 de enero, 2011, <http://www.pagina12.com.ar/diario/suplementos/radar/subnotas/6762-1314-2011-01-16.html>.
— *Historia del llanto*. Barcelona: Anagrama, 2007.
— "Presentación del libro *Los Rubios*, cartografía de una película, de Albertina Carri". *Estudio crítico sobre "Los rubios"*. Gustavo Noriega. Buenos Aires: Pic-nic, 2009, pp. 79-84.
PAULS, Alan y Nicolás HELFT. *El factor Borges. Nueve ensayos ilustrados*. Buenos Aires: Fondo de Cultura Económica, 2000.
SAMUELS, Shirley (ed.). *The Culture of Sentiment. Race, Gender and Sentimentality in Nineteenth-Century America*. New York: Oxford University Press, 1992.
SARLO, Beatriz. "La extensión". *Escritos sobre literatura argentina*. Buenos Aires: Siglo XXI, 2007, pp. 444-448.
— *Tiempo pasado. Cultura de la memoria y giro subjetivo. Una discusión*. Buenos Aires: Siglo XXI, 2005.
SEIGLER, Victor. *Rediscovering Masculinity: Reason, Language and Sexuality*. London: Routledge, 1989.

TICINETO CLOUGH, Patricia y Jean HALLEY. *The Affective Turn: Theorizing the Social.* Durham: Duke University Press, 2007.

WILLIAMS, Raymond. *Marxism and Literature.* Oxford: Oxford University Press, 1977.

# III. Expresión musical y emocionalidad

Cuerpo y cultura en la expresión estética musical afroamericana: la afectiva y epistemológica subversión del baile

Ángel G. Quintero Rivera
Centro de Investigaciones Sociales de la Universidad de Puerto Rico

Emociones y ecología (en la corta, mediana y larga duración)

Porque la música apela tanto a los emociones (hoy... y en toda época que podamos culturalmente recordar y evocar), se la ha excluido muy frecuentemente del análisis sistemático de la condición humana. Se la ubica generalmente en el ámbito de "lo espiritual", con adjetivos tan vagos e imprecisos como "hermosa, brillante, vibrante, sublime... emocionante", que muy poco ayudan a estudiarla y comprenderla. Sin embargo, su "materia prima" forma parte de las realidades más claramente "concretas" de nuestro entorno físico: hondas y vibraciones que nuestra biología capta como sensaciones sonoras o sonidos.

Claro, no se trata de cualquier sonido; sino de, como bien resumía su concepción de la música uno de los padres de la etnomusicología, John Blacking, "la (re)organización humana del sonido", para la expresión, comunicación o elaboración de sentidos. Ahora bien, ¿cómo, cuándo, dónde y por qué fueron unas sensaciones convirtiéndose en (o asociándose con) unos sentidos?, ¿unas percepciones sensoriales en unas emociones, en unos afectos?

Las músicas afroamericanas se ubican (según explicaré más adelante) en lo que he denominado un "humanismo ecológico", que visualiza lo humano, no como enfrentado a la naturaleza –según se ha concebido por siglos en la tradición del pensamiento "occidental"–, sino como una parte diferenciable de lo que ésta constituye. La historia de los avatares de las relaciones entre lo humano y la naturaleza circundante de la cual forma parte, sobre todo desde cuando empieza a intervenir más directamente en sus procesos a través del trabajo, constituye la "base" misma de lo que vino a considerarse *cultura*, concepto que no por casualidad parte etimológicamente de cultivo, es decir, del trabajo con la naturaleza botánica, la domesticación de las plantas o agri-cultura.

La enorme heterogeneidad cultural de una especie desarrollada a partir de un mismo tronco genético en la historia de la evolución responde originariamente a la diversidad de ecosistemas que las variaciones geográficas del planeta han generado. Sin embargo, la heterogeneidad cultural humana no ha tenido una contraparte biológica (en el equipamiento para la recepción de sensaciones) equivalente a la que puede encontrarse en algunas otras especies. Naturalmente, ciertas variaciones en respuesta a los ecosistemas se han dado, pero ¿cuán significativas?, ¿suficientes para marcar unas distinciones en lo sensorial y en la conducta, registrados como predisposiciones genéticas? A diferencia de otros animales sobre los cuales se pueden diferenciar "razas", en la historia humana, los movimientos masivos de población (o migraciones) y los patrones de apareamiento tendientes a la "criollidad" (*creolité*) en las relaciones de género (con sus contrapartes psicológicas y culturales; como el tabú del incesto, por ejemplo), facilitaron una mayor versatilidad en sus interrelaciones con diversos ecosistemas, no quedando circunscritos a particulares entornos.

¿Cuál es el significado de toda una larguísima prehistoria en la configuración emocional: *structure of feeling* o estructura de sentimientos, apropiándome del concepto desarrollado por Raymond Williams (*Culture* y *The Long*)? Siendo la expresión emocional, en considerable medida, un registro corporal de patrones de respuesta sensoriales en la larga duración... ¿y cuán larga?, algunas se pierden en la infinidad prehistórica, al punto de llegar a concebirse como "inherentes" a la naturaleza de la especie: la sonrisa o el llanto, como ejemplos. Otras podemos registrarlas en períodos antropológicamente tan cortos como nuestras propias historias de vida: la "sensación" del sonido mecánico en el *break dance* (o *electro-boogie*) y, frente a lo analógico, lo "digital", en la entonación del *hip-hop* o el rap pre *reggaetón*. La mayoría, no obstante, se mueve en variadas temporalidades, muy comúnmente de varios siglos.

Una de las más dramáticas rupturas de la historia contemporánea en la configuración de estructuras sentimentales entre diversas temporalidades se dio en la colonización europea de América y la trata de esclavos "racializados" para los monocultivos de exportación.

La esclavitud "racial" y el comercio triangular

Las emociones y afectos en las culturas afroamericanas no fueron engendrados sólo en la economía esclavista y sus avatares como *modo de producción*. Economías esclavistas diversas existieron antes en distintos períodos históricos; lo particular de la esclavitud "racial" americana fue precisamente, en primer término, y reitero, su carácter "racial"; es decir, una organización económica-social (y política y cultural) basada en un particular proceso de construcción de la "otredad"[1] (Chaves, "Color"), que la intenta convertir en rasgo inmutable del pasado humano, en la construcción reiterada de "la barbarie" (Hourbón).

La segunda diferencia fundamental con otros modos esclavistas previos la constituyó el papel central de la trata esclavista, del llamado "comercio transoceánico (atlántico) triangular", que representaba, como bien argumenta Casimir, un movimiento forzado masivo de trabajadores como forma de *reproducción* social. En otras palabras, la trata no significó solamente el movimiento obligado de trabajadores más extenso conocido hasta entonces (lo que podríamos denominar: "forzada emigración masiva"), sino su naturaleza repetitiva por tres siglos. ¿Cómo explicar que en el momento de la revolución haitiana, comenzando el siglo XIX, después de casi 300 años de continuados cargamentos cada año de cientos de trabajadores, casi nueve de cada diez esclavos haitianos fueran bozales, es decir, no nacidos en Haití sino transportados directamente de África, si no se hubiera integrado

---

1. Posteriormente, esta concepción racial de la otredad ha constituido un elemento central de los argumentos de Aníbal Quijano y sus más cercanos colaboradores internacionales, en torno a la colonialidad del poder (e.g. "Don Quijote " y "Colonialidad"). Respecto al mundo colonial británico-americano véase Martinot.

la trata al engranaje socioeconómico? Tan tarde como en 1838 se registran cifras en Cuba que evidencian todavía una mayor proporción de lo que llamaban "africanos de nación" que de negros "criollos" en su conformación demográfica (López Valdés, 53).

El esclavismo racial americano fue todo un modelo de sociedad en la cual la sustitución periódica en su mercado de trabajo no se realiza interna sino "externamente"; es decir, donde aquellos de sus miembros que van quedando fuera del trabajo "naturalmente" (por edad o por muerte), no son remplazados fundamentalmente a través del nacimiento y crecimiento de sus miembros, esclavizados criollos, que se incorporarían llegados a "adultos" a la producción, sino por "nuevos" esclavizados bozales "importados" ya en edad productiva desde el exterior, por el comercio triangular y la trata.

Ahora bien, ¿podrán imaginarse los lectores de hoy todo lo que esto habría significado para las emociones en torno a las relaciones de género y generaciones? ¿Podremos imaginar una sociedad donde su reproducción demográfica dependía más del comercio que de las relaciones de género: de la seducción o conquista, el emparejamiento, las relaciones sexuales, la preñez y los nacimientos? ¿Una sociedad –hipotéticamente al menos– prácticamente sin parejas, sin recién nacidos y sin viejos...? ¿Podremos imaginar, en ese contexto, cuáles serían las concepciones del tiempo, de lo cambiante y lo recurrente?

Por otro lado, un hecho que recalcan todas las investigaciones sobre el cimarronaje, desde las pioneras de Richard Price hasta las más recientes de Javier Laviña y José Luis Ruiz-Peinado o Martín Lienhard, por ejemplo, es que donde hubo esclavitud hubo cimarronaje; en otras palabras, que el cimarronaje fue una realidad consustancial a la experiencia de este tipo de esclavitud. ¿Podrán imaginar, entonces, los afectos en torno al lugar o al espacio, cuando la enorme y traumatizante travesía transoceánica se realizaba en hacinamiento, con una escasísima movilidad en las embarcaciones; y cuando tras la larga travesía, para tantos agónica, se le intentaba limitar en el nuevo destino al movimiento grupal y dirigido de los sembradíos al barracón; en otras palabras, cuando la movilidad se asociaba irremediablemente a la huída, a la cimarronería, que significaba también a la utopía? (Quintero Rivera, "La cimarronería"). ¿Cuáles serían las emociones en torno al lugar o el espacio cuando se vive (sea en la plantación o en cimarronaje) en un territorio distinto del de todos tus antepasados?

Lo *racial* y *diaspórico* marcan, pues, al esclavismo americano, que en su versión más "coherente" (de acuerdo, obviamente, a las concepciones de quienes impusieron estos procesos) se cristalizó, para resumir, en una plantación que dependía para su fuerza de trabajo del comercio con los seres humanos racializados. Ese modelo esclavista que integró a su propio "engranaje" la trata, constituyó pues, el que mejor encarnó la integración de lo exógeno y lo endógeno en el sistema-mundo de la *modernidad* (Tomich). De manera tan descarnada en todas sus implicaciones "lógicas", ese tipo de plantación sólo se dio en algunos lugares y momentos históricos específicos; pero fue el modelo, lo que en la tradición sociológica –siguiendo a Max Weber– se denomina "tipo ideal".

Muchas otras experiencias históricas de los afrodescendientes en América se fueron configurando precisamente en contraposición a dicho "tipo ideal". Pero tanto para los esclavizados de la plantación, como para los de las otras experiencias concretas muy variadas que se experimentaron en América, seguía siendo su realidad fundante el hecho de que los "esclavizados de la diáspora afroamericana transatlántica fueron el primer y único grupo transportado en la desnudez, cuyas memorias fueron las únicas pertenencias que embarcaron" (Arocha, 42).[2]

Incorporando formas de entretejer con sentido algunas cifras de los amplios registros estadísticos conservados sobre la trata (e.g. Curtin), encontramos que, entre muy variadas experiencias, la mayoría de los "transportados" como esclavizados hicieron aquella traumatizante travesía cuando tenían aproximadamente 15 años. En las sociedades africanas eran jóvenes adultos, con suficiente edad para haber sido socializados en los relatos míticos infantiles, con todo el desarrollo verbal básico de sus lenguajes, con sus ritos de iniciación a la adultez y sus primeras experiencias sexuales, con experiencias de trabajo y algunas incipientes en la política y la guerra. Cargaban, pues, un registro amplio de memorias, pero se incorporaban a unas sociedades dominadas por saberes de otras memorias y que, distinto a las sociedades africanas de donde partían, no vivían ya en la diáspora los ancianos que las reiteraran, pasando las sabidurías verbales más sofis-

---

2. Esto lo plantea Arocha a partir de las muy sugerentes ideas del martiniqués Édouard Glissant.

ticadas en los relatos memorizados a sus aprendices. Muchos de los saberes de aquellas memorias que pudieron transportar consigo, fueron más que verbales, irremediablemente corporales, muy a flor de piel en la adolescencia. Las profundas sabidurías registradas en los cuerpos que han atravesado sus procesos de maduración y que recién han alcanzado la adultez son sabidurías muy básicas, pero no por ello poco profundas, como las nociones sobre el espacio y el tiempo, muchas de las cuales –como, precisamente, en esos ejemplos– conllevan procesos culturales de larga duración. Hablamos de sabidurías que, como "los instintos", se entendieron antes como "naturales", cuando en realidad se trataba de incrustaciones corporales de historias atravesadas por numerosas generaciones sucesivas (saberes que los más avanzados estudios sobre la biología de los procesos cognoscitivos nos empiezan a mostrar, pero sobre los cuales tenemos todavía muchísimo que aprender).[3]

No es fortuito, pues, que fueran saberes que se expresaban y ritualizaban en gran medida a través de la danza y la música. A escudriñar las emociones y los camuflados afrosaberes y afectos a través de esas prácticas estéticas, he dedicado mis mayores esfuerzos como investigador en las tres décadas pasadas; investigaciones que intentaré resumir para este ensayo reproduciendo algunos argumentos de mis principales publicaciones (¡*Salsa!* y *Cuerpo*).

EMOCIONES DESCENTRADAS O POLICÉNTRICAS

¿Cómo explicar que de las sociedades marcadas por la trata esclavista surgieran las más extraordinarias expresiones sonoras del planeta, prácticas de elaboración estético-sonoras que han mercado la estructura sentimental de la época actual (y sus correspondientes emociones intensas) en los procesos de globalización? La historia de la música de los pasados ciento cincuenta años ha confrontado los principios estéticos "occidentales" basados en una concepción centrípeta o piramidal de la *expresión*, con la dinámica hibridación enriquecedora que produjo unas prácticas de producción estético-musi-

---

3. Para una mayor explicación y fuentes bibliográficas véase Quintero Rivera (*Cuerpo* y *¡Salsa!*). Véase también Peter Wade (*Race*).

cales de *expresividad* dialógica que combinó el énfasis occidental en la composición individual con la afrocomunicativa improvisación grupal enmarcada en la *comunicación*.

Hacia el siglo XIX, la gran música sinfónica "occidental" presentaba la imagen de su gran industria. Como aquella, manifestaba la tensión entre una producción colectiva (*muchas* personas tocando) y el diseño o control individual (lo que *una* persona componía y dirigía); entre el enriquecimiento extraordinario de las capacidades comunicativas individuales (del compositor) y el empobrecimiento o creciente pasividad del papel de la mayoría (los "ejecutantes") en la comunicación producida. Este desarrollo, contradictoriamente extraordinario y, a su vez, limitante, significó la dominación de la composición sobre la improvisación, y de la expresión (individual) sobre la intercomunicación (comunal).

La práctica de la *composición* –de un creador individual que, previo a que los músicos tocaran, habría pensado y elaborado los posibles desarrollos de unas ideas y emociones sonoras–, presuponía la noción de la pieza musical como *sistema*, como universo definido, delimitado: con un principio, desarrollo, clímax y final identificables al oído (Finkelstein). También presuponía, como en todo sistema, las posibilidades del examen racional de la relación entre sus componentes y las *leyes* que debían gobernar dichas posibles relaciones (Weber). En lo sonoro, en un contexto de creciente individualización asociado a la emergencia de un capitalismo cimentado sobre el lucro individual, todos los elementos de una pieza debían *gravitar* en torno al principio central de la expresión individual, que es la tonada (Marothy). *Todo* extraordinario desarrollo de *todo* recurso sonoro (armonía, ritmo, texturas, timbres...) se entendía como "complementario" y, por tanto, supeditado, a las *leyes de la tonalidad*, al *centro de la gravedad* tonal.

Concomitantemente, este desarrollo representó el predominio del *canto* (la tonada) sobre el *baile*. Es significativo que fuera precisamente en el siglo XVII cuando el término *orquesta*, originalmente una palabra griega que refería al "lugar para *bailar*" dejara de utilizarse para denominar un lugar, convirtiéndose en el término que nombraba a un amplio y jerarquizado tipo de conjunto instrumental sonoro (Boorstin, 196 y 406) Paralelamente, el concepto (griego también) de *coro*, que originalmente hacía referencia a un acompañamiento grupal teatral (es decir, *performativo*) simultáneamente cantante como bailable, se transformaba en una agrupación exclusivamente de canto, y prácticamente inmóvil. Lo verbal reinaría sobre lo corporal, lo que supuestamente significaba también el predominio de lo conceptual sobre los sentidos, las sensaciones o las emociones; y (cartesianamente) de la mente, pues, sobre la "naturaleza" (sobre el cuerpo: sus sensaciones y sus "urgencias").

Una de las principales herencias africanas en las prácticas estéticas de elaboración sonora en América fue una concepción dialógica del evento musical, donde la música se constituye siempre en diálogo entre los agentes sonoros y los cuerpos danzantes. No es fortuito que uno de los significados ancestrales del baile sea la expresión creativa de ritos de fertilidad –es decir, de la continuidad de la especie–, que perpetúa la seducción (jamás concluye en cópula) y, en ese sentido, constituye una apertura indeterminada del *foreplay* erótico y, simultáneamente, un rito de ciudadanía.

En la centrípeta tradición "occidental", por el contrario, es la sonoridad hacia donde "gravita" el movimiento. No se participa desde el baile en la elaboración de lo sonoro. Se baila lo que los músicos "ejecutan"; piezas en cuya conformación, los bailarines no han participado para nada. Paralelo al desarrollo de la composición, donde la elaboración de las ideas sonoras se centralizaban en el compositor y el director de la agrupación musical, fue desarrollándose en el supeditado baile "occidental" la noción del *coreógrafo*, en el cual se enucleaba también la creatividad danzante. Sobre una música ya establecida por el compositor en la partitura, previo a su ejecución, el coreógrafo elaborará las secuencias de movimientos o *figuras* que "interpretarán" los bailarines. La danza fue tornándose mucho más compleja y elaborada con el "arte" del coreógrafo, a la vez que la centralización de la función creativa restringía las posibilidades innovadoras de los bailarines "ejecutantes".

El carácter centrípeto de los avatares de la danza en "Occidente" se expresó en el principio estético central (reiteración adrede) de su transformación en "arte": el torso erecto del *ballet*.

> In traditional European dance aesthetics, the torso must be held upright for correct, classic form; the erect spine is the center –the hierarchical ruler– from which all movement is generated. It functions as a

single unit. The straight, uninflected torso... acts as the absolute monarch, dominating the dancing body. This vertically aligned spine is the first principle of Europeanist dance, with arm and leg movements emanating from it and returning to it. The ballet canon is organized around this center (Gottschild, 8).

Como ha contrastado de manera tan lúcida la coreógrafa afroestadounidense "mulata", *performer* y estudiosa Brenda Dixon Gottschild, la estética del *Africanist dancing body:* "Africanist dance idioms show a democratic equality of body parts. The spine is just one of many possible movement centers; it rarely remains static". Por lo cual lo caracteriza como policéntrico y polirrítmico: "...movements may simultaneously originate from more than one focal point (the head and the pelvis, for example)... The component and auxiliary parts of the torso –shoulders, chest, rib cage, waist, pelvis– can be independently moved or articulated in different directions (forward, backward, sideward, or in circles) and in different rhythms" (8-9).

Con su historia y cotidianidades atravesadas por una heterogeneidad de tiempos –súbitas rupturas, mitos ancestrales, futuros re-trabajados, rituales cíclicos, continuas recomposiciones, utopías reverberantes–, simultaneidad de presencias de distintas índoles y naturalezas (de Carvalho, "Traditions" y "Las culturas"), frente al baile centrado en el torso erecto, en una "espina dorsal" hacia y desde la cual se conformarían los movimientos de las otras partes del cuerpo, el mulato baile afroamericano, policéntrico o descentrado, espacializó una *estructura de sentimiento* emocional dialógica alternativa.

Además de la expresión espacial o el baile desde distintas partes del cuerpo en *diálogo* unas con otras (que podían generar, en ocasiones, "armonía" y, en otras, una constante tensión creativa), las "mulatas" músicas afroamericanas otorgaron voz propia a la dinámica de la combinación de tonos, es decir, a la armonía (tonal) y, sobre todo, al ritmo. Contrario al centralismo de la melodía en la música "occidental", su elaboración armónica y rítmica no se supeditó a un sólo principio ordenador unidimensional (la tonada): más bien se estableció sobre un diálogo entre estos tres elementos centrales de la sonoridad.[4]

---

4. "Samba de una nota sola" de Antonio Carlos Jobim constituye un buen ejemplo (premeditado) de la posible protagónica presencia de la armonía y el ritmo, limitando adrede la melodía.

Cuestionando la pretensión unidimensional centrípeta, el diálogo descentrado entre tonada, armonía y ritmo representó y representa un explorar las complejidades entre lo cantable y lo bailable, entre el ser y el convertirse; de aquí la importancia, en el movimiento, de la seducción como emocional invitación abierta indeterminada.

La *estructura sentimental* cultural *descentrada* de las sociedades "mulatas" se fortalecía con el politeísmo *animista* en muchas expresiones de la religiosidad afroamericana en Cuba, Haití, Trinidad y Brasil, principalmente; y con un catolicismo popular donde las diversas Vírgenes y variados santos no se conciben como meros intermediarios entre los feligreses y Dios, sino como motivos de culto por sí mismos, relegando al central(izante) Dios padre a planos frecuentemente secundarios (como he examinado en detalles en *Vírgenes*). Considero a este tipo de religiosidad plural como, en cierta manera, una forma ancestral de *humanismo ecológico*, lo que se manifiesta en el hecho de que no son estrictamente los objetos, animales o "santos" los recipientes de la devoción, sino las *fuerzas naturales* e históricas que simbolizan, representan o *encarnan*. En ese sentido, más que venerar "productos" (algo *fijo*), se adoran *procesos* (Gottschild, 10), dinámicas históricas y del fluir del *universo*. Por ejemplo, una de las más importantes *devociones* del catolicismo popular puertorriqueño es la de *los tres Reyes Magos*, santos sólo en plural, que encarnan –como conjunto– la valoración histórica de la heterogeneidad. En su libro sobre la afroespiritualidad caribeña, "Chucho" García enfatiza en los conceptos de *procesos* y *energías*: en "la *reencarnación* permanente de la energía cósmica" (*Caribeñidad*, 46), por ejemplo, o "donde las energías ancestrales nos sirven como guía" (41).

Por ello, esta religiosidad se manifiesta, como la naturaleza, de maneras energéticas y colectivas, como la danza; lo que contrasta con el rezo solitario inmóvil del cristianismo europeo. Dice mucho, al respecto, que –como enfatiza en su libro seminal la pionera estudiosa de la religiosidad afrocubana, la antropóloga-escritora Lydia Cabrera– las divinidades afrocubanas residan más en *el monte* (es decir, diseminadas en o entre la naturaleza) que en el cielo (separadas jerárquicamente del mundo o en lo *sobre*natural).

En su excelente y abarcador estudio sobre la experiencia del trance, Gilbert Rouget insiste en la distinción entre el éxtasis del anacoreta y la *posesión* afroamericana del candomblé, el *shango cult*, el vodú o la santería: la diferencia radical entre la momentánea alteración de la conciencia en soledad (caracterizada por un estado individual, de inmovilidad y silencio) y el trance de la *posesión* en ritos necesariamente colectivos inseparable del sonido y el movimiento (9-10), con su concepción *ecológica* fundamentada en la *energía*, en las *fuerzas* cósmicas que interrelacionan lo mineral, lo vegetal y lo animal (que intencionalmente condensa el diálogo entre el tambor y la campana en muchos de estos ritos). En este segundo tipo, el trance se exterioriza, pues sólo se da en forma socializada y conlleva, necesariamente, su expresión *preformativa*; Rouget utiliza el término *theatricality* (317), pero prefiero el más contemporáneo *performance*, sobre el cual insiste en sus análisis de la cultura del Caribe nuestro "gran cosmólogo del ritmo",[5] el escritor y pensador cubano Antonio Benítez Rojo. La música pues, concluye Rouget (323-326), más que producir el trance, ejerce sobre todo una función identitaria, respecto a una *identidad* comunal que se reconoce internamente múltiple y heterogénea; conformada por diferencias y contrastes que sólo se *unifican* en la comunicación, y en la unidad de propósito que simboliza el rito musical-danzario.

La estructura sentimental descentrada de las músicas "mulatas" tiene su arista melódico-armónica también. Una forma en que estas músicas enfatizan melódicamente su carácter descentrado es a través de una mayor recurrencia al recurso del *slide*: lo que la musicología "occidental" denomina *glissando* que significa moverse "escurridizamente" entre una nota y su siguiente (ascendente o descendente) en todas las gradaciones posibles de fracciones de tono. En contraste con la escala diatónica europea estructurada sobre las siete notas básicas de su "alfabeto", en las cuales tiene que recaer la "resolución" tonal de sus melodías, las músicas "mulatas" incorporan de su herencia africana la estética de las gradaciones microtonales de su cromatismo polifónico permitiéndose "jugar" con (lo que "occidentalmente" se consideraría) la imprecisión. De manera muy gráfica, el agudo analista George Lipsitz describe sus tonalidades como "not pure tones" (*Time Passages*, 110).

Una segunda forma en que las músicas "mulatas" enfatizan melódicamente su carácter emocional descentrado se da en la manera de

---

5. Así denominé a Benítez Rojo en el escrito-homenaje a raíz de su muerte (Quintero Rivera, "Gran cosmólogo").

combinar las unidades del *alfabeto* de las escalas "occidentales" en frases y temas musicales recurriendo, según la concepción "occidental" con *demasiada* frecuencia, a lo que en el jazz se denomina el *blue note*. Éste genera un tipo de armonía (de séptimas abemoladas) –y construcciones melódicas en torno a ese tipo de armonía *menor*– que perennemente "invita" a acordes sucesivos, produciendo la sensación de expresión inconclusa. Combinar el "alfabeto" de las escalas "occidentales" en forma tal que se genere una sensación de encadenamientos armónicos que podrían continuar *ad infinito*, fortalece su carácter descentrado, al romper con la contundencia de "amarrar" la conclusión en la tónica, abriéndose a la indefinición de cuál será el momento de la conclusión.[6]

La función metronímica de las *claves* y los afectos en torno al tiempo

Una de las manifestaciones más importantes de los entrejuegos entre melodía, armonía, forma y ritmo en la estructura sentimental descentrada de las músicas afroamericanas se expresa en lo que se denomina en la música como los *metros*: los patrones que ordenan el transcurrir sucesivo de la composición. A partir del siglo XVII, la música de esa entonces incipiente modernidad occidental fue estructurándose *isométricamente*, es decir, con acentos regulares recurrentes. La "regularidad" de los acentos se tornaba muy importante para el desarrollo "occidental" de su polifonía, de su énfasis en una elaboración melódica más sofisticada y compleja. Como señala Blacking: "Polyphony depended on mensuration, on the *strict organization of rhythm* so that the different singing parts would *fit*" (*How Musical*, 74).

En la medida que la función principal de la notación musical fue pasando de ser una forma de *registro* de las sonoridades que producían los músicos y cantantes, a un conjunto de "instrucciones" del compositor hacia los "ejecutantes", los compases fueron respondiendo de manera más directa a dicha "organización estricta del ritmo", a la mensura que "cuadraba" las distintas voces de su polifonía en des-

---

6. Lipsitz (*Time Passages*, 110) enfatiza su significado cultural respecto a las concepciones de la memoria y el tiempo.

arrollo ("so that the different *singing* parts would *fit*", repitiendo a Blacking).

En su proceso de constitución como formas propias de expresión sonora de emociones, las "mulatas" músicas afroamericanas resistieron la tentación –y la presión– *civilizatoria* de *sistematizar*, a la manera "occidental", su métrica, su ordenación temporal sucesiva. Sin abandonar la pretensión de un enriquecimiento y desarrollo melódicos propios (extraordinario en los *spirituals* y los *toques de santo*), éstas han intentado mantener la ordenación sucesiva de la composición en el estilo métrico heredado de la tradición africana: a través de una subdivisión recurrente basada en pulsaciones temporales heterogéneas, que los etnomusicólogos denominan "time-lines" y que se conoce en la vertiente "caribeña-*tropical*" de estas músicas como *las claves*.

Las *claves* ordenan el desenvolvimiento temporal de las melodías y las progresiones armónicas (o la diacronía musical) dentro de una concepción no lineal del tiempo: no como flujo a la manera de una onda, sino (ojo a los paralelos con las discusiones introducidas por la mecánica cuántica en las Ciencias Físicas) a base de células rítmicas constituidas por golpes de pulsaciones no equivalentes o variadas (lo que de paso, rompe la distinción entre lo analógico y lo digital, entre una realidad en *continuum* o segmentada entre pequeñísimas unidades dicotómicas; metafóricamente entre lo viscoso y lo burbujeante). Si bien podría argumentarse que objetivamente el tiempo puede siempre subdividirse en unidades matemáticamente equivalentes, lo cierto es que subjetivamente experimentamos dichas unidades de manera heterogénea. Un minuto de trabajo rutinario se experimenta con una "duración" absolutamente distinta que un minuto de un beso apasionado, por ejemplo. Organizar el transcurrir musical invariablemente a base de compases constituidos por unidades temporales equivalentes responde a una "objetivación" del tiempo, a un distanciamiento entre el *sujeto* (o lo humano) y las "fuerzas" del universo, donde lo subjetivo aparece como una tergiversación de "la realidad". Si, por el contrario, se asume lo subjetivo como parte de "la realidad" que se vive, las concepciones sobre las recurrencias y los cambios que conforman ciclos y trayectorias atraviesan de complejidades las posibles expresiones humanas de lo temporal. Contrario a la concepción de un tiempo lineal de la idea del *progreso* de la modernidad "occidental", las *claves* expresan musicalmente la realidad subjetiva de la heterogeneidad de la experiencia temporal humana (el tiempo en sus emociones), combinando una multiplicidad de entrecruzamientos temporales. Esta concepción "sincopada" del tiempo, heredada en América de las músicas africanas (Roberts, *The Latin Tinge*, 4; Jones, *Studies*), representa mejor la realidad histórica cotidianamente vivida de las sociedades del "nuevo mundo": la simultaneidad de tiempos históricos diversos que han expresado magistralmente dos de sus más importantes movimientos culturales: la literatura latinoamericana del *boom* en su *realismo mágico* (Rincón, *La no simultaneidad*) y la más destacada sociología *dependentista*.[7]

Al intentar ordenar en la notación de la modernidad "occidental" composiciones en "métrica" de *clave* (sobre todo en los compases tipo binario –o *binarizados*– predominantes de 2/4, 4/4 y 6/8) se produce una irregularidad en los acentos que la musicología "occidental" ha denominado como formas *sincopadas* que, según esta musicología, caracteriza a *todas* las músicas afroamericanas. La métrica en *claves* rompe con la regularidad temporal y genera, para oídos "eurocéntricos" (y para el paradigma *newtoniano* de la filosofía de la ciencia "moderna") la imagen de una particular disposición al caos. Como señala la voz "autorizada" del *Harvard Dictionary of Music:* "Syncopation is... *any* deliberate *disturbance* of the *normal* pulse of meter" (Apel, 827). Entiendo por *normal*, obviamente, la isométrica "occidental".

A través de un rico polirritmo de voz propia, de las *claves* ejerciendo una función metronímica, del diálogo tenso (a-sistémico) entre melodía, armonía y ritmo, y entre las distintas partes del cuerpo danzante, las "mulatas" músicas afroamericanas intentaron reunir el canto con el baile y, concomitantemente, la composición y la improvisación, lo conceptual estructurado con la espontaneidad corporal, o la "cabeza" con la emoción, con los afectos. Además, la expresión individual de tipo societal con la intercomunicación comunal. Las danzantes músicas "mulatas" afroamericanas han sido unas de nuestras expresiones más importantes para demostrarle el valor de la heterogeneidad y las diferencias a un mundo obsesionado con la idea de

---

7. Véase, por ejemplo, Calderón (*Imágenes*), particularmente la contribución de Aníbal Quijano ("Modernidad"), que combina la discusión sociológica con referencias a la literatura.

un sólo principio rector centralizador, sea el Dios único del monoteísmo, sea el capital, la espina dorsal de nuestra biología, el tiempo lineal científico uniforme, o la racionalidad. Ante los muy poderosos y variados procesos centrípetos homogeneizantes de la "modernidad occidental" y su *globalización*, nuestras danzantes músicas "mulatas" han camuflado en el ámbito sonoro y danzante la fuerza de maneras distintas de expresar y sentir. Bailar salsa en estas últimas décadas (como antes son, cumbia, bomba, guaracha, *bélairs, beginne, souk* o calipso) tal vez haya sido para muchos en el mundo –como claramente en el ámbito popular caribeño y su diáspora– una vía camuflada de manifestar –desde la alegría, en el orden anti-orden de la síncopa, en la comunicación gestual entre dos cuerpos que manifiestan espacialmente tiempos heterogéneos, y energías múltiples– la posibilidad de que las cosas podrían ser y expresarse de otras maneras. Donde, lejos de estar enfrentados, se entrelazaran la cultura y el cuerpo, el *cultivo* y los afectos.

Obras citadas

Apel, Willie. *Harvard Dictionary of Music.* Cambridge: Harvard University Press, 1982.

Arocha, Jaime. "Los estudios afrocaribeños". *Cuadernos del Caribe* 10 (2007): 42-54.

Benítez Rojo, Antonio. "Significación del ritmo en la estética caribeña". *Caribe 2000: definiciones, identidades y culturas regionales y/o nacionales.* Eds. Lowell Fiet y Janette Becerra. San Juan: Universidad de Puerto Rico, 1997, pp. 9-23.

Blacking, John. *How Musical is Man?* Seattle: University of Washington Press, 1973.

Boorstin, Daniel. *Los creadores.* Barcelona: Crítica/Grijalbo, 1994.

Cabrera, Lydia. *El monte, igbo finda, ewe orisha, vititinfinda: notas sobre las religiones, la magia, las supersticiones y el folklore de los negros criollos y el pueblo de Cuba.* La Habana: CR, 1954.

Calderón, Fernando (ed.). *Imágenes desconocidas. La modernidad en la encrucijada postmoderna.* Buenos Aires: CLACSO, 1988

Carvallo, José Jorge de. "Las culturas afroamericanas en Iberoamérica: lo negociable y lo innegociable". *Iberoamérica 2002, Diagnóstico y propuestas para el desarrollo cultural.* Ed. Néstor García Canclini. México/Madrid: OEI/Santillana, 2002, pp. 97-132.

— "Estéticas de la opacidad y la transparencia. Música, mito y ritual en el culto shangó y en la tradición erudita occidental". *El Sonido de la Cultura, Textos de Antropología de la Música.* Coord. Francisco Cruces. Número especial de revista *Antropología* (Madrid) 15-16, marzo (1999): 59-90.

— "Globalization, Traditions, and Simultaneity of Presences". *Cultural Pluralism, Identity, and Globalization.* Ed. Luíz Eduardo Soares. Rio de Janeiro: UNESCO/ISSC/EDUCAM, 1996, pp. 414-456.

CASIMIR, Jean. *La cultura oprimida.* México: Nueva Imagen, 1981.

CHAVES, María Eugenia. "Color, inferioridad y esclavización: la invención de la diferencia en los discursos de la colonialidad temprana". *Afro-reparaciones: memorias de la esclavitud y justicia reparativa para negros, afrocolombianos y raizales.* Eds. Claudia Mosquera Rosero-Labbé y Luiz Claudio Barcelos. Bogotá: Universidad Nacional de Colombia/Observatorio del Caribe Colombiano, 2007, pp. 73-93.

CRUCES, Francisco (coord.). *El Sonido de la Cultura, Textos de Antropología de la Música,* número especial de revista *Antropología* (Madrid) 15-16, marzo, 1999.

CURTIN, Philip D. *The Atlantic Slave Trade: A Census.* Madison: The University of Wisconsin Press, 1969.

FINKELSTEIN, Sidney. *Composer and Nation: The Folk Heritage of Music.* New York: International Publishers, 1960.

GARCÍA, Jesús "Chucho". *Caribeñidad: afroespiritualidad y afroepistemología.* Caracas: Ministerio de Cultura /El Perro y la Rana, 2006.

GARCÍA CANCLINI, Néstor (ed.). *Iberoamérica 2002, Diagnóstico y propuestas para el desarrollo cultural.* México/Madrid: OEI/Santillana, 2002.

GLISSANT, Édouard. *Introducción a una poética de lo diverso.* Barcelona: Ediciones del Bronce, 2002.

GOTTSCHILD, Brenda Dixon. *Digging the Africanist Presence in American Performance, Dance and Other Contexts.* Westport: Praeger, 1998.

HURBON, Laënec. *El bárbaro imaginario.* México: Fondo de Cultura Económica, 1993.

JONES, A. M. *Studies in African Music.* 2 vols. London: Oxford University Press, 1978.

LANDER, Edgardo (ed.). *La colonialidad del saber: eurocentrismo y ciencias sociales. Perspectivas latinoamericanas 2000.* Buenos Aires: Clacso, 2005.

LAVIÑA, Javier y José Luis RUIZ-PEINADO. *Resistencias esclavas en las Américas.* Madrid: Doce Calles, 2006.

LIENHARD, Martín. *Disidentes, rebeldes, insurgentes. Resistencia indígena y negra en América Latina. Ensayos de historia testimonial.* Frankfurt/Madrid: Iberoamericana/Vervuert, 2008.

LIPSITZ, George. *Time Passages, Collective Memory and American Popular Culture*. Minneapolis: University of Minnesota Press, 1990.

LÓPEZ VALDÉS, Rafael L. *Pardos y morenos: esclavos y libres en Cuba y sus instituciones en el Caribe Hispano*. San Juan: Centro de Estudios Avanzados de Puerto Rico y el Caribe, 2007.

MAROTHY, Janos. *Music and the Bourgeois, Music and the Proletarian*. Budapest: Akademiai Kialó, 1974.

MARTINOT, Steve. *The Rule of Racialization. Class, Identity, Governance*. Philadelphia: Temple University Press, 2003.

PRICE, Richard (ed.). *Sociedades cimarronas, comunidades esclavas rebeldes en las Américas*. México: Siglo XXI, 1981.

QUIJANO, Aníbal. "Colonialidad del poder y clasificación social". *Journal of World-Systems Research* 6, 2 (2000): 342-386.

— "Colonialidad del poder, eurocentrismo y América Latina". *La colonialidad del saber: eurocentrismo y ciencias sociales. Perspectivas latinoamericanas 2000*. Ed. Edgardo Lander. Buenos Aires: Clacso, 2005, pp. 201-246.

— "Don Quijote y los molinos de viento de América Latina". *Andinos y Mediterráneos. Claves para pensar Iberoamérica*. Comp. José Ignacio López Soria. Lima: OEI, 2007, pp. 89-123.

— "Modernidad, identidad y utopía en América Latina". *Imágenes desconocidas. La modernidad en la encrucijada postmoderna*. Ed. Fernando Calderón. Buenos Aires: CLACSO, 1988, pp. 17-24.

QUINTERO RIVERA, Ángel G. "La cimarronería como herencia y utopía". *David y Goliath* (Buenos Aires) 15.48 (1985): 37-51. [Reproducido en *Tras las huellas del hombre y la mujer; negros en la historia de Puerto Rico*. Ed. Lydia Milagros González. San Juan: Departamento de Educación, 2005, pp. 371-390.]

— (ed.). *Vírgenes, magos y escapularios, Imaginería, etnicidad y religiosidad popular en Puerto Rico*, San Juan: CIS-UPR, 1998 (2ª ed. ampliada 2004).

— *¡Salsa, sabor y control! Sociología de la música "tropical"*. México: Siglo XXI, 1998.

— "Gran cosmólogo del ritmo". *El Heraldo*, Barranquilla, Colombia, 23/1/2005.

— *Cuerpo y cultura, las músicas "mulatas" y la subversión del baile*. Frankfurt/Madrid: Iberoamericana/Vervuert, 2009.

TOMICH, Dale. *Through the Prism of Slavery, Labor, Capital and World Economy*. Lanham: Rowman and Littlefield, 2004.

RINCÓN, Carlos. *La no simultaneidad de lo simultáneo, Postmodernidad, globalización y cultura en América Latina*. Bogotá: Universidad Nacional de Colombia, 1995.

ROBERTS, John Storms. *The Latin Tinge, The Impact of Latin American Music on the United States*. New York: Oxford University Press, 1979.
ROUGET, Gilbert. *Music and Trance: A Theory of the Relations Between Music and Possession*. Chicago: The University of Chicago Press, 1985.
WADE, Peter (ed.). *Race, Ethnicity and Nation, Perspectives from Kinship and Genetics*. New York: Berghahn Books, 2007.
WEBER, Max. *The Rational and Social Foundations of Music*. Ed. D. Martindale *et al.*. Carbondale: Southern Illinois University Press, 1958.
WILLIAMS, Raymond. *The Long Revolution*. London: Chatto & Windus, 1961.
— *Culture and Society*. New York: Columbia University. Press, 1983.

Tango como afecto: cruces y cortes de la sensibilidad moderna y posmoderna

María Rosa Olivera-Williams
University of Notre Dame

> There seems to be a growing feeling within media and literary and art theory that affect is central to an understanding of our information and image-based late-capitalist culture, in which so-called master narratives are perceived to have foundered.
>
> (Brian Massumi, "The Autonomy of Affect")

El siglo XX en la región del Río de la Plata, sus memorias y el entendimiento de su historia, parecen articularse por medio del afecto; afecto como esa intensidad inasimilable que Gilles Deleuze explicaba en su cuidadosa lectura de *La ética* (1677) de Benedictus de Spinoza. Massumi, en la frase que acabo de citar como epígrafe de este trabajo, identifica el afecto como el modo principal de entendimiento de nuestro presente, dominado por una cultura esencialmente visual. Coincidiendo con lo dicho por el filósofo político canadiense, propongo que el afecto, si bien es central para el entendimiento de la cultura mediática del capitalismo tardío, es clave para la comprensión de cambios que hacen sentir al individuo perdido en su ámbito. En el caso de la cultura latinoamericana del siglo XX, un siglo de grandes cambios y reajustes y transformaciones de la subjetividad moderna, el afecto ocupa un lugar preponderante. Propongo, por lo tanto, aproximarnos al tango como afecto. El tango, producto de la cultura popular que se origina en los países del Río de la Plata en el período de la modernización nos permitirá navegar por el siglo XX. El tango como afecto articula tanto los impactos de la modernización, dando ritmo e imagen a la modernidad rioplatense, como los impactos de la posdictadura en la fragmentación de la posmodernidad que reclama la acción de la memoria y al hacerse memorias se carga de subjetividad, "giro subjetivo" dice, pidiendo un cambio, Beatriz Sarlo.

Este recorrido por el siglo XX rioplatense por medio del tango como afecto tiene dos momentos: el del origen y desarrollo del tango en la primera mitad del siglo y el del período de posdictadura, el renacimiento del tango, esencialmente como baile y música. Stuart Hall, en un trabajo sobre la cultura popular negra en los Estados Unidos, apoyándose en el importante ensayo de Cornell West, "The New Cultural Politics of Difference" (West, 19-36), señala que siempre que se plantea una pregunta crítica, en su caso, "¿qué es lo negro en la cultura popular negra?" (Hall, 104-115), el momento de hacerse el planteamiento es clave, ya que esos momentos son siempre coyunturales. Esos momentos tienen su especificidad histórica y presentan semejanzas y continuidades con momentos anteriores en los que la misma preocupación crítica se planteó. Hall propone que "the combination of what is similar and what is different defines not only the specificity of the moment, but the specificity of the question, and therefore the strategies of cultural politics with which we attempt to intervene in popular culture, and the form and style of cultural theory and criticizing that has to go along with such an intermatch" (Hall, 104). Así, si nos aproximamos al tango como afecto, este momento que presencia un renacimiento del tango —en 2009 el tango fue declarado por la UNESCO patrimonio cultural inmaterial de la humanidad—, este momento que en el Cono Sur sigue siendo de posdictadura, si se toman en cuenta los trabajos constantes de la memoria para entender su historia no tan remota, trazaría un arco hacia el momento de su génesis arrabalera, cuyo común denominador es el afecto como única manera de entender el presente en momentos críticos, en momentos de cambios.

¿DE QUÉ HABLAMOS CUANDO HABLAMOS DE AFECTO?

En *La ética*, Spinoza explica que la única manera de conocernos y conocer los cuerpos y eventos externos a nosotros es por medio de las afecciones, afectos o impactos que estos últimos producen en nuestros propios cuerpos. Según Deleuze en sus conferencias sobre Spinoza, ésta es una propuesta anticartesiana, ya que elimina la posibilidad de lo pensante; excluye toda posibilidad del *cogito*. Se conoce lo exterior a nosotros, el mundo que nos rodea, por medio del impacto que ese exterior tiene en nosotros. El impacto sólo es posible por nuestro propio potencial de ser impactados y es en este encuentro del individuo con el afuera y el afuera con el individuo donde nosotros no sólo conocemos los cuerpos, eventos, ideas, etc. que nos impactan, sino que nos conocemos a nosotros mismos. Se podría decir que Spinoza propone una erótica del conocimiento. Lo dicho por Spinoza coincide con lo explicado por Bataille sobre el erotismo. Cuando el individuo vuelve del trance orgásmico, las trazas del otro y del encuentro con el otro permanecen en su propio cuerpo, lo que le permite conocer, tener conciencia, del trance experimentado como del otro.

Spinoza habla de "afección" o "ideas de la afección" para referirse a la manera más primitiva del conocimiento. La "afección" permite conocer casi por azar, sin tener conciencia del poder que el propio cuerpo posee para ser afectado. Spinoza propone otros medios de conocimiento, como "las nociones comunes", las que permiten encontrar las razones internas que hacen posible el acuerdo entre los cuerpos, o sea, encuentran la capacidad del poder del cuerpo de ser impactado. Finalmente, el concepto de esencia para Spinoza propone el conocimiento intuitivo de lo que el cuerpo es capaz de hacer para continuar existiendo. La ética spinoziana pone en juego lo individual en lo colectivo. La coexistencia de lo individual en la multiplicidad que implica lo colectivo y la noción de lo colectivo como individualidad indican cómo el afecto deviene esencial en la manera de conocer el siglo XX, en particular de conocer ese tiempo en el contexto cultural del Río de la Plata.

¿Qué se entiende por cuerpo? Massumi dice que el cuerpo es igualmente "virtual y real" (Massumi, 91). La virtualidad del cuerpo, el ámbito de lo potencial, explica el canadiense, "is a lived paradox where what are normally opposites coexist, coalesce, and connect; where what cannot be experienced cannot but be felt –albeit reduced and contained" (Massumi, 91). Las múltiples tendencias que presionan el cuerpo, las que lo mueven a su actividad y expresividad, son al mismo tiempo abstractas y concretas, otorgándole al cuerpo esa dimensión incorpórea y real de su potencialidad. *La ética* de Spinoza, leída con los aportes de Henri Bergson, para quien el cuerpo concreto continuamente se dobla/se pliega incorporando en su interior los impactos del afuera, y yo diría simultáneamente se duplica/se abre, gracias a su potencial de ser impactado, extendiéndose al afuera en lo que, por ejemplo, en Derecho se llama la *affectio societatis*, y en Deleuze, quien hace posible acercarse a los dos filósofos, se vuelve una filosofía del hacerse activo. La actividad se origina en una pasión, en un impacto, que es apenas percibido pero que nunca se abandona en la realización de la actividad. El potencial de la actividad del cuerpo es metonimia de su naturaleza virtual y real. El afecto abre los cuerpos a su potencial de interacción. ¿Podemos, entonces, leer el tango como afecto?

Tango y modernización

La pregunta recién propuesta puede parecer retórica. El tango fue definido casi desde sus orígenes como el alma del pueblo. Donald S. Castro, en su estudio del tango como cultura popular argentina, o sea, documento social y "documentador" de la sociedad argentina entre 1880 y 1955, escribe, citando a Gobello, que el tango despierta "la emoción de la porteñidad" y más tarde evocaría las emociones de los argentinos (Castro, 6-7). Para Marta Savigliano, el tango es pasión que, siguiendo "el acertijo" lacaniano del deseo por el deseo del Otro, lucha estética y éticamente, por medio de su exotismo, contra el deseo de legitimación nacional que le dio origen (Savigliano, 10-11). John Charles Chasteen muestra cómo el tango danza incorpora la milonga de sus orígenes decimonónicos, "el bailar a lo negro", con "cortes y quebradas", disolviendo las características de los negros rioplatenses en un baile, el tango, que se blanqueaba al entrar en el siglo XX, y así despierta la emoción nacional (Chasteen, 51-70).[1] Ya en

---

1. Chasteen no usa el adjetivo "nacional". Sin embargo, en su estudio del tango que lo lleva a la representación de *Juan Moreira* en el circo de los hermanos Podestá, el tango como baile popular es un puente que salta la división entre lo rural y lo urbano. La milonga que cerraba la pantomima gauchesca, escenificada primero en Montevideo y luego en Buenos Aires, es explicada por Chasteen como: "An imagined connection with rural traditions", lo que permitía que el bailar con "cortes y quebradas" (la milonga o el tango criollo) fuera: "more palatable, even patriotic for new middle-class dancers" (68).

1921, el poeta uruguayo Fernán Silva Valdés escribía: "Tango: /.../ Eres un estado de alma de la multitud". Asimismo, muchos son los tangos que cantan sobre sí mismo y asimilan al tango con la emoción popular, emoción que parece representar el sentir de la nación.[2] Pero, ¿qué quiere decir esa emoción que evoca el tango? ¿Cómo el tango se vuelve conocimiento de una época al internalizar el afuera –las transformaciones de una sociedad por medio de los procesos de la modernización– y al sentir el impacto de la historia a la que él mismo contribuye se abre a ese afuera? ¿Cómo el tango es más que un espejo donde se refleja la historia social de los países rioplatenses? Para responder a estas preguntas tengo que volver, como lo hicieron los críticos que me precedieron, a sus orígenes.

El tango se originó en las orillas de las ciudades capitales del Río de la Plata. Los arrabales portuarios encontraron en una música y un baile que unía tiempos, culturas y tradiciones diferentes: la europea, la criolla, la africana, la manera de representar los efectos de la dinámica de la modernización, la cual, en los márgenes de la sociedad, exteriorizaba los mecanismos de su motor central: el capitalismo. Si la entrada de Argentina y Uruguay al mercado mundial y a la expansión de la economía capitalista del primer mundo trajo en un comienzo incuestionable riqueza económica, también mostró la otra cara de ese mismo mecanismo. Los efectos de la economía capitalista dejaron residuos de un tipo de vida tradicional rural, y asimismo originaron una crisis social y espiritual que sirvió de contrapunto a la confianza que, en un momento, intelectuales y artistas sintieron en el desarrollo de la tecnología, la ciencia, la industrialización y el progreso material. En las orillas urbanas las dos caras de los mecanismos del capitalismo se hicieron evidentes. La actividad de los puertos modernos de Buenos Aires y Montevideo dio testimonio del movimiento del capital. Los productos que se exportaban –cueros, carne y sebo,

---

2. Es interesante señalar que en la mayoría de las letras de los tangos, esa emoción nacional se presenta como argentina, pero extendiéndose al sentir de los pueblos de las dos orillas del Río de la Plata. Como la cultura urbana y sus símbolos, siendo el tango uno de ellos, llegó a competir con los símbolos de la cultura rural, asimilándolos, el tango porteño parece incorporar asimismo al uruguayo. Sirva de ejemplo la milonga de Leopoldo Díaz Vélez, "La uruguaya y la porteña": "Yo tengo dos amores / que son como flores / [....] / es la uruguaya, mi madre / y la porteña, mi dueña". Sin embargo, esa emoción rioplatense, que incluye lo argentino y uruguayo, merece estudiarse.

principalmente, haciendo que mataderos y curtiembres estuvieran cerca de los puertos, pero también lana y cereales– y los que se importaban competían en la velocidad de su intercambio con la nueva geografía humana, constituida hacia la primera década del siglo XX por más de seis millones de inmigrantes europeos en Argentina, y un número no tan impresionante, pero sí importante, de migrantes rurales.

El tango como afecto, como cuerpos que se abren al impacto de un mundo que cambia sus percepciones del espacio y tiempo, así como cuerpos que interiorizan los impactos externos sintiendo la necesidad de encontrar su espacio y tiempo, es metonimia de la modernidad. Los individuos que dieron origen al tango exteriorizaban los sentimientos de quienes fueron desplazados de un espacio que consideraban propio, ya sea en Europa como en las zonas rurales rioplatenses, y comenzaron a percibir el nuevo espacio al que llegaban de manera fragmentada. Quizás, la dinámica de la vida de los conventillos explique esta nueva percepción de su contexto.

Los conventillos habían sido casas señoriales del siglo XIX que, tras ser muchas de ellas abandonadas por sus propietarios, fueron convertidas en casas de inquilinato. En el caso argentino y debido a la gran epidemia de fiebre amarilla que causó la muerte de un 8% de la población bonaerense, muchas familias pudientes en 1871 abandonaron el centro de la ciudad hacia Palermo, intentando huir de los efectos de la terrible enfermedad. En el caso uruguayo, las familias más influyentes montevideanas abandonaron sus residencias aledañas al puerto cuando el barrio del Prado pasó a ser el sitio deseado por la élite social. Los conventillos fueron el lugar donde numerosas familias de inmigrantes europeos y negros pagaban para vivir en una habitación pequeña para el número de personas que la ocupaban, compartiendo muy malas condiciones sanitarias. La convivencia hacinada en los conventillos forma un *collage* lingüístico y cultural que no encontraba armonía en el patio común donde desembocaban los cuartos transformados en precarios apartamentos. En verdad, los patios se convirtieron más en escenarios de los desalojos de esas familias cuando no podían pagar los aumentos de alquiler que en lugar de reunión. El conventillo sirve para entender la percepción fragmentada del espacio para una población que ocupa los márgenes de la sociedad, fragmentación que se reproduce en la música y pasos del tango:

los sonidos sobrios y oscuros de las culturas premodernas de los reinos de Congo y Angola, los ritmos campestres de la guitarra y el zapateo del malambo gaucho, las melodías europeas canalizadas por el bandoneón, violín, bajo, armónica y piano, así como los pasos que interrumpen el movimiento contrario a las manecillas del reloj con cortes, ochos y quebradas. Esta fragmentación también sirve para entender la casi inmediata y generalizada aceptación afectiva del tango por la población argentina y uruguaya de las primeras décadas del siglo XX.

Castro, al estudiar la evolución temática y lingüística del tango como un: "'passive' reflector of its time and space" (10), identifica tres periodos para el mismo. Primero, el tango como producto espontáneo de las personas pertenecientes a la franja más baja de la escala social, especialmente criollos (sectores rurales desplazados a las ciudades-capitales) y más tarde inmigrantes (1880-1890). Segundo, el tango-danza (1890-1917), periodo que Castro reconoce como la entrada del tango a la cultura popular debido a su amplia recepción en la cultura de los arrabales. Esta recepción no sólo se extendió a las clases bajas y trabajadoras de los conventillos portuarios, sino que atrajo asimismo a jóvenes de los sectores influyentes a los burdeles del bajo. Tercero, el tango-canción, a partir de 1917, fecha en que Pascual Contursi escribe el poema para el tango "Mi noche triste", con música de Samuel Castriota, y que el tango "se masifica" por medio de los nuevos medios electrónicos: radio, cine y discografía. En la década del veinte, la clase media ya había aceptado el tango, y en la del treinta, gracias al cine y la radio, el tango-canción se había convertido en un fenómeno nacional e internacional de la cultura popular argentina (Castro, 6-8).

Castro argumenta convincentemente la atracción de los jóvenes de sociedad por el tango como un fenómeno similar a lo que ocurrió en Estados Unidos con el jazz y luego, la aceptación general de la nación del tango cuando el mismo deja las academias y burdeles de las clases bajas por los cabarets del centro y de las grandes ciudades europeas, con sus cantantes de frac frente a un micrófono, cuyo ejemplo emblemático es Carlos Gardel. En este momento el tango, en la figura de sus cantantes, toma el papel de la clase alta, vistiéndose como ella y ocupando sus mismos espacios, aunque fuera transitoriamente. De manera similar, Chasteen reflexiona sobre las raíces negras del tango-danza, enfocándose en Los Negros, una comparsa de jóvenes de las familias más ricas y poderosas de Buenos Aires que, con las caras pintadas de negro, actuaban en los bailes de carnaval de la década del sesenta del siglo XIX con canciones dirigidas a las jóvenes blancas de sociedad. Para Chasteen, la actuación de estos jóvenes como negros y la de sus muchos imitadores por más de veinte años realizaba una "inversión de papeles sociales". La élite blanca masculina se ponía en el lugar de los negros movida por la fantasía sexual del Otro, la masculinidad del negro. Esta actuación era posible debido a la disminución de la población negra en el Río de la Plata durante la segunda mitad del siglo XIX (Chasteen, 59-61). Sin embargo, para que el tango llegara a convertirse en un fenómeno de la cultura popular nacional, el tango como afecto debía impactar cierto vacío de las clases más acomodadas.

Los sectores hegemónicos de la población experimentaron asimismo una crisis de su identidad debido al cambio de la percepción del espacio y el tiempo. Ellos también se encontraron perdidos en el acelerado torbellino modernizador que transformó Buenos Aires y Montevideo en centros urbanos, donde sus habitantes se disciplinaban, gracias a los avances de la tecnología, la ciencia, la industrialización y también la legislación, como apunta el historiador José Pedro Barrán. El tango como arte popular, como afecto con su potencialidad de conectar e impactar lo virtual en lo real y lo real en lo virtual, da imágenes de parejas que desean una unión con el otro, por medio del abrazo dramático de los bailarines, en el cual hombre/mujer, hombre/hombre, mujer/mujer se toman con firmeza en un gesto paradójico que los acerca y aleja.[3] Del mismo modo, la música crea un espacio que acerca el pasado al futuro haciendo del presente un espacio transitorio, casi un no-lugar, donde se origina la pasión que mueve a los cuerpos a actuar. Volviendo a Hall y su estudio de la cultura popular negra estadounidense, éste dice que la cultura popular, que todas las manifestaciones de la cultura popular, a pesar de la mercantilización a la que se ve expuesta y que la convierte en estereotipo, es "míti-

---

3. En un principio, cuando el tango era milonga y "se bailaba a lo negro", las parejas juntaban sus cuerpos en un abrazo apretado. Esto va cambiando con el proceso de "blanqueamiento" del tango, así como la exotización del mismo. Véase el trabajo de Marta Savigliano *Tango and the Political Economy of Passion*.

ca". La mítica de lo popular bien puede ser otro nombre para el afecto como punto de emergencia de múltiples niveles de entendimiento, donde las aparentes oposiciones binarias: cuerpo y mente, experiencia y volición, felicidad y tristeza, pasado y futuro, etc., coexisten como niveles de resonancia que pueden multiplicar un mismo evento en maneras divergentes y con lógicas diferentes pero conectadas. La cultura popular, para Hall, no es el ámbito donde descubrimos "quien verdaderamente somos", por lo contrario: "It is a theater of popular desires [...] It is where we discover and play with the identifications of ourselves, where we are imagined, where we are represented, not only to the audiences out there who do not get the message, but to ourselves for the first time" (Hall). El tango, como mítica, como afecto, es ciertamente un teatro de deseos populares que surge y se desarrolla en un momento clave para proyectos de identidades nacionales.

En 1925, Jorge Luis Borges, con un gesto irónico y característico de su aguda inteligencia y humor, del que ya hablé en otro trabajo,[4] se refiere al tango "Loca", de 1922, de los inmigrantes Manuel Jovés, compositor catalán, y Antonio Martínez Viergol, poeta madrileño, como himno nacional argentino. En la revista *Nosotros*, Borges escribe:

> En cuanto al solemnismo patriotero de fascistas e imperialistas, yo jamás he incurrido en semejantes tropezones intelectuales. Me siento más porteño que argentino y más de Palermo que de los otros barrios. ¡Y hasta esa patria chica –que fue la de Evaristo Carriego– se está volviendo centro y he de buscarla en Villa Alvear! Soy hombre inepto para las exaltaciones patrióticas y la lugonería: me aburren las comparaciones visuales y a la audición del Himno Nacional prefiero la del tango Loca! (Citado en Garramuño, 118).

"Loca" pone en voz de una mujer la historia de una joven que abandona la casa de sus padres, en un pueblito español, si pensamos en la nacionalidad de sus creadores, o de algún país de la Europa Central, ya que la mayoría de las mujeres que trabajaban en los burdeles frecuentados por la burguesía eran alemanas, polacas y austríacas. Cegada por las luces de la gran ciudad, Buenos Aires, o tal vez,

---

4. Véase "The Twientieth Century as Ruin: Tango and Historical Memory".

víctima de la trata de blancas, la protagonista de este tango termina en uno de los tantos prostíbulos de la ciudad porteña, donde vende su cuerpo y voz. La triste historia repetida en muchas letras de los tangos de las primeras décadas del veinte subraya la pérdida del hogar y la alienación en el presente por el alcohol, el sexo y el dolor, todo lo que transforma a la mujer que canta en "loca":

> Allá, muy lejos, muy lejos,
> donde el sol cae cada día,
> un tranquilo hogar tenía
> y en el hogar unos viejos.
> La vida y su encanto era
> una muchacha que huyó
> sin decirle donde fuera...
> y esa muchacha era yo.

Una vez perdido el hogar, el presente se vuelve un tiempo borroso en que nada es lo que parece. La risa oculta el llanto; el amor cubre el desprecio; y la admiración reemplaza el asco. La "loca" como actriz tiene que desempeñar los papeles por los que le pagan; tiene que actuar las fantasías de los otros y en esa actuación perderse: "Yo, que no he pertenecido / al ambiente en que ahora estoy / he de olvidar lo que he sido / y he de olvidar lo que soy".

La bravata herética de Borges se carga de significado. Si este tango sustituye el himno nacional y Borges ya no puede hablar de Argentina, ni de Buenos Aires, ni siquiera de Palermo por la voracidad de los procesos modernizadores que llegaron a desnaturalizar hasta "su patria chica", la que con orgullo compartió con Evaristo Carriego, la "loca" que canta entre lloros y los efluvios del alcohol es metonimia de la Argentina moderna. Un país que se percibe fragmentado, difícil de reconocer, donde la velocidad de sus transformaciones confunde y pierde a sus habitantes, pese a que aparentemente todo se vuelve luminoso, estilizado, europeizado. Con palabras de Borges, todo se vuelve "centro", pero este centro es un espejismo que descubre intermitentemente la corrupción del proceso modernizador. El himno de la moderna Argentina, "Loca", según el impacto que el mismo produjo en Borges, sirve de prólogo al himno del siglo XX, el famoso tango de Enrique Santos Discépolo, "Cambalache" (1934), donde todo el siglo se representa en un cambalache repleto de desagradables personajes y relativismo moral.

Tango y cine

En 1932, un cortometraje de la Metro Goldwyn Mayer, un documental de viajes sobre Buenos Aires del director norteamericano James A. Fitzpatrick (1894-1980), titulado *Romantic Argentina* quizás sea un medio importante de valorar el tango como afecto por su casi ausencia. Fitzpatrick comienza el documental con una antigua milonga que sirve de música de fondo del relato del descubrimiento de esa región de la América del Sur que luego se transformó en Argentina. Parecería que los breves acordes tangueros cumplen el propósito de identificar un espacio geográfico: esa tierra fértil en la que el explorador Pedro de Mendoza tal vez vio, como dice la voz de Fitzpatrick, el potencial que la transformaría en uno de los países más ricos del mundo (*Romantic Argentina*). Pero el tango desaparece y cuando las imágenes de la ciudad moderna de Buenos Aires aparecen en la pantalla, se escucha un pasodoble español para resaltar la naturaleza europeizante del país que se invita a visitar. En un momento en que Argentina, como el resto del mundo occidental, sufre los efectos de una de las grandes crisis del siglo XX, la que movió a miles de inmigrantes a hacer interminables colas frente a sus respectivos consulados y embajadas para regresar a la miseria de sus países de origen, Fitzpatrick muestra la belleza de la ciudad creada por el hombre siguiendo los modelos estéticos europeos y la abundancia de un país de vacas gordas que se ordeñan en el centro de la ciudad calmando la sed de sus rozagantes y robustos pobladores. Buenos Aires, en el documental, es una cornucopia que no admite el tango como manifestación de la cultura popular. Si bien el tango había alcanzado en ese preciso momento su edad de oro y Carlos Gardel se había convertido en metonimia del tango-canción, no sólo en territorio nacional y latinoamericano, sino europeo, haciendo que el tango se identificara con lo argentino, Fitzpatrick en el documental de la ciudad "más civilizada" de América del Sur, lo sustituye con un baile folklórico, el gato, y una escena campestre donde reina el mate, como la exótica bebida de la región. La civilizada capital del Sur, se proyecta como la idealización de una colonia inglesa, donde los hombres por ley tenían que usar chaquetas y sombreros, las mujeres estaban educadas en el arte de conquistar y sus habitantes gozaban el placer del imperio inglés: las carreras de caballos en el Jockey Club y el remo en el Tigre. El tango como afecto, ya sea como tango-canción o tango-danza, o sólo como música daría otro conocimiento de la Argentina de la década del treinta.

Un año más tarde, en 1933, Argentina produjo el primer largometraje sonoro, titulado *¡Tango!* Su director, Luis Moglia Barth, reunió a las grandes figuras del tango en un musical que cuenta audiovisualmente la trayectoria del mismo. El guión que hace posible el despliegue del tango y sus figuras se encuadra en una historia de amor, que es la historia de amor con el tango. El protagonista masculino (Alberto Gómez), un prodigioso cantante de tango de un barrio obrero del suburbio es aparentemente abandonado por la mujer que ama (Tita Merello) y buscándola se va a París contratado para cantar tangos, donde hace que otra mujer, ésta una joven de sociedad (Libertad Lamarque) se enamore de él y del tango, para terminar regresando a su primer amor, "Tita" y a la cuna del tango, el barrio del suburbio. Desde ese espacio, en la humilde y antigua casa de "Tita", los personajes critican las alteraciones que en Europa le hicieron al tango. El tango cobró vida propia y fuera de sus fronteras, pese a las transformaciones que experimenta en su impacto con otros ambientes, es metonimia de lo argentino. Dentro de fronteras nacionales, de acuerdo a las palabras de "Alberto", tiene que volver al barrio, tiene que volver a "Tita" porque ella es "el tango". Vuelta que es un re-crearse para volver a salir. Los personajes en la escena final de la película, la pareja de enamorados, el representante de "Alberto" (Pepe Arias), quien mintió sobre el paradero de "Tita" para que Alberto se fuera a París, y "Felipe" (Luis Sandrini), el buen amigo del barrio que le avisa a "Alberto", en el preámbulo de la boda de éste con Elena (Libertad Lamarque), que "Tita" lo sigue esperando, de espaldas a la cámara, miran por la ventana cómo en la calle bailan tango, lo que el público no ve.

La primera película sonora argentina ratifica el tango como la expresión de su gente, que si bien se origina en los barrios pobres y obreros da imagen y voz a toda la población. El tango en sus permanentes cruces sociales, raciales, de género: lo femenino/masculino, políticos, así como cruces de fronteras nacionales crea un teatro de fantasías populares que permiten que distintos públicos en distintos momentos experimenten con las identidades que presenta el tango, cuando estos necesitan encontrar su subjetividad.

Final que se cruza con el principio: *Tangos, el exilio de Gardel*

Las revoluciones de la izquierda de los sesenta y setenta en el Cono Sur y la represión estatal con que las mismas fueron aplastadas culminando en las dictaduras militares de los setenta y ochenta del siglo XX, de acuerdo a la dinámica de la Guerra Fría, destrozaron la idea de subjetividad nacional. ¿Qué era ser argentino, chileno, uruguayo? ¿Quién tenía derecho a ocupar el territorio nacional? ¿Quién podía tener una voz política, entendiendo que tener voz siempre es un acto político? ¿Cómo se podía ser cuando la justicia como institución e idea estaba inerme, estaba abolida? En este estado de terror social, cuando personas desaparecían, niños eran robados tan pronto salían del vientre de sus madres prisioneras políticas, las que pasaban a ser cuerpos que se hacían también desaparecer, el tango, o mejor dicho la esencia del tango, se hizo molesta. Me refiero aquí a esencia en términos spinozianos: el conocimiento intuitivo de lo que el tango es capaz de hacer para continuar existiendo como vehículo que hace conocer y conocernos. Ciertos tangos se prohibieron, no sólo desapareciendo de tiendas como discos y casetes, sino de la radio, cuyas emisoras tangueras no pudieron pasarlos, y la televisión, especialmente el programa *Grandes valores del tango*, que en 1974 tuvo que cambiar su nombre a *Grandes valores de ayer y de siempre*.

Nada nuevo. Ya en los cuarenta del siglo pasado, en Buenos Aires, como señala Castro, el golpe militar de junio de 1943, que preparó el terreno político para la presidencia de Juan Domingo Perón (1946-1955), en su política puritana para la Nueva Argentina que debía abrazar los valores católicos e hispanistas, censuró fuertemente lo que salía al aire por radio. Las radionovelas y la música popular, especialmente los tangos lunfardos, fueron los blancos principales de los censores de la moral (Castro, 206-217). Si en los cuarenta el tango contó con defensores apasionados como Discépolo, quien en una reunión con Perón, entonces secretario del Trabajo, dijo: "Porque dejarnos sin el tango sería igual que hacernos hablar inglés a todos…" (Castro, 216), en los setenta, ante el masivo acogimiento de otras músicas populares, la prohibición de ciertos tangos no tuvo el mismo impacto. Sin embargo, cuando las naciones rioplatenses son impactadas por las ruinas que la política neoliberal dejó en su mecanismo por instaurar la nueva economía de mercado, el tango resurge con fuerza inusitada.

En este marco se debe reflexionar sobre la gran película de Fernando Solanas, *Tangos, el exilio de Gardel* (1985). En una película neovanguardista, donde el arte se privilegia sobre el testimonio político y social, por medio del excelente uso de las técnicas cinematográficas, el tango se vuelve esencia. El tango cruza el tiempo y el espacio, o sea, los cortes del exilio, para proponer identidades nacionales que no intentan borrar ni los cortes ni las heridas de la historia contemporánea, sino que permiten incorporar el presente en la historia más amplia de Argentina. *Tangos, el exilio de Gardel* finaliza con una escena surrealista en la que Gerardo, un profesor y escritor exilado en París por la dictadura militar, agónico y aparentemente abandonado, toma mate con otros dos exilados de tiempos diferentes, el general San Martín, el héroe de la independencia del país y el gran libertador de la América del Sur, y Gardel, quien si bien no sufrió el exilio, a partir de 1932 y por razones económicas tuvo que pasar grandes temporadas en el extranjero, muriendo en un accidente de avión en 1935, sin haber regresado a la patria. El deseo de volver se articula por medio de un disco del tango de Alfredo Le Pera de 1935 "Volver", que el cantante mítico pone en el gramófono. La voz de Gardel es la grabada en el disco. Gardel no canta y le dice al general San Martín que ya no puede cantar porque está viejo. La presencia avejentada del actor que encarna a Gardel personaje y lo dicho por éste se vuelven simbólicas. "Volver" es uno de los últimos tangos que cantó Gardel en la película *El día que me quieras*, de Paramount Studios, estrenada meses después de su muerte, y la imagen del cantante en la representación del protagonista Julio Argüelles es la de un hombre joven. Por lo tanto, el envejecimiento y la actitud desanimada del personaje Gardel en la película de Solanas no se refiere a la figura de Gardel. En el simbolismo de la película el deseo de volver no es necesariamente volver al país que tuvieron que abandonar, sino a una patria, cuya voz, imagen y actitud que son las del tango, están envejecidas, con débiles esperanzas. Es aquí que el deseo de San Martín, quien murió pobre y olvidado en el exilio en París, se cruza con cierto tono de esperanza: "Ver la patria que soñamos, grande y unida", con el tango "Volver" en voz de Gardel. El tango y el mate que toman los tres personajes exilados de tres épocas diferentes de la patria: la independencia, la crisis del treinta y la época de oro del tango y la dictadura militar de 1976 a 1982, unen segmentos de la historia del país. La música del tango y el trabajo de la cámara, que como indica Cécile François, realiza "un largo travelling" para enfocarse en el mate que pasa de mano a mano permiten que los sueños de los tres hombres se unan y que el tango salte barreras nacionales y temporales, creando un espacio onírico para el deseo de ser.

Obras citadas

Barrán, José Pedro. *Historia de la sensibilidad em el Uruguay. Vol. 2. El disciplinamiento (1860-1920)*. 9ª. ed. Montevideo: Ediciones de la Banda Oriental/Facultad de Humanidades y Ciencias, 1994.

Barth, Luis Moglia (dir.). *¡Tango!* Int. Tita Merello, Libertad Lamarque, Azucena Maizani, Luis Sandrini, Pepe Arias, Alberto Gómez y Mercedes Simone. Argentina Sono Film, 1933. Film.

Castro, Donald S. *The Argentine Tango as Social History, 1880-1955*. San Francisco: Mellon Research University Press, 1990.

Chasteen, John Charles. *National Rhythms, African Roots. The Deep History of Latin American Popular Dance*. Albuquerque: University of New Mexico Press, 2004.

Contursi, Pascual. "Mi noche triste" [1916]. *Todo Tango. La bibioteca*, <http://www.todotango.com/Spanish/las_obras/Tema.aspx?id=NCQ37KWJmaM=> (22.05.2011).

Deleuze, Gilles. *Spinoza: Practical Philosophy*. Trad. Robert Hurley. San Francisco: City Lights Books, 1988.

— "Lecture. Transcripts on Spinoza's Concept of Affect". *Cours Vincennes*, <http://www.gold.ac.uk/media/deleuze_spinoza_affect-1.pdf> (31.03.2011).

Díaz, Leopoldo Vélez. "La uruguaya y la porteña". *Todo Tango. La bibioteca*, <http://www.todotango.com/english/las_obras/letra.aspx?idletra=1069> (26.05.2011).

Discépolo, Enrique Santos. "Cambalache" [1934]. *Todo Tango. Todo Tango. La bibioteca*, <http://www.todotango.com/english/las_obras/letra.aspx?idletra=154> (26.05.2011).

François, Cécil. "*Tangos, el exilio de Gardel* o la revolución estética de Fernando Solanas". *CiberLetras*, <http://www.lehman.cuny.edu/ciberletras/v13/francois.htm> CUNY-Yale, julio 2005 (29.05.2011).

FITZPATRICK, James A, (dir. y narrador). *Romantic Argentina.* Metro-Goldwyn-Mayer, 1932.
GARRAMUÑO, Florencia. *Modernidades primitivas: tango, samba, y nación.* Buenos Aires/México: Fondo de Cultura Económica, 2007.
HALL, Stuart. "What Is this 'Black' in Black Popular Culture? (Rethinking Race)". *Social Justice* 20.1-2, Spring-Summer (1993): 104-115. [Disponible en <http://www.bsos.umd.edu/aasp/chateauvert/whatis.doc>.]
LE PERA, Alfredo y Carlos GARDEL. "Volver" [1935]. *Todo Tango. Todo Tango. La bibioteca*, <http://www.todotango.com/Spanish/las_obras/Tema.aspx?id=3TRUzIoCOEc=> (29.05.2011).
MARTÍNEZ VIERGOL Y JOVÉS, Antonio y Manuel JOVÉS. "Loca" [1922]. *Todo Tango. Todo Tango. La bibioteca*, <http://www.todotango.com/spanish/Las_obras/Grabacion.aspx?id=3652&player=wmp> (26.05.2011)..
MASSUMI, Brian. "The Autonomy of Affect". *Cultural Critique* 31, Fall (1995): 83-109.
OLIVERA-WILLIAMS, María Rosa. "The Twentieth Century as Ruin: Tango and Historical Memory". *Telling Ruins in Latin America.* Eds. Vicky Unruh y Michael Lazzara. New York: Palgrave Macmillan, 2009, pp. 95-106.
REINHARDT, John (dir.). *El día que me quieras.* Int. Carlos Gardel, 1935.
SARLO, Beatriz. *Tiempo pasado. Cultura de la memoria y giro subjetivo. Una discusión.* Buenos Aires: Siglo Veintiuno Editores, 2005.
SAVIGLIANO, Marta E. *Tango and the Political Economy of Passion.* Boulder/San Francisco/Oxford: Westview Press, 1995.
SOLANAS, Fernando (dir. y prod.). *Tangos, el exilio de Gardel.* Int. Marie Laforêt, Miguel Ángel Solá, Phillipe Leotard, Lautaro Murúa y Ana María Picchio. Mús. Ástor Piazzola. Argentina Sono Film, 1985.
SPINOZA, Benedictus de. *Ethics.* Ed. y trad. G. H. R. Parkinson. Oxford: Oxford University Press, 2000.
WEST, Cornel. "The New Cultural Politics of Difference". *Out There: Marginalization and Contemporary Cultures.* Eds. Russell Ferguson *et al.* Cambridge: MIT Press/New Museum of Contemporary Art, 1990, pp. 19-36.

"Un pequeño defecto": el bolero de Lucho Gatica entre sus fans y la crítica

Daniel Party
Saint Mary's College, Notre Dame

> El poeta de Chile no es Neruda, sino Lucho Gatica.
> (Guillermo Cabrera Infante)

Al comienzo de la década de 1950 el bolero ya estaba establecido como el género de música popular romántica latinoamericana con mayor presencia en el continente. Agustín Lara había compuesto sus más famosas canciones, actuado en todo el continente y posicionado el bolero como parte esencial del cine mexicano. El Trío Los Panchos llevaba seis años de exitosas grabaciones y giras por las Américas. Es más, el género ya había alcanzado popularidad en Estados Unidos, siendo varios boleros interpretados por las orquestas de Benny Goodman, Glenn Miller y Artie Shaw, quien alcanzó la más alta posición de la lista Billboard con "Perfidia" en 1940.

En la década del cincuenta, el bolero experimentó una importante renovación, resultado de la internacionalización de sus intérpretes y de transformaciones en letra y música. Hasta ese momento la industria del bolero estaba dominada por músicos cubanos, mexicanos y en menor medida puertorriqueños. En los cincuenta alcanzan popularidad continental cantantes de otras nacionalidades, como el argentino Leo Marini, el boliviano Raúl Shaw Moreno, el ecuatoriano Julio Jaramillo y el chileno Lucho Gatica. Esta internacionalización contribuyó a hacer del bolero un estilo, el único reconocido como propio por todos los países de América Latina.

Gracias a las contribuciones de una generación nueva de compositores en los cincuenta el bolero se moderniza tanto en su letra como en su música. El lenguaje se vuelve más coloquial y directo, menos idealista y metafórico. Atrás quedan las pretensiones modernistas y la temática del arrabal (prostitutas, cabareteras), tan popular en el bolero mexicano de los años cuarenta y en las películas que éstos inspiraron. En lugar del topos de la mujer como ausencia y fantasía idealizada (Fernández Poncela, 137), el bolero en los cincuenta tiende a enfocarse en la pareja como unidad discursiva, particularmente en el quiebre de la relación amorosa y en el sufrimiento producido por la separación (e. g., "Somos" de Mario Clavell, "Encadenados" de Carlos Arturo Briz, y "La Puerta" de Luis Demetrio).

En cuanto a la música, la modernización más notable del bolero fue la incorporación de elementos del jazz estadounidense. Desde finales de la década de 1940, músicos cubanos comienzan a incorporar elementos jazzísticos a la interpretación de boleros clásicos y a la composición de nuevas canciones. Este nuevo bolero, conocido en Cuba como bolero filin, presenta melodías con mayor uso de cromaticismo e intervalos más amplios, como también un lenguaje armónico más complejo, que incluye acordes disminuidos y acordes de tónica con séptima mayor y novena, oncena, etc. (Giro). Independientemente, compositores mexicanos como Vicente Garrido y Álvaro Carrillo estaban experimentando con armonías y melodías jazzísticas en sus composiciones. En México, este bolero nuevo se conoce como bolero moderno.

La influencia del jazz se extiende también al estilo de interpretación vocal, en particular en el uso de la improvisación y en la técnica vocal conocida como *crooning*. En Cuba, la cantante Olga Guillot tuvo su primer éxito con "Melodía gris" (1946), una versión en castellano del estándar jazzístico "Stormy Weather" de Harold Arlen y Ted Koehler. Y la primera grabación de "Contigo en la distancia", una de las canciones emblemáticas del filin cubano, fue realizada por Fernando Fernández, el primer *crooner* mexicano. Guillot y Fernández abren las puertas para dos maneras nuevas de interpretar el bolero. Guillot propone un estilo más histriónico y desgarrado; Fernández, una técnica vocal intimista. Del cruce del repertorio de Guillot y la técnica de Fernández surge el bolero de Lucho Gatica.

Este capítulo es un estudio del bolero del cantante chileno Lucho Gatica en México durante la segunda mitad de la década del cincuenta. En él, argumento que las innovaciones realizadas por Gatica representan un intento de modernización del bolero para hacerlo atractivo para la emergente cultura juvenil de finales de los cincuenta. Con un estilo vocal delicado y acariciante y una imagen atractiva pero accesible, Gatica logró convertirse en el primer ídolo juvenil del bolero, particularmente entre mujeres jóvenes. Aunque Gatica tuvo un gran éxito comercial, la crítica especializada caracterizaba su estilo como afectado y sensiblero. En la sección final sugiero que es necesario reconocer estas características para entender la influencia de Gatica en generaciones de cantantes posteriores.

Lucho Gatica o la renovación del bolero

A su llegada al D. F. en 1955, México era el centro de producción bolerística más importante de América Latina, "la catedral del bolero", en palabras del propio Gatica (García). Dada la dificultad de competir con boleristas mexicanos de la talla de Juan Arvizú o Pedro Vargas, su estrategia fue presentarse como una alternativa nueva al bolero. Musart, su disquera en México, lo promocionaba argumentando que "su estilo original vino a romper la estéril monotonía del bolero romántico" en un momento en el cual "el bolero vegetaba sin ir ni atrás ni adelante" (Lucho, Musart D261). Gatica renovó el mundo del bolero a tres bandas: enfatizando un repertorio contemporáneo, utilizando una técnica novedosa de canto con micrófono y dirigiéndose a un público más joven.

Ya en Chile, a comienzos de la década, Lucho Gatica había definido su estilo grabando canciones de compositores contemporáneos de bolero filin, como los cubanos César Portillo de la Luz y José Antonio Méndez. Gatica fue introducido a este repertorio jazzístico por la cantante cubana Olga Guillot, a quien conoció cuando Guillot visitó Chile en 1949 (Ponce). Una vez en México, Gatica privilegió a compositores emergentes de bolero moderno, como Vicente Garrido ("No me platiques más"), Armando Manzanero ("Voy a apagar la luz", en 1959), y Álvaro Carrillo ("Un poco más").

Cuando Gatica graba boleros de los años treinta y cuarenta, como "Bésame mucho" o "Alma mía", los elige cuidadosamente, evitando la nostalgia y el carácter antológico. Con un afán modernizador, Gatica no graba boleros sobre cabareteras y arrabal, temas que habían sido populares durante el gobierno de Miguel Alemán (Knights, "The bolero in Mexico", 135). La mayoría de sus boleros cantan no sobre la mujer en su condición de mujer sino sobre un amante de género indeterminado, un tú ambiguo, o sobre la relación, un nosotros (e. g. "Somos", "Encadenados", "Historia de un amor"). Sus boleros sobre una ruptura amorosa no culpan a la mujer sino que presentan la separación como inevitable. Si se refieren a una mujer que abandona lo hacen indirectamente, a través de un objeto que simboliza la separación (e. g. "El reloj", "La puerta"). En otras palabras, en el bolero de Lucho Gatica, el tema es el amor y el desamor, no la mujer en sí.

En México, Gatica alcanzó su mayor fama con las grabaciones que realizó con el arreglista y director de orquesta mexicano José Sabre Marroquín. La mayoría de los boleros que Gatica grabó con la orquesta de Sabre Marroquín siguen un patrón predecible. Una sección de cuerdas solas sirve de introducción y se extiende por unos veinte segundos. Luego entra Gatica junto con el contrabajo y el bongó, que presenta un patrón básico de corcheas. El arpa es utilizada con frecuencia para crear expectativa en momentos importantes en la estructura de la canción y un solo instrumental de cuerdas o de piano aparece luego de la presentación completa del texto. También es frecuente el uso de voces masculinas acompañantes, interpretadas por el grupo vocal Los Cuatro Soles (González, Ohlsen y Rolle, 516).

Al igual que la melodía y la armonía, los arreglos instrumentales y vocales presentes en los boleros de Gatica grabados en México también muestran influencias del jazz y la música popular estadounidense. El uso de las cuerdas sigue el estilo de los arreglos que Nelson Riddle hacía para Nat King Cole y Frank Sinatra en los cincuenta, y los arreglos vocales de Los Cuatro Soles utilizan armonías y gestos comunes del *doo-wop* norteamericano.

Por sobre el repertorio y los arreglos, sin duda lo más notable de las grabaciones de Lucho Gatica es su estilo vocal. Ya en 1953 la disquera mexicana Musart promocionaba "la soltura y la suavidad" con que Gatica interpreta canciones como "Sinceridad" y "Bésame mucho", y describía su voz como "acariciadora, grata y bien matizada" (Musart 209, 1953). Más recientemente el musicólogo Juan Pablo González escribe que "el manejo tímbrico de la voz será uno de los rasgos más llamativos de Lucho Gatica, variando su textura armónica con facilidad, mediante la alternancia de la voz de garganta y el falsete, el contraste forte/piano, y el uso del micrófono" (36). Y en su monumental historia del bolero, Jaime Rico Salazar escribe que Gatica impuso "un estilo completamente nuevo en el bolero, una serenidad en el fraseado y una suavidad melódica acariciante en la interpretación" (446). Estas dos últimas características son el resultado, respectivamente, de un intenso uso de *tempo rubato* y de la utilización de la técnica de canto conocida como *crooning*.

Crooning es una técnica vocal aparecida en Estados Unidos en la segunda mitad de la década de 1920 gracias al desarrollo de tecnologías de grabación y amplificación eléctrica. Mientras que los tenores de formación clásica necesitaban proyectar su voz por sobre los instrumentos acompañantes, los *crooners* podían valerse de amplificación eléctrica para hacerse oír. Esto les permitió cantar de manera más relajada y conversacional, un estilo que González describe como "canto declamado" (37). El cantar tan cerca del micrófono producía "un efecto de intimidad artificial, como si el cantante y la canción hubiesen sido transportados hasta la presencia del auditor" (McCracken, 377). En Estados Unidos el primer *crooner* en convertirse en ídolo nacional fue Rudy Vallee a finales de los años veinte, seguido por Bing Crosby a comienzos de los treinta.

El *crooning* llega al bolero en la década del cuarenta, con el cantante mexicano Fernando Fernández, conocido como "el *crooner* de México". Hasta ese momento era común que los boleristas tuvieran una formación clásica, como es el caso de Pedro Vargas, quien debutó cantando ópera en 1928 antes de convertirse en el intérprete favorito de Agustín Lara. Más de veinte años más joven, Lucho Gatica tuvo acceso a la amplificación eléctrica desde los catorce años, lo que le permitió crear su estilo de la mano del micrófono (González, 36). González nota que Gatica desarrolló un sofisticado uso del micrófono, "separándose más del aparato en momentos de mayor dramatismo, como el quiebre o el ruego amoroso, y aumentando la resonancia de su voz de garganta, para expresar mejor el sufrimiento y la amargura" (37). Su técnica de *crooner* le permitía generar una sensación de intimidad con su público que era novedosa para el género.

Tempo rubato es una técnica expresiva que consiste en atrasar o apurar la música en relación a un pulso establecido. Desviaciones del pulso básico son comunes en la interpretación de la música occidental tanto clásica como popular y éstas desempeñan un rol esencial en lo que percibimos como expresividad musical. El *rubato* fue desarrollado por compositores pianistas de comienzos del siglo XIX, como Schubert y Chopin, con la intención de imbuir sus obras con expresión subjetiva y con un aura de improvisación. Estudios neurológicos sobre cognición musical sugieren que el ser humano reconoce como particularmente expresivos los momentos en los cuales la interpretación musical difiere de las expectativas del oyente (Chapin *et al.*). En otras palabras, no son la melodía o el ritmo en sí mismos los mayores responsables de la expresión emotiva, sino las desviaciones de lo que esperamos que la melodía y el ritmo sean.

En el caso del bolero de Lucho Gatica en México, la orquesta de Sabre Marroquín nos presenta un pulso constante y es el cantante el que se desvía de este pulso básico, frecuentemente retrasando sus entradas para luego alcanzar a la orquesta unos segundos después. González, Ohlsen y Rolle reconocen que en sus grabaciones en México Lucho Gatica alcanza "niveles extremos en el uso del *rubato*, desfasándose libremente del *tempo giusto* de la orquesta, lo que, en gran medida, constituyó la base de su fama" (514). Este tira y afloja entre el canto y el acompañamiento produce una sensación de inestabilidad en el oyente, el que la interpreta como emoción, pasión, o como "calmada desesperación precoital" (Valerio-Holguín, 112).

La combinación de un uso extremo de *rubato* con un tempo (pulso) lento general resulta en un bolero menos apto para el baile que los grabados por contemporáneos como el Trío Los Panchos y La Sonora Matancera. Aunque los boleros de Gatica con Sabre Marroquín emplean el bongó tocando un patrón rítmico constante útil para la danza, el tempo lento y el uso de *rubato* sugieren un bolero para ser escuchado, más que bailado. Este cambio de énfasis contribuyó a una relación más directa entre el cantante y su público. El bolerista pasa de ser el medio para el cortejo amoroso a convertirse él mismo en el foco de atención, en objeto de deseo, en ídolo de multitudes.

Un chuchonal de mujeres

> Con el micrófono, el cantante tiene el oído del auditor en su mano y puede susurrarle la canción como si sólo estuviera cantándole a él. (González, 32)

En su excelente estudio sobre la llegada del *crooner* a América Latina, Juan Pablo González omite un detalle importante sobre la recepción del cantante mediatizado. Los *crooners*, desde Rudy Vallee hasta Lucho Gatica, tuvieron éxito particularmente entre el público femenino. Los *crooners* alcanzaron fama como cantantes de radio, un medio masivo que podía invadir un espacio doméstico codificado como femenino con una intimidad transgresiva para la época. La interacción con un público femenino se hacía aún más evidente en presentaciones en vivo, en las cuales, "a diferencia de cantantes masculinos anteriores, los *crooners* se presentaban directamente a las mujeres como objetos de deseo, cortejándolas desde el escenario" (McCracken, 372).

En el caso de Lucho Gatica, su público era mayoritariamente femenino. Ya en 1951, sus presentaciones en Radio Minería, en Santiago de Chile, producían histeria entre sus admiradoras, llegando a requerir intervención policial (Rojas Donoso, 95). En 1955 sus seguidoras se organizan para fundar la primera "liga de admiradoras" en Santiago (Rojas Donoso, 97), y al año siguiente Gatica puede jactarse en una entrevista de que sus fans chilenas "son mucho más apasionadas que las mexicanas. Casi me desnudan" (Cid, 4).

La pasión de sus admiradoras peruanas es quizá la más reconocida gracias a la novela de Mario Vargas Llosa *La Tía Julia y el escribidor*, cuyo quinto capítulo comienza con un recuento de la documentada visita de Gatica a una radio limeña en 1955 (Rojas Donoso, 97). Vargas Llosa describe vívidamente la presencia de las fans en la estación de radio, "hay un chuchonal de mujeres tapando la escalera, la puerta y el ascensor" (105). Como después de la actuación las fans bloqueaban la salida para no dejar que Gatica se marchase, Vargas Llosa se ve forjado a hacer eventualmente de guardaespaldas, logrando sacarlo de la estación. Sin embargo, para cuando alcanzan el automóvil, "de su ropa, Gatica sólo conservaba íntegros los zapatos y los calzoncillos" (107).

Esta escena es notable por al menos dos motivos. Primero, documenta el surgimiento de una cultura juvenil y su relación con los medios masivos. Segundo, demuestra la relación entre el bolero romántico de los cincuenta y la audiencia femenina. Vargas Llosa y sus colegas hombres en la radio se maravillan del impacto que Gatica tiene en su audiencia femenina ("Esa nube de muchachas era un homenaje a su talento", 106), pero nada sugiere que el cantante tenga algún efecto sobre él y sus colegas hombres. Es decir, Gatica pareciera no interesar al público masculino heterosexual.

En México, Gatica fue promocionado como ídolo juvenil y su atractivo físico desempeñó un rol esencial en este proceso. La mayoría de las carátulas de sus discos de este período presentan una fotografía de Gatica mirando a la cámara sonriendo tiernamente. Las imágenes son directas: Gatica aparece relajado, sensible y cercano. A diferencia de la imagen de boleristas anteriores, Gatica viste informalmente (en mangas de camisa y sin corbata) en un buen número de las carátulas, lo que contribuye a darle una imagen juvenil y accesible. En el revés, los discos enfatizaban que "su presencia física también contribuyó al éxito" (Lucho Musart D261), y lo describen como "el apuesto Lucho" (Capitol T10175) o "el guapo y, sin embargo, humilde ídolo chileno" (Capitol T10109). Excepto por una foto, en las imágenes de sus discos Gatica aparece sin bigote. El bigote, símbolo de masculinidad por excelencia, era parte fundamental de la imagen de muchos de sus contemporáneos, como el puertorriqueño Daniel Santos ("el semental caribeño") y los Tres Gallos Mexicanos, Jorge Negrete, Pedro Infante y Javier Solís.

En México al igual que en Perú, la popularidad de Gatica parecía, al menos en los medios, no involucrar a los hombres heterosexuales. En 1958 Eduardo 'Lalo' Guerrero hizo una canción parodiando el efecto que Gatica ejercía sobre el público femenino. En ella, un marido celoso le canta a Gatica: "Ay, Lucho, no cantes mucho, por favor" (Rojas Donoso, 98). Donde Gatica sí tenía llegada entre el público masculino era dentro del ambiente, la comunidad gay de Ciudad de México (Monsiváis, *Que se abra*).

Un alma como la mía

> La marginalidad busca institucionalizar lo inesperado.
> (Carlos Monsiváis)

El bolero siempre ha contado con una audiencia homosexual. Los primeros en documentarla fueron novelistas como José Donoso en *El lugar sin límites* (1965) y Manuel Puig en *El beso de la mujer araña* (1976) (Strongman). En la década de 1980 la asociación entre el bolero y la comunidad gay se cimenta con novelas como *La importancia de llamarse Daniel Santos* (1988) de Luis Rafael Sánchez y, sobre todo, mediante el recurrente uso de boleros en los filmes del cineasta español Pedro Almodóvar. Desde la perspectiva de los estudios de género, la contribución más importante de estas obras es que nos obligan a reconsiderar el discurso heterosexual del bolero, proponiendo resignificarlo como expresión transgresiva *queer* (Poe; Knights "Queer Pleasures"; Strongman; La Fountain-Stokes).

Quizá la relectura homosexual más sobresaliente de un bolero de Gatica sea el uso de "Encadenados", grabado por Gatica en 1957, en el film de Almodóvar *Entre tinieblas* (1983). En la escena climática del film, y por casi dos minutos, la Madre Superiora y Yolanda, una cantante de cabaret que está viviendo temporalmente en el convento escondiéndose de la policía, se cantan "Encadenados" la una a la otra, mirándose intensamente a los ojos, sobre la grabación de Gatica. Vanessa Knights nota que en esta escena la canción no sólo es "recast to signify in lesbian terms", sino que además el contenido trágico de la letra (amar entre nosotros es un martirio) expresa la imposibilidad de consumar este deseo ("Queer Pleasures", 96-97).

Además de "Encadenados", Gatica grabó dos boleros considerados himnos de la comunidad gay latinoamericana, "Tú me acostumbraste" de Frank Domínguez –"el primer éxito de y para los entendidos", en palabras de Monsiváis (*Que se abra*, 130)– y "Alma mía" de María Grever. Aunque estos boleros no especifican un amante del mismo sexo, ambos sugieren una diferencia significativa para un público homosexual obligado a vivir en la era del clóset (Bollow). El primero se refiere a ser tentado por "todas esas cosas", por el "mundo raro" del amante, mientras que el segundo presenta el sufrimiento de vivir una vida fingida llena de "secretos", y el deseo de encontrar "un alma como la mía" a quien contarle "cosas secretas". Como resume Monsiváis en un artículo sobre el gueto gay mexicano, "La idea de filtrar lo gay calificándolo de mundo raro o de amor extraño (lo *queer*), es una de las tantas estrategias para decir la verdad (*Que se abra*, 132).

El repertorio de Gatica en general se presta para una lectura homoerótica, ya que muchos de los boleros que grabó no incluyen referentes gramaticales que predeterminen el género del receptor (e. g. "Sinceridad", "Bésame mucho", "Amor mío", "Amor secreto", "Contigo en la distancia", "No me platiques más"). Aunque en la década de 1950 se subentendía a Gatica en un contexto heterosexual, dentro del cual le cantaba a una mujer, la mayoría de sus boleros no especifican más que los ambiguos "tú" o "nosotros".

Los boleros de género ambiguo eran la opción más viable para las compositoras. Dado que la industria del bolero estaba dominada por cantantes masculinos, componer desde una perspectiva explícitamente femenina hubiera limitado considerablemente las posibilidades de grabación de sus canciones. Gatica nunca grabó un disco dedicado a compositoras, sin embargo regularmente incluyó en sus discos canciones compuestas por mujeres, como "Bésame mucho", "Que divino" y "Que seas feliz" de Consuelo Velázquez, "Alma mía" de María Grever, "En nosotros" de Tania Castellanos, "Y entonces" de Sylvia Rexach, y "¿Qué sabes tú?" de Myrta Silva. Como sugiere Iris M. Zavala, "El bolero escrito por mujer introduce nuevas variantes y estrategias, en fugas del principio del placer, que parece estar escapándose constantemente" (106). La incorporación de estos boleros es una estrategia que forma parte del proyecto modernizador de Gatica, que ciertamente resonó con sus audiencias femenina y homosexual masculina.

La ambigüedad de género en los textos del bolero se extiende en varios casos al uso de un registro vocal andrógino. Los cantantes Bola de Nieve y Antonio Machín, y los tríos Los Panchos y Los Tres Diamantes utilizan un registro alto regularmente. Por su contraparte, Toña la Negra, Ruth Fernández, Elvira Ríos y Lucecita Benítez se acercan a la androginia mediante el uso de su registro bajo (Zavala, 23-28). Aunque Gatica tiene una tesitura de tenor, su uso delicado del registro alto ha sido reconocido como afeminado. Juan Gelpí, por ejemplo, describe la voz de Gatica como "una voz masculina atípica" por su "timbre alto", cercano al registro femenino (201).

En su libro *Tropics of Desire: Interventions from Queer Latino America*, José Quiroga expande esta idea:

> Lucho Gatica always played the sentimental, suave, elegant gentleman of the night. His hair was always overladen with brilliantine to the point where the blackness of his hair would reflect the lights of the cabaret. His voice was always compared to a silky surface–it was not falsetto, but it was almost feminine in its command of the high registers. There was no doubt as to Gatica's masculinity, but it was clear that the performance of his masculinity was contingent on the almost feminine delicacy of his voice (161).

Esta "delicada femineidad", como Quiroga propone, le permitía a Gatica interpelar a una audiencia homosexual que podía leer su "performance disonante entre cuerpo y voz" (161). Es posible que la femineidad que identifica Quiroga tenga que ver no sólo con la voz como instrumento, sino también con el hecho de que su estilo de bolero filin era identificado con cantantes mujeres. Aunque la mayoría de los compositores de bolero filin eran hombres, las intérpretes más exitosas eran mujeres como Olga Guillot, Elena Burke, Omara Portuondo y La Lupe. Lucho Gatica forjó su estilo imitando a Guillot y adoptando su repertorio, lo que lo posiciona en una genealogía femenina de interpretación bolerística.

Pedro Lemebel, en su crónica "Lucho Gatica: el terciopelo ajado del bolero", sugiere que ya desde sus comienzos en Chile Gatica tenía una audiencia homosexual de "colizas que lo soñaban a media luz". Pero a diferencia de Quiroga, Lemebel sí pone en duda la heterosexualidad de Gatica, describiéndolo directamente como "medio raro". Lemebel ilustra el afeminamiento de Gatica citando la primera estrofa de "Encadenados", el mismo bolero escogido por Almodóvar para representar un deseo lésbico inconsumable:

> Aunque [Gatica] trataba de enronquecer la felpa de su garganta, el "Quizás sería mejor que no volvieras" igual le salía amariconado, aunque intentaba ensuciar el raso opaco de su laringe, el "Quizás sería mejor que me olvidaras" provocaba molestias entre los machos tangómanos, que por esos años, imponían el acento marcial del ritmo porteño (146).

Llama la atención que Lemebel contraponga el afeminamiento del bolero de Lucho Gatica a la masculinidad marcial del tango. Gatica grabó varios tangos, entre ellos "Espérame en el cielo" y "Yo tengo un pecado nuevo", pero siempre abolerados, es decir, en ritmo de bolero. Al parecer los ritmos angulares del tango tenían que ser suavizados para encajar con el instrumento afelpado de Gatica. Es más, es notable que Lemebel yuxtaponga una falta de masculinidad con una falta de claridad en el acento rítmico, una de las críticas más persistentes que le hacía la prensa chilena durante los años cincuenta.

Un pequeño defecto: Gatica y los críticos

A pesar de que las grabaciones de Lucho Gatica en México tuvieron un éxito masivo en Chile, la crítica especializada solía describir su estilo como exagerado, sensiblero y afectado. En 1957, *Revista Ercilla* publica que "Los críticos especializados del género serio afirman que Lucho Gatica es un caso de aprovechamiento del sentimentalismo popular, pero le reconocen un estilo muy personal y una voz grata" (Cid, 5). Al año siguiente, "Encadenados" fue elegida como canción del año por *Revista Ecrán*, sin embargo, el resultado del concurso fue controversial. Los críticos unánimemente apoyaban otra canción, pero "Encadenados" ganó gracias al apoyo masivo de las fans del cantante (González, Ohlsen y Rolle, 180-181).

Más recientemente, un importante estudio describe las grabaciones hechas en México como 'afectadas' en comparación con sus primeras en Chile (González, Ohlsen y Rolle). En sus grabaciones tempranas, González, Rolle y Ohlsen escriben, "su voz se escucha joven y fresca, sin las afectaciones y efectos guturales que desarrollará a partir de sus grabaciones en México, tres años más tarde. Si bien ya se percibe un tímido rubato, todavía se rige por el apego al pulso" (512). El desdén hacia el uso excesivo de *rubato* no es nuevo. Ya la crítica chilena de mediados de los cincuenta se manifestaba en contra del uso que Gatica hacía de éste:

La flexibilidad rítmica de Gatica –su continuo uso del rubato– desconcertaba a la crítica chilena de la época. *Ecrán*, por ejemplo, considera que, si bien Gatica constituía el intérprete masculino más completo de Chile en 1954, hay en él "un pequeño defecto", que consiste en "perder el ritmo al dar su interpretación personal a las canciones". No desentona, señala *Ecrán*, "sino que arrastra la melodía, dándole un tono excesivamente lento". La crítica continuará en *Ecrán* tres años más tarde, cuando Camilo Fernández se manifieste en contra de la sobreinterpretación de Gatica y lo que considera su exagerado uso de la respiración como recurso dramático (González, Ohlsen y Rolle, 513).

El comentario final del influyente crítico Camilo Fernández sobre el uso de la respiración como recurso dramático se puede entender como una crítica al estilo *crooner* en general. El énfasis que el micrófono podía poner en la corporalidad del cantante era considerada por críticos y profesores de canto como una "desnaturalización" de la técnica correcta del canto (González, 32).

Mientras que el canto operático daba la impresión de requerir educación formal y esfuerzo físico, la declamación relajada de los *cro-*

oners parecía inmediata y fácil de reproducir. La aparente falta de esfuerzo tenía una connotación negativa, por cuanto los *crooners* parecían "no hacer nada" en el escenario. McCracken nota que en los años veinte, "a man who did 'nothing' but croon into a microphone in the natural easy fashion of these singers could potentially undermine the standards of masculinity established by a band's hard-working, professionally trained musicians" (371). Todavía en los años treinta, el canto con micrófono era considerado como una limitación y una señal de debilidad. Los críticos regularmente calificaban la voz de los *crooners* como "demasiado pequeñas, casi inexistentes" (McCracken, 382), y los comentarios sobre el tamaño de la voz iban acompañadas de una crítica a la supuesta heterosexualidad del cantante. De hecho, Bing Crosby explica en su autobiografía que un *crooner* que cantaba con una banda "corría el riesgo de que se cuestionara su masculinidad" (citado en McCracken, 372).

En el México de los cincuenta, cantar como *crooner* también era considerado un trabajo fácil. Lucho Gatica, por ejemplo, era presentado por su disquera Musart como un artista que conquistó la fama "con increíble rapidez y al parecer sin desarrollar demasiado esfuerzo […] sin ningún trabajo" (Lucho, Musart D261). El historiador cubano del bolero Tony Évora, por su parte, adscribe la popularidad de Gatica no a su propio esfuerzo, sino al resultado de un aparato publicitario efectivo. Gatica, propone Évora, "reflejó la aparición del espectáculo, de la televisión, del lanzamiento publicitario incluso" (Évora 33).

Adjetivos como "excesivo", "decadente" y "afeminado" fueron utilizados para describir, no sólo a Lucho Gatica, sino a una variedad de boleristas de los cincuenta y sesenta, desde Olga Guillot y La Lupe hasta el trío Los Tres Diamantes. El musicólogo cubano Natalio Galán, por ejemplo, describe el bolero de Guillot no como evolución, sino como "manifestación regresiva […] que puede considerarse bolero 'camp' por su afectación" (296-297). Monsiváis, quien fuera el mayor defensor de la importancia sociocultural del bolero, describe el estilo vocal de Los Tres Diamantes como "sacarina", "miel de multi-familiares" y "travestismo" (*Días*, 362). En su *Historia de la música popular mexicana*, Yolanda Moreno Rivas no oculta su rechazo al estilo de los tríos durante los cincuenta. Moreno Rivas escribe que con los tríos que siguieron a los Panchos "se llegó a un exceso de barroquismo en el uso del requinto y a un amelifluamiento afeminado en las voces, que colocaron el estilo del trío en el margen entre la chabacanería y el sentimentalismo cursi" (162-163).

Es notable que, treinta años más tarde, cuando el cantante mexicano Luis Miguel decidió probar algo distinto a su estilo de balada pop y grabar un disco de boleros, su inspiración fue el bolero "excesivo" y "decadente" de los cincuenta, más precisamente el de Lucho Gatica. Su disco *Romance* (1991) incluye cinco canciones que fueron éxitos en la voz de Gatica (y sólo dos con fecha de composición anterior a 1950), arreglos para orquesta al estilo de Sabre Marroquín, y fotografías que evocan la estética de Gatica en México. El disco vendió millones de copias e inspiró un retorno del bolero en todo el mundo de habla hispana.

Por otra parte, "sentimentalismo cursi" es exactamente lo que buscaba evocar Almodóvar mediante el uso del bolero. No es casualidad, entonces, que en sus filmes Almodóvar utilice bolero filin y bolero moderno de los cincuenta con mayor frecuencia que boleros de la era clásica. A diferencia de los críticos, Almodóvar reconoce la "sobreinterpretación" del bolero filin y moderno como sinceridad emotiva. A través de su lente, la artificialidad de lo *camp* se convierte en un mecanismo para conferir autenticidad a las emociones de sus personajes (Knights, "Queer Pleasures", 98). Si pudiéramos imaginarnos un diálogo transatlántico entre crónica y ficción, la pregunta abierta de Monsiváis, "¿Cómo pudieron gustarme tanto los Tres Diamantes?" (*Días*, 362), encontraría una respuesta en *Entre tinieblas* de Almodóvar, "Es la única música que habla, que dice la verdad de la vida".

OBRAS CITADAS

BOLLOW, Tanja. "El bolero y la subcultura homosexual". *Moderne Sprachen* 51 (2007): 267-286.

CHAPIN, Heather, Kelly JANTZEN, J. A. SCOTT KELSO, Fred STEINBERG y Edward LARGE. "Dynamic Emotional and Neural Responses to Music Depend on Performance Expression and Listener Experience". *PLoS ONE* 5.12 December (2010): e13812.

CID, Enrique. "Lucho Gatica, Ceniciento del bolero: su canto lo hace millonario". *Revista Ercilla* 1130, 6 de enero (1957): 4-5.

DONOSO, José. *El lugar sin límites*. México: Alfaguara, 1995.

ÉVORA, Tony. *El libro del bolero*. Madrid: Alianza, 2001.
FERNÁNDEZ PONCELA, Anna María. *Pero vas a estar muy triste y así te vas a quedar. construcciones de género en la canción popular mexicana*. México: Instituto Nacional de Antropología e Historia, 2002.
GALÁN, Natalio. *Cuba y sus sones*. 1983. Valencia: Pre-Textos, 1997.
GARCÍA, Marisol. "'Creo que mi retiro está cerca': entrevista a Lucho Gatica". *La Nación*, 20 de enero, 2007. [Accesible en <http://www.lanacion.cl/prontus_noticias/site/artic/20070120/pags/20070120173822.html>.]
GELPÍ, Juan. "El bolero en Ciudad de México: poesía popular urbana y procesos de modernización". *Cuadernos de Literatura* 4.7-8 (1998): 197-212.
GIRO, Radamés. *El filin de César Portillo de la Luz*. La Habana: Ediciones Unión, 2001.
GONZÁLEZ, Juan Pablo. "El canto mediatizado: breve historia de la llegada del cantante a nuestra casa". *Revista Musical Chilena* 54, 194 (2000): 26-40.
GONZÁLEZ, Juan Pablo, Óscar OHLSEN y Claudio ROLLE. *Historia social de la música popular en Chile, 1950-1970*. Santiago de Chile: Universidad Católica de Chile, 2009.
KNIGHTS, Vanessa. "Modernity, Modernization and Melodrama: The Bolero in Mexico in the 1930S and 1940S". *Contemporary Latin American Cultural Studies*. Eds. Stephen Hart y Richard Young. New York: Arnold, 2004, pp. 127-139.
— "Queer Pleasures: The Bolero, Camp and Almodóvar". *Changing Tunes: The Use of Pre-Existing Music in Film*. Eds. Phil Powrie and Robynn Jeananne Stilwell. Burlington, VT: Ashgate, 2006, pp. 91-104.
LA FOUNTAIN-STOKES, Lawrence. "Trans/Bolero/Drag/Migration: Music, Cultural Translation, and Diasporic Puerto Rican Theatricalities". *WSQ: Women's Studies Quarterly* 36.3-4 (2008): 190-209.
LEMEBEL, Pedro. *Loco afán. Crónicas de sidario*. Barcelona: Anagrama, 2000.
MCCRACKEN, Allison. "'God's Gift to Us Girls': Crooning, Gender, and the Re-Creation of American Popular Song, 1928-1933". *American Music* 17.4 (1999): 365-395.
MONSIVÁIS, Carlos. *Días de guardar*. México: Era, 1970.
— *Que se abra esa puerta: crónicas y ensayos sobre la diversidad sexual*. México: Paidós, 2010.
MORENO RIVAS, Yolanda. *Historia de la música popular mexicana*. Mexico: Patria, 1989.
POE, Karen. "The Bolero in the Cinema of Pedro Almodóvar". *Music, Sound, and the Moving Image* 4.2 (2010): 177-195.
PONCE, David. "Lucho Gatica", <http://www.musicapopular.cl/3.0/index2.php?op=Artista&id=171>.

Puig, Manuel. *El beso de la mujer araña.* Barcelona: Seix Barral, 1976.
Quiroga, José. *Tropics of Desire: Interventions From Queer Latino America.* New York: Nueva York University Press, 2000.
Rico Salazar, Jaime. *Cien años de boleros: su historia, sus compositores, sus mejores intérpretes y 700 boleros inolvidables.* 5ª ed. Bogotá: Jaime Rico Salazar, 2000.
Rojas Donoso, Gonzalo. *Contigo en la distancia: Lucho Gatica, el rey del bolero.* Santiago de Chile: Ediciones Cerro Huelén, 1992.
Sánchez, Luis Rafael. *La importancia de llamarse Daniel Santos: Fabulación.* Hanover: Ediciones del Norte, 1988.
Strongman, Roberto. "The Latin American Queer Aesthetics of El Bolero". *Canadian Journal of Latin American and Caribbean Studies* 32, 64 (2007): 39-78.
Valerio-Holguín, Fernando. "Jacques Lacan, Lucho Gatica y Pedro Vargas: El imaginario bolerístico en *Sólo cenizas hallarás* (Bolero)". *La Torre: Revista de la Universidad de Puerto Rico* 4.11 (1999): 109-120.
Vargas Llosa, Mario. *La Tía Julia y el escribidor.* Barcelona: Seix Barral, 1977.
Zavala, Iris M. *El bolero: historia de un amor.* Madrid: Celeste, 2000.

IV. Textualidad, afecto y esfera pública

Afecto, política y experiencia cinematográfica en *El águila y la serpiente* (1928)

Adela Pineda Franco
Boston University

Un famoso episodio de *El águila y la serpiente* (1928),[1] novela autobiográfica de Martín Luis Guzmán, describe elocuentemente el potencial político de los afectos generados por un documental cinematográfico durante la Convención de Aguascalientes en el año 1914. En dicho episodio el yo autobiográfico sitúa la producción y exhibición de documentales relativos a la Revolución mexicana en un momento de alta tensión respecto al acceso y control del poder político por parte de los diversos grupos revolucionarios, particularmente, villistas, zapatistas y carrancistas. Tal contextualización es consecuente con los hechos históricos, ya que 1914 marca el comienzo de la desintegración de una efímera alianza entre las facciones revolucionarias para derrocar a Victoriano Huerta, el usurpador de la presidencia de Francisco I. Madero (1911-1913). La Convención había sido convocada por Venustiano Carranza, jefe del Ejército Constitucionalista, con el fin de reunir a los diversos jefes militares y gobernadores estatales, y discutir el futuro del país ante la caída de Huerta. Después de las primeras sesiones en la Ciudad de México, los revolucionarios decidieron trasladarse a la ciudad de Aguascalientes para neutralizar la intención de Carranza de monopolizar el poder políti-

---

1. "La película de la Revolución", 417-422.

co. Fue así como la Convención se llevó a cabo en esta ciudad durante octubre y noviembre de 1914, sin la participación de Carranza. Se optó por el término "Convención" en memoria de la Convention Nationale (París, 1792-1795), en la que se habían acordado muchas de las reformas más importantes de la Revolución francesa, una decisión finalmente irónica, porque, como bien ha hecho notar el historiador Friedrich Katz:

> ...la Convención francesa también había sido el escenario de profundos conflictos entre facciones, lo que condujo a brutales masacres de revolucionarios contra revolucionarios. Irónicamente, éste fue el mayor parecido entre ambas convenciones, ya que la lucha más sangrienta de la Revolución mexicana tuvo lugar después de la Convención (375; mi traducción).

El narrador Guzmán hace alusión a la manipulación premeditada de las tecnologías visuales, principalmente la fotografía y el cine, por parte de los diversos caudillos, particularmente de Carranza, cuya inversión en la producción masiva de fotografías promocionales había sido espectacular (418). En este episodio, Carranza, habiendo descubierto el potencial del cine para incitar una correlación entre afecto y política, y así subordinar las facciones revolucionarias bajo su mando, envió a uno de sus fotógrafos oficiales a la Convención.[2] El fotógrafo traía consigo una cinta documental de las grandes hazañas revolucionarias que debía ser proyectada a los asistentes de la Convención. La función del cine como instrumento de cohesión política ante la inminente fragmentación de la Revolución, era decisiva en ese momento. En palabras de Guzmán:

> Porque nada en verdad tan oportuno en aquella hora del llamamiento a la concordia, como hacer que los jefes de los grupos disidentes se vieran de nuevo, así fuese sólo en la pantalla, batallando juntos por la empresa guerrera y política de que ya eran constancia documental las escenas grabadas en la cinta de celuloide. Allí se veía a Carranza rodeado de los mismos que ahora intentaban desconocerlo (419).

---

2. Se trata de Jesús H. Abitia en el recuerdo especulativo de Guzmán.

Las reflexiones de Guzmán sobre la ilusión de realidad producida por el cine para generar una identificación entre el público y los personajes en la pantalla, y sobre la capacidad de este medio para ocultar el proceso de producción y así evitar el desarrollo de un pensamiento crítico, son representativas de las prerrogativas de la ciudad letrada latinoamericana al despuntar el siglo XX, con la aparición de los medios masivos que democratizaron la cultura dando acceso a nuevas e impensables experiencias sociales. La gran mayoría de los intelectuales latinoamericanos experimentó un "terror letrado"[3] ante la aparición del cine que, a través del poder seductor de la imagen y sin la intermediación de la palabra escrita, moldeaba la opinión pública como nunca antes lo había hecho ningún otro medio. Para los años veinte, la industria cinematográfica, particularmente la norteamericana, había alcanzado gran desarrollo. Por ello, en 1928, cuando la Revolución mexicana había entrado en franco proceso de estatización a través de la cultura oficial, la chilena Gabriela Mistral reparaba en la pérdida de autoridad de la palabra escrita para controlar la reproductibilidad del México revolucionario fuera de los límites edificantes del nacionalismo en un contexto transnacional:

> Si México pusiera, en cada plaza mayor de ciudad europea o americana, a un conferencista que hiciese su defensa, tendría una millonésima parte del éxito que consigue el cine... Si México pagase un periódico de cada país para su propaganda, tampoco conseguiría echar atrás esa marejada de desprestigio. Ninguna defensa cabe, dentro de la propaganda hablada o escrita, contra esa eficacia terrible de la imagen (Borge, 105).

Pese a este terror letrado frente al cine como "corruptor" de lo nacional, los intelectuales de la generación de Guzmán, los ateneístas, no dejaron de ser seducidos por el nuevo medio[4] e incluso se apropiaron de sus estrategias para mantener su papel de intermediarios entre los grupos subalternos y la cultura oficial; algunas veces incentivaron la

---

3. Expresión de Graciela Montaldo para referirse a los escritores modernistas ante la masificación de la cultura durante el fin de siglo. Consultar bibliografía.
4. Guzmán y Alfonso Reyes escribieron numerosos ensayos sobre cine bajo el pseudónimo de "Fósforo" durante su estancia en Madrid en 1915, muchas de las cuales fueron reunidas en *El cine que vio Fósforo*.

idea de un cine nacional a partir de la elaboración de guiones que contrarrestaran la perniciosa influencia de Hollywood tan criticada por Mistral.[5] Por otro lado, las tecnologías visuales, principalmente el cine, constituyeron los principales vehículos de institucionalización de la Revolución durante los años veinte y treinta en México. Para finales de los treinta, se contaba con una prominente industria nacional que diseminaba una visión edulcorada de la Revolución fuera de las fronteras mexicanas.

El águila y la serpiente fue escrita antes de que el nacionalismo se consolidara como cultura oficial, durante el segundo exilio de Guzmán en Madrid y París, precisamente en los años en que Gabriela Mistral se lamentaba de la imagen degradada que el cine de Hollywood enviaba de México al mundo entero ante la impotencia de la cultura letrada mexicana. Guzmán optó por la palabra escrita para contribuir a la memoria histórica de la Revolución en un contexto también transnacional; sus dos afamadas novelas no sólo fueron escritas en Europa sino publicadas por entregas en periódicos de Estados Unidos.[6] La intención de Guzmán no era, sin embargo, contribuir a la edificación simbólica de la nación afirmando la continuidad entre la consumación del conflicto armado y la consolidación del naciente Estado revolucionario, siendo que ese mismo Estado lo había conducido al autoexilio. Como intelectual revolucionario, Guzmán se alió a los caudillos equivocados, aquellos que finalmente perdieron la lucha. *El águila y la serpiente* es un recuento de dicho fracaso, pero sobre todo de sus dudas como intelectual frente a Francisco Villa durante la lucha armada.

El episodio "La película de la Revolución" puede leerse como una reflexión sobre la impotencia intelectual del narrador ante el curso indomable de la Revolución. Curiosamente esta impotencia intelectual no se define respecto a "la eficacia terrible de la imagen" por sobre las conciencias de los revolucionarios, sino ante la sorpresiva

---

5. José Vasconcelos, por ejemplo, optó por la escritura de un guión cinematográfico sobre Bolívar para contrarrestar los efectos de *Juárez* (1939), película de Hollywood. Sobre este episodio, consultar Conn.

6. *El águila y la serpiente* (1928) y *La sombra del caudillo* (1929) aparecieron, en episodios, en *La Prensa* (San Antonio, Texas) y *La Opinión* (Los Ángeles, California), entre febrero de 1925 y noviembre de 1929.

rebelión de éstos contra las intenciones políticas detrás de esa imagen, puesto que los revolucionarios actúan sin ser guiados por su intermediación intelectual. A pesar de que, impermeable al poder seductor del documental, Guzmán lleve a cabo una incisiva crítica a las respuestas afectivas de los revolucionarios, también vislumbra el potencial político de estos afectos, un potencial manifiesto en el contexto de la recepción cinematográfica.

A medida que transcurre la proyección, el narrador intuye que la potencia política del documental reside en una zona afectiva, inasimilable desde el punto de vista de la significación narrativa. En "La película de la Revolución" hay un nivel informativo que da cuenta del desarrollo cronológico del conflicto armado y permite visualizar la Revolución como una narrativa coherente, con principio, desarrollo y fin; en segundo lugar, está el nivel simbólico,[7] manifiesto en el desfile "de los adalides revolucionarios y sus huestes, nimbados por la luminosidad del cinematógrafo y por gloria de sus hazañas" (422). En estas escenas luminosas se finca una visión épica y trascendental de la lucha. Sin embargo, las respuestas afectivas del público, particularmente en el momento en que Venustiano Carranza hace su aparición luminosa en la pantalla, no corresponden a ninguna de estas intenciones:

> De los siseos mezclados con aplausos en las primeras veces en que se le vio, se fue pasando a los siseos francos; luego, a los siseos parientes de los silbidos; luego, a la rechifla abierta; luego, al escándalo. Y de este modo, de etapa en etapa, se alcanzo al fin, al proyectarse la escena en que se veía a Carranza entrando a caballo en la ciudad de México, una especie de batahola de infierno que culminó en dos disparos (422).

El documental incita en los espectadores, por una suerte de contagio, una emoción social. Sus reacciones afectivas constituyen un gesto de subversión política frente a los objetivos propagandísticos del documental.

El discernimiento de la Revolución a partir de los afectos materializados en las reacciones corporales de los revolucionarios, se convier-

---

7. Se entiende simbólico no en el sentido lacaniano sino semiótico, como el nivel de la significación, tal como lo piensa Roland Barthes en su clásico ensayo sobre los fotogramas de Eisenstein y "lo fílmico".

te en una perturbación de toda interpretación trascendente, ulterior y universal. Una manera de reflexionar sobre este tipo de discernimiento es a partir del cuestionamiento que, en su *Ética*, Spinoza hace al principio cartesiano de la moral como fundamento para dominar las pasiones a través de la conciencia. Gilles Deleuze encuentra en Spinoza la búsqueda de un conocimiento inmanente y cualitativo de las afecciones del cuerpo para descubrir, de manera paralela, los poderes de la mente que se le escapan a la conciencia (18). El conocimiento consciente confunde los efectos con las causas y establece un sistema de valor basado en la ilusión de una finalidad; por ello, subordina el conocimiento afectivo a un universo o ente superior. Con sus viscerales disparos, estos espectadores contradicen el conocimiento que, a nivel consciente, propugna el documental: la idea de una revolución nacional cohesionada bajo el liderazgo de Carranza.

Por otra parte, si pensamos que el documental estaba pensado como un aparato de poder, cuyo objetivo era precisamente incitar el potencial afectivo de los espectadores pero en beneficio de Carranza, ¿por qué falló? Guzmán únicamente da cuenta de la impugnación del documental que llevan a cabo los revolucionarios guiados por sus pasiones. No obstante, a partir de la lógica narrativa de todo el episodio, Guzmán invita a pensar que el afecto no es una respuesta secundaria a un discurso ideológico formulado a priori a través del proceso de edición del documental. El potencial afectivo que conduce a la acción rebasa este cálculo porque es impredecible, por ello constituye un límite oportuno al funcionamiento efectivo del poder político y sus tecnologías.[8]

Ahora bien, no es posible afirmar que la de Guzmán sea una interpretación favorable a un discernimiento afectivo de la Revolución. De hecho, a lo largo de toda la novela, durante la lucha armada al lado de Villa, el narrador protagonista trata de proteger su integridad crítica de esas pasiones malsanas de 'los de abajo", siempre con gran inquietud de perder su buen juicio intelectual. Si la respuesta afectiva de los espectadores revolucionarios se mira desde la óptica de este buen juicio intelectual, es claro que se trata de una experiencia visual hipertrofia-

---

8. Sobre la imprevisibilidad de los afectos y su relación con el poder político y las nuevas tecnologías en la era actual, véase Anderson.

da, originada por el cine y su efecto de realidad: los revolucionarios, como los prisioneros en la caverna de Platón, miran las sombras luminosas en la pantalla confundiéndolas con entes reales.[9] Desde esta perspectiva, sólo la razón puede cuestionar el simulacro de realidad propiciado por el espectáculo visual. No obstante, hacia el final del episodio, un giro irónico pone en entredicho estas certezas intelectuales.

Al no encontrar asiento en la sala de proyección saturada de revolucionarios, Guzmán y sus acompañantes provillistas deciden ubicarse detrás de la tela de algodón que funge de pantalla, y así ver no sólo el documental (en posición invertida), sino también la reacción de los espectadores. Instalado en una cómoda butaca, tras bambalinas, Guzmán recuerda experimentar "una tranquila holgura que contrastaba con los apretujamientos de la sala" (417). Tal ubicación es sin duda propicia para generar un estado mental sereno y despejado, evitando el peligro de contagio del furor manifiesto en los espectadores al otro lado de la pantalla. Es desde este privilegiado mirador donde el narrador hace su recuento imparcial de la recepción cinematográfica, despejando la confusión entre realidad y simulacro propiciada por el cine, y desentrañando el fundamento ideológico del documental. Sin embargo, precisamente a causa de esta disposición, Guzmán y sus compañeros se convierten en el blanco impremeditado pero verdadero de los disparos. Guzmán narra el incidente no sin cierta dosis de humor:

> Ambos proyectiles atravesaron el telón, exactamente en el lugar donde se dibujaba el pecho del Primer Jefe, y vinieron a incrustarse en la pared, uno a medio metro por encima de Lucio Blanco, y el otro, más cerca aún, entre la cabeza de Domínguez y la mía. Si como entró el Primer Jefe a caballo en la ciudad de México, hubiera entrado a pie, las balas habrían sido para nosotros.
> ¡Ah, pero si hubiera entrado a pie no habría sido Carranza, y no habiendo habido Carranza, tampoco hubiera habido disparos, pues no hubiera existido la Convención! (422).

El pasaje no es sólo humorístico sino también irónico porque, hasta este punto en el argumento de la novela, Guzmán se ha manifestado

---

9. Martin Jay hace alusión a la alegoría de la caverna para argumentar la desconfianza de Platón frente a la percepción sensorial, principalmente visual, y que se prolongó en diversos pensadores occidentales a lo largo de la historia (27).

como un opositor crítico de Carranza y un partidario, si bien cauteloso, de Villa. No es ninguna coincidencia que comparta el mirador tras bambalinas con Lucio Blanco, un general originalmente carrancista, cuyas insalvables desavenencias con Carranza y Obregón respecto al reparto agrario en el Norte del país, determinaron su lealtad a la Convención y no a Carranza (Katz 339, 461). En efecto, es irónico que estos tiros, disparados con emoción anticarrancista, pudieran haber matado a Guzmán, un intelectual igualmente crítico del Primer Jefe. En la novela, Guzmán claramente comparte el sentimiento anticarrancista de los revolucionarios, pero la respuesta afectiva de éstos (ese impulso rebelde e impredecible hacia la acción política, "desde abajo"), constituye ciertamente una amenaza a sus certezas intelectuales y a su visión trascendental de la Revolución. Con sus respuestas afectivas, los espectadores han integrado el documental a la contingencia del acontecer revolucionario, arrastrando al intelectual hacia su violencia e interrumpiendo su acto contemplativo. Tal vez, el objetivo propagandístico del documental no haya surtido efecto precisamente porque su proyección tuvo lugar en un momento de inquietante desbordamiento revolucionario.

Como se mencionó anteriormente, el episodio "La película de la Revolución" elabora una preocupación central de toda la novela: el encuentro del intelectual con las respuestas afectivas a la Revolución por parte de los contingentes no letrados. En otros episodios esta preocupación se desarrolla a partir de la figura clasista de la masa revolucionaria, cuya emoción colectiva pone en peligro la subjetividad del intelectual. Éste es el caso de "Una noche de Culiacán" (264-269). En este episodio Guzmán camina por una calle desierta y oscura cuando tropieza, cae al lodo, y es subsecuentemente rescatado por un soldado andrajoso. Ciego, a causa de la profunda oscuridad de la noche, Guzmán sólo es capaz de percibir el contacto de ese cuerpo maloliente que lo sujeta del cuello y lo arroja a la vorágine de la masa revolucionaria, donde experimenta la capacidad afectiva del contagio social:

> La oscuridad me cegaba ahora más que antes. La multitud en cambio, gracias a la acción de un nuevo sentido, se volvió para mí más perceptible. Dentro de su perímetro, que yo no veía, pero que sentía, se formó un alma de unidad colectiva: la muchedumbre se incorporó y comenzó a agitarse como un cuerpo solo, empezó a ondular, a mecerse,

a bambolearse.... el temblor que sometía ahora el total de la masa a una sola voluntad era evidente: uno como fluido corría de cuerpo en cuerpo. Se esbozó primero una onda hacia la parte donde estábamos yo y el bruto que me sujetaba cada vez con más fuerza (268).

Mucho se ha escrito sobre el Ateneo de la Juventud, círculo que sentó las bases del pensamiento de Guzmán respecto a la Revolución mexicana. En particular, el grupo se ha vinculado con un pensamiento humanista, concebido como una afrenta idealista a la visión positivista que dominó el siglo XIX. Sin embargo, los ateneístas no rompieron del todo con el positivismo ni basaron su idealismo únicamente en postulados platónicos. A partir de su contacto intelectual con el simbolismo finisecular, interpretaron la Revolución mexicana en términos de una idea platónica de México, pero a partir de una relación entre el ámbito de lo concreto, reino de los sentidos, y el de lo trascendental, sentido ulterior y originario de las cosas. El análisis de *La sombra del caudillo* de Jorge Aguilar Mora gira en torno a la manera en que Guzmán trató de elaborar esta relación sin contradicciones. Con la aplicación de un método positivista a los postulados platónicos, Guzmán dedujo, según Aguilar Mora, que al sentido ulterior de la Revolución se llegaba con una revelación interior, pero desde la experiencia propia y sólo a través de los sentidos.

Los episodios aquí comentados evidencian las flaquezas de este método porque la experiencia afectiva de la Revolución condujo a Guzmán, no a una revelación edificante, sino a un campo de intensidades, donde su función de intelectual y de ideólogo de la Revolución se encontraba constantemente amenazada. Al final de "Una noche de Culiacán" el narrador manifiesta abiertamente este recelo:

> Chapoteando en el lodo, perdidos en la sombra de la noche y de la conciencia, todos aquellos hombres parecían haber renunciado a su humanidad al juntarse. Formaban algo así como el alma de un reptil monstruoso, con cientos de cabezas, con millares de pies, que se arrastraba, alcohólico y torpe, entre las paredes de una calle lóbrega en una ciudad sin habitantes (269).

Con estas imágenes degradantes de la masa revolucionaria, Guzmán da cuenta de su impotencia intelectual y del potencial de los afectos en el cuestionamiento radical del orden social en 1914.

Para el año 2010, la imagen central de "La película de la Revolución", esa entrada triunfal de los revolucionarios a la gran ciudad, reaparece en *Revolución*, específicamente en el cortometraje del cineasta Rodrigo García.[10] Sin embargo, el escenario no es ya la capital mexicana sino Los Ángeles, enclave urbano paradigmático de grandes flujos migratorios, de la transnacionalización de la cultura mexicana y de la total erosión del imaginario nacionalista promovido por la cultura oficial mexicana a lo largo del siglo XX. La visión de los combatientes al calor de una lucha ya mitológica, superpuestos al paisaje urbano, ante la indiferencia de los citadinos, absortos en sus actividades rutinarias y en la virtualidad de sus celulares, no despierta furor alguno en los millones de espectadores que, por televisión a la hora de mayor audiencia o en las grandes salas de exhibición de México y el extranjero, vieron la película conmemorativa. No más que una relativa extrañeza ante la imagen de una revolución sin memoria, pudo haber sido la impresión que el corto de García generó en esos espectadores, hijos de una sociedad que ha incorporado todo afecto, incluso el revolucionario, al consumo. A cien años del fracaso de la Revolución, el histórico recelo que los intelectuales como Guzmán experimentaron frente al furor revolucionario se ha vuelto claramente improcedente.

Obras citadas

Aguilar Mora, Jorge. "El fantasma de Martín Luis Guzmán". *Fractal* 20 (2001), <http://www.fractal.com.mx/F20aguilar.htm> (30.06.2011).

Anderson, Ben. "Modulating the Excess of Affect: Morale in a State of 'total War'". *The Affect Theory Reader*. Eds. Melissa Gregg y Gregory J. Seigworth. Durham: Duke University Press, 2010, pp. 161-185.

Barthes, Roland. "The Third Meaning: Research Notes on some Eisenstein Stills". *Selected Writings*. Ed. Susan Sontag. Oxford/Collins: Fontana, 1983, pp. 317-332.

Borge, Jason. *Avances de Hollywood: crítica cinematográfica en Latinoamérica, 1915-1945*. Rosario: Beatriz Viterbo Editora, 2005.

---

10. Este cortometraje es uno de los diez que, bajo el título general *Revolución*, fue estrenado el 20 de noviembre de 2010 con motivo del centenario de la Revolución, simultáneamente en televisión, cine y redes virtuales.

CONN, Robert. "Vasconcelos as Screenwriter. Bolívar Remembered. Mexico Reading the United States". Eds. Linda Egan, Mary K. Long. Nashville: Vanderbilt University Press, pp. 41-56.
DELEUZE, Gilles. *Spinoza, Practical Philosophy*. Trad. Robert Hurley. San Francisco: City Lights Books, 1988.
GONZÁLEZ CASANOVA, Manuel (ed.). *El cine que vio Fósforo: Alfonso Reyes y Martín Luis Guzmán*. México: Fondo de Cultura Económica, 2003.
GUZMÁN, Martín Luis. *El águila y la serpiente. Obras completas*. Vol. 1. México: Fondo de Cultura Económica, 1984, pp. 195-500.
JAY, Martin. *Downcast Eyes: the Denigration of Vision in Twentieth-century French Thought*. Berkeley: University of California Press, 1993.
KATZ, Friedrich. *The Life and Times of Pancho Villa*. Stanford: Stanford University Press, 1998.
MONTALDO, Graciela. "El terror letrado. (Sobre el Modernismo latinoamericano)". *Revista de Crítica Literaria Latinoamericana* 40 (1994): 281-291.
Revolución. Directores: Carlos Reygadas, Gael García Bernal, Diego Luna, Rodrigo Plá, Amat Escalante, Mariana Chenillo, Patricia Riggen, Gerardo Naranjo, Rodrigo García y Fernando Eimbcke. Canana Films, Instituto Mexicano de Cinematografía (IMCINE), Mantarraya Producciones, 2010.
SPINOZA, Baruch de. *Ética: demostrada según el orden geométrico*. Trad. Óscar Cohan. México: Fondo de Cultura Económica, 1958.

Roberto Bolaño
y el fin del exilio

Román de la Campa
University of Pennsylvania

El "fenómeno Bolaño" ha sido repentino, global, y en gran medida póstumo, si se toma en cuenta que el autor muere en 2003, un año antes de la publicación de *2666* y cinco antes de *Los detectives salvajes*, sus novelas más complejas y ambiciosas. Ni siquiera durante el *boom* se había visto una figura capaz de motivar tantos premios, ventas, traducciones y reseñas en varios idiomas y en tan poco tiempo, un éxito editorial que en gran medida ha precedido la voz de críticos, teóricos e historiadores de la literatura latinoamericana.[1] Esa labor reflexiva –si acaso diferida por el interés inmediato en torno al marketing y la biografía del autor– se irá sedimentando con el tiempo, aunque también es posible postular que el campo de estudio no esperaba un acontecimiento literario de tal alcance.[2] Un esbozo de las

---

1. La antología de Celina Manzoni es uno de los primeros aportes importantes sobre este autor. La selección de ensayos editados por el *Journal of Latin American Cultural Studies* es otro, mas reciente, que contiene ensayos valiosos. Algunos de ellos se encuentran en las obras citadas.
2. El texto de Parkinson y Spitta refleja esta incertidumbre ante la obra de Bolaño en el resumen del tomo que editan, en el cual se encuentra el ensayo de Sarah Pollack dedicado al problema que presenta el éxito de Bolaño. Esta autora presenta un acopio valioso de información para sostener la queja de que Bolaño ha sido objeto de muchas traducciones al inglés ancladas en malas lecturas que reprendan mal a América Latina. El ensayo, sin embargo, no ofrece otras lecturas, sólo se adhiere al éxito del fenómeno editorial.

tendencias más conducentes desde los noventa permite observar manifiestos aleatorios tipo Crack o McOndo, apuestas menores ancladas en las tradiciones nacionales, y debates disciplinarios en torno a la deconstrucción, la colonialidad y los estudios culturales. Aunque diversos, y a veces opuestos, los tres comparten la duda y el vacío que el *boom* y su triunfalismo literario dejaron atrás, un contexto que oscila entre el duelo ante la época de discursos nacionales fallidos y la apertura incierta que brinda la nueva teleología de mercado.

Si bien muchos aplauden la obra de Bolaño, otros se detienen ante la sospecha que despierta su éxito descomunal, ya sea por el peso de engranajes editoriales españoles y norteamericanos, o por la ambición de sus temas. Junto a ello se observa la intriga en torno a la vida del autor, estrechamente vinculada a los episodios más superficiales de sus novelas, en particular la imagen del poeta rebelde y bohemio que invoca una nostalgia revolucionaria digna de *Diarios de motocicleta*.[3] En fin, la trivialización de la historia latinoamericana comúnmente asociada a los mitos del *boom* y su época por un lado, y la especulación editorial o biográfica por el otro, se anteponen a la recepción de Bolaño, frecuentemente determinando posiciones a favor o en contra, o posibilitando acercamientos que dispensan una lectura detenida de las obras. Retornar a ellas quizá exija examinar una vez más la oposición intrínseca entre literatura e historia literaria, más aun cuando se trata de una obra capaz de complicar los términos de una memoria cultural inmediata cuya relación con la literatura y la historia ha pasado al ámbito cada vez más equívoco del trauma.

Este ensayo se propone examinar la obra de Bolaño a partir del reto que pudiera ofrecer a la crítica actual.[4] El eje será el exilio, o mas bien la dislocación del mismo, según se manifiesta en sus dos grandes novelas, *Los detectives salvajes* y *2666*. Obviamente, se trata de un

---

3. El ensayo de Alberto Medina parte del principio de que sería una falta de rigor no estudiar la obra de Bolaño en un estrecho vínculo a su autobiografía. Su análisis del exilio en Bolaño permite por ello leer algunas novelas a partir de la vida o las declaraciones del autor. Estas páginas proponen el rigor de otro acercamiento, es decir, que las obras de Bolaño exigen una lectura detenida que corresponde a otra disciplina que las especulaciones sobre la biografía del autor.

4. Los ensayos de Philip Dierbyshire y Serio Villalobos-Ruminott son altamente sugerentes en cuanto a esta coyuntura.

tropo inagotable, puesto que el destierro remite a la ontología que en cierto modo define el camino de la especie, desde los relatos bíblicos hasta la organización de reinos, imperios y naciones. Perder el lugar donde se cobra sentido –comunidad y lenguaje– conduce a una sensación de miseria, locura o hasta la muerte. El exilio también corresponde a una tradición literaria en que la pérdida, imbuida por la distancia, engendra un locus de creatividad, a veces un espejo reflexivo, sobre todo si la supervivencia permite actos de memoria y escritura. La conocida obra *Mínima Moralia*, del filósofo judío-alemán Teodoro Adorno, provee una muestra ya clásica. Escrita en Estados Unidos varias décadas después del Holocausto, el autor nos invita a compartir "una vida dañada" (subtítulo del libro) donde el calor familiar y la seguridad del pensamiento filosófico han cedido terreno a la soledad alucinante del aforismo filosófico.[5] El conocido peregrinaje de Walter Benjamin por las calles de Paris permite otra entrada necesaria para el pensamiento crítico contemporáneo, en este caso la mirada incisiva de un *flâneur* deambulante destinado a nunca encontrar un lugar de descanso, un modelo que ha resultado altamente sugerente para la critica literaria. En fin, la historia de la literatura moderna, no cabe duda, le debe mucho a esa lógica de la ruina, o del mal, que permite imaginar nuevos horizontes. Lukács la resistía, porque auguraba el fin de la épica; Bajtín la celebraba, porque alojaba el tesoro de la heteroglosia.

En términos de América Latina sería difícil, si no imposible, imaginar la revolución modernista sin la sensibilidad exílica del XIX, o sondear el desdoblamiento del enlace nacional en la obra de Cortázar, Asturias y Carpentier, entre otros, u orientarse ante los resquicios bíblicos que reclama la narrativa de Lispector, todo un corpus armado durante el XX que nutre y a veces define la dislocación inherente a la otredad, la intertextualidad y la desfamiliriarización. La pregunta actual, sin embargo, surge cuando esa interioridad se abre al ámbito generalizado de diásporas, migraciones y destierros masivos, ese tránsito inédito de capital humano en pos de capital financiero que de pronto pide vía en el entorno de la estética exílica. Ésta sería una de las avenidas exploradas por Bolaño, pero se trata de una grieta difícil

---

5. El reciente ensayo de Jacob Norberg abre nuevas pistas sobre *Minima Moralia*.

de abordar, tanto para la literatura como la nación. Es, obviamente, la historia latinoamericana de la segunda mitad del siglo XX, éxodos que remiten a dictaduras militares, gestiones imperialistas y revoluciones socialistas. Menos obvio, y quizá mas inmanente, sería la historia reprimida del desalojo cifrada en 1848 y luego en 1898, que de pronto retorna en el siglo XXI con un llamado a 55 millones de sujetos en Estados Unidos. Llamémoslos exiliados, migrantes o intersticios cartográficos, se trata de una dislocación que reta al pensamiento y las disciplinas, en particular las que se dedican a la escritura en América Latina.

La figura de Edward Said permite trazar un paralelo importante en este contexto, una instancia de vida y obra organizada por el límite de la figuración exílica, igualmente consciente de su alcance literario como de sus límites agónicos. La falta de una patria palestina fue para él, en muchos sentidos, heredada, pero nutrió en él un sentido de riesgo, resistencia y oposición que se contrapuso a una vida amparada por instituciones privilegiadas, desde su nacimiento en 1935 hasta su muerte en 2003. Su obra, plenamente inscrita en la autoridad del inglés y de cuarenta años de cátedra en la Universidad de Columbia, acataba la postura de un hijo rebelde, ya sea denunciando el peso orientalista del canon occidental, que por otra parte veneraba, o abogando por el nacionalismo palestino ante la oposición de Israel y Estados Unidos, no obstante su escepticismo general de las identidades nacionales. Esta dualidad, tensa y enriquecedora, explica en gran medida el vínculo entre Said y la tradición filológica de Eric Auerbach y Leo Spitzer que paso con ellos al exilio en Estambul durante la amenaza fascista. Desde allí se dedicaron a rescatar la historia literaria europea, mostrando que el destierro y la escritura se fusionaban una vez más, en este caso a través de un método que servia de salvoconducto a la tradición literaria y a las vidas precarias de intelectuales desnacionalizados.

Said cultivó esa forma de enlazar fisuras personales e intelectuales pero su obra y su vida correspondían a un momento del siglo que agrieta mas el espacio entre la singularidad de la escritura exílica y la multiplicidad de la masa errante. Ése fue muy posiblemente el vacío que intentó entrecruzar con dos de sus libros, *Reflections on Exile* (2000) y *After the Last Sky* (1985). El primero, una recopilación de cuarenta y seis ensayos escritos durante toda su vida intelectual que entona una praxis de exilio muy cercana al modelo de Auerbach y Adorno. El segundo representa el otro lado de su obra, un tomo confeccionado a partir de la duda, cada vez mas profunda, de cómo escribir sobre la invisibilidad de multitudes errantes y comunidades sin anclajes nacionales. No opta por abandonar el pacto narrativo en pos de un acercamiento testimonial más descriptivo o histórico, pero desvía la soledad del primer modelo hacia un amplio acopio de fotografías y relatos de vidas palestinas que congrega la fuga del pueblo que Said reclama desde la lejanía.

La ruta del tropo exiliario descubre otro capítulo en la literatura de Bolaño. Es, en gran medida, el tema central de *Los detectives salvajes* y *2666*. Uno de los conductos principales seria el engranaje espacial de ambas obras, en el cual se observa una mirada amplia del siglo XX que entrelaza las Américas, Europa y África, pero su punto de partida y retorno siempre recurre a la frontera incierta entre México y Estados Unidos durante la década de los noventa. Chile, país natal del autor, aparece como referente pero no en el sentido capital de *Amuleto*, *Estrella distante*, *Nocturno de Chile* y otras novelas menores. Aquí queda básicamente transpuesto. En términos de cronología también se puede observar otro elemento recurrente: las novelas abarcan desde la Revolución mexicana hasta las dos guerras mundiales, pero su anclaje principal recae sobre el período 1975-2000, el cuarto de siglo marcado por dictaduras militares, revolución centroamericana, fin de la Guerra Fría y el mundo bipolar, tratados de libre comercio, organización maquiladora de producción, surgimiento de Internet y el entorno mas-mediático; en fin, toda una época de cambios radicales e inesperados.

No ha de sorprender que el lenguaje ceñido por estas obras exija una atención muy particular. Mas allá de la extraordinaria prosa de Bolaño, se observa en estas obras un cruce constante de vertientes nacionales bien marcadas —mexicano, chileno y español en particular— todo un juego de palabras y frases tomadas de una u otra habla que se intercambian con cierto deleite y a veces ironía. Podría postularse que se trata de un reto que el autor extiende a sus lectores, editores y traductores, de poner a prueba los límites del pacto entre el canon literario y las lenguas nacionales a partir de una prosa que descuida esa herencia. El tema se intensifica con la presencia de protagonistas que no hablan español, un eje de identidades cruzadas e inteligibilidad dudosa que busca normalizar el ámbito de lo precario y la traducción en ambas novelas. Tal sería el caso de Fate, periodista afronorteamericano, monolingüe, cuya experiencia babélica organiza toda la sección de *2666* que lleva su nombre. Su vida es traducida e interpelada desde el español por diversos narradores expuestos a la equivocación y malas interpretaciones, una matriz precaria del sentido que sin embargo se hace central y extensible. En otras secciones hay narraciones, siempre en un español trabajado y fluido, de diálogos entre hablantes de distintos idiomas que no dejan claro cómo se logra la transmisión de ideas entre ellos. Podría decirse que Bolaño reclama, desde su lograda prosa, los límites de la dislocación verbal que surgen entre diásporas e idiomas nacionales, no tanto en pos de un bilingüismo o transculturación que solidifique un sistema nacional, sino abriendo la literatura y sus lectores al concierto atonal de traducciones, silencios, malas interpretaciones y hablantes de múltiples vertientes del mismo idioma. Si el realismo visceral anunciado por los poetas en *Los detectives salvajes* tiene definición o sentido, ahí quizá se encuentre.

Los detectives salvajes

Los poetas jóvenes que andan por las calles del DF en la primera sección de *Los detectives salvajes* quizá presenten paralelos con la vida del autor, pero un análisis mas detenido sugiere otros caminos. Primeramente se encuentra el contraste entre la abundancia de jóvenes aventureros cargados de energía sexual y la ausencia de familias nucleares. Ulises Lima y Arturo Belano, fundadores del realismo visceral, se dan a conocer con el fin de crear un movimiento poético en la Ciudad de México, pero finalmente emigran, se dispersan y desaparecen, sin familia o legado, cumpliendo si acaso el destino de una tribu perdida. Joaquim Font, otro personaje principal, representa el único *pater familias* en la novela, pero su rol corresponde más bien al de un chulo patriarcal. De hecho, la cadena de aventuras veloces y excitantes en *Los detectives salvajes* que conduce a la búsqueda de Cesárea Tinajero, poeta mítica y fundadora del movimiento realismo visceral, parte de un conflicto entre Font y Alberto, dos chulos en pos de una prostituta llamada Lupe. La trama de jóvenes colmados de deseo sexual e intriga literaria es solamente la exigencia inicial de una fórmula en la que los textos engendran otros textos, lo cual permite un enlace sugerente con la obra de Borges. En Tlön, la cópula y los espejos son abominables porque multiplican el número de los hombres. Bolaño restaura la aventura copulativa pero la vuelve intransitiva, es decir, autorreferencial, capaz de engendrar poemas, tramas y episodios, aunque biológicamente sigue siendo abominable. De tal modo se mantiene la interrupción literaria ante el espejo de primeras lecturas que siempre busca el salto directo entre personaje y sujeto humano. Una vez que se acerca la etapa adulta de Arturo y Ulises, la historia pasa a una precariedad sombría de pocos medios, escasas aventuras contables y menos lazos sociales, una condición mas cercana a la del trabajador migrante, un paisaje lumpen en ambos lados del Atlántico.

Exilio, nación y forma literaria suelen andar juntos, aun si se trata de senderos bifurcantes. La ilusión del origen, la añoranza por el retorno, el retrato del artista burgués o de clase media que sufre como sostén del destino nacional, todas estas figuraciones están en jaque aquí, en líneas de fuga, si no abandonadas. Es, por ello intrigante seguirle la pista a Bolaño, ver lo que hace con ellas desde la literatura, mirando mas cercanamente algunas de sus propias figuras y construcciones. Ulises Lima y Arturo Belano pasan de chicos malos afianzados por la poesía y sus tradiciones en México durante los setenta, a sudacas lumpen que sobreviven robando, vendiendo drogas y de vez en cuando escribiendo en Europa en los noventa. Este cambio radical de mirada, sin embargo, no es el giro final. Otras complicaciones acechan el destino de estos personajes, uno tiene que ver con el ocaso del imaginario organizado por la revolución, el otro con la fuerza del mercado y su impacto en el quehacer literario, temas particularmente desafiantes para la filosofía y la crítica actual.

De vuelta a México después de divagar mas de una década por Europa, ya olvidado y fracasado, Ulises Lima recibe la invitación de ir a Managua con un grupo de poetas del realismo social, muy distante del visceral, que van celebrar el triunfo de la revolución con un tour por sitios conocidos con charlas conmemorativas y hospedaje en un hotel cómodo, en fin, una visita oficial, en forma y contenido. Lima acepta sin entusiasmo y hace el viaje, pero se pierde al llegar. Lo buscan por toda la ciudad y nadie lo encuentra. Muchas páginas después, casi olvidado el personaje, descubrimos que Lima se había extraviado no sólo por su desgano ante la izquierda oficial sino porque había soñado con un puente que conectaba las repúblicas centroamericanas y quiso cruzarlo. No es, obviamente, la primera alucinación literaria que remite al desencuentro entre poesía y revolución en Centroamérica. El *Apocalipsis en Solentiname* de Julio Cortazar sería el antecedente más inmediato, forjado a partir de un fotografía Polariod tomada en Nicaragua durante una visita a un campo revolucionario que luego, al ser proyectada sobre una pantalla en Paris, dibuja la silueta de una imagen completamente imprevista: el asesinato de Roque Dalton y la presencia de militares argentinos.[6] La toma de Bolaño, en este caso la alucinación de Ulises, sin embargo, no se revela en el exilio europeo, ni en ningún otro sitio. Retiene la fuerza de un negativo destinado a permanecer en la potencialidad de la poesía o desaparecer.

Arturo Belano, por otra parte, presenta al escritor-sudaca, un personaje que circula entre grupos de exiliados latinoamericanos en Mexico y luego en España, nunca lejos de los apuros económicos y riñas editoriales. Sus andanzas por Europa, escenario de la mayor parte de la novela es fundamentalmente nomádica: vive a costa de amistades, sobre todo mujeres, dando tumbos por las vías que ofrece la economía informal y asumiendo empleos por temporadas, entre ellos campamentos de vendimia. Con el tiempo logra escribir para un periódico en Barcelona, pero es sólo una labor esporádica que describe más como actividad mercenaria que como profesión. El desempleo o subempleo se vuelven para él una suerte de migrancia literaria, un cálculo para su verdadero afán: escribir novelas. Eventualmente logra cierto éxito como escritor pero el tema se vuelve materia de ironía, humor y sobre todo paranoia. Un día desafía a un conocido crítico a un duelo porque presiente que éste le hará una reseña crítica a su próxima novela, la cual no se ha publicado todavía. A fin de cuentas era una farsa que se hace obvia desde el comienzo puesto que la historia de Belano, a ratos exitosa y divertida, sólo confirma gestos de autopromoción narrados por un sobreviviente literario. Su destino

---

6. Para un análisis mas detenido del texto de Cortázar, véase mi libro *Latin Americanism*. El libro de Garrido es también importante sobre el tema del exilio literario latinoamericano. Recoge textos de Cortazar, Cardenal, Benedetti, Galeano y otros durante los setenta.

no es el de un novelista triunfante que permanece en Europa, viajando por México o Chile, digamos los pasos posibles de una versión anclada en la autobiografía de Bolaño, cuyo apellido se parece tanto al del personaje. Pero el destino de Belano es otro: viaja a África encargado por "un periódico madrileño que le pagaba una miseria por cada artículo" (527) para reportar sobre guerras y rebeliones en Angola y otros países cercanos, muchas, mas allá de las definiciones nacionales o de claras distinciones de derecha e izquierda. Una vez allí, en medio de la locura alucinante de rebeldes mercenarios, opta por quedarse y, eventualmente, desaparece.

Hay otros personajes, tramas e imbricaciones exílicas en *Los detectives salvajes* que sólo voy a mencionar de pasada, aunque cada uno sería digno de un análisis pormenorizado. Auxilio Lacutoure (personaje central de *Amuleto)*, uruguaya exiliada en Mexico, es presentada como poeta-madre de la poesía mexicana (los poetas más influyentes de un país para Bolaño no siempre provienen de allí). Se encuentra en la universidad durante la masacre de Tlatelolco y logra sobrevivirla escondida en un baño, un punto de mira altamente irónico ante esa importante historia que a su vez permite una presentación lúdica de la posición testimonial que usualmente reclama un testigo estratégico, especialmente tratándose de un exiliado. Otra figuración (decir personaje no sería justo) corresponde a Cesárea Tinajero, aludida anteriormente. Ella es un mito-madre literario también, en este caso del movimiento realista visceral, una figura que, junto con Auxilio, feminiza la ansiedad de influencia entre poetas, perturbando así la conocida teoría de Harold Bloom sobre la genealogía de poetas, y quizá aún más la tradición patriarcal mexicana y su estandarte principal, Octavio Paz. Pero Bolaño va más lejos con este personaje, su reto a la tradición poética se dirige hacia lo imposible, a la presencia de un idioma nacional-extranjero, ya que Cesárea, posiblemente, no hable español, sino un idioma indígena (589). Esto quizá explique que cuando le preguntan a los jóvenes realistas viscerales lo que ella significó para la poesía mexicana, ellos responden: "El Horror" (520). Finalmente, importa hacer mención de Amadeo Salvatierra. Mas que un personaje se trata de una voz exiliada de la historia que lucha por hacer memoria de las décadas de 1920 y 1930, que permitirían recordar a Cesárea en sus años de juventud. Visto más de cerca, sin embargo, Salvatierra sólo configura otro gesto alucinante que busca eslabonar la locura del realismo visceral con el legado artístico de la Revolución mexicana.

2666

Quizá importe comenzar diciendo que *2666* es una obra de 1.120 páginas que permite aislar sus cinco partes individualmente o trabajarlas como obra singular. Si Bolaño quiso juntarlas por motivos económicos, como sugiere su editor Ignacio Echevarria (1121), o no, resulta poco relevante para establecer un argumento literario al respecto. En términos de este ensayo, considero que las cinco secciones permiten vínculos estrechos a partir de la sensibilidad posexílica que vengo trazando. No podré detenerme en todas aquí, pero tocaré elementos claves de cada una. Comenzaré con el relato en torno a Fate, brevemente aludido mas arriba, un periodista afronorteamericano apasionado por la historia de los panteras negras, conocido grupo político de negros en Estados Unidos. Ha sido enviado a Santa Teresa a reportar sobre una pelea de boxeo, deporte que desconoce totalmente. Una vez allí, se entera del feminicidio que está ocurriendo, asesinatos de mujeres en las zonas de maquiladoras de esa ciudad. El tema le intriga, tanto así que quisiera reportarlo desde México, pero no habla español y su editor en Nueva York, encargado de una revista de negros titulada *Negro Amanecer*, insiste en que se atenga al evento deportivo.

Podría decirse que la parte de Fate narra la historia de un reportero negro de izquierdas que quisiera dar noticia del femicidio infernal que ocurre en la frontera, y que ahí radica el suspenso que sostiene el texto. Fate, sin embargo, cumple otra función, quizá inesperada, puesto que le permite a Bolaño llevar la dislocación del lenguaje al engranaje racial-nacional. La ciudad de Santa Teresa representada en la novela incluye mexicanos, latinoamericanos y chicanos, muchos de ellos sujetos ilegales que cruzan las fronteras del sur y del norte sin pasaporte. Entre ellos está Fate, un negro extraviado entre traducciones, temas impuestos, y la gran ironía —para un fan de los panteras negras— de sentir en carne propia que la ciudadanía norteamericana ofrece seguridad en un medio tan extraño.[7] La salida, o el escape, que

---

7. El ensayo de Bret Levinson contiene un análisis muy sugerente sobre el tema del lenguaje en Fate.

ofrece la novela eleva aún más la apuesta babélica: Fate paulatinamente se integra a un grupo que se reúne frecuentemente para ver filmes del director chicano Robert Rodríguez, cuyos temas remiten directamente a la pornoviolencia. Esta interpelación organizada a partir del realizador chicano permite varias figuraciones finales: primeramente entre idiomas (inglés y español), razas, nacionalidades y etnias (negro, mexicano, latinoamericano); y luego, entre el deseo de reportar sobre femicidio de Sonora y el placer prohibido del film de explotación. En fin, un entramaje literario de ontologías más allá del bien y del mal.

No podré extender estos apuntes con un análisis detallado de todas las otras secciones de *2666* en esta ocasión, pero ofreceré un bosquejo de cada una: Archimboldi, los crímenes, los críticos y Amalfitano. Se observará una intensificación de algunas tendencias de Bolaño, sobre todo una tensión creativa con la literatura de Borges: aventuras y personajes que se multiplican a partir de la lectura de libros, sujetos dispersos por el mundo que encuentran sentido en una matriz de textos que engendran textos, en fin, una literatura de imbricación exílica que conduce a la autorreferencialidad y se le escapa al mismo tiempo.

La parte de Archimboldi remite a la historia fascinante de Hans Reiter, escritor nacido en Prusia, una figura clave para Bolaño. Hans es un sujeto sin patria, sin lenguaje y sin canon nacional que llega a ser candidato al Nobel. Su historia es la aventura de exilio mas desarrollada de ambas novelas. Al nacer parece un mutante más cómodo en el agua que en la tierra, en la escuela no entienden su idiolecto, recorre casi todo el siglo XX por Europa como soldado itinerante, es testigo de un episodio del Holocausto, recibe un balazo en la garganta, y su país natal cambia de nombre. Un día, escondido de las fuerzas fascistas, descubre el cuaderno de un escritor judío muerto. A partir de ese momento surge su voz como escritor.

La parte de los crímenes demarca un territorio en el que la vida no tiene valor, donde proliferan crímenes contra mujeres que acuden a Santa Teresa en pos de trabajos organizado por la proliferación de maquiladoras, un espacio de producción casi fuera del control nacional que las vuelve migrantes en su propio país. El contexto queda claramente inscrito pero no hay una postura de denuncia claramente expuesta, el texto sólo provee un registro rutinario de cada crimen, cientos de ellos, a partir de datos descriptivos de cada uno.[8] En la economía política de remesas, subempleo y flujos de trabajadores, la desaparición y el internamiento se vuelve la norma. El lector queda como Fate, absorto en un medio de explotación sin sentido, incómodamente partícipe de una estética del mal que organiza la presentación de lo sensible.[9] Esto quizá explique la importancia de Florita y El Penitente, personajes de *reality shows*, que de algún modo sirven de escenario para las masacres. El Penitente, un vagabundo que va por las calles profanando iglesias, se hace famoso cuando la policía lo convierte en el sospechoso principal de los crímenes. Su vida se vuelve motivo de interés público, entrevistas en la televisión, en fin, una biografía consumida públicamente que permite mencionar los crímenes a partir de las ocurrencias de un loco divertido. Florita, por su parte, es una anciana vidente con su propio programa de televisión cuya sabiduría popular le permite tocar todos los temas, hacer recomendaciones medicinales y vaticinar el futuro. Desde allí se le permite observar y comentar todo, hasta los crímenes que se traslucen de sus poderes psíquicos.

La parte de los críticos nos invita a contemplar si la crítica literaria no será también una dislocación fundamentalmente exílica que se encarga de sujetar la literatura a un eje de sentido, usualmente nacional, a partir de la biografía del escritor. Es uno de los temas de "Tlön" donde se dicta que "La critica suele inventar los autores, elige obras disímiles –el *Tao Te King* y las *1001 Noches*, digamos–, las atribuye a un mismo autor y luego determina con probidad la psicología de ese interesante *homme de lettres*" (2). Importa notar que las referencias de esta cita de Borges, escrita en español, remiten de distintas formas al chino, árabe y francés, cuatro idiomas y tradiciones literarias en gran medida fuera de la circunscripción nacional. Bolaño, por su parte, presenta a cuatro críticos dedicados a la obra de un escritor que se apellida Archimboldi y escribe en alemán, prolífico pero desconocido. Tres son hombres –francés, español e italiano– y una mujer, inglesa, deseada por los tres, componiendo una suerte de contingente de

---

8. Ver el ensayo de Jean Franco que aborda la postura del escritor ante los feminicidios.

9. Derivo este concepto de la obra de Jacques Ranciere, en particular su Politics and Aesthetics, *The Distribution of the Sensible*.

profesores de literatura comparada. El texto se propone una labor casi imposible: ¿cómo producir aventuras más o menos interesantes de vidas ensimismadas en la rutina de congresos, libros e inquinas profesionales dedicadas al mismo tema?

La parte de Archimboldi poco a poco va mostrando cómo el objeto del deseo de los críticos –lenguaje y cuerpo del autor– nunca está muy lejos del lenguaje y el cuerpo de ellos mismos y que la erudición y el buen gusto, al igual que la seguridad del conocimiento pueden deslizarse hacia la violencia una vez enfrentados a mundos y lenguajes desconocidos. Dos episodios permiten resumir esta figuración. Uno corresponde al cruce de códigos sexuales entre un taxista pakistaní y tres de los críticos en las calles de Londres. Los académicos conversaban en torno a libros y la posibilidad de un *ménage á trois* que venían tramando entre ellos sin éxito pero el taxista, al entreoír el dialogo en el asiento trasero, irrumpió con ira cuestionando la moralidad de los dos hombres, puesto que su ideología no permitía esa libertad a la mujer, a no ser que fuera una prostituta. Hubo un intento de intercambiar opiniones pero fue imposible. La reacción de los críticos ante el fundamentalismo del taxista fue insólita: los críticos hombres sacaron al pakistaní del taxi, golpeándolo hasta dejarlo casi muerto en la calle, mientras ella observaba atentamente.

El momento de dispersión final ocurre cuando los críticos van a México en pos de su autor, Archimboldi. Necesitan ubicarlo, producir su cuerpo, porque nadie ha visto el autor que ha motivado tantos ensayos, congresos y ediciones, en fin, que hace falta construir una biografía en torno a esta figura, quizá porque los lectores la necesitan. En Santa Teresa, sin embargo, se pierden, no físicamente, como Ulises en Centroamérica, sino debido al entorno de un lenguaje intraducible por estos políglotas. Su español se vuelve inseguro fuera del entorno académico. Luego se encuentran con Amalfitano, otro extranjero, algo localizado, que les sirve de interlocutor, pero no hay salida, poco a poco se van desorientando los críticos hasta que un día, ya casi sin habla, en Sonora, realizan su *ménage á trois*, esta vez iniciado por ella.

Daré cierre a este ensayo con un comentario un poco más extenso sobre la parte de Amalfitano, la cual quizá provea un índice de lectura inesperado. Es el único personaje que remite a Chile, de donde parte después del golpe. Su vida sigue la pista de un profesor de filosofía que trabaja primero en Barcelona y luego en Santa Teresa. Los motivos de la mudanza no están claros, a veces parecen ser conflictos sentimentales, a veces el azar. Allí descubre que su director de departamento considera que la filosofía es obsoleta, que prefiere la ciencia y la historia, y sobre todo las biografías. En este contexto, desprovisto de nación, vida personal y apoyo profesional, esta figura se vuelve al anclaje de una exploración inusual en la que la locura y la vanguardia figuran un prisma para examinar el exilio. Desempacando los libros que traía de Chile y Barcelona ocurre un primer encuentro fortuito con un libro que determina casi todo el relato. La escena presenta alusiones obvias al desempaque de la biblioteca de Benjamin, al igual que a la improvisación surrealista y la autorreferencialidad borgiana, aunque el encuentro de un segundo libro al final del texto permite ver el giro que Bolaño ofrece a estos conocidos modos de inmanencia literaria.

El texto que aparece primero en su maleta es *El testamento geométrico*, escrito por el poeta gallego Rafael Dieste, un tratado sobre la geometría que Amalfitano nunca recuerda haber poseído, de manera que su aparición queda en el plano del azar. El descubrimiento inspira a Amalfitano, de modo que decide colgar el libro de Dieste en la tendedera de su traspatio, enarbolando así una instalación que parece situarse entre la teoría del juego y los *ready-made* de Duchamp, transpuesto a la infinitud de posibilidades entre la poesía y las matemáticas. Leer el texto corresponde entonces al acto de curar una instalación expuesta a los elementos, de participar en una suerte de locura que permite cultivar juegos y pasiones, una forma alternativa de acercarse al conocimiento a partir del arte que eventualmente logra oír voces del pasado, especialmente de Chile. La locura individual pasa al ámbito nacional cuando Amalfitano asocia estas voces con una forma de telepatía, un vínculo que le permite recordar otro libro que también había llegado fortuitamente a sus manos. Ese otro libro, editado en 1978, se llamaba *O'Higgins es araucano* y se subtitulaba *17 pruebas, tomadas de la Historia Secreta de la Araucania*. Su autor, Lonko Kilapán, era una figura oficial en Chile cuyos títulos personales incluían presidente de la Confederación Indígena Chilena, secretario de la Academia Araucana del Lenguaje e historiador Oficial de la Raza (276).

Kilapán extiende el interés de Bolaño por temas raciales que vimos en la sección sobre Fate. En este caso tiene que ver con Chile y su pasado indígena, una relación históricamente reprimida por la vocación eurocéntrica de la cultura oficial. No está claro, sin embargo, si se trata de una burla de la ideología criolla tradicional, una fantasía racista de la dictadura de Pinochet o una fusión diabólica de ambas que Amalfitano deduce a partir de su locura filosófica en el estado de Sonora. Kilapán se propone agrandar la patria buscando un modelo intelectual que permita sumar en vez de restar el legado indígena. Para ello nada más conducente que un estudio minucioso de nombres y apellidos de los padres de la patria que permita especular sobre morfemas y matrimonios mixtos, lenguas y familias. Otra pista se encuentra en los lenguajes secretos y modos de conocimiento que el idioma español nunca hubiera podido conocer o traducir, entre ellos la telepatía y el *adkintuwe*, que le permitieron al pueblo araucano sobrevivir en otros continentes primero y luego en Chile. En fin, una historia heroica y compleja cuya magnitud permite concluir que el pasado indígena de Chile pudiera estar vinculado a Grecia, y es, políticamente, del mismo orden o nivel, o al menos equiparable.

Los cálculos filológicos –como bien sabían Auerbach y Spitzer, o el propio Said– deliran en la precisión de su alcance analógico, tanto así que le permiten a Amalfitano elaborar lazos entre los dos libros que acompañan su locura, *El testamento geométrico* del gallego Dieste y *O'Higgins es araucano* de Kilapán. Podría decirse que saca dos conclusiones en limpio: a) Su propia madre, doña Eugenia Riquelme, pudo haberse derivado de la misma familia que la madre de O'Higgins (combinaba también elementos indígena y griego), y b) Alguien inspirado por "el lector activo preconizado por Cortazar" (286) podría sospechar que la fecha, el nombre del autor y el propio libro de Kilapán provenían del gobierno militar, pero la prosa grandilocuente también podría ser de cualquier chileno, ya que acomodaba todos los estilos y tendencias políticas, de Pinochet a Frei, "desde los conservadores hasta los comunistas, desde los nuevos liberales hasta los viejos sobrevivientes de la MIR" (287). Amalfitano, podría concluir el lector, descubre la geometría de la ideología nacionalista entre estos dos textos, una fuerza siempre dispuesta a reclamar la dislocación en sus cálculos, tanto en el presente como en el pasado.

Obras citadas

Adorno, Theodore W. *Minima Moralia: Reflections from Damaged Life*. London: New Left, 1974.

Auerbach, Eric. *Mimesis: The Representation of Reality in Western Literature*, Fiftieth Anniversary Ed. Trad. Willard Trask. Princeton: Princeton University Press, [1946] 2003.

Bolaño, Roberto, *2666*. Barcelona: Anagrama, 2004

— *Los detectives salvajes*. Barcelona: Anagrama, 1998.

Borges, Jorge Luis. *Tlon, Uqbar, Orbis Tertius*. New York: Porcupine's Quill, 1982.

De la Campa, Roman. *Latin Americanism*. Minneapolis: University of Minnesota Press, 1999.

Derbyshire, Philip. "*Los detectives salvajes*: Line, loss and the political". *Journal of Latin American Cultural Studies* 18:2 (2009): 167-176.

Franco, Jean. "Questions for Bolaño". *Journal of Latin American Cultural Studies*, 18:2 (2009): 207-217.

Garrido, Alberto (comp.). *Exilio, Nostalgia y Creación*. Mérida: Universidad de los Andes, 1985.

Levinson, Brett. "Case closed: madness and dissociation in *2666*". *Journal of Latin American Cultural Studies* 18:2 (2009): 177-191.

Manzoni, Celina. *Roberto Bolaño: La escritura como tauromaquia*. Buenos Aires: Ediciones Corregidor, 2002.

Medina, Alberto. "Arts of Homelessness: Roberto Bolaño or the Commodification of Exile". *Novel* 42, 3 (2009).

Norberg, Jacob. "Adorno's Advice: *Minima Moralia* and the Critique of Liberalism". *PMLA*, vol. 126, 2, March (2011): 398-411.

Parkinson, Zamora y Silvia Spitta (eds.). "Introduction: The Americas, Otherwise". *Comparative Literature* 61:3 (2009): 189-207.

Pollack, Sarah. "Latin America Translated (Again): Roberto Bolano's *The Savage Detectives* in the United States". *Comparative Literature* 61:3 (2009): 346-365.

Rancière, Jacques. *The Politics of Aesthetics: The Distribution of the Sensible*. New York: Continuum, 2004.

Spitzer, Leo. *Linguistics and literary history; essays in stylistics*. Princeton: Princeton University Press, 1948.

Said, Edward. *After the Last Sky*. Nueva York: Pantheon Books, 1985.

— *Reflections On Exile*. Cambridge, MA: Harvard University Press, 2000.

Villalobos-Ruminott, Sergio. "A Kind of Hell: 'Roberto Bolano and the Return of World Literature'". *Journal of Latin American Cultural Studies* 18:2 (2009): 177-191.

La memoria en expansión: textualidades y afectos en el Brasil de fin de siglo

Livia de Freitas Reis
Universidade Federal Fluminense

En las últimas décadas del siglo hemos visto cambios sustanciales en el campo de los estudios literarios. Como sabemos, las líneas que delimitan los campos de los saberes cada día se hacen más tenues y la propia noción de literatura viene pasando por constantes revisiones. Como define Walter Mignolo "el campo de los estudios literarios se concibe más como un cuerpo homogéneo de prácticas discursivas y artefactos culturales" (25). La revisión de las orientaciones de los estudios literarios viene así abriendo espacio para el estudio de prácticas discursivas no canónicas que siempre estuvieron al margen de los discursos hegemónicos.

Por lo tanto, de los márgenes del canon tradicional, e incluidas en el nuevo modelo que surge a partir de los abordajes más recientes atribuidos a los estudios culturales, la literatura testimonial surge como una vigorosa forma de hablar del continente, sin duda una manera alternativa que al contar reconstruye la memoria. Aunque el relato testimonial puede ser leído en textos fundacionales de la literatura del continente, como las crónicas de la Conquista por ejemplo, el tipo de texto que ha proliferado recientemente es resultado de la modernidad que provocó una "erosión en el discurso monológico del sujeto central europeo, blanco, masculino, heterosexual y letrado" (Achugar, 52). Como comenta Hugo Achugar: "lo que hoy se sabe no permite la presunción de un discurso central único, ni una esfera pública similar a la que era en el siglo XVIII [...] Hoy se intenta construir o buscar una identidad nueva" (53). Identidad que sabemos, se quiere múltiple heterogénea, plural y abierta.

En este texto partimos de la hipótesis de que la violencia sistémica congela la capacidad afectiva y, por otro lado, genera más mecanismos que reproducen la violencia, la rabia, el horror, que, a su vez también generan construcciones simbólicas como la que vamos a enfocar en este estudio. Hacia fines de los años noventa, la industria brasileña de bienes culturales coloca en el mercado una serie de productos, entre ellos música, literatura y cine en los cuales se puede observar una curiosa apropiación de la palabra por voces hasta entonces silenciada por la cultura hegemónica. De manera contraria a la música de protesta de los años setenta, o a la literatura políticamente comprometida que continúa floreciendo después de la re-democratización del país, estos nuevos narradores son ciudadanos que no necesitan más un mediador que les preste su voz. Ellos son, a la vez, los personajes y los narradores de su propia historia. Las voces narradoras son predominantemente masculinas y se percibe un cierto rechazo por todo tipo de afección, tantos en las tramas narradas, como en el lenguaje utilizado.

Este trabajo va a tratar de fenómenos específicos de la última década. Por una parte, hablaremos de la novela *Ciudad de Dios*, de Paulo Lins, publicada en 1997, ambientada y narrada dentro de la favela carioca que le presta su nombre. En segundo lugar, abordaremos un sector de la música rap, especialmente la del grupo Racionais MCs, conjunto formado por jóvenes negros, habitantes de la periferia de la ciudad de São Paulo. Finalmente, discutiremos un cortometraje documental, *La guerra silenciosa*, dirigido por João Salles, el cual inspiró el exitoso film *Tropa de élite*, de José Padilha. En todos, se puede percibir una estética de la violencia en donde no hay espacio ni presunción afectiva. Vale recordar que como telón de fondo de las narrativas abordadas, se encuentra la economía del narcotráfico y sus dinámicas de expansión y control comunitario.

La reflexión que propongo al juntar textos y lenguajes aparentemente diversos entre sí se justifica a partir del interés por enfocar otros tipos de textualidades que emergen en la cultura y la sociedad brasileña en la actualidad. Amparado por los abordajes propuestos por los discursos de la crítica contemporánea, específicamente en lo relativo a las narrativas testimoniales este ensayo va a tratar de entender ese nuevo punto de vista y sus relaciones con el poder y la sociedad.

Ciudad de Dios, desde su publicación, mereció excelentes críticas en suplementos literarios y una bienvenida bastante cálida por parte del público. En su primera novela, Paulo Lins narra en un ritmo vertiginoso una guerra silenciosa que ocurre todos los días en la ciudad de Río de Janeiro, más específicamente en la favela, curiosamente llamada Cidade de Deus, donde el antropólogo-autor creció y fue testigo de muchas de las historias que componen su relato.

El narrador habla en tercera persona, y el autor no es un personaje de la novela. Él apenas cuenta las historias con una mirada en la que se mezcla la supuesta objetividad del antropólogo con la mirada subjetiva de quien habla de aquello que conoce, no como un observador participante, sino como aquel que está tratando de transmitir su experiencia. Se configura un permanente acercarse y alejarse del narrador con relación al objeto narrado. La aparente inserción del narrador/antropólogo al enunciar su objeto, termina por producir una enunciación que surge desde dentro del universo narrado.

Prostitutas, borrachos, drogadictos, travestis, homosexuales, policías y bandidos son los personajes de una narrativa donde el protagonista es la población entera de la llamada Cidade de Deus. En ella, hay una sociedad que tiene sus propias reglas y sin embargo, el equilibrio necesario para mantenerse en la otra sociedad: la de Río de Janeiro. La violencia y la miseria son los principales ingredientes que afloran en la vida cotidiana brutal que domina las vidas de los habitantes. El lenguaje ágil y el ritmo veloz de los hechos se muestran a través de la oralidad de los personajes, rica en jergas, malas palabras y un vocabulario propio de los jóvenes de la favela, que funciona como un código para iniciados.

Así, en la narrativa, se conforman dos lenguas: primero la del grupo de jóvenes personajes protagónicos que se inscriben dentro de la segunda, que es el código más amplio de la lengua hablada en la ciudad de Río y en el país. Sin embargo los diferentes estratos lingüísticos, corresponden a tres estratos sociales presentes en la novela: en primer lugar el de los jóvenes del submundo del crimen, en segundo lugar el de los trabajadores habitantes de la favela y finalmente el de la sociedad organizada de la ciudad.

El contacto del autor con esta sociedad alternativa es la clave que permitió la construcción de la novela que, a manera de las narrativas testimoniales no sabemos cómo clasificar y sobre todo lleva a preguntarnos si estamos delante de un narrador como Arguedas, con los pies en dos mundos. Si hablamos de transculturación cuando se trata de dos culturas diferentes, ¿cómo nos manejamos cuando se trata de dos subculturas tan diferenciadas dentro de la misma sociedad?

Narrativa de ficción, investigación antropológica, testimonio de personajes son los principales instrumentos de los que se valió el autor en la composición de esta novela La narrativa en ningún momento se pretende ubicar dentro de los códigos de lo real. En el contrato de lectura que se establece en *Ciudad de Dios*, el libro es presentado como novela de ficción. Diferente de los testimonios etnográficos, en la obra no hay prólogo o notas del autor, donde se pueda reconocer la metodología, el modo de producción en que se realizó el relato. Estas y otras informaciones las encontramos sólo en la nota de la contraportada escrita por la antropóloga Alba Zaluar.

> Seu livro é o primeiro romance etnográfico no Brasil que não se baseia em memórias da infância do escritor ou em sua biografia. É o resultado de uma pesquisa etnográfica que não tenta convencer o leitor de que sua narrativa é do plano do real, do realmente acontecido. Juntando etnografia e fantasia, ele nos conduz imaginária e objetivamente pelo anti-épico de uma guerra entre jovens imaginários mas terrivelmente verossímeis, uma guerra que foge aos modelos convencionais, mas que mata no livro e na vida real tantos jovens (Zaluar, *apud* Lins).

Por otro lado, Paulo Lins no deja márgenes para que sus lectores duden de la realidad que representa crudamente su *Ciudad de Dios*. Sin duda, se trata de una novela. El contrato de lectura, entonces, que se establece entre lector y obra deja claro que se trata de una narrativa de ficción pero la intimidad del narrador con el hecho narrado, el hiperrealismo que le da el tono al texto y sobre todo el lenguaje utilizado, califican la obra en la línea de la novela no ficticia, que es uno de los matices que la novela testimonial puede asumir.

Entendemos que *Ciudad de Dios*, aunque se proponga como novela de ficción, puede ser leída como un ejemplo de novela testimonial etnográfico-realista. Nuestra hipótesis se sustenta no sólo en lo que llamamos el hiperrealismo del texto, es decir, la trama narrada desde dentro del universo de la favela sino, sobre todo, como dijimos, por el lenguaje utilizado por los personajes, casi todos, marginales. En ese caso, cuando decimos marginales, creo que es preciso puntualizar cómo entendemos la doble acepción del término: por una parte se trata de la población que vive socialmente al margen de la sociedad organizada y jerarquizada, por otra parte, se trata de marginales que cometen cualquier tipo de delito, fuera de las normas de convivencia social, que incluyen desde mendigos hasta narcotraficantes.

Cuando hablamos de hiperrealismo nos referimos a la manera como la trama narra la violencia de la vida cotidiana de los personajes, en la cual matar o morir no son más que prácticas banalizadas.

–Deita aí, deita aí...
Qualé, Pequeno? Não faz isso não... Que que a gente fizemo?
–Pelo amor de Deus! Disse um dos traficantes já defecando, sentindo o corpo todo se apertar no desespero de quem caminha para a morte [...] O primeiro se deitou debaixo de porrads e tiros. Diversos tiros explodiram sua cabeça. Pequeno empurrou com os pés o corpo, que ainda estrebuchou dentro do rio (Lins 225, 226).

(–Échate ahí, échate ahí...
–Pero, ¿qué te pasa, Pequeño? No me hagas nada, no... ¿Qué le hicimos?
–¡Dios mío! –dijo uno de los traficantes ya defecando, sintiendo que todo el cuerpo se le apretaba por la desesperación de quien camina para la muerte [...] El primero se tiró al suelo entre trompadas y balas. Varios tiros le explotaron la cabeza. Pequeño empujó con los pies el cuerpo, que todavía se estremeció dentro del río.)

Es evidente que *Ciudad de Dios* es una novela innovadora en el panorama general de la literatura brasileña actual. Conocemos obras que tratan de la violencia en las periferias marginales de las metrópolis brasileñas. Podemos citar algunos cuentos ya clásicos de Rubem Fonseca, como *Feliz ano novo* o *Ciudad partida*, de Zuenir Ventura, también un intenso relato de la violencia policial en la favela de Vigario Geral. Sin embargo, como hemos podido observar, el libro de Paulo Lins contiene marcas que lo distinguen de los demás. La estética de la depredación en la cual está construida la novela no permite la presencia de afectos o sentimientos. Las relaciones son utilitarias y desechables. Los sentimientos valen menos que las mercancías, sobre todo las drogas, que mueven la economía local.

Un segundo tipo de producción a la que nos queremos acercar es la música rap, producida por el grupo Racionais MCs, de la periferia de São Paulo. Ella podría ser el fondo musical de *Ciudad de Dios* por las similitudes entre ambas formas de expresión, como veremos enseguida.

La música rap, como se sabe, tiene su origen en los jóvenes negros norteamericanos de las periferias de las grandes ciudades. Nacido en los guetos, el rap y toda la cultura *hip hop* en los Estados Unidos es hoy un fenómeno de masas que moviliza a jóvenes de todas las razas y clases en tono casi siempre de denuncia y protesta, portavoz de una cultura propia. En Brasil el fenómeno no fue diferente. La música rap es casi siempre hecha por jóvenes negros, de barrios periféricos y sus letras no son menos panfletarias que sus similares del país del norte.

Mientras tanto, lo que llama la atención e instiga la reflexión sobre este género de música de masas es especialmente la trayectoria de un grupo: los Racionais MCs. Compuesto por cuatro jóvenes negros de zonas periféricas de São Paulo, ellos cantan y pregonan el mensaje más audaz que se haya producido en el país en términos de música de protesta y de denuncia en los últimos 20 años. Todavía se puede decir más: hace mucho tiempo que no se oía a los propios marginalizados haciendo uso de su voz para denunciar la precariedad de su vida cotidiana como hacen esos muchachos del Capão Redondo, barrio donde viven, en el extremo sur de São Paulo. Ese mismo barrio es hoy día un gran productor de literatura, poesía y arte de las periferias de São Paulo. Ahí está localizado uno de los más importantes movimientos de lectura nacido desde las márgenes.

Las canciones de los Racionais son poesías narrativas que cuentan historias con personajes y situaciones que leemos todos los días en las páginas de los diarios. Invariablemente hablan sobre los mismos temas: la discriminación racial, la pobreza de la vida en las periferias, la violencia urbana, el uso de drogas, la corrupción policial. Una vez más no encontramos la presencia de sentimientos en el panorama de violencia verbal y de denuncia presentes en los poemas. El tono de denuncia y protesta está envasado en un lenguaje que, como en el libro *Ciudad de Dios*, choca por su crudeza expresada en el uso de un vocabulario donde no faltan malas palabras, jerga y expresiones que funcionan como un código de grupo.

La denuncia que aflora de las letras de las canciones no encuentra paralelo en otro tipo de expresión en la cultura de masas del país. Esto sin considerar otro aspecto que hace único al grupo entre sus pares: la extrema conciencia de su papel de portavoz de una realidad a la que pertenecen. Sus mensajes son explícitos en un texto, cuyo sujeto es al mismo tiempo protagonista, testigo y víctima de una realidad que no es sólo la suya, sino la de todo un grupo. El compromiso con la verdad es un arma que otorga credibilidad y le da a esta voz dimensión de la fuerza que tiene, que empujada por el poder de los *mass media*, se sabe oída por una enorme legión de jóvenes seguidores.

> A molecada lá da área/ como é que tá/
> Provavelmente correndo prá lá e prá cá/
> Jogando bola/ descalços na rua de terra/
> E brincando do jeito que dá/
> Gritando palavrão. É o jeito deles/
> Eles não têm vídeogame/ às vezes nem televisão/
> Mas todos eles têm São Cosme e São Damião/ a única proteção/
> No último Natal/ Papai Noel/ escondeu um brinquedo prateado/
> Brilhava no meio do mato/
> Um menino de dez anos/ achou o presente/
> Era de ferro/ com doze balas no pente/
> E o fim de ano foi melhor/ pra muita gente
> (Brown).

La conciencia del poder de su voz, le presta al mensaje un fuerte carácter didáctico que al mismo tiempo en que denuncia con violencia, paradójicamente, esclarece al público sobre los peligros de la droga que genera violencia y marginalidad. También es interesante observar a sus interlocutores: la crítica de los Racionais tiene como destinatario a los jóvenes ricos de clase alta, preocupados en exhibir riqueza y totalmente alienados por la situación de miseria de la cual son portavoces. Contradictoriamente, esta misma parcela tan criticada de la población es la mayor compradora de los discos del grupo. Esta aparente contradicción nos suscita muchas reflexiones. ¿Por qué los jóvenes de clase media son consumidores de una música que los combate a ellos mismos? ¿Será por la rebeldía implícita en los mensajes, por solidaridad, o por falta de otros canales que puedan dejar aflorar su propia insatisfacción con la realidad? Esta pregunta fue la principal motivación que me llevó a escuchar con oídos atentos la música de los Racionais MCs.

La denuncia que gritan los Racionais no es sólo suya, como hacen hincapié siempre que pueden. Ellos hablan por las periferias de todo el país, sin embargo, en una aparente contradicción más, esos jóvenes responden a nombres en inglés, como Mano Brown o Edy Rock, y abarcan el fondo musical de la vida de los jóvenes brasileños de todas las razas, géneros y clases en este fin de siglo.

Otra característica del trabajo de ese y de otros grupos de *hip hop* en Brasil es el machismo y los prejuicios que contienen sus canciones. Si por un lado son revolucionarios con su postura comprometida con la lucha contra la desigualdad social y con la denuncia contra la corrupción policial, por otro, sus letras revelan prejuicio y violencia contra los márgenes del margen, en ese caso, las mujeres y los homosexuales.

Por último, quiero acercarme a la textualidad del cine, más específicamente del documental *Notícia de uma guerra particular*, de João Moreira Salles. La película, de 1990, trajo al público la historia de la guerra que se traba todos los días en las calles de Río de Janeiro, entre fuerzas policiales y narcotráfico. El documental apareció, sin mucho alarde, en los cines en todo Brasil. Su gran importancia se conoció años después, cuando apareció el éxito cinematográfico *Tropa de élite*, que fue inspirado en el documental. Éste es el punto de origen de un fenómeno bien actual, la banalización de la violencia y de la brutalidad expuesta en esas películas.

El largometraje de José Padilha trajo consigo el debate en torno a la violencia y la guerra no anunciada a las casas de la clase media y de la sociedad brasileña. El ex capitán de la policía especial (BOPE) Rodrigo Pimentel, protagonista del documental *Notícias de uma guerra particular*, después de abandonar el trabajo en la policía militar, se hizo escritor y trabajó de guionista del largometraje de ficción *Tropa de élite*, además de ser autor del libro que sirvió de base para la película. En los primeros minutos del documental, el capitán protagonista afirma "não ter dúvidas sobre o fato de estar vivendo uma guerra, a única diferença é que ele, diferente das guerras tradicionais, voltava todas as noites para dormir em casa". El documental, que no es de ficción, construye un perfecto diálogo con el protagonista, también capitán, de la obra de ficción. Es la misma persona que lucha dos guerras, una en las calles y la otra, todavía más difícil, dentro de su vida en el permanente intento de hacer de este trabajo algo que se pueda llamar humano. El dilema entre el trabajo y los afectos es bastante trabajado en *Tropa de élite*, cuando la mujer del capitán lo llama por teléfono para avisar que su hijo va nacer, en el momento exacto de un enfrentamiento con los narcos dentro de una favela.

El documental no tiene un narrador que conduzca la narrativa. El director prefiere ocultarse y dar voz a los diferentes personajes, que componen un mosaico de voces y puntos de vista al contar su participación en un mundo violento y fragmentado. Los chicos del narcotráfico, la policía, la población de la favela son los protagonistas que cuentan, a la manera del testimonio, sus experiencias personales y los diferentes lados de una guerra diaria. Pieza por pieza, el documental monta un rompecabezas de relaciones complejas y de paradojas, entre los componentes de los dos mundos que se enfrentan cotidianamente.

Como en la novela *Cidade de Deus* o en el rap, el lenguaje que escuchamos en la película documental muchas veces es incomprensible, es un código que tenemos que descifrar y que sin duda forma parte de la misma lengua y de la misma sociedad fragmentada y excluyente en la cual estamos insertados. Fragmentados también son los afectos que no se permite plasmar.

Finalmente, en todos los ejemplos abordados se percibe una misma actitud común: son narrativas de sujetos marginados que, al contar de sus historias, construyen una memoria que es a la vez personal y colectiva. Las nuevas textualidades explotan en un lenguaje que incorpora la violencia como forma de vida y compañera permanente de la muerte.

Antes de redactar las líneas que conducirán esta reflexión a una posible conclusión, una última pregunta: ¿cuáles son las relaciones entre este tipo de producto cultural y el mercado de bienes culturales? Las respuestas demandan más investigación y más reflexión. Mientras tanto, se puede afirmar que hay una fuerte relación entre la demanda y la oferta de bienes culturales que surgen de los márgenes.

La novela *Ciudad de Dios*, las letras de las canciones del grupo de rap Racionais MCs y las películas documentales o de ficción son expresiones de las voces que surgen de las periferias de la cultura brasileña de hoy. Lo que nos interesa, en los relatos orales del cine o en los textos escritos y musicales, es percibir la violencia que exaspera el lenguaje hasta su explosión interna. Los textos muestran una realidad cruel, horrible, violenta, casi insoportable, y los que las describen, lo hacen a partir de otro enfoque, generando un híbrido de ficción, crónica y testimonio que tensiona internamente la dualidad entre vida y muerte.

OBRAS CITADAS

ACHUGAR, Hugo. *Historias paralelas/historias ejemplares: la historia y la voz del otro*. Lima/Pittsburgh: Latinoamericana Editores, 1992.

LINS, Paulo. *Cidade de Deus*. São Paulo: Cia das Letras, 1997.

MIGNOLO, Walter. "Entre canon y Corpus: alternativas para los estudios literarios y culturales en y sobre América Latina". *Nuevo texto crítico*, 14-15 (1994/1995): 23-36.

RACIONAIS MCs. *Sobrevivendo no inferno*. Cosa Nostra, 1995. CD Musical.

SKLODOWSKA, Elzbieta. *Testimonio hispanoamericano*. New York: Peter Lang, 1992.

YÚDICE, George. "Testimonio y concientización". *La voz del otro: testimonio subalternidad y verdad narrativa*. Eds. John Beverley y Hugo Achugar. Lima/Pittsburgh: Latinoamericana Editores, 1992, pp. 207-227.

Visión desafectada y resingularización del evento violento en *Los ejércitos* de Evelio Rosero

Héctor Hoyos
Stanford University

El presente ensayo propone entender la afectividad de *Los ejércitos* (2007), de Evelio Rosero, como respuesta a la anestesia de un sujeto contemporáneo mediatizado por el consumo de imágenes violentas. Considero que la solución parcial que aporta Rosero al problema de la cerrazón afectiva consiste en restituir su singularidad al evento violento a través de la narración. Dedicaré las siguientes páginas a explicar este razonamiento, en lo concerniente a tres aspectos: algunos puntos claves en la trayectoria de representación de violencia en la literatura latinoamericana, particularmente la colombiana; el potencial de la novela en tanto prisma para pensar la sociedad actual; y su valor heurístico para el pensamiento sobre el cruce entre afectividad y narrativa. Ya Mabel Moraña, en el primer trabajo importante sobre la obra, la ha leído en clave de capitalismo emocional y en función a una dinámica de terror y erotismo que construye subjetividad, particularmente masculina (185-187). También ha convocado a investigaciones más amplias sobre la relación entre representación artística e imaginarios del miedo en América Latina. El argumento expuesto a continuación acoge esta convocatoria y contribuye al conjunto de lecturas críticas de la obra de Rosero.

Filiación imaginaria

Dado que la novela trata de actos horrorosos, que a su vez se inscriben dentro de una historia larga de tales acontecimientos, conviene enumerar, con una provisional distancia afectiva, algunas de los sucesos y prácticas que componen el *locus terribilis* del imaginario de violencia en Colombia. De comienzos de los años 2000, la masacre de Bojayá, Chocó, en la que más de cien personas murieron, al interior de una iglesia, cuando cayó sobre ellos un cilindro bomba arrojado por guerrilleros de las FARC. De los años noventa, la masacre de Mapiripán, Meta, en la que grupos paramilitares asesinaron a múltiples pobladores con motosierra y ante la inacción cómplice del ejército (un general fue destituido por el caso). Un lustro antes, en las grandes ciudades, atentados con bombas en centros comerciales y otros lugares concurridos. Formas explosivas idiosincráticas: collar bomba, papa bomba, burro bomba. Y la lista podría seguir hasta llegar a los "cortes" de la Violencia, más o menos de 1946 a 1966, que incluyen el corte de florero, donde las extremidades de la víctima quedan dentro de su tronco, y el corte de corbata, en el que la lengua sale por un tajo a la altura del cuello.[1]

Recurro a la enumeración porque pone en perspectiva los actos horrorosos del libro, revela su filiación imaginaria. También los sitúa *dentro* de una tradición narrativa y *frente a* una práctica historiográfica común, la de apreciar la recurrencia del fenómeno violento, en ocasiones lindando con el determinismo. Nótese que las unidades temporales –décadas, épocas– se parean cada una con una cierta práctica violenta, que pasan así a ser demarcaciones del tiempo histórico imaginado. La semiología y los estudios culturales colombianos se han ocupado de estas construcciones fantasmáticas de la colectividad, notablemente obras como *Antropología de la inhumanidad*, de María Victoria Uribe (2004), o *Law in a Lawless Land* (2003), de Michael Taussig. Para el presente esbozo resta relacionarlas con un conocido pasaje de *Los días azules* (1985), de Fernando Vallejo:

> Humilde labrador de los campos, siervo de la gleba, cortador de caña, desbrozador de montes, limpiador de maleza, el machete se levantó enfurecido porque le había llegado su hora. En el corazón del monte,

---

1. Para una crónica periodística sobre el asesinato de la campesina Ana Elvira Cortés, víctima del collar bomba, véase "El collar del terror", *Semana*, 19 de junio de 2000, <http://www.semana.com/nacion/collar-del-terror/12861-3.aspx>. Sobre los cortes, véase León 1568-1569.

en la ceguedad del odio, en el rugir del viento, Amo de los Caminos, Dueño de la Encrucijada, Violador de la Noche, deja oír tu timbre metálico que ya la noche enmudece. Deja ver tu brillo partiendo la luna. Machete de filo y sangre, machete de sangre y muerte, Alma Negra, Sangre Negra, Capitán Veneno, Cortador de Cabezas, Rey del Reino de Thánatos, Señor de Colombia, ¡álzate! ¡Levanta mi brazo que voy a matar! (56-57).

Rosero entra en escena en un momento en donde todo ya pareciera estar dicho. De *La Virgen de los sicarios*, publicada casi quince años atrás, hereda el motivo de deambular, en un estado de duermevela, por un mundo que se derrumba; también la sucesión *in crescendo* de actos violentos hasta llegar al encuentro con el cadáver amado. Lo que en aquella obra fuera el cadáver con los ojos abiertos de Wílmar, el niño sicario, es acá el cadáver violado de Geraldina, objeto del deseo del protagonista. Tal es el más allá del crimen en la que culmina esta narración perversamente catártica: la necrofilia. En el camino, ocurren decapitaciones y otros actos penosos de imaginar y de describir, inimaginables de padecer. El desenlace supone un nuevo pico de intensidad afectiva en la gran trama de violencia en Colombia, capítulo de la latinoamericana.

¿Cómo se llega a la necrofilia en una obra de ficción? Mentado el clímax violento de *Los ejércitos* y la sensibilidad a la que apunta, procedo a glosar la historia desde el principio. El arco principal de la trama está franqueado por dos actos de observación. En un inicio, Isaías Pasos, el protagonista, espía por encima del muro de su jardín a su vecina, Geraldina, que se asolea desnuda. A medida que avanza la narración, este acto de voyerismo pasa de ser el pasatiempo inofensivo de un viejo, tolerado por todos, a ser causa de una culpa incipiente y finalmente a ser el motivo de una profunda vergüenza: cuando, estupefacto, contempla la violación, se descubre a sí mismo acechado "la desnudez del cadáver que todavía fulgía" (202). La unidad de acción de la novela es precisamente la de este desajuste en el modo de mirar. Lo primero que ve este protagonista narrador es a Eros; lo último, a Thánatos, bien sea porque, como se insinúa, los hombres armados que lo encañonan lo van a matar, o porque haber presenciado ese acto horrible equivale a la muerte emocional. La culpa no se representa en términos éticos o religiosos, como podría esperarse, sino a través de reacciones afectivas: Isaías se humilla en su monólogo interior, se larga a caminar a pesar de estar enfermo de una rodilla.

Entre un extremo y otro del arco narrativo hay un constante caminar, de donde le viene su apellido al personaje.[2] Sus *pasos* permiten que se construya el espacio del pueblo y sus alrededores, al tiempo que se presentan personajes más o menos secundarios que uno a uno irán desapareciendo, muriendo o cayendo en desgracia. El más importante es Otilia, la esposa malquerida del protagonista, que lo confronta por su obsesión voyerística con más impaciencia que ira, poco tiempo antes de que una serie de ataques al pueblo los lleve a desencontrarse y luego, a que Otilia "desaparezca". La incertidumbre por la suerte de Otilia está acompañada por la terrible certeza de que "el Brasilero", esposo de Geraldina, está secuestrado junto con el hijo de la pareja y con Gracielita, la criada. Así, los vecinos Isaías y Geraldina experimentan algo que sólo conocían de oídas, a través de la conmemoración, con visos de farsa y melodrama, en la que Hortensia y Gloria Dorado, respectivamente la esposa y la amante de Marcos Saldarriaga, se disputen por su amor, *in absentia*, cada aniversario de su secuestro. El secreto público de estos romances infortunados no sólo tiene su correlato en Isaías, Otilia y sus vecinos, sino también en el Padre Albornoz, cuya discreta sacristana es, además, su pareja.

Vemos así un subtexto de deseo reprimido que recorre la obra, cuya descarga ultraviolenta ya se ha mencionado. Lo no dicho ocupa un lugar preponderante en la narrativa de violencia en Colombia desde que Gabriel García Márquez, en "Dos o tres cosas sobre la novela de la Violencia" (1959), defendiera un ideal estético centrado en el miedo más que en el acto violento, en la inminencia del crimen más que en su ejecución. Ello sucedía por oposición a la llamada "novela de la Violencia", compuesta por obras partidistas que repetían compulsivamente, oscilando entre la denuncia y la fascinación, los abusos, principalmente conservadores, de los años cincuenta. Ahora bien, la sublimación de lo reprimido llevaría a García Márquez al realismo mágico, abandonando la tradición de realismo psicológico de

---

2. Moraña nota, además, que el nombre alude al primer hijo de Abraham, en el Antiguo Testamento, y al protagonista de *Moby Dick*, que es al mar lo que aquél es a la tierra: "termina por ser, como su homónimo, el único hombre que vive para contar la historia" (189).

El coronel no tiene quien le escriba (1961) o del realismo *gore* presente en una obra como *Manuel Pacho* (1962), de Eduardo Caballero Calderón, en la que un niño retrasado mental, inspirado en el Benji de Faulkner, lleva a cuestas el cadáver de su padre por varios días para llevarlo a enterrar (Hoyos, 18). Rosero se alinea predominantemente con Caballero Calderón, con excepción del personaje rimbombante del General Palacios, de inspiración obviamente garciamarqueana, que hace traer 120 langostas vivas del Canadá para un banquete (151). Frente al rito fúnebre que busca Manuel Pacho y a su escatología cristiana, en *Los ejércitos* el ritual es la desacralización. Los varios hombres que observan el episodio de necrofilia contemplan "con desmedida atención, más que absortos: recogidos, como feligreses en la iglesia a la hora de la Elevación" (202). Tales "feligreses" no llevan a cabo un sacrificio, pues no vuelven nada sagrado; lo que se conserva del motivo religioso es su intensidad afectiva en medio de un texto de relativa secularidad, que contrasta a su vez con la hipérbole religiosa de *La Virgen de los sicarios*.

Como puede apreciarse, Rosero conserva algunas y renuncia a muchas de las estrategias consagradas de representación de violencia en el campo literario y cultural colombiano. Su marca radica en articular una experiencia centrada en la afectividad, en la inmanencia y en la secularidad. La incomprensión de los personajes hacia las razones tras el conflicto es total, pero no por obstáculos epistemológicos o de conciencia política, sino porque éstas se encuentran por fuera del círculo de sus afectos. El Brasilero y Geraldina han adoptado a una niña huérfana; sus vecinos podían "asegurar con una mano en el corazón que la trataban igual que a otra hija" (13). Pero nadie repara en que la niña es la cocinera de la casa, la que se encarga de las labores domésticas mientras Geraldina se asolea. Este no-dicho no opera siquiera como un elemento reprimido, es algo que no aparece en las deliberaciones de los personajes. Recién en el último tercio de la novela, cuando Isaías se entera de que un tío ha reconocido a Gracielita en cautiverio y la ha apartado del grupo de cautivos, dice: "Sólo esto nos faltaba [...] que se aparezca Gracielita uniformada repartiéndonos plomo a diestra y siniestra, echando tiros en el pueblo que la vio nacer" (157).

La ambigua relación entre Isaías y Geraldina, distante y cercana a la vez, codifica la relación entre el ciudadano-televidente y la víctima.

Geraldina es un personaje apenas esbozado, sus facetas las de ser objeto del deseo, madre y esposa conmocionada. Se trata a fin de cuentas de una "vecina" y no de un miembro de familia, en un mundo en donde bien puede empezar allí la distinción entre amigo y enemigo, en sentido schmittiano.[3] Gracielita siempre será "como una hija", pero mucho pende de este *als ob* del orden patriarcal. Ahí está el germen de la separación entre la familia sancionada por la moral pública y la familia paralela, ya secreta como en el padre Albornoz, ya negada como en el caso de Gracielita. En la novela, "las familias" se enfrentan a "los ejércitos"; son las dos formas posibles de la colectividad, pues "el pueblo" no tiene cohesión. Ese pueblo descorporalizado marca una diferencia profunda con la tradicional representación metonímica del pueblo como espacio nacional, y en este punto menor no estoy de acuerdo con Moraña: el San José de Rosero no opera como el Macondo de García Márquez, el Tipacoque de Caballero Calderón o el Angosta de Abad Faciolince, o, más allá del contexto colombiano, del Comala el Rulfo. La hija de Isaías y Otilia, desde Popayán, insiste que se vayan para allá. San José no se reconoce metonimia de Colombia, sino de la llamada "zona roja", término que recogiera más recientemente Naomi Klein.[4] Dicho sea de paso, esta novela de guerra en 360 grados, como llaman los medios estadounidenses a la contrainsurgencia urbana en Irak, o de guerra civil como norma, como diría Hans Magnus Enzensberger, ocurre irónicamente en un momento en el que la cartografía de la zona roja en Colombia adquiere bordes fijos.

---

3. "El enemigo político no necesita ser moralmente malo, ni estéticamente feo; no hace falta que se erija en competidor económico, e incluso puede tener sus ventajas hacer negocios con él. Simplemente es el otro, el extraño, y para determinar su esencia basta con que sea existencialmente distinto y extraño en un sentido particularmente intensivo" (57).

4. Klein observa que, en contraste con la zona roja que es buena parte de Irak, el ejército de los Estados Unidos ha establecido ciudadelas fortificadas en cuyo interior no hay violencia. Extrapola para otras situaciones en donde el conflicto redunda en beneficios económicos: "At first I thought the Green Zone phenomenon was unique to the war in Iraq. Now, after years spent in other disaster zones, I realize that the Green Zone emerges everywhere that the disaster capitalism complex descends, with the same stark partitions between the included and the excluded, the protected and the damned" (523).

Escena afectiva

Podría pensarse que una novela con tan escasa conciencia política o discurso de país no propone nada sobre la violencia en Colombia. Por el contrario: escenifica sus afectos y lleva a cabo la valiosa tarea de poner juntas dos facetas aparentemente irreconciliables de la vida en esa nación: la constante exhibición del cuerpo femenino y la abundante violencia. Tal exhibición *ya es* violencia; en sentido inverso, la violencia está erotizada de antemano. A Isaías, ver el cuerpo desnudo de Geraldina le da ganas de vivir (34), pero verlo como lo ve al final de la novela se las quita por completo (203). Entrever vitalidad y voyerismo resulta revelador. Piénsese en la novela, luego telenovela *Sin tetas no hay paraíso* (2005), cuyo título describe sin equívocos el lugar idílico. Más aún, cabría decir que sin tetas no hay cultura, cuando menos si se piensa en las grandes firmas que publican en la revista *Soho*, que es algo así como lo que fue *Playboy* en Estados Unidos en los años sesenta, sólo que no son los sesenta ni la revista circula en Estados Unidos. Solamente en un país tan clerical como Colombia tiene vigencia el anticlericalismo de Vallejo; sólo en uno tan pacato el *pin-up* consigue ser un fenómeno masivo.[5]

Moraña sostiene, con razón, que el principal objetivo de *Los ejércitos* es "desplegar una serie inolvidable de escenas" donde se humilla el cuerpo político e individual. En otros pasajes del ensayo, describe la novela como "la construcción de un campo emocional", "la exasperación radical del sistema nervioso" (190), un "enredar al lector en una malla sensual" (195). Habría que añadir que hay, también, un efecto terapéutico, en el sentido de morar en el síntoma: se trata en últimas de desanudar la malla sensual entre la exhibición del cuerpo femenino y la violencia extrema. Nótese que no se trata primordialmente de conmover o de concientizar, operaciones que asumen una centralidad de la vida psíquica, que no de la afectiva. Es un intento por trazar un antes y un después en la imaginación violenta del lector. También en la ensoñación erótica, si apreciamos las energías afec-

---

5. En 2008, *Soho* pasó de un millón de lectores, según la Encuesta General de Medios en Colombia. Véase: <http://www.soho.com.co/vida-soho/articulo/soho-1003500-lectores/9366>. Para una colección de ensayos sobre los reinados en Colombia desde una perspectiva de género y estudios culturales, véase Rutter-Jensen 2005.

tivas, catexias y valores culturales que confluyen en Geraldina, que es a la vez prostituta, madre y, hasta cierto punto, ícono desacralizado de la Virgen.

Reparemos un momento en su presunta brasileñidad. Al inicio de la novela, los lectores asumen que es brasilera, gracias a una hábil evocación de lugares comunes combinada con un efecto sinestésico: "La mujer del brasilero, la esbelta Geraldina, buscaba el calor en su terraza, completamente desnuda [...] A su lado, a la sombra refrescante de una ceiba, las manos enormes del brasilero merodeaban sabias por su guitarra, y su voz se elevaba, plácida y persistente [...] así avanzaban las horas en su terraza, de sol y de música" (11). No se dice la palabra *bossanova* ni se tararea una canción, pero no hace falta. Más adelante se sugiere la estructura sintáctica del portugués, cuando el marido dice "¿No es una adoración, nuestro vecino?" y Geraldina contesta, reiterando el verbo: "–Es [...]. Es" (18). Pasarán muchos acontecimientos en la novela antes de que sepamos que "Brasilero" es un apodo (67) y que Geraldina tiene un hermano en la ciudad de Buga, cerca de Cali (122). Pero para entonces la adorada Geraldina ya es una *garotinha*, y la aliteración de la g ha logrado otras constelaciones. Sabemos que "su larguísimo cabello cobrizo como un ala invadía cada una de las calles de este San José, pueblo de paz, si ella nos daba la gracia de salir a pasear. La acuciosa y todavía joven Geraldina guardaba para Gracielita su dinero ganado [...]" (13). La palabra gracia evoca la famosa línea "cheia de graça" de Vinícius de Moraes y Tom Jobim, tomada a su vez del Avemaría; la homofonía entre el nombre de la mujer anhelada y el de la subalterna habla precisamente de la problemática subalternización feminizante del objeto del deseo heterosexual masculino.

¿Por qué hace falta imaginar la desnudez desparpajada, desinhibida, como brasilera? Porque se la ve como extranjera, pero no del todo ajena, en un país donde conviven el reinado de belleza y el carnaval. El *hortus conclusus* ha de ser brasilero como posibilidad de rebasar el comercio de imágenes del cuerpo femenino, de reafectarlo en la presencia más que en la virtualidad. Isaías repara en el olor de Geraldina, recrea la textura de su piel en su imaginación, le entrega una naranja por encima del muro, sellando así una transacción que abarca todos los sentidos. Se despliega un deseo triangular, en el sentido de Girard, en el que Isaías desea a través del brasilero, como luego deseará a

Cristina, una segunda criada, a través del soldado que tiene relaciones sexuales con ella, y se debatirá entre el deseo y el asco en la escena final.⁶ Hay también una puesta en abismo de ese mecanismo, en donde el lector viene siendo otra punta de un triángulo de aborrecimiento y deseo. El efecto neto es visceralizar el comercio de imágenes, trastocarlo, revelar el componente de muerte en su culto a la vitalidad y a la juventud, eminentemente femeninas.

En *Cuerpo gramatical*, el videoartista José Alejandro Restrepo dispone iconográficamente las funciones de las distintas partes del cuerpo en la larga tradición de representaciones de la violencia ritual. Yuxtapone grabados de desmembramientos de la primera época de la conquista, la cabeza de san Juan Bautista puesta sobre una bandeja y las cubiertas a color de los periódicos amarillistas contemporáneos, entre otros. El *punctum* de las imágenes de decapitación es la cabeza; del degollamiento, la piel y así sucesivamente. En el imaginario que despliega el libro, el foco es la cabeza, notablemente en las decapitaciones del curandero que le trata la rodilla a Isaías –la rodilla es un foco secundario– y en el de Oye, vendedor ambulante que se identifica con ese llamado, "oye", y cuya cabeza, en una horrorosa sinestesia en la que Moraña también repara, termina en la olla que usaba para preparar las empanadas que vendía. Pero lo más aterrador será el vaivén de la cabeza de Geraldina en la escena final, que es la manera en que Isaías se da cuenta de que se trata ya de un cadáver, en claro contraste con la *stasis* de la observación inicial.

Otros pasajes de la novela capturan un aspecto elusivo de la narrativa de violencia: el trauma vivido hunde a la víctima en el silencio, pero como bien ilustra el caso colombiano, la violencia ejercida sobre el cuerpo social es incentivo para la producción cultural. El pequeño hijo de Geraldina regresa de su cautiverio sin habla. Trae consigo un mensaje escrito de los captores, pero no pronuncia palabra ni da noticia de ellos hasta que un día en el que Isaías, que se ha desempeñado a lo largo de toda su vida como maestro de escuela, le niega un dulce de piña al tiempo que le pregunta qué fue de ellos. Desconcertado, el

---

6. Para Girard, el deseo triangular o mimético se caracteriza por el papel que cumple un mediador entre el objeto deseado y el sujeto deseante. Su ejemplo paradigmático es la relación entre Don Quijote y Amadís de Gaula, pues Quijote desea lo que imagina que su héroe desea. "Triangular desire is the desire which transfigures its object" (17).

mudo habla y recibe a cambio su recompensa, en un intercambio que itera el motivo de entrega de la naranja. Considero que esta evocación de sensaciones ácidas y agridulces corporaliza la atracción de lo mórbido, inconfesablemente humana. De manera semejante, cuando Isaías encuentra una granada sin estallar, un corrillo de niños lo persigue hasta el despeñadero por el que consigue arrojarla. Aquellos dan rienda suelta a un impulso primitivo: "oímos el estampido, nos encandilan los diminutos fogonazos que saltan desde el fondo, las luces pintadas que trepan fragorosas por la rama de los árboles, al cielo. Yo me vuelvo a los niños: son caras felices, absortas –como si contemplaran fuegos artificiales" (131). Como oportunamente recuerda el trabajo de Restrepo, existe una *longue durée* de formas artísticas que parten de la fascinación con lo mórbido, más allá del contexto colombiano.

Cadáver y multitud

Concluyo con una reflexión sobre la manera en que la novela articula la relación entre afectividad y narración, particularmente en lo que se refiere a la agencia política. Por una parte está la operación evidente de igualar en el común denominador de la barbarie a todos los actores armados del conflicto. Dadas las líneas móviles del Estado constitucional y del Estado de facto, aquí los bandoleros son todos, pues afectan del mismo modo al ciudadano, que no reconoce el conflicto como suyo sino en tanto lo padece. Por otra parte, la novela se encuentra a caballo entre el paradigma del sujeto y la psique y aquél de la experiencia y la relación cuerpo-mente.[7] A pesar de incipientes explicaciones psicológicas al peculiar voyerismo de Isaías –presenció un asesinato al tiempo que conoció a su esposa, poco antes de entrar por accidente en el baño en el que ella se encontraba– prima el carácter dado de sus afectos, o en términos de Massumi, su autonomía (96). El dato-afecto será lo que busca la reportera pelirroja que se pasea por el pueblo, llegada del interior, ajena al padecimiento pero

---

7. En este sentido, la novela acompaña el cambio de paradigma que describe Ticineto: "the movement in critical theory from a psychoanalytically informed criticism of subject identity, representation and trauma to an engagement with information and affect" (2).

determinada a capturar su semblanza frente a la cámara. Sus imágenes serán de las que hacen que los televidentes sientan un vacío en el estómago, supeditados a una amalgama de voyerismo y solidaridad, a mirar por encima del muro del patio.

Los ejércitos busca la identificación empática sin ofrecer a cambio la profundidad psicológica; sensación e incluso sensacionalismo ocupan el lugar que en otro paradigma narrativo tuviera la ambientación, la construcción de personaje, la prolepsis y otros recursos, a falta de un mejor término, convencionales. Agotada la concientización política y la sensibilización estética, queda el camino de la conmoción interior. Si la novela consigue resingularizar el evento violento es menos porque despliega el imaginario de horror del conflicto en Colombia, sino porque lo yuxtapone a la conocida trama del *striptease*. Su posible agencia política se desprende de un entramado de representaciones de violencia que atraviesa muchos géneros y medios. La saturación paulatina y excepcional de la novela permite poner en suspenso esa otra saturación, abrupta y cotidiana, a la que es sujeto el consumidor de medios en Colombia y otros lugares de América Latina. Contra la iteración y la convención, *Los ejércitos* interviene en la imaginación política del lector, proponiéndole un horror distinto.

La experiencia colombiana, tanto en lo que se refiere a la violencia como a su representación, tiene mucho que aportar al contexto latinoamericano. La violencia convoca al excepcionalismo y a la miopía histórica: llamar Violencia con mayúsculas a un período de la historia colombiana dificulta el considerarlo en un contexto más amplio de barbarie ritualizada, a la manera que propone Restrepo. Algo semejante sucede hoy en día con la inquietante situación de orden público en México, donde el hallazgo de cadáveres mutilados, como consecuencia de la guerra contra el narcotráfico, se ha vuelto noticia recurrente. Es difícil poner en perspectiva histórica situaciones de tanta urgencia, pero no por ello menos necesario. Lo literario desempeña un papel modesto pero relevante, por cuanto puede conseguir, como en el caso de Rosero, interrumpir las prácticas afectivas de la producción mediática de la violencia. En su constante renovación, la narrativa encara el agotamiento de recursos simbólicos y estéticos para la comunicación de la experiencia violenta, condición indispensable de la empatía.

A manera de especulación, cabe imaginar que una película basada en *Los ejércitos*, más que insoportable por su crudeza, sería un disparate. La atención que exige el libro, con su lenguaje cuidado y su gradual desvelamiento del horror, es antitética al consumo distraído de imágenes violentas que es la norma en las pantallas. El afecto siempre es dado, pero es más que un dato: es devenir en el tiempo y fluctuación de intensidad, vivencia más que imagen. El lector inmerso en la novela, menos pasivo que el televidente, está dispuesto a la experiencia singular. Ahora bien, ello no quiere decir que la estrategia de concentrar la energía afectiva en un cadáver sea el único camino a la empatía. Piénsese en el inventario de mujeres asesinadas que se da en *2666*, de Bolaño, y antes en *Huesos en el desierto*, de Sergio González Rodríguez. Resingularizar o redimensionar son ambas intervenciones políticas, pues así carezcamos de una narrativa común para racionalizar los crímenes, la indignación, que empieza en el estómago, nos compele a hacer lo que podamos para que éstos se detengan.

OBRAS CITADAS

BOLAÑO, Roberto. *2666.* Barcelona: Anagrama, 2006.
BOLÍVAR MORENO, Gustavo. *Sin tetas no hay paraíso.* Bogotá: Quintero Editores, 2005.
GARCÍA MÁRQUEZ, Gabriel. "Dos o tres cosas sobre la 'novela de la Violencia'". *De Europa y América (1955-1960).* Madrid: Mondadori España, 1992.
GIRARD, René. *Deceit, Desire, and the Novel: Self and Other in Literary Structure.* Baltimore: Johns Hopkins Press, 1965.
GONZÁLEZ RODRÍGUEZ, Sergio. *Huesos en el desierto.* Barcelona: Anagrama, 2002.
GREGG, Melisa y Gregory Seigworth (eds.). *The Affect Theory Reader.* Durham: Duke University Press, 2010.
HOYOS, Héctor. "García Márquez's Sublime Violence and the Eclipse of Colombian Literature". *Chasqui* 35.2 (2006): 3-20.
JOBIM, Antonio Carlos. *The Girl from Ipanema: The Antonio Carlos Jobim Songbook.* New York: Verve, 1995.
KLEIN, Naomi. "The Movable Green Zone: Buffer Zones and Blast Walls". *The Shock Doctrine: The Rise of Disaster Capitalism.* New York: Macmillan, 2008, pp. 485-559.
LEÓN, Carlos A. "Unusual Patterns of Crime During La Violencia in Colombia". *American Journal of Psychiatry* 125.11 (1969): 1564-1575.
MASSUMI, Brian. "The Autonomy of Affect". *Cultural Critique* 31 (1995): 83-109.

Moraña, Mabel. "Violencia, sublimidad y deseo en *Los ejércitos*, de Evelio Rosero". *La escritura del límite*. Madrid/Frankfurt: Iberoamericana/Vervuert, 2010, pp. 185-202.

Restrepo, José Alejandro. *Cuerpo gramatical: cuerpo, arte y violencia*. Bogotá: Universidad de los Andes, 2006.

Rosero Diago, Evelio. *Los ejércitos*. Barcelona: Tusquets Editores, 2007.

Rutter-Jensen, Chloe (ed.). *Pasarela paralela: escenarios de la estética y el poder en los reinados de belleza*. Bogotá: Pontificia Universidad Javeriana, 2005.

Schmitt, Carl. *El concepto de lo político: texto de 1932 con un epílogo y tres corolarios*. Madrid: Alianza Editorial, 2005.

Taussig, Michael. *Law in a Lawless Land: Diary of a "Limpieza" in Colombia*. New York: New Press, 2003.

Ticineto Clough, Patricia (ed.). *The Affective Turn: Theorizing the Social*. Durham: Duke University Press, 2007.

Uribe, María Victoria. *Antropología de la inhumanidad: un ensayo interpretativo sobre el terror en Colombia*. Bogotá: Norma, 2004.

Vallejo, Fernando. *La Virgen de los sicarios*. Bogotá: Santillana, 1994.

— *Los días azules*. Bogotá: Alfaguara, 2003.

Hugo Chávez y Maisanta. El fuera de la ley y la construcción de un linaje insurgente

Juan Pablo Dabove
University of Colorado at Boulder

I. Chávez: oralidad y potencia *poiética*[1]

Hugo Chávez, presidente de la República Bolivariana de Venezuela, despierta fuertes pasiones. Lealtad indivisa y odio enconado. Admiración hiperbólica o cruel desdén. Pero otra pasión puede ser detectada en los escritos de algunos de los mejores críticos culturales que trabajan el "fenómeno Chávez", como Ana Teresa Torres o Elías Pino Iturrieta: fascinación, en el sentido fuerte de una mezcla inextricable de horror y atracción frente a lo que se considera al mismo tiempo abyecto y admirable. Esta fascinación (que, me gustaría aventurar, es la otra cara del carisma, su hermano malévolo) no se basa en los polémicos logros de la Revolución Bolivariana, sino en lo que me gustaría denominar una potencia *poiética* en Chávez mismo, la capacidad de crear (o recrear) una narrativa totalizadora sobre la nación, y sobre el propio lugar de Chávez en la nación. Chávez hace esto recurriendo, con una habilidad y efectividad que los intelectuales de élite

---

1. En este artículo sigo, en líneas generales, el brillante análisis que sobre la narrativa de legitimación chavista lleva adelante Ana Teresa Torres en *La herencia de la tribu*. Mi propio análisis introduce algunos elementos adicionales, sobre todo el papel de la oralidad y la centralidad asignada a Maisanta, pero fue posible sólo porque el suyo lo precedió. Mi deuda para con ese libro, al momento de entender que el "fenómeno Chávez" va más allá de lo que las citas ocasionales que hay en este texto pueden indicar.

solo pueden desear, en una doble fuente de capital cultural: la experiencia subalterna y la cultura literaria. El *locus* de esa potencia *poiética* es la voz (el complejo de palabras, entonación, relación con el cuerpo y contexto de performance). Permítanme elaborar un aspecto particular de esa potencia *poiética*: la habilidad de Chávez de construir una narrativa que liga su persona, su emergencia en la esfera pública y su estilo de gobierno con un largo linaje de insurgentes. En particular, con un insurgente/bandolero: Pedro Pérez Delgado, Maisanta, cuya historia Chávez encuentra en una obra literaria específica: *Maisanta: el ultimo hombre a caballo*, de José León Tapia.

Tomo (adaptando) el término potencia *poiética* de Domingo Faustino Sarmiento. Sarmiento brinda (o es) un emblema de los dilemas políticos y epistemológicos del intelectual liberal confrontado con un líder que es a la vez autoritario, indudablemente, popular, y dotado de un raro talento político. Como se sabe, había poco aprecio entre Rosas y Sarmiento. Sarmiento consideraba a Rosas un monstruo, un bandolero, un tirano, un asesino y un caníbal. Pero al mismo tiempo, lo consideraba un genio político, digno de elogio hiperbólico. Consideremos, por ejemplo, el peán dedicado a Rosas y su cínica (pero aguda) visión de la naturaleza humana:

> ¡Rosas! ¡Rosas! ¡Me prosterno y humillo ante tu poderosa inteligencia! ¡Sois grande como el Plata, como los Andes! ¡Sólo tú has comprendido cuán despreciable es la especie humana, sus libertades, su ciencia, y su orgullo! ¡Pisoteadla! ¡Que todos los gobiernos del mundo civilizado te acatarán, a medida que seas más insolente! (179).

En esta cita de Sarmiento no hay sarcasmo. Si lo hay, es un sarcasmo dirigido a sí mismo y a su facción, tanto o más que a Rosas. Sarmiento considera a Rosas, de hecho, una suerte de Platón. Comenta sobre Rosas, cuando éste asume el cargo de "Gobernador con la Suma de los Poderes Públicos" en 1835: "Es el Estado una tabla rasa en que él va a escribir una cosa nueva, original; él es un poeta, un Platón que va a realizar su República ideal, según él ha concebido" (206). El epíteto puede parecer sorprendente, pero no lo es. En Rosas, Sarmiento identifica una potencia *poiética*, el talento para crear un mito (en el sentido de Georges Sorel), que se expresa en la consigna facciosa: "¡Viva la Federación, mueran los salvajes asquerosos traidores unitarios!". Ese mito articula, sin resto, todas las instancias de lo social. Ese mito crea lo social como la escena de conflicto de duración indefinida y alcance totalizador, que ocurre en un tiempo de excepción. Por casi dos décadas, este mito legitimó el Estado rosista como una máquina de guerra y legítimo a Rosas como el líder con la suma del poder público.

Esta potencia *poiética* habita (define, hasta cierto punto) a Chávez. Y, como dije, el *locus* es la voz. A Chávez le gusta hablar. De hecho, la escena con la que más probablemente identificamos a Chávez es la de un hombre hablando. Y aunque Chávez no es enemigo de la clásica escena populista del líder dirigiéndose a las masas reunidas en manifestaciones multitudinarias y entusiastas, sospecho que ésa no es la clásica escena chavista. La clásica escena chavista es más cercana a la del monólogo público. En él Chávez habla por minutos (o por un minuto, como el minuto que Carlos Andrés Pérez le dio luego del fracaso del levantamiento del 4 de febrero de 1992, que marcó la entrada de Chávez en la imaginación pública venezolana) o por horas, a audiencias colocadas frente a él (con las que usualmente entra en algún tipo de diálogo) o que lo miran por TV. Chávez habla digresivamente, incesantemente, con pasión que no se agota. Visita cualquier tópico que venga (o no) al caso, desde Dios a las caraotas. Comparte con la audiencia su visión de la Historia, y le da consejos sobre la cantidad de minutos que una persona debe pasar en la ducha, para ahorrar agua. Chávez sermonea, da cátedra, confiesa, canta, insulta, cuenta chistes y anécdotas. Muchas veces lo hace con gracia popular. Otras veces, parece carecer de todo sentido de la oportunidad. Iluminadora, divertida o vergonzosa, esta verbosidad es ciertamente parte de su carisma. Pero es también parte central de la manera en la que Chávez ha construido una narrativa de legitimación de notable eficacia.[2] Permítanme dar un pequeño ejemplo. En 2006,

---

2. Ana Teresa Torres apunta, con completa razón a mi modo de ver, que no es por casualidad que uno de los libros favoritos de Chávez sea *Les Misérables*, de Victor Hugo. Al leer *Les Misérables*, uno encuentra cantidades de similitudes. Éstas aparecen no sólo en el personaje de Jean Valjean, el fuera de la ley que se da como misión la redención de los suyos, sino, sobre todo, en la voz narrativa. Esta voz es totalizadora, como se ve en la narración de la batalla de Waterloo, donde el relato desentraña, no el sentido de un encuentro militar, sino de la Historia de Occidente, pero a la vez se mueve de un tópico a otro de manera completamente asociativa.

Chávez revisita uno de sus tópicos favoritos: Bush. Pero Chávez no habla de Bush. Le habla a Bush.

> Te metiste conmigo, pajarito. Te metiste conmigo, pajarito, ¿no? Tú no sabes mucho de historia. Tú no sabes mucho de nada ¿sabes? Una gran ignorancia es la que tú tienes. Eres un ignorante, Mr. Danger. Eres un ignorante. Eres un burro, Mr. Danger. Eres un burro, Mr. Danger. O para decírtelo más bien... para decírtelo en mi mal inglés, en mi *bad English, you are a donkey, Mr. Danger. You are a donkey*. Me refiero, Uds. saben, para decirlo con todas sus letras a Mr. George W. Bush. *You are a donkey, Mr. Bush*. [...] Te voy a decir algo, Mr. Danger: tú eres un cobarde, ¿sabes? Tú eres un cobarde. ¿Por qué no te vas a Irak a comandar tus fuerzas armadas? Es muy fácil comandarlas desde lejos. Si algún día se te va a ocurrir la locura de invadir Venezuela, te espero en esta sabana Mr. Danger. *Come on here Mr. Danger. Come on here*. [Aplausos.] *Come on here Mr. Danger*. Cobarde, asesino, genocida, genocida, genocida. Eres un genocida. Eres un *alcoholic* Mr. Danger. Es decir, eres un borracho. Eres un borracho, Mr. Danger. Eres un inmoral, Mr. Danger. Eres de lo peor, Mr. Danger. (Dirigiéndose a la audiencia.) ¿Cómo se dice 'de lo peor' en inglés? (Respuesta inaudible de la audiencia.) *The last! You are the last!* ("Hugo Chávez y Bush").

Hay un número de rasgos en esta performance que considero emblemáticos de Chávez. Primero: Chávez se dirige a Bush bajo la forma del desafío. El desafío a duelo es el núcleo de la escena. La audiencia real (los que están con él en el hato o los que lo están mirando por TV) no son la audiencia "real" porque Chávez no les está hablando a ellos. Ellos son, más bien, espectadores de un drama de proporciones históricas. Este desafío descansa en un código de masculinidad compartido por Bush y Chávez. Chávez llama a Bush cobarde (la ofensa extrema a la masculinidad) y borracho, y borracho no significa alguien que toma –los hombres toman–, sino alguien que no sabe tomar. Chávez no está desafiando a Bush como un presidente a otro presidente: lo está desafiando como un llanero (Chávez es de Sabaneta, Barinas) a un tejano. Como un sujeto de violencia a otro sujeto de violencia, pero en un escenario donde lo que está en juego es la legitimidad de la violencia: quién es el tirano, quién es el criminal y quien es el legítimo insurgente.

Chávez prefiere el tono condescendiente del desafío oral masculino ("te metiste conmigo, pajarito") al tono indignado del fundamentalista (Kim Jong-Il o Mahmoud Ahmadinejad). Y no desafía a una guerra entre Estados y ejércitos, sino a un duelo singular fuera de la ley. Y el duelo ocurrirá en un lugar particular, los llanos, el *locus* de la nacionalidad venezolana.

Pero hay más. Llama a Bush "Mr. Danger", el personaje del intruso americano en la novela nacionalista por excelencia, *Doña Bárbara*. Y su apropiación del prestigio de la literatura es sistemática (noten que su escritorio está atestado de libros, libretas, lapiceras), tanto como lo es su distancia con respecto a ella. Chávez, que es por lo demás un profuso lector, pronuncia "Míster Dan-yer", dice "*a donkey*" y no *an ass* y "lo peor" como "*the last*" y no *the worst*. No sé qué tanto *eenglich* sabe Chávez, pero sí sé que en un país cuya élite deliberadamente se enorgullece de imitar los modos del Norte, la gustosa carnicería del inglés es una performance cultural. Incluso le pregunta a la audiencia: "¿Como se dice 'de lo peor'?" (*the worst*) y, cuando alguien le dice: "*The last*", prolijamente repite: "*Mr. Danger, you are the last*". Al apropiarse del error, Chávez incorpora la cualidad heterodoxa de la oralidad popular en su propia voz. Y al hacer eso, incorpora la oralidad popular en el drama histórico del que Chávez es el protagonista. Su voz se convierte, no en la expresión de sus propias pasiones, sino en el vehículo de las pasiones del pueblo.

Pero la alocución de Chávez comienza con una enigmática referencia a la Historia. El tópico se abandona, pero sólo en apariencia. La Historia enmarca el desafío porque es el punto culminante de una narrativa multisecular, que organiza lo social en dos campos, con unos pocos nombres propios como sus emblemas. Por una parte, el Imperio: Diego de Losada, el conquistador que fundó Caracas in 1567; los españoles y canarios que se opusieron a la independencia pero luego la cooptaron; José Antonio Páez, traidor a Bolívar; Antonio Guzmán Blanco, traidor a la causa federal; Juan Vicente Gómez, que traicionó a Cipriano Castro y enajenó la riqueza nacional (el petróleo) a Shell y Exxon; los signatarios del Pacto de Punto Fijo; la oposición a Chávez y, por supuesto, "W".

Por otro lado, tenemos un linaje insurgente que comienza con Guaicaipuro, el jefe de los teques y caracas que lideró la rebelión contra los españoles en el valle de Caracas; Bolívar; Ezequiel Zamora, autor de una de las frases favoritas de Chávez: "Horror a la oligarquía"; Cipriano Castro; Maisanta y, como culminación y síntesis,

Chávez mismo (para una postulación y análisis de esta doble genealogía, ver Torres). Esta narrativa ubica el conflicto que define a Venezuela de manera completamente mítica, toda vez que Guaicaipuro no tenía idea de algo llamado Venezuela, mientras que los traidores, los malignos agentes del Imperio, fueron los que inventaron el nombre de Venezuela. Este linaje insurgente ha llevado adelante una prolongada lucha antiimperialista, con base clasista y étnica, y esta atribución anacrónica de origen es el rasgo definitorio del nacionalismo primordialista. Pero lo central es que el establecimiento de este linaje reside en el poder del intelectual que es capaz de articular un desarrollo histórico en forma narrativa. El intelectual es Chávez mismo, quien, para usar la frase de Renan "habla por los muertos". Al mismo tiempo, esta narrativa, y esa es la cualidad "viciosa" del discurso chavista, suprime un rasgo central de las narrativas nacionalistas: el efecto tranquilizador del fratricidio, toda vez que Chávez rehúsa considerar la historia de Venezuela como parte de un "drama familiar" (disfuncional o no, como Argentina o México). El enemigo es el Imperio, esto es, el Otro sin relación con la identidad. En esta luz, no hay drama familiar, no hay cuerpo político al seno del cual se escenifique el conflicto (sino que es un conflicto entre dos cuerpos sin comunicación), y la entera historia de Venezuela es un tiempo de excepción definido por un conflicto inacabado (y probablemente inacabable): la lucha emancipatoria sin compromiso. Esta lucha legitima *ad infinitum* el populismo autoritario de Chávez.

II. MAISANTA

Mi hipótesis es que esa apropiación tuvo como condición de posibilidad la mediación/apropiación de la obra de José León Tapia *Maisanta, el último hombre a caballo*. La obra fue publicada en 1974 por el médico y escritor barinés José León Tapia (1928-2007). Chávez es un devoto lector de la obra. Tapia recordaba haber recibido una apasionada carta de Chávez, por los tiempos de la aparición de la obra, y Chávez prodigó los homenajes al autor y a su personaje. Desde luego, hay dos razones obvias para ello: la obra glorifica a un antepasado de Chávez de reputación dudosa. Chávez suele referirse a cómo, al seno de su familia, Maisanta era referido, siempre en conversaciones reservadas a los mayores, como "ese asesino" (Chávez habla abundantemente de Maisanta en las entrevistas con Blanco Muñoz). Chávez hizo un viaje a los llanos para escribir su propia biografía de Maisanta, que le valió una temporada preso. Asimismo, permite integrar la propia biografía de Chávez a una línea de insurgentes populares (Maisanta era hijo de Pedro Pérez, que peleó con el caudillo federal Ezequiel Zamora), integración que legitima de antemano, hacia el pasado y hacia el futuro, sus credenciales revolucionarias.

La reverencia privada y pública de Chávez por Maisanta (que para Herma Marksman, su antigua amante, bordeaba a veces el delirio mesiánico) es consignada en abundantes testimonios: Chávez imponía a los soldados bajo su mando diarias muestras de reverencia a Maisanta junto a Bolívar (cuyos retratos, apareados, adornaban su oficina). Marksman cuenta cómo el primer regalo que le hizo su amante fue, curiosamente, el libro de Tapia. Hay testimonios sobre supuestos actos de "posesión" por el espíritu de Maisanta, y es conocido el uso y la exhibición constante del escapulario de Maisanta (la invocación al escapulario le dio a Maisanta su nombre), que protegería a Chávez de asesinos e intentonas golpistas domésticas

Pero hay una serie de rasgos en la obra de Tapia que permitieron su apropiación como pieza decisiva en la narrativa bolivariana. Tapia es del todo desconocido fuera de Venezuela. Ello es algo sorprendente, ya que la apropiación bolivariana de Tapia lo ha convertido en el escritor regionalista latinoamericano más influyente del último medio siglo (influyente de un modo anacrónico, pero influyente no obstante). Permítanme una pequeña reseña.

El libro de Tapia es un híbrido de novela regionalista, testimonio colectivo y ejercicio de historia oral regional. Es la historia novelada de Pedro Pérez Delgado (1875-1924), alias "Maisanta", "El Americano" o, como hermosa y envidiablemente lo bautizara Tapia (o mejor, un informante al que Tapia no da crédito), "El último hombre a caballo". Maisanta fue un caudillo menor que entre 1898 y 1921 participó de manera intermitente en los postreros levantamientos llaneros, ya en irreversible declive como factor militar y político. Maisanta fue oficial del Mocho Henández en la Revolución de Queipa contra Joaquín Crespo e Ignacio Andrade. En 1901 apoyó la Revolución Libertadora contra Cipriano Castro. En 1914 y en 1921 se suma a rebeliones antigomecistas, que previsiblemente le deparan el amargo pan del exilio. Desencantado del camino revolucionario, se reconcilia con el gomecismo. En 1922 es acusado de colaborar con una nueva rebelión contra Gómez (colaboración que siempre negó). Muere preso, en 1924. Botello (apoyado en testimonios contemporáneos) sostiene que Maisanta muere de un paro cardíaco. Tapia mantiene (con la leyenda) que Maisanta fue asesinado con meditada crueldad: vidrio finamente molido mezclado en la comida que provocó al cabo de semanas, hemorragias internas, septicemia y muerte. Maisanta fue un intento inaugural de totalizar historia dispersa entre fuentes orales (aquellas que Tapia usa de manera casi excluyente) y testimonios históricos (que Tapia no menciona), como la *Historia de mis luchas*, de Manuel Arévalo Cedeño, *Alzamientos, cárceles y experiencias*, de José Garbi, *Motivos llaneros*, de Antonio Paiva y manifestaciones literarias, como el "Corrido de caballería" de Andrés Eloy Blanco.

En vida, la imagen de Maisanta osciló entre la de un "jefe grande" insurgente y la de un bandolero rural. En las comunicaciones oficiales, de Gómez a jefes locales, Maisanta es siempre el cuatrero, bandolero, vándalo, gavillero, cuadrillero (ver los abundantes testimonios reproducidos en Botello). Y desde luego, corrió el destino de tal: preso sin juicio, muerto sin sentencia. Desde luego, éste es un mecanismo clásico de deslegitimación de manifestaciones armadas. En el caso de las partidas armadas antigomecistas, había un grano de verdad que permitía esa operación. Los ejércitos o partidas insurgentes carecían casi absolutamente de líneas regulares de abastecimiento. Era una práctica sancionada por la costumbre sostener las fuerzas en marcha saqueando comercios o hatos enemigos, o exigiendo rescates en metálico. La exacción era la misma para los aliados, pero era una "contribución patriótica" o un préstamo contra un futuro enteramente hipotético. Desde luego, la línea entre saqueo o rescate y contribución era borrosa, o inexistente, y determinaba sobre todo el nivel de exacción (que estaba determinado por una "economía moral" más o menor estricta). Asimismo, no sólo los insurgentes incurrían en esta práctica. La inmensa mayoría de los ejércitos latinoamericanos no se diferenciaban, en la práctica, de bandas de bandoleros. La diferencia era cómo esa práctica se articulaba a una legalidad en disputa. Así, "bandido" es, sobre todo, un "efecto de articulación" (Laclau), donde lo que estaba en disputa, entre otras cosas, era quién era el bandolero. En efecto, el bandido (tal como fuera concebido y propuesto por Hobsbawm a la reflexión histórica y cultural contemporánea) es el primero en una serie de los personajes conceptuales que en la historia cultural latinoamericana funcionan como frontera entre "espacios de soberanía" (Chatterjee). Este carácter hace oscilar a estas figuras entre los extremos de la abyección y la épica, entre la fiera y el fundador de naciones, desde Boves al narcocorrido contemporáneo. De ese carácter fronterizo, extremo, surge su enorme productividad cultural del tropo.

Tapia deliberadamente enfatiza en su narración los motivos que definen a las narrativas de bandidos sociales: su iniciación como hombre de armas es el asesinato de un tal Pedro Macías, un poderoso que violó a su hermana, que lo obliga a huir. Carece de una ideología articulada en las categorías alrededor de las cuales se define el pensamiento político moderno (clase, Estado, etc.) y, de hecho, no diferencia entre venganzas (y alianzas) privadas y actos públicos: se va con el Mocho Hernández por espíritu de aventura y con la Libertadora por fidelidad personal. Asesina a Colmenares, jefe político gomecista, para vengar a su amigo Mauriedo. Pone en juego el disimulo, el disfraz. Mezcla el catolicismo popular, un masculinismo excesivo, con una devoción indivisa al honor familiar. Se afirma en sus poderes sobrenaturales (el escapulario) y su conocimiento insuperado del terreno. Finalmente, sólo puede ser derrotado por traición.

Creo que la relación entre el discurso chavista y Maisanta es doble. Por un lado, Maisanta permite la construcción de Chávez como un llanero emblemático. Por otro, le permite abrazar la identidad de *outlaw* devenido soberano.

III. EL LLANERO MAYOR

Los llanos de Venezuela es la región de llanura subtropical que abarca los estados de Apure, Barinas, Portuguesa, Cojedes, Guárico, Anzoátegui y Monagas. Desde la época colonial, la principal actividad económica de la zona era la ganadería extensiva. Esto dio, junto con otros factores (de los que hablaré en un momento), origen a una dinámica cultura de frontera. La posición geográfica de los llanos, lejos de los centros urbanos costeros y de las plantaciones que formaban el núcleo político y económico de Venezuela, como asimismo la indistinción cultural y económica entre los llanos colombianos y venezolanos, contribuyeron a crear un definido sentido de identidad regional, distinta (y a veces opuesta) a la identidad nacional. Los llanos eran una mezcla de blancos pobres (muchos de las Canarias), esclavos cimarrones e indígenas. Esto creó un estigma sobre los llaneros como grupo. Al mismo tiempo, toda vez que desde la Colonia, los llaneros trabajaban para una desarrollada red de contrabando de ganado y sus productos, ajena a las regulaciones de la Corona, y que los llaneros tenían un vago (si es que tenían alguno) sentido de la propiedad territorial, colaboró a la identificación del llanero como un fuera de la ley (bandolero y llanero eran palabras estrechamente asociadas en su momento). Éste es, desde luego, un fenómeno paralelo a lo ocurrido en otras fronteras ganaderas de América Latina: los gauchos pampeanos, los vaqueros del norte de México y los *jagunços* del nordeste de Brasil (ver Izard, Slatta).

A pesar o a causa de este estatus dudoso, los llaneros tienen un lugar eminente en la cultura y la historia venezolana: con el rey, o contra él, con Boves o con Páez, fueron actores decisivos de la Guerra de Independencia. A lo largo del siglo XIX desempeñaron un rol central en las guerras civiles. Finalmente, los llanos fueron el lugar donde se dieron las más enconadas luchas contra Gómez.

Chávez es de los llanos. Nació en Sabaneta, Barinas. Y es, como le gusta indicar, una mezcla "típica" de los llanos, de blanco, negro e indio. Chávez gusta de cantar el "Corrido de caballería" (el poema de Eloy Blanco sobre Maisanta), y es saludado, en esas performances, como "el llanero mayor" o "el primer llanero" (ver "El Corrido de Maisanta, el último hombre a caballo [Chávez]"). Pero su afiliación con los llanos vía Maisanta va más allá. Chávez *es* la reactuación del conflicto entre Gómez y Maisanta, entre una burguesía lista para enajenar la riqueza nacional y un sujeto venido del núcleo de la nacionalidad que se opone a ese proyecto. Chávez repite (al modo sicoanalítico) la escena fundacional de la modernidad venezolana. Los llanos, debemos recordar, fueron desplazados de su lugar político y económico por el ascenso del petróleo, cuya dominación transformó a los llanos en un área económica y políticamente secundaria. Pero en el imaginario venezolano, el petróleo tiene, sabemos, un lugar ambiguo: es una riqueza infinita, que pertenece a todos, y que está allí para ser recogida, un nuevo El Dorado. Pero es también una influencia deletérea que atrajo las ambiciones imperiales, el lujo corruptor y la destrucción o el olvido de la Venezuela "real": rural, mestiza, guerrera. Reclamar una ascendencia llanera es reclamar un origen que es anterior, más antiguo y más legítimo que la Venezuela petrolera. Y reclamar un linaje antigomecista es reclamar la herencia insurgente de un linaje que desde siempre supo discernir el lugar ambiguo del petróleo. Por supuesto, la ambiciosa agenda de Chávez depende del petróleo, y de la exportación a Estados Unidos. Pero, a diferencia de Carlos Andrés Pérez, cuya identidad quedó fijada indeleblemente a la "Venezuela saudita" de los setenta, Chávez, llanero, descendiente de una familia que fue destruida por el ascenso de la economía petrolera (la hacienda de Maisanta, "La Marqueseña", fue expropiada en tanto pertenecía a un rebelde [Blanco-Muñoz, 49]) puede reclamar una independencia simbólica de la influencia corruptora del petróleo (Torres, 117).

IV. EL FUERA DE LA LEY

Chávez abraza la identidad del *outlaw* devenido soberano. Desde su rebelión y aparición televisiva el 4 de febrero de 1992, pasando por la jura como presidente, donde niega la validez de la Constitución sobre la que jura, esto es, la misma que lo hace presidente, Chávez construye su imagen como la de un sujeto de violencia fuera de la ley. Pero, como los bandoleros sociales, esa posición fuera de la ley reclama una legitimidad anterior y exterior a la de la ley. En ese sentido, *outlaw* es el reverso de soberano, la otra cara del soberano en tanto habita un espacio de excepción, o mejor, para tomar la definición de Schimtt, decide sobre la excepción.

Esa legitimidad exterior a la ley reside en el "pueblo" ("mi pueblo", como aparece en la variación de la jura de Chávez y en el mensaje televisivo). Y otra vez, el texto de Tapia proporciona una clave sobre cómo se construye el "pueblo". Tapia afirma en el prólogo a la obra que él no es el autor de la misma, que su relato es la voz del "pueblo", que su texto es menos escrito que transcrito. Dice Tapia: "Se nos ha ocurrido conversar con la gente y recoger leyendas, anécdotas o relatos de testigos presenciales o referenciales de las cosas que han pasado en la tierra barinesa. Nos vamos a veces por los caminos de Barinas a conversar con la vieja gente y allí hemos encontrado un filón de tradición popular" (27). Pero *El último hombre a caballo* en su nivel más elemental, no es la voz del "pueblo": es la voz de una serie de individuos que compartieron con Tapia sus memorias. El artefacto colectivo "pueblo" es una totalización a posteriori de Tapia. Esta totalización implica dos operaciones: (1) que los individuos desaparezcan de la narrativa. Se mencionan algunos informantes, pero nunca se liga una porción de narrativa específica a un informante particular, por lo que Tapia pasar a ocupar *by default* el lugar de autor no mediado; (2) la segunda operación es que Tapia hace de la narrativa una totalidad, inscripta en otra totalidad: la historia de Venezuela. Por ella, la historia de Maisanta pasa a ser una elegía de la Venezuela rural, un cuadro de la transición a la economía petrolera, una reflexión sobre el imperialismo y el destino neocolonial de Venezuela. El "pueblo" no preexiste a la novela: es un artefacto, una síntesis inmanente a la novela. Postular su preexistencia es un mecanismo de legitimación cultural, que a la vez niega y afirma el estatus del letrado como mediador, imprescindible e inmediato, que hace de los murmullos piezas de una figura histórica. Las profusas intervenciones orales de Chávez, cuyo epítome es el programa *Aló presidente*, se estructuran con la misma ficción. Como pauta el título mismo del programa, el origen postulado del diálogo, su polo activo, es "el pueblo". Pero otra vez, nunca se trata del pueblo. Se trata de individuos. El momento de síntesis, el en que nace "el pueblo" es la voz de Chávez, en sus respuestas digresivas e incesantemente totalizadoras, que ejercen un invariable privilegio interpretativo.

La supresión de la voz tiene en Tapia otro efecto: hacer de Maisanta un héroe inequívocamente épico. Los testimonios que Tapia recoge son testimonios de gente que peleó con Maisanta. Pero Maisanta es el único actor de nota de las sublevaciones que lideró. Esa supresión apela a la coartada épica, donde el héroe es sinécdoque del resto de su comunidad, y a la supresión narrativa corresponde una sobrecarga simbólica.

Chávez lleva esto un paso más allá, en tanto ocupa un lugar doble: como actante (descendiente de Maisanta) y como interpretador (creador y sostenedor de la macronarrativa emancipadora venezolana). La oralidad chavista es así a la vez popular, épica y metapopular: habla como héroe, habla como pueblo, habla como interpretador.

El chavismo adopta del Maisanta de Tapia tres tropos más, con los que quisiera cerrar mi trabajo: Maisanta no fue un caudillo victorioso. Más allá de algunas pequeñas acciones, su estrella militar no fue brillante. Esas derrotas son atribuidas, en el texto de Tapia, a dos razones: traiciones de los "doctores" (los caudillos que eran también políticos profesionales, con educación formal) y ausencia de un liderazgo unificado y legítimo, donde Maisanta, el verdadero líder calificado, según Tapia, se subordinaba a París, Vargas o Arévalo Cedeño. Pero asimismo, estos tropos son elevados en el texto de Tapia a claves de la historia venezolana, dado que un resumen de la historia patria como cadena de derrotas y traiciones es la educación política que a Maisanta le brinda su amigo e inspirador, el bachiller Elías Cordero (56).

Chávez entra a la vida política venezolana como ídolo inmediato, no como el héroe de una rebelión victoriosa, sino como un digno derrotado (en su inauguración mediática, que lo transformó en un ícono). Un significante que a la vez abarca al líder populista y al pueblo, no como líder y seguidores, sino como víctimas comunes de una derrota histórica tiene, en el discurso populista, un poder de interpelación superlativo (pensemos, por ejemplo, en Perón en el exilio). Pero el tropo de la derrota por traición enlaza a Chávez con los otros próceres que el chavismo reivindica: Guaicaipuro, Bolívar, Zamora y Castro, derrotados y traicionados porque, como Maisanta, oyeron a los "doctores". No asumir el liderazgo, ser traicionado, escuchar a los doctores, marca el destino de Maisanta. Deja su ciclo histórico incompleto. Si Maisanta sirve en tanto *outlaw* como instancia de legitimación positiva (a imitar) sirve en estos últimos tropos como instancia de legitimación por oposición, donde Chávez completa lo que Bolívar, Zamora, Castro y Maisanta dejaron incompleto. Chávez se hace eco de Maisanta a la vez como identidad (linaje) y como diferencia. En su obsesión por la unidad de liderazgo, la derrota histórica a vindicar (en su avatar imperialista), la traición y la disensión interna, el desafío a la autoridad de los "doctores" y la necesidad absoluta de completar un destino (la extensión indefinida de su mandato no es una ambición personal, sino una necesidad histórica), Chávez pone en evidencia otro de los desconcertantes rasgos de su liderazgo y su persona política: la devoción por la literatura que hizo a Chávez postular a *Los miserables*, de Victor Hugo, como la clave del devenir político latinoamericano ("Chávez y Victor Hugo", "Chávez: *Los miserables* y Fidel Castro"). Devoción que es uno de los muchos factores para la desorientada mezcla de admiración, desdén y extrañeza con la que no podemos dejar de considerar al socialismo del siglo XXI.

OBRAS CITADAS

BLANCO-MUÑOZ, Agustín. *Venezuela del 04F-92 al 06D-98 habla el Comandante Hugo Chávez Frías.* Caracas: CEHA/IIES/FN/ES/UCV, 1998.
BOTELLO, Oldman. *Historia documentada del legendario Pedro Pérez Delgado, Maisanta.* Caracas: Catalá Editor/El Centauro, 2005.
"Chávez-4 de febrero de 1992". *You Tube,* <http://www.youtube.com/watch?v=dV1fKQscgSQ> (05.02.2010).
"Chávez: *Los Miserables* y Fidel Castro". *You Tube,* <http://www.youtube.com/watch?v=2Q9I_fKyYGs> (05.02.2010).
"Chávez: Pedro Pérez Delgado, Maisanta". *You Tube,* <http://www.youtube.com/watch?v=166FAslFsEM> (05.02.2010).
"Chávez y Victor Hugo (*Los miserables*)". *You Tube,* <http://www.youtube.com/watch?v=Ul7JE_mKlXw&feature=related> (05.02.2010).
"El Corrido de Maisanta, el último hombre a caballo (Chávez)". *You Tube,* <http://www.youtube.com/watch?v=3YNGqsSJSNQ> (5.02.2010).
GALLEGOS, Rómulo. *Doña Bárbara.* Ed. Domingo Miliani. Madrid: Cátedra, 1997.
GOTT, Richard. *In the Shadow of the Liberator: Hugo Cha?vez and the Transformation of Venezuela.* London: Verso, 2000.
HUGO, Victor. *Les Misérables.* New York: Modern Library, [1862] 1992.
"Hugo Chávez". *You Tube,* <http://www.youtube.com/watch?v=IFriRcHipY> (05.02.2010).
"Hugo Chávez, 4 de Febrero de 1992". *You Tube,* <http://www.youtube.com/watch?v=VBUo-pYeVfQ> (05.02.2010).
"Hugo Chávez y Bush". *Bing Videos,* <http://www.bing.com/videos/watch/video/hugo-chavez-vrs-bush/1a1ba4b3341997f2fe6c1a1ba4b3341997f2fe6c-59233927193> (05.02.2010).
DI BENEDETTO, María Eugenia. *Pedro Pérez Delgado, Maisanta, El ultimo hombre a caballo: Versión de una historia no "oficial".* Caracas: El Centauro Ediciones, 2000.
DUNCAN BARETTA, Silvio y John Markoff. "Civilization and Barbarism: Cattle Frontiers in Latin America". *Comparative Studies in Society and History* 20.4 (1978): 587-620.
IZARD, Miguel. "Ni cuatreros ni montoneros: llaneros". *Boletín Americanista* 31 (1981): 83-142.

— "Oligarcas temblad, viva la libertad: los llaneros del Apure y la Guerra Federal". *Boletín Americanista* 32 (1982): 227-277.
— "Sin domicilio fijo, senda segura, ni destino conocido: los llaneros del Apure a finales del periodo colonial". *Boletín Americanista* 33 (1983): 13-83.
— "Ya era hora de emprender la lucha para que en el ancho feudo de la violencia reinase algún día la justicia". *Boletín Americanista* 34 (1984): 75-125.
— "Sin el menor arraigo ni responsabilidad: llaneros y ganadería a principios del siglo XIX". *Boletín Americanista* 37 (1987): 109-142.
— "Cimarrones, cuatreros e insurgentes". *Los llanos: una historia sin fronteras*. Bogotá: Academia de Historia del Meta, 1988, pp. 247-254
IZARD, Miguel y Richard SLATTA. "Banditry and Social Conflict on the Venezuelan Llanos". *Bandidos: The Varieties of Latin American Banditry*. Ed. Richard W. Slatta. New York: Greenwood Press, 1987, pp. 33-48
JONES, Bart. *¡Hugo! The Hugo Chávez Story from Mud Hut to Perpetual Revolution*. Hanover, NH: Steerforth Press, 2007.
MARCANO, Cristina y Alberto BARRERA TYSZKA. *Hugo Chávez*. New York: Random House, 2007.
PINO ITURRIETA, Elías. *El divino Bolívar: ensayo sobre una religión republicana*. Madrid: Libros de la Catarata, 2003.
— *Nada sino un hombre: Los orígenes del personalismo en Venezuela*. Caracas: Editorial Alfa, 2007.
QUINTERO MONTIEL, Inés Mercedes. *El ocaso de una estirpe: la centralización restauradora y el fin de los caudillos históricos*. Caracas: Editorial Alfa, 2009.
SARMIENTO, Domingo Faustino. *Facundo o Civilización y Barbarie*. Caracas: Biblioteca Ayacucho, [1845] 1977.
SCHMITT, Carl. *Political Theology. Four Chapters in the Concept of Sovereignty*. Cambridge: MIT Press, 1985.
"Según Chávez, Bush ordenó matarlo". *You Tube*, <http://www.youtube.com/watch?v=312SwwJWVZU> (05.02.2010).
TAPIA, José León. *Ezequiel Zamora a la espera del amanecer*. Caracas: Alfadil, [1993] 2004
— *Maisanta: el último hombre a caballo*. Caracas: Ediciones Centauro, [1974] 1976.
TORRES, Ana Teresa. "La herencia de la tribu". *Del mito de la Independencia a la Revolución Bolivariana*. Caracas: Alfa, 2010.
WAHLOXTEN, Gustavo. *Maisanta en caballo de hierro*. Caracas: Fuentes Editores, 1992.

Postscríptum. El afecto en la caja de herramientas

Mabel Moraña
Washington University in Saint Louis

> Los intelectuales y artistas no tienen nada que enseñarle a nadie [...] ellos confeccionan cajas de herramientas compuestas de conceptos, preceptos y afectos, de las que diversos públicos harán uso a su conveniencia. (Guattari, *Caósmosis*, 157)

I.

Los factores que han contribuido a la consolidación del tema del afecto como vertiente diferenciada de la crítica cultural son numerosos y, en gran medida, su identificación depende del espacio teórico y de los encuadres (pos)disciplinarios que se desee focalizar. A grandes rasgos, podría señalarse que el tema viene preparado por una larga tradición filosófica que reconoce en autores como Henri Bergson, Baruch de Spinoza, Gilles Deleuze, Félix Guattari y Slavoj Žižek algunos de sus hitos más notorios. Sin embargo, los elementos socioculturales que influyen en la reactivación de esta temática tienen que ver, de modo más directo, con las transformaciones de la cultura a partir del fin de la Guerra Fría y con procesos vinculados a las dinámicas tanto transnacionales como locales que acompañan la globalización. El debilitamiento de las polaridades político-ideológicas que habían servido hasta la década de los años ochenta para ordenar la relación de fuerzas en el ámbito internacional y para delimitar los procesos de construcción de subjetividades e imaginarios colectivos en el planetario deja espacio para el surgimiento de una serie de alternativas nuevas en la interpretación de lo social. Éstas eluden tanto el análisis "duro" del economicismo o la teoría sociocultural derivada del marxismo como los cortes disciplinarios del academicismo liberal, humanista y neopositivista. Asimismo, fenómenos como el avance de la tecnología comunicacional y la proliferación de mundos virtuales, el nomadismo producido por exilios y migraciones que obligan al sujeto a elaborar estrategias de reinserción y pertenencia dentro del vasto espacio multicultural, el incremento exponencial de la violencia en todos los niveles (desde el terrorismo internacional al autoritarismo estatal, pasando por las variantes del narcotráfico, el aumento del delito común, etc.) sumado a los efectos devastadores de catástrofes naturales (como el caso de Haití, por ejemplo), ponen sobre el tapete el factor del afecto como un nivel ineludible para el estudio de las formas con frecuencia inorgánicas y discontinuas a partir de las cuales se manifiesta y expresa *lo social*. Se advierte que los procesos de configuración de nuevas formas de dominación y marginalidad que resultan de la globalización se corresponden con pulsiones donde el elemento emocional, pasional, etc. desempeña –más que el de la razón instrumental– un papel preponderante, que se suma a los factores más tradicionalmente asociados a la formación de conciencia social y a la construcción de imaginarios colectivos. Incorporando los aportes de Michel Foucault sobre las genealogías y las tecnologías del poder, las contribuciones realizadas por los estudios de género, las propuestas derivadas del posestructuralismo y las nuevas lecturas del psicoanálisis y el marxismo reelaboradas por el pensamiento filosófico de las últimas décadas, algunas direcciones de la crítica cultural concentran su trabajo en el desmontaje de los fenómenos que caracterizan el capitalismo tardío y en las respuestas que este nuevo orden provoca a distintos niveles.[1] Uno de estos fenómenos es

---

1. Ben Anderson indica otros factores vinculados con el estudio del afecto: "The turn to affect is therefore legitimized as timely because it provides a way of understanding and engaging with a set of broader changes in societal (re)production in the context of mutations in capitalism. These changes include the advent of new forms of value and

el resurgimiento de dinámicas fuertemente afincadas en la afectividad, tales como el terrorismo, el fundamentalismo religioso, la primacía del mercado, la proliferación de subculturas urbanas, etc., que desafían las categorías *modernas* de interpretación y análisis de lo social.

Dentro del panorama escéptico y fluctuante de la posmodernidad y ante el descaecimiento de las grandes teorías que habían guiado la comprensión del mundo y sus procesos de transformación desde el siglo XIX, el estudio de la afectividad enfatiza una de las líneas de fuga de la modernidad: la energía nomádica que circula en el ámbito de lo social resistiendo el control disciplinario del Estado y sus instituciones. Permeando las relaciones intersubjetivas, la órbita de la domesticidad y de la intimidad y adentrándose en todos los niveles de la esfera pública, el impulso afectivo –en cualquiera de sus manifestaciones pasionales, emocionales, sentimentales, etc.– modela la relación de la comunidad con su pasado, las formas de lectura de su presente y la proyección hacia el futuro posible, deseado e imaginado en concordancia o en oposición a los proyectos dominantes.

Uno de los aportes más importantes al estudio de la subjetividad y al reconocimiento del factor afectivo lo constituyó en su momento *Chaosmose* (1992) de Félix Guattari, donde se impulsa una comprensión del concepto de subjetividad a partir de la teoría bajtiniana. Guattari propone, en efecto, una definición de la subjetividad como "plural y polifónica", y comienza por ejemplificar sus posiciones al respecto con referencias al levantamiento de estudiantes chinos en Tiananmen, evento en el que, como indica Guattari, "las contagiosas cargas afectivas de que era portador [el movimiento] iban más allá de las simples reivindicaciones ideológicas" (Guattari, *Caósmosis*, 12).[2] Según Guattari es necesario articular una "concepción más transver-

---

labor centered around information and images; the emergence and consolidation of biopolitical networks of discipline, surveillance, and control; and the development of the molecular and digital sciences" (Anderson, 165).

2. Guattari se apresura en aclarar que no todo movimiento de subjetivación tiene necesariamente un rumbo emancipador. Da como ejemplo, en este sentido, el caso de Irán, donde los procesos colectivos han estado teñidos de fuertes pasiones guiadas por arcaísmos religiosos y sentimientos fuertemente conservadores. Se refiere también a la caída del Muro de Berlín, suceso en el que se combinan aspiraciones emancipatorias y pulsiones retrógradas (*Caósmosis*, 12-13).

salista de la subjetividad que permita responder a la vez de sus colisiones territorializadas idiosincráticas (Territorios existenciales) y de sus aperturas a sistemas de valor (Universos incorporales) con implicaciones sociales y culturales". (14) Para Guattari, diluidos los antagonismos de la Guerra Fría, una de las formas de responder a la amenaza del productivismo y a la degeneración del tejido social es la apertura hacia "dispositivos de subjetivación" que permitan potenciar aspectos reprimidos en nuestras sociedades y enriquecer nuestra relación con el mundo.

> La refundación de lo político –indica Guattari– deberá pasar por las dimensiones estéticas y analíticas que se implican en las tres ecologías del ambiente, el *socius* y la psique (34).

El afecto se cuenta entre las "intensidades no discursivas" que se deben reivindicar para producir cambios de subjetividad tanto en gran escala como a escala molecular, microfísica (35).

Autores como Jacques Ranciére impulsan desde una perspectiva ideológica diferente, de indudables connotaciones afectivas, una reinterpretación del lugar de lo estético en relación con la política y de las formas en que la sensibilidad circula y se distribuye a nivel colectivo. Según Ranciére, el sistema social, en su forma *policial* de ordenamiento y disciplinamiento de las percepciones, afectos y formas de conocimiento de la realidad, produce una división entre lo que es visible o invisible, audible o inaudible, decible o indecible. La "distribución de lo sensible" funciona así como un sistema de inclusiones y exclusiones donde lo estético está dominado por lo político –y lo ideológico– y donde las formas de expresión y participación en lo simbólico dependen de los posicionamientos sociales.

> I call the distribution of the sensible the system of self-evident facts of sense perception that simultaneously discloses the existence of something in common and the delimitations that define the respective parts and positions within it. A distribution of the sensible therefore establishes at one and the same time something common that is shared and exclusive parts. This apportionment of parts and positions is based on a distribution of spaces, times, and forms of activity that determines the very manner in which something common lends itself to participation and in what way various individuals have a part in this distribution.

[…] It is a delimitation of spaces and times, of the visible and the invisible, speech and noise, that simultaneously determines the places and the stakes of politics as a form of experience. Politics revolves around what is seen and what can be said about it, around who has the ability to see and the talent to speak, around the properties of spaces and the possibilities of time (Ranciére 12-13).

Sin embargo, orientaciones como la de Ranciére son aún demasiado tributarias de estructuraciones del conocimiento y de dominios disciplinarios que compartimentan las distintas esferas de la subjetividad y de la acción social. Las políticas del afecto, por su parte, avanzan mucho más fluidamente entre creación y recepción (el *afectar* y el *ser afectado*) y en cuanto a la circulación de percepciones, saberes y sentires en el espacio compartido de la subjetividad socializada.

En *The Affective Turn. Theorizing the Social* (2007) Patricia Ticineto Clough y Jean Halley plantean que el "giro afectivo" en los estudios de cultura y sociedad permite avanzar por las sendas ya abiertas por los estudios de género, particularmente la teoría feminista y la teoría *queer*, sobre todo en el estudio de los límites y alcances de la corporalidad y sus vinculaciones con las tecnologías y el campo emocional. El "giro afectivo" permitiría iluminar bajo una nueva luz aspectos de la relación entre lo social y lo subjetivo que de otro modo escaparían a nuestra percepción. Patricia T. Clough indica en su artículo "The Affective Turn. Political Economy, Biomedia and Bodies" que desde mediados de la década de 1990 la teoría crítica se volcó hacia el estudio del afecto como respuesta a las limitaciones del posestructuralismo y la deconstrucción, teorías que declaran la muerte del sujeto, desconocen el aspecto emocional y marginan el estudio de la materialidad, aspectos que el "giro afectivo" permite recuperar y potenciar.

En general, los estudios sobre el afecto reconocen que una de las dificultades para el estudio de este tema es la falta de una definición concreta que permita ubicar el afecto con respecto a otras formas de funcionamiento intersubjetivo y que ayude a deslindar las múltiples manifestaciones de la vida afectiva según sus formas de manifestación y transmisión. Los distintos autores asignan diferentes valores y características, por ejemplo, a emociones, sentimientos, pasiones y deseos, según su duración, foco, intensidad, modalidades de proyección interindividual, relaciones con el nivel racional, expresión corporal que los identifica, etc. Algunos, como Teresa Brennan, enfatizan el elemento del juicio como un componente inherente al afecto, y estudian la circulación del afecto entre sujetos, entre sujeto y medio, la creación de atmósferas y las actitudes sociales que acompañan las expresiones de la afectividad. Brennan define el afecto como el "physiological shift accompanying a judgement" (5) y destaca en el afecto la dimensión energética que varía según nos refiramos a emociones, sentimientos o pasiones.[3]

En *The Affect Theory Reader* (2010) Melissa Gregg y Gregory Seighworth comienzan por señalar que el afecto surge como una manifestación intersticial ("in the midst of in-between-ness"). La afectividad marca la relación entre sujetos tanto como el pasaje de fuerzas o intensidades que se transmiten de cuerpo a cuerpo (humanos o no humanos). Según Seigworth y Gregg, *afecto* es el nombre que damos a esos impulsos viscerales que se distinguen del conocimiento consciente y que incitan o paralizan nuestro movimiento. A un tiempo íntimo e impersonal, el afecto (la capacidad de afectar y de ser afectado) marca la pertenencia del sujeto con respecto al mundo de encuentros y desencuentros que habitamos y que a su vez, de diversas maneras, nos habita. El comportamiento del afecto se aproxima, en este sentido, a los devenires deleuzianos, entendiendo por tales la constante producción de *diferencia* que existe entre eventos o estados particulares.[4] La producción y transmisión de afecto conecta las distintas instancias de la vida, los diversos sujetos, la relación entre sujeto y acción, entre cuerpo y no cuerpo, entre evento y sujeto.[5]

De esta manera, la incorporación del ángulo afectivo a la crítica de la modernidad agrega una perspectiva diferente al análisis de la

---

3. Brennan provee en la introducción a su libro una elaborada distinción entre las distintas manifestaciones del afecto y las distintas posiciones desde las que se ha trabajado su caracterización.

4. "Devenir" designa en Deleuze el dinamismo del cambio, la variación o diferencia producida en el movimiento de un estado o de un evento a otro, movimiento que no tiende necesariamente a un fin particular y definido. Es en este sentido como la noción de afecto se vincula a la de devenir.

5. Seigworth y Gregg indican ocho ángulos teóricos de teorización sobre el afecto, cada uno de los cuales parte de distintas premisas, y enfatiza diferentes objetivos. Véase Seigworth y Gregg, 6-9.

cultura y al estudio de las formas de dominación que se asocian con la organización de Estados nacionales, con el liberalismo y el neoliberalismo y con los procesos de globalización que se están desarrollando ante nuestros ojos y que requieren nuevas estrategias interpretativas.

En *Consuming the Romantic Utopia. Love and the Cultural Contradictions of Capitalism* (1997), Eva Illouz, socióloga de la Universidad de Tel Aviv, analiza las interrelaciones entre el amor romántico y el mercado, es decir, "los mecanismos de dominación económica y simbólica que funcionan en la estructura social estadounidense", considerando que esa forma de amor constituye una arena colectiva en la que se ponen en juego las divisiones sociales y las contradicciones culturales del capitalismo (*Consuming the Romantic Utopia* 2). En un libro posterior, titulado *Cold Intimacies. The Making of Emotional Capitalism* (2007), Illouz articula de manera más amplia los niveles emocionales y político-económicos que tradicionalmente se consideraban estratos separados y autónomos de funcionamiento social, destacando sus conexiones en los ámbitos de la cultura empresarial, la educación, las artes y el consumo. Define así su concepto de base:

> Emotional capitalism is a culture in which emotional and economic discourses and practices mutually shape each other thus producing what I view as a broad, sweeping movement in which affect is made an essential aspect of economic behavior and in which emotional life –especially that of the middle classes– follows the logic of economic relations and exchange (*Cold Intimacies* 5).

A su vez, Nigel Thrift —reconocido investigador de la Universidad de Warwick especializado en geografía humana y creador de la teoría no-representacional[6]– señala que las pulsiones del deseo, los sentimientos y pasiones que podemos identificar como móviles y efectos de las interacciones humanas atraviesan el universo de la mercancía, sus formas de producción y de consumo, sus usos y manipulaciones y

---

6. La teoría no-representacional consiste en el estudio del modo en que diversas prácticas culturales son ejecutadas (*enacted, performed*) y no solamente en el análisis de los productos concretos que resultan de las relaciones sociales y de su actividad productiva. Ver, al respecto, Thrift, *Non-Representational Theory*. Thrift es conocido también por el concepto de "soft capitalism", término acuñado por él, y desarrollado al menos en una de sus vertientes. Véase "The Rise".

sus grados de influencia sobre los imaginarios colectivos. Según Thrift, el mundo de la economía no puede ser reducido a una simple dinámica de ingresos y de pérdidas, ni al juego de intereses ni a la serie compleja de estrategias destinadas a la generación de valor. La producción e intercambio económico es inseparable de las pasiones que acompañan esos procesos y de los mecanismos de fascinación y deseo que se ponen en juego a nivel colectivo a través de los recursos estéticos y de los medios de comunicación. Éstos contribuyen a desarrollar lo que Thrift llama "las tecnologías mágicas de la intimidad pública" a partir de las cuales se despliega la seducción del objeto y se afirma su competitividad en un mundo saturado de ofertas y demandas (Thrift, "Understanding the Material Practices", 290). Es a partir de la articulación de virtualidad y realidad, imaginación, estética y materialidad, como la mercancía es creada, promovida y diseminada a todo el planeta. Las pasiones que antes existían recluidas en el ámbito de la privacidad se asocian ahora con el valor material y simbólico de los productos de consumo y se exhiben en la esfera pública como efectos indistinguibles del objeto que las provoca.[7]

Para Brian Massumi, esta articulación de afecto y economía que se utiliza, por ejemplo, para explicar las fluctuaciones de la bolsa financiera, demuestra el papel central de los afectos en la cultura del capitalismo:

> The ability of affect to produce an economic effect more swiftly and surely tan economics itself means that affect is a real condition, an intrinsic variable of the late capitalist system, as infrastructural as a factory. Actually, it is beyond infrastructural, it is everywhere, in effect. Its ability to come secondhand, to switch domains and produce effects across them all, gives it a metafactorial ubiquity. It is beyond infrastructural. It is transversal (*Parables* 45).

En un mundo dominado por la tecnología comunicativa y la virtualidad, la ideología no alcanza, según Massumi, para explicar ni para definir el funcionamiento del poder:

---

7. Thrift sigue aquí la línea de Gabriel Tarde (1843-1904) que trabajara los temas de innovación e imitación como fuerzas fundamentales en las interacciones humanas. Tarde ha influido también en filósofos como Gilles Deleuze (*Diferencia y repetición*), Félix Guattari y Bruno Latour.

> Affect holds a key to rethinking postmodern power after ideology. For although ideology is still very much with us, often in the most virulent of forms, it is no longer encompassing. It no longer defines the global mode of functioning of power. It is now one mode of power in a larger field that is not defined, overall, by ideology (*Parables* 42).

El afecto no es entonces solamente un aspecto del mundo, es el mundo *todo* entendido éste como universo de potencialidad afectiva. Lo fundamental, es entonces, el proceso por el cual el afecto pasa de la virtualidad al ser-en-acto. En palabras de Massumi, "Affect *is* the whole world: from the precise angle of its differential emergence". (*Parables*, 43)

Para Deleuze y Guattari, más bien, "[a]ffect is the active discharge of emotion, the counterattack, whereas feeling is an always displaced, retarded, resisting emotion. Affects are projectiles just like weapons, feelings are introceptive like tools. […] Weapons are affects and affects weapons" (*A Thousand Plateaus*, 400). Las definiciones de afecto y campo emocional descansan con frecuencia en ensamblajes metafóricos, que tratan de capturar los efectos de la energía afectiva, su funcionalidad y ubicuidad, su impacto y a la vez su capacidad difusa de llenar el espacio, de cambiar la naturaleza del espacio-tiempo a partir de la energía que el afecto emite en el proceso de su dispersión.

El estudio del afecto se va desprendiendo así, en algunas teorías, de su asentamiento individual y humano, y se afinca más bien en el aspecto energético, diseminador y socializante de la descarga emocional. Nigel Thrift parte de las siguientes preguntas: ¿cómo sería el estudio del afecto si no se enfocara en el sujeto y en la subjetividad?, ¿cómo generan afecto las formaciones políticas?, ¿hasta qué punto es el afecto una forma política en sí misma? (*Non-Representational Theory*, 222; mi traducción).

Uno de los aspectos que enfatiza el estudio de los afectos es el de las dinámicas transindividuales del comportamiento humano que operan antes de la comprensión racional y existen en un dominio que no es solamente subjetivo. Según Thrift indica, siguiendo a Lazzarato, que estos aspectos transindividuales están abiertos a manipulación y resultan de la movilización y modulación de componentes preindividuales, precognitivos y preverbales de la subjetividad que causan afectos, percepciones y sensaciones (nota 2 al Prefacio de *Non-Representational Theory*, 255) El "giro afectivo" implica, entonces, una entrada distinta en el tema del *Otro* y de la *diferencia* ya se trate de la relación intersubjetiva, multicultural, o de la vinculación entre subjetividad y materialidad, experiencia y acción.

Sin embargo, según Thrift "el momento afectivo" que se consolidara en la crítica cultural, en su último devenir teórico hace por lo menos dos décadas parece haber pasado. De acuerdo a este autor, el estudio del afecto habría llegado ya a instalarse como una vía natural hacia el análisis de situaciones políticas y culturales en todos los niveles de la acción humana y como uno de los aspectos imprescindibles para la comprensión del capitalismo tardío. ¿Nos encontraríamos ya, entonces, en un momento *pos-afectivo*, donde la teoría de los afectos empieza a desgastarse a costa de sus múltiples aplicaciones y extensiones hacia las más diversas áreas de la actividad cultural?

En el caso de América Latina la exploración del tema del afecto ha tenido lugar a través del estudio de sus formas de manifestación y representación artística, con anterioridad al impacto del "giro afectivo" que venimos mencionando en estas notas y que incorpora nuevas formas de teorización y nuevas categorías para el análisis. El estudio del nivel emocional se ha dado en general estrechamente asociado al ideológico, dando por resultado desmontajes minuciosos del discurso del poder (particularmente del autoritarismo, la resistencia popular, el populismo, los movimientos sociales, etc.), aplicándose a la literatura (estudios sobre la novela sentimental, la literatura de la violencia, etc.), a las artes visuales, al deporte y a otros campos de producción cultural. El enfoque ha sido particularmente productivo en el estudio de las posdictaduras (en cuanto a la recuperación de espacios públicos, la elaboración del duelo, las reacciones contra la impunidad y las formas que asume la memoria colectiva, en diversos contextos). Sin embargo, en muchos casos la crítica ha permanecido fuertemente afincada en la textualidad cultural y literaria, y se ha ejercido desde perspectivas fuertemente temáticas, a partir de estrategias hermenéuticas que interpretaban el factor emocional como una emanación directa de la diégesis, es decir, como una instancia representacional destinada a otorgar densidad y verosimilitud al mundo representado. Con un grado mayor de teorización se ha enfrentado el análisis de registros estéticos (cómicos, dramáticos, etc.), que se beneficiaron de la larga tradición de estudios de la *poiesis* que se inicia en la Antigüedad clásica y recorre la historia literaria hasta nuestros días. Estos registros han sido interpretados como formalizaciones representacionales de estados y devenires afectivos. Las formas de lo trágico, lo sublime, lo heroico, lo farsesco, lo cómico, lo carismático, lo sentimental, lo melodramático, para citar sólo algunas de las modalidades que asume la producción simbólica fílmica, literaria y visual y que frecuentemente se trasladan a la interpretación de las textualidades culturales son inseparables del elemento emocional que articula su *ethos* y de las interrelaciones que las particulares narrativas desarrollan como relato y como imagen del mundo imaginado. A su vez, el estrato afectivo no puede deslindarse de los niveles éticos, estéticos y políticos que configuran sistemas interdependientes de significación que se sostienen entre sí y se proyectan como totalidades de sentido sometiéndose a incesantes procesos de reinterpretación.

El "giro afectivo" propone más bien una liberación de la instancia representacional y un estudio del afecto como forma desterritorializada, fluctuante e impersonal de energía que circula a través de *lo social* sin someterse a normas ni reconocer fronteras. *Afecto* nombra así un impulso que, como el de la sexualidad estudiado por Freud y reenfocado por Foucault, permite la problematización de las formas de conocimiento y de las conductas sociales así como de los procesos de institucionalización del poder y sus asentamientos (inter)subjetivos. El afecto es, en este sentido, una vía de acceso a lo real, a lo simbólico y a lo imaginario, una latencia que depende de (y de la cual dependen) las formas de dominación y los procesos de subjetivación que ellas generan y a partir de las cuales el poder mismo es configurado y reconfigurado en constantes devenires. Definidos como "intensidades impersonales" que no pertenecen ni al sujeto ni al objeto, ni residen en el espacio intermedio entre objeto y sujeto (Anderson, 161) los afectos han sido codificados en términos de su autonomía (Massumi), su inconmensurabilidad (Hardt y Negri) y sus formas de transmisión intersubjetiva. Según Ben Anderson, "el afecto es el límite del poder porque no tiene límites" (166). Es una fuerza en constante formación, inacabada por naturaleza, abierta, exterior, inestable. Integra la consolidación de los biopoderes y las formas de control social que los imponen, tanto como las estrategias de resistencia que los desafían.[8] El afecto se mueve entonces entre los extremos del control y el exceso. Constituye una fuerza a la vez constructora y deconstructora, cohesiva y dispersante, un punto ciego de la racionalidad moderna y una de sus más nítidas líneas de fuga.

Algunas de las preguntas que subyacen a las múltiples y diversificadas aproximaciones al tema del afecto y que parecen relevantes a nuestra área de trabajo serían, por ejemplo, las siguientes: ¿cómo entender, si no es a través del afecto, las pulsiones que atraviesan el populismo, que dinamizan a los movimientos sociales, que subyacen a las gestiones de la "nueva izquierda" en América Latina y que impulsan el cambio en los protocolos representacionales de las artes?, ¿cómo explicar, sin tomar en cuenta el elemento de la emocionalidad, la acción de la memoria histórica, los procesos de resistencia y duelo colectivo, la relación entre ideas y emociones aludida por Roger Bartra, la configuración de la masculinidad, el *performance* que vincula cuerpo y trabajo, cuerpo y violencia, sentimiento, arte y sexualidad?, ¿cómo dar cuenta, prescindiendo de la función que cumplen las emociones, sentimientos y pasiones, de las reacciones que desata, sobre todo en un mundo globalizado, el temor al *Otro*, su inconmensurabilidad, su incógnita, su *diferencia*?, ¿de qué manera penetrar el fenómeno general del consumo como utopía participativa y supuestamente democratizante en el mundo de hoy: la perpetuación del deseo insatisfecho como estrategia de control social, el valor simbólico-emocional de la mercancía, y tantos otros ángulos que atienden primariamente a la modificación de subjetividades en el nuevo milenio y que buscan respuestas que desafían el predominio hermenéutico de la racionalidad instrumental? Asimismo, podemos preguntarnos: ¿cómo entender, sin incorporar el tema del afecto, formas de subjetividad tan dispares como las del sujeto migrante, la transexualidad, las culturas de frontera, las diversas formas de hibridación social que se apartan de las formaciones identitarias lineales y plantean alternativas intermedias (*in-between*) que despiertan asombro, desconcierto, temor, porque alteran las formas ya naturalizadas de concebir la relación del individuo con el territorio, con el género, con lo que tradi-

---

8. Anderson, entre otros, elabora sobre el tema del exceso de afecto. Ver su artículo "Modulating the Excess of Affect" en el cual aplica esos conceptos al estudio de "las intensidades de la guerra".

cionalmente entendemos como "naturaleza humana"?, ¿cómo interpretar las fuerzas que recorren las ciudades de nuestro tiempo, atravesadas por el miedo, la ansiedad, la inseguridad, los deseos de pertenencia, el odio hacia los otros, los deseos de venganza, los sentimientos de solidaridad?, ¿cómo explicar la pasión desbocada del deporte, el fanatismo que despierta la música, la experiencia del terror cotidiano? Y, al mismo tiempo, ¿cómo eximir al afecto de su aura romántica e ingenua, de la connotación convencional que lo vincula a la pasividad del sujeto que sufre los efectos del mundo sin llegar a controlar sus consecuencias, viéndose ganado por intensidades que no llega ni a comprender ni a canalizar?

Dentro del campo de los estudios latinoamericanos, los trabajos sobre el tema de la *diferencia* (Alberto Moreiras), sobre las nociones de duelo, melancolía y memoria colectiva en el período de las posdictaduras (Nelly Richard, Idelber Avelar), sobre violencia (Rossana Reguillo, Mary Louise Pratt, Bolívar Echeverría), sobre sujeto migrante (Antonio Cornejo Polar), sobre el miedo (Jesús Martín-Barbero, Susana Rotker), el melodrama (Hermann Herlinghaus) y tantos otros temas que articulan elementos estéticos, ideológicos y afectivos han constituido aportes importantes al estudio de las políticas del afecto que se enfocan en estas páginas.[9] Sin embargo, el libro más claramente inscrito dentro de los parámetros de este debate es el de Jon Beasley-Murray, *Poshegemonía. Teoría política y América Latina* (2010), en el que se articulan los conceptos de hegemonía, multitud, afecto y *habitus* para un análisis de movimientos políticos y de prácticas culturales en América Latina durante el siglo XX. Siguiendo algunos conceptos y aspectos de la metodología expositiva de Brian Massumi, que oscila entre el ejemplo (la narración de *casos*) y la teorización, el libro de Beasley-Murray entrega una fructífera aplicación

---

9. Aparte de sus trabajos sobre el melodrama, género que subraya específicamente la función del afecto en las artes y en una variedad de prácticas culturales, Hermann Herlinghaus alude en su libro *Violence Without Guilt* a lo que denomina "a modern war on affect, understood as an intrinsically modern phenomenon [that] can be thought of as a conceptual and historical blueprint for engaging globalization". En referencia a esta idea trae a colación el concepto de "affective marginalities" vinculada a la noción de Jacques Ranciére sobre "la distribución de lo sensible" y al "theatre of social emotions" que remite al trabajo de Damasio sobre Spinoza y a las elaboraciones de Teresa Brennan en *The Transmission of Affect*.

de muchas de las orientaciones que hemos venido delineando sobre la función y comportamientos del afecto en las redes intersubjetivas que constituyen *lo social* y configuran *lo político*. Según indica Beasley-Murray:

> El afecto es una amenaza para el orden social. Analizar los aparatos de captura que confinan el afecto y las líneas de fuga que los atraviesan, a lo largo de las cuales el afecto huye, permite una redescripción de las luchas sociales y de los procesos históricos (134).

Su objetivo es, desde una perspectiva deleuzeana, sentar las bases para una teoría de la poshegemonía, efectuando "un análisis de la cultura que dé cuenta del Estado sin subordinarse a su lógica, para de ese modo poder cartografiar las vicisitudes históricas de las relaciones entre nómades y Estado; un análisis de la doble inscripción de la política, tanto como la disparidad entre sus dos registros [inmanencia y trascendencia]". (135) Según Beasley-Murray, "El Estado debe ser explicado dos veces: en su instanciación en afectos y hábitos, tanto como en su proyección como soberanía trascendente" (135).

Se descubre así una potencial cualidad emancipatoria y subversiva (dispersante, resignificadora) en el afecto y, en ese sentido, una nueva forma de leer la política (*lo político*) sobre todo en las modalidades que se oponen al "aparato de captura" del Estado y a los modelos de conocimiento y acción que lo sustentan.

II.

Los trabajos que integran este libro recorren de diversas maneras las avenidas teóricas que venimos mencionando y registran en diversos estilos la transformación de las redes intersubjetivas y de las múltiples lógicas que atraviesan el capitalismo tardío. Si es cierto que el afecto expresa efectos, estados y modos de ser de la subjetividad, conecta individuos, espacios y eventos, disemina energía, desorganiza y desnaturaliza productivamente el statu quo, no es menos cierto que a través del *afectar* y del *ser afectado* el sujeto participa en una dinámica de interpelación que, lejos de ser mecánica o deliberada, se abre imprevisiblemente a la creatividad de la resistencia y el cambio. El individuo es requerido y activado afectivamente por el mundo y a partir de los afectos articula esos requerimientos y desarrolla formas de agencia (*agenciamientos*) anteriores y exteriores a la racionalidad del Estado, fuerzas a-teleológicas, fluctuantes y nomádicas. Se funda así lo que Trigo llama una nueva economía libidinal en la cual se produce la catexis del deseo: la energía afectiva se proyecta hacia el objeto-mercancía, en el que la materialidad y lo simbólico se funden para conferir al producto un valor afectivo que circula por los espacios de intercambio y socialización. La lógica acumulativa y expansiva del capital "hace coincidir como nunca antes la producción de riqueza con la producción de *juissance*, la extracción de plusvalía con la extracción de *plus-de-jouir*, la explotación del trabajo con la explotación del deseo" (Trigo)

A su vez, la producción de subjetividad en el capitalismo tardío tiene que ver con los regímenes de trabajo en los que se articula poder y deseo, cuerpo y afecto, espacio-tiempo con valor-mercancía. Dos aportes al tema están dados por los trabajos de Juan Poblete y Ana del Sarto, en los que se articula el tema de la frontera, expresión real y metafórica del *entre-lugar* en el que proliferan los afectos y se tensan radicalmente los procesos de subjetivación y socialización. El nomadismo de cuerpos y energías productivas, la desterritorialización y reterritorialización de individuos y proyectos, la confusión de lenguas y las hibridaciones culturales convergen en procesos de intercambio y revalorización permanente en los que las coordenadas identitarias de pertenencia y socialización son puestas en suspenso y resignificadas creando lo que Poblete caracteriza como un "contexto post-social". El artículo de Juan Poblete reflexiona sobre procesos de representación y articula afecto y espacios de socialización (la esquina urbana, el campo agrícola, la cancha de fútbol), ámbitos por los que transitan formas inorgánicas de transmisión del afecto que rebasan la lógica de *lo nacional, lo político, lo social*, categorías modernas que existen sólo afantasmadas en los escenarios globalizados.

En el estudio de Ana del Sarto la variante del género incorpora un ángulo específico al estudio de los regímenes de trabajo instalados en Ciudad Juárez como parte de los planes de desarrollo fronterizo y al análisis de las formas de violencia que han venido asolando la región en las últimas décadas. El tema articula localidad y globalidad, afecto y trabajo, el particularismo del abuso y las formas sistémicas de las que deriva, permitiendo el desmontaje de una de las lógicas fundamentales de dominación en el capitalismo tardío: la que pasa por el control de los imaginarios y el disciplinamiento del afecto, que excediendo los "aparatos de captura" del sistema se dispara, sin embargo, como una fuerza desatada sobre y desde los cuerpos victimizados en el proceso de producción de mercancías.

Articulando género y afecto otros estudios enfocan el tema de la masculinidad como inflexión específica de la subjetividad que marca las interacciones sociales y la construcción de "cultura política" (Ferman) en diversos contextos latinoamericanos. Ferman vincula la cuestión del género a la violencia del autoritarismo y se detiene en las estrategias que metaforizan las rupturas del poder al mostrar los quiebres de la masculinidad (emasculación, impotencia) como alteraciones profundas de los sistemas de interacción social. Analizando narrativa argentina y cubana Ferman estudia el "montaje" de genitalidad y poder masculino como una expresión política posutópica en la que el mundo de los afectos y el de la ideología se funden y sostienen mutuamente.

Ana Peluffo, por su parte, se concentra en *Historia del llanto. Un testimonio* (2007) de Alan Pauls, donde el emocionalismo masculino se elabora reivindicativamente como contrapartida de la masculinidad épica de la militancia armada y de las tecnologías del poder utilizadas para doblegar el cuerpo social y los imaginarios colectivos particularmente durante el período dictatorial. El mundo de los afectos que la misma autora estudiara ya en *Lágrimas andinas. Sentimentalismo, género y virtud republicana en Clorinda Matto de Turner* (2004) como alternativa a los sistemas de control androcéntrico y etnocéntrico que rodean el surgimiento del indigenismo es aquí rearticulado en el *performance* afectivo que en la novela de Pauls teatraliza la relación compleja entre intimidad y espacio público, cuerpo y relato.

Siempre dentro del nivel representacional, el trabajo de Adela Pineda interconecta narrativa literaria, relato fílmico e ideología revolucionaria: formas todas de figuración utópica que contrapesan los protocolos de orden, racionalidad y control social con la ilusoria *mise-en-scène* del simulacro representacional y los diversos niveles de realidad que éste articula. La circulación del afecto recorre el espectro que va desde la ideología a su representación figurada, es decir, desde la acción social hasta su proyección imaginaria, que devuelve la acción como en un espejo que invierte las imágenes y confunde sus lenguajes y sus efectos. Pineda explora los límites de la ciudad letrada y de la racionalidad ilustrada en contraposición a la corporeidad "visceral" de los actores sociales convertidos en espectadores de la Historia simulada en el relato fílmico y literario. El afecto habla así múltiples lenguas y desarrolla protocolos interpelativos en diversos niveles, multiplicando sus efectos sobre el personaje colectivo de la multitud revolucionaria.

También en el espacio afectivo del sentimentalismo se ubica el trabajo de Ana Pizarro sobre el discurso amoroso, ejemplificado en el intercambio epistolar entre Ángel Rama y Marta Traba, en el que converge intimidad y esfera pública (esta última relacionada con la posición de ambos críticos como intelectuales públicos). Ya el *Diario* (2001) de Ángel Rama había iluminado aspectos de la vida en pareja, de los afectos que recorrían la escena doméstica y de la tarea literaria como sondeo del espacio privado. Allí Rama se refería a la enfermedad de Marta, a su propia desolación cuando ella partía. Dice Rama, comentando esa tonalidad de su escritura: "[…] el diario no ha nacido porque sí en mi vida en estos años: voy entrando dentro; y no es el cambio de medio y sus hostilidades, sino la tarea del tiempo que me lleva a un ámbito interior para el que he sido tantas veces sordo y me propone su calma y la sedimentación de vivir". La voz autobiográfica se complementa con el dialogismo de la correspondencia y entrega una visión en la que el sentimiento es la contracara que da nuevo sentido a la voz crítica y permite una apropiación más personal e íntima de los planos más (pre)visibles de la política y de la construcción de campos culturales.

Otra articulación de afecto y política aparece en el trabajo de Juan Pablo Dabove a través del estudio de la carismática y controversial figura de Hugo Chávez, presidente de la República Bolivariana de Venezuela. Dabove estudia la fascinación del poder entendida como una pasión que combina atracción y horror, abyección y admiración ante la figura del líder que reformula –recrea– la narrativa nacionalista ante la doble audiencia de la élite letrada y las clases subalternas. Dabove sitúa en la voz el *locus* de potencia *poiética*: espacio y energía en el que se unen lo material y lo incorpóreo, oralidad e inscripción discursiva de *lo político*. El resultado es un agudo análisis del *performance* del poder que encuentra sus raíces en una tradición de héroes-bandidos insurgentes registrados por el discurso de la historia y la literatura. La pasión a partir de la cual se elabora el relato político-*poiético* recorre los espacios de la ficción y de la historia, interpela a la multitud como sujeto colectivo y relee el pasado, el presente y el futuro posible desde el dispositivo de la voz, dimensión espectral y profética de la presencia.

Idelber Avelar enfoca, por su parte, las memorias tituladas *O que é isso, companheiro?* (1979) de Fernando Gabeira, ex guerrillero y miembro del Partido Verde Brasileiro, como fuente para rescatar una de las imágenes de la cultura política brasileña durante la década de los años setenta y mitad de la siguiente. Su objetivo es vincular aspectos que remiten a las políticas de género con el panorama ideológico durante y después de la lucha insurgente a través de la figura de Gabeira, que ilustra los procesos de transformación que tienen lugar en ambos registros y la forma en que esos cambios son inscritos en clave autobiográfica. La épica revolucionaria y los paradigmas de machismo remiten a una "mitología del heroísmo" que marcó tanto el *ethos* guerrillero como las percepciones que se tuvieron sobre el proceso y la conducta de sus participantes en situaciones tan extremas como la clandestinidad y la tortura. El trabajo de Avelar apunta así a varios niveles críticos y teóricos vinculados a la desestabilización de modelos vinculados con las políticas de género y a los paradigmas estereotipados a los que esos modelos dan lugar. Avelar indica, por ejemplo, que la misma expresión "crisis de la masculinidad" que se usa con frecuencia para indicar la pérdida de vigencia de esa noción típicamente moderna "es una formulación pleonástica, en la medida en que nunca hubo masculinidad que no estuviera en crisis".

También ligado al género, el discurso de la moda y el consumo que analiza Susan Hallstead se vincula a la formación de subjetividades colectivas que se produce durante los procesos de modernización a finales del siglo XIX. Como expresión de un deseo siempre insatisfecho, de una saturación de mercancía vivida paradójicamente como carencia y voluntad de posesión, la pulsión del consumo va acompañada de impulsos afectivos en los que sentimientos de frivolidad, envidia, superficialidad se combinan con las tensiones derivadas de conflictos de clase, raza y género a partir de los cuales se va definiendo el perfil de la nación moderna en América Latina. El discurso de la moda y el consumo permite penetrar las intrincadas redes de la socialización familiar, la estructuración de la esfera pública y de la intimidad en conexión con la consolidación de mercados nacionales y la formación de identidades de género en el capitalismo periférico.

Varios artículos se vinculan con las textualidades y efectos musicales como vías de transmisión de afecto y expresividad dialógica que vincula lo íntimo y lo público. María Rosa Olivera-Williams propone leer el tango como una "ruina alegórica de la modernización" que deja al descubierto y reelabora diversos pasados y vertientes culturales, cada una de las cuales arrastra distintos registros emotivos. Inmigrantes europeos, campesinos desplazados, "orilleros" portuarios, aportan un contrapunto de vivencias y sentires que el tango sintetiza y reformula. Como forma de transmisión del afecto la música y las letras que la acompañan conectan corporeidad y energía pasional: erotizan los cuerpos, movilizan emociones, y rearticulan sensibilidades que subvierten el orden social por la liberación de los sentidos y la suspensión de la racionalidad. Ángel Quintero Rivera descubre en la combinatoria de elementos afro-americanos una subversión epistemológica: una nueva manera de conocer la realidad y de actuar sobre ella. En la música afroamericana la heterogeneidad se carnavaliza. Tiempo sonoro y espacio danzante se combinan en una *performance* que articula la circulación de afectos, sensaciones, tradiciones y dinámicas colectivas, es decir, en una productividad creativa y fuertemente emocional de efecto liberador e insubordinante. En cuanto al bolero, Daniel Party lo vincula a la expresión de las identidades colectivas, particularmente a los procesos de construcción del yo y a la concepción de formas de relacionamiento intersubjetivo que tiene el valor de una verdadera "educación sentimental". La historia del bolero y sus distintas vertientes permiten entender no sólo la coexistencia de variadas formas de sensibilidad, sino también los cambios que se van produciendo en la manera de entender y vivir la intimidad. Finalmente, en el trabajo de Livia Reis, la música (el rap, en este caso) se asocia a otras formas de producción simbólica vinculadas al fenómeno de explosión de la violencia en el Brasil de las últimas décadas: la narrativa de ficción y el cine documental. Esta producción requiere enfoques interdisciplinarios, en los que se combinan los métodos de la antropología, la crítica literaria y la crítica cultural. En cualquiera de sus variantes el arte ya no elude el giro testimonial que a veces muestra, como en *Ciudad de Dios*, de Paulo Lins, "la estética de la depredación", que obnubila la expresión afectiva que parece haber cedido ante el régimen de violencia y destrucción que acompaña el mundo de la droga. Emociones ocultas, reprimidas, forman así un sustrato invisibilizado que desestabiliza desde sus bases a la sociedad en su conjunto. Los lenguajes son a veces incomprensibles, cifrados, incomunicantes.

Dierdra Reber analiza la función de la emoción como "árbitro del poder cultural" y elemento clave de afirmación identitaria a partir del estudio de dos películas, *El secreto de sus ojos* (2009) de José Campanella y *La mujer sin cabeza* (2008) de Lucrecia Martel. El nuevo cogito "Siento, luego existo" parece haber reemplazado, según Reber, el principio de la racionalidad cartesiana. El mundo de los afectos ha eclipsado al de la razón en tanto vehículo epistémico predominante de conocimiento y construcción del valor cultural. Para Reber, este fenómeno deriva de los dictados epistemológicos del capitalismo, e indica que tanto la afirmación como la resistencia a la cultura hegemónica tienen lugar hoy día en el lenguaje del afecto.

Román de la Campa conecta "el fenómeno Bolaño" con el tema del exilio o, más bien, con la dislocación de las dinámicas de desterritorialización, tal como el tema se manifiesta en las novelas *Los detectives salvajes* (1998) y *2666* (2004). El tema benjaminiano de la ruina y el trabajo de Edward Said sobre escritura y exilio informan, en buena parte, las reflexiones de De la Campa sobre la obra de Roberto Bolaño. El estudio sobre sus novelas se detiene en el tratamiento que Bolaño ofrece sobre el tema racial, sobre la función de escritores e intelectuales, sobre las vinculaciones entre escritura y cultura nacional. Con respecto al uso del lenguaje en la obra de Bolaño, De la Campa, destaca, por ejemplo, la "dislocación verbal" de un castellano que en la narrativa de Bolaño se mueve entre las variantes mexicanas, chilenas y españolas, poniendo así "a prueba los límites del pacto entre el canon literario y las lenguas nacionales". El tema de "la sensibilidad postexílica" que presenta De la Campa se perfila así como un campo fértil para el estudio de la energía afectiva que lo recorre: sentimientos de pérdida, reajustes permanentes del sujeto en panoramas siempre diferentes de inserción social, relaciones cambiantes con la lengua, el espacio cultural y la idea moderna de *lo nacional* obligan a revisar parámetros críticos y categorías teóricas que permitan captar el dialogismo de la experiencia exílica, las transformaciones de percepción y subjetividad que ella provoca y el conjunto de figuraciones simbólicas que desencadena.

También centrado en un texto literario concreto, *Los ejércitos* (2007), del colombiano Evelio Rosero, Héctor Hoyos desarrolla una reflexión sobre la violencia tal como ésta se desenvuelve en una narrativa de alta emocionalidad, donde el *sentir* y el *mirar* constituyen, igual que la escritura, operaciones que exploran el sentido de lo real y de lo imaginado. Vinculada estrechamente a los temas de la culpa, del deseo y del terror, la narrativa de *Los ejércitos* no renuncia a lo afectivo, testimoniando la carencia de mecanismos racionales que puedan aproximarse siquiera al horror de la violencia indiscriminada. Hoyos resalta, además de la estrategia de la representación emocional, la apelación de Rosero a la inmanencia y la secularidad. Los lazos familiares, el deseo erótico, la exhibición del cuerpo vital y del cuerpo torturado, las formas variadas de la abyección gratuita, que muestra un predominio incontestado del mal que desarticula por completo el cuerpo social, crean en la novela analizada por Hoyos una saturación sígnica y simbólica. Según Hoyos, "agotada la concientización política, y la sensibilización estética, queda el camino de la conmoción interior". La afectividad desborda la narrativa de Rosero, es, como indica en su trabajo Dierdra Reber, el principal vehículo epistémico y el principal dispositivo para la construcción del valor cultural.

Como indica Roger Bartra en el trabajo que encabeza este libro, "las tensiones intelectuales con frecuencia han adoptado la forma de una batalla entre las emociones y las ideas". Desde las disputas en el ámbito de la pintura en el siglo XVII entre el racionalismo del dibujo asociado al mundo "masculino" y el sentimiento que sugiere el color, más propicio a la expresión de la sensualidad y la corporalidad femenina, antecedente que Bartra rescata como representativo de la oposición entre racionalidad y emocionalidad en el siglo barroco, hasta los *cronopios* y los *famas* descritos por Cortázar como caracterización de dos formas distintas de acción intelectual y de comportamiento afectivo, ambos lados de la batalla han potenciado sus dominios y reclamado preeminencia sobre su contrario. Bartra ve esta (falsa) oposición como una pugna entre "dos grandes castillos culturales", bastiones de diversas concepciones del mundo y de la vida. Otra querella es la que se organiza en torno a las culturas de la sangre y de la tinta, que marcan posiciones distintas, a veces convergentes, en América Latina y que conllevan fuertes cargas de emocionalidad. Acerca de estas encontradas vertientes dice Bartra: "El estudio de las emociones se impone sobre el análisis de las razones. Las texturas sentimentales parecen más interesantes que los textos, los discursos y los archivos". Y recuerda a Hume: "La razón es y debe ser la esclava de las pasiones". Bartra estudia las "identidades melancólicas", vertiente vastamente representada en América Latina, con su repertorio de "gauchos tristes, poesía amarga, indios deprimidos, saudades urbanas, boleros quejumbrosos, tedios campesinos, andinos tristes, tangos nostálgicos y muchos otros más". La idea de la melancolía acompaña el mito del mestizo, figura transicional y fronteriza entre culturas, etnias y proyectos políticos. Bartra advierte sobre los peligros de un exceso de sentimentalización en la interpretación de nuestra historia, como si ella respondiera a un destino trágico marcado desde sus orígenes por la devastación colonizadora. La experiencia revolucionaria de Cuba, las reavivaciones del populismo en Venezuela y el México posrevolucionario constituyen casos específicos de exaltación política de fuerte carga emocional y quizá evidencian una "estructura de sentimientos", para usar la expresión de Raymond Williams, que sostienen el proyecto colectivo. Los mitos que informan la conciencia nacionalista alimentan desde los inicios la idea de una América Latina dependiente, atrasada, subdesarrollada, subalterna y poscolonial. Pero los mitos del nacionalismo, aunque pueden constituir, como Bartra señala, un "espectáculo fascinante", estarían pasando por un proceso de disolución desde la desaparición del bloque socialista. La cultura política tercermundista habría quedado en ruinas, y no sabemos aún hacia dónde nos dirigimos. Ésta es una coyuntura que favorece, según Bartra, el resurgimiento del interés en las pasiones y los afectos. El sentimentalismo acompaña la crisis de la izquierda que parece indicar la senda hacia una reformulación de la cultura cívica democrática y de las identidades colectivas, hoy endurecidas y estereotipadas, en espera de transformaciones radicales que representen los nuevos procesos, y los nuevos agentes sociales.

Los aportes que este libro realiza al estudio del "giro afectivo" que informa los estudios de la cultura son, a mi juicio, fundamentales para una revisión radical de la historia cultural y política de América Latina, de sus desarrollos internos y de las respuestas que la región elabora a los desafíos de la globalización. Ellos permiten explorar lenguajes y estrategias de representación, dimensiones locales y flujos transnacionales, donde el territorio originario (nacional, lingüístico, afectivo) se pierde y se recrea de manera incesante. Las categorías que se mencionan en este artículo y que se ponen en circulación en los estudios que este libro recoge iluminan las redes intersubjetivas y las pulsiones individuales que subyacen a la producción de mercancías reales y simbólicas, a la elaboración de respuestas políticas y a la comprensión de dinámicas comunitarias. El estudio de emociones, sentimientos y pasiones se convierte así en una de las aproximaciones más efectivas al estudio de la "sociedad incivil"[10] que ha venido reemplazando la utopía moderna de la ciudad como unidad orgánica y armónica, espacio ideal para el desarrollo de las instituciones, el disciplinamiento de la ciudadanía y la búsqueda del consenso. Los estudios del miedo, la violencia, el terrorismo, el tráfico humano, la persecución de la otredad, el nomadismo migrante, el desencanto ideológico y la banalidad del consumo requieren rebasar los parámetros de la razón instrumental para revisar las intrincadas sendas del deseo y las transformaciones radicales de una subjetividad sujeta a los cambios tumultuosos del mundo real y a sus proliferantes virtualidades.

OBRAS CITADAS

ANDERSON, Ben. "Modulating the Excess of Affect. Morale in a State of 'Total War'". *The Affect Theory Reader*. Eds. Melissa Gregg y Gregory J. Seigworth. Durham: Duke University Press, 2010, pp. 161-185.

BEASLEY MURRAY, Jon. *Poshegemonía. Teoría política y América Latina*. Buenos Aires: Paidós, 2010.

BOLAÑO, Roberto. *Los detectives salvajes*. Barcelona: Anagrama, 1998.

— *2666*. Barcelona: Anagrama, 2004.

BRENNAN, Teresa. *The Transmission of Affect*. Ithaca, NY: Cornell University Press, 2004.

DAMASIO, Antonio. *Looking for Spinoza. Joy, Sorrow, and the Feeling Brain*. Boston: Houghton Mifflin Harcourt, 2003.

GABEIRA, Fernando. *O que é isso, companheiro?* Rio de Janeiro: Codecri, 1979.

GREGG, Melissa y Gregory J. SEIGWORTH (eds.). *The Affect Theory Reader*. Durham: Duke University Press, 2010.

GUATTARI, Félix. *Caósmosis*. Buenos Aires: Manantial, 1997.

---

10. Sobre el concepto de "sociedad incivil" véase Keane.

HARDT, Michael y Antonio NEGRI. *Empire*. Cambridge: Harvard University Press, 2000.
— *Multitude: War and Democracy in the Age of Empire*. New York: Penguin Press, 2004.
HERLINGHAUS, Hermann. *Violence Without Guilt. Ethical Narratives from the Global South*. New York: Palgrave MacMillan, 2007.
ILLOUZ, Eva. *Consuming the Romantic Utopia. Love and the Cultural Contradictions of Capitalism*. Berkeley/Los Angeles: University of California Press, 1997.
— *Cold Intimacies. The Making of Emotional Capitalism*. Cambridge: Polity, 2007.
KEANE, John. *Reflexiones sobre la violencia*. Madrid: Alianza, 1996.
Lazzarato, Maurizio. *Les Révolutions du Capitalisme*. Paris: Empecheurs du Penser en Rond/Le Seuil, 2004.
— "From Capital Labor to Capital Life". *Ephemera*, 4, 3, 2004, pp. 187-208.
— "Immaterial Labour", <www.generation-online.org/c/fcimmateriallabour3.htm>.
LINS, Paulo. *Cidade de Deus*. São Paulo: Cia. das Letras, 1997.
MARTÍN-BARBERO, Jesús. "La ciudad que median los miedos". *Espacio urbano, comunicación y violencia en América Latina*. Ed. Mabel Moraña. Pittsburgh: IILI, 2002, pp. 19-35.
MASSUMI, Brian. *Parables for the Virtual: Movement, Affect, Sensation*. Durham: Duke University Press, 2000.
MORAÑA, Mabel. *Espacio urbano, comunicación y violencia en América Latina*. Pittsburgh: IILI, 2002.
MOREIRAS, Alberto. *The Exhaustion of Difference. The Politics of Latin American Cultural Studies*. Durham: Duke University Press, 2001.
PAULS, Alan. *Historia del llanto. Un testimonio*. Barcelona: Anagrama, 2007.
PELUFFO, Ana. *Lágrimas andinas. Sentimentalismo, género y virtud republicana en Clorinda Matto de Turner*. Pittsburgh: IILI, 2004.
RAMA, Ángel. *Diario, 1974-1983*. Montevideo: Trilce, 2001.
RANCIÉRE, Jacques. *The Politics of Aesthetics*. New York: Continuum, 2006.
REYES, Carlos. "Ángel Rama a través de su gran archivo personal". *El País* 6/7/10, <http://www.elpais.com.uy/100706/pespec-500038/espectaculos/Angel-Rama-a-traves-de-su-gran-archivo-personal>, (8.30.11).
ROSERO, Evelio. *Los ejércitos*. Barcelona: Tusquets, 2007.
ROTKER, Susana (ed.). *Ciudadanías del miedo*. Caracas: Nueva Sociedad, 2000.
SPINOZA, Baruch de. *Ética: demostrada según el orden geométrico*. México: Fondo de Cultura Económica, 1958.

THRIFT, Nigel. *Non-Representational Theory: Space, Politics, Affect (International Library of Sociology)*. London: Routledge, 2007.
——. "Intensities of Feeling: Towards a Spatial Politics of Affect". *Geografiska Annaler*, 86B, 2004, pp. 57-78.
——. "Understanding the Material Practices of Glamour". *The Affect Theory Reader*. Eds. Melissa Gregg y Gregory J. Seigworth. Durham: Duke University Press, 2010, pp. 289-308.
——. "The Rise of Soft Capitalism". *Cultural Values* 1, 1, 2009, pp. 29-57.
TICINETO CLOUGH, Patricia y Jean HALLEY. *The Affective Turn. Theorizing the Social*. Durham: Duke University Press, 2007.
ŽIŽEK, Slavoj. *Violence*. New York: Picador, 2008.

Sobre los autores

IDELBER AVELAR es profesor de Literatura Latinoamericana en la Tulane University. Sus áreas de especialización son la ficción latinoamericana contemporánea, la teoría literaria y los estudios culturales. Es autor de *The Letter of Violence. Essays on Narrative, Ethics and Politics* (2004) y de *The Untimely Present. Post-Dictatorial Latin American Fiction and the Task of Mourning* (1999), ganador del premio Kóvacs del MLA y traducido al español y al portugués. Ha coeditado, con Christopher Dunn, *Brazilian Popular Music and Citizenship*, de próxima aparición. Ha publicado más de 50 artículos sobre literatura, cultura y música latinoamericanas en revistas especializadas de Europa y las Américas. Ha sido reconocido con las becas Rockefeller, Ford y Hewlett, al igual que con una beca del American Council of Learned Societies por su nuevo proyecto de libro, "Rethinking Masculinity in Contemporary Brazilian and Argentinean Literatures". Recientemente, ganó el premio de ensayo de la Cancillería brasileña en torno a Machado de Assis.

ROGER BARTRA es investigador emérito de la Universidad Nacional Autónoma de México y miembro del Sistema Nacional de Investigadores. Su trabajo, que se cuenta entre los más influyentes en diversas disciplinas sociales y humanísticas de habla hispana, se ha enfocado en diversas áreas, incluyendo estudios sobre el problema de la identidad, la representación cultural del "salvaje" y las culturas indígenas, las ciencias cognitivas, los estudios sobre afectividad y emocionalidad y la política mexicana contemporánea. Entre sus libros se cuentan: *La fractura Mexicana* (2009); *Territorios del terror y la otredad* (2007); *Fango sobre la democracia* (2007); *Antropología del cerebro. La conciencia y los sistemas simbólicos* (2006); *Culturas líquidas en la tierra baldía* (2006); *El duelo de los ángeles. Locura sublime, tedio y melancolía en el pensamiento moderno* (2004); *Cultura y melancolía. Las enfermedades del alma en la España del Siglo de Oro* (2001); *La sangre y la tinta. Ensayos sobre la condición postmexicana* (1999); *El Siglo de Oro de la melancolía. Textos españoles y novohispanos sobre las enfermedades del alma* (1998); *El salvaje artificial* (1997); *Oficio mexicano: miserias y esplendores de la cultura* (1993); *El salvaje en el espejo* (1992); *La jaula de la melancolía* (1987).

JUAN PABLO DABOVE es profesor asociado de Literatura Latinoamericana en la University of Colorado-Boulder. Su investigación se centra en la representación desde la élite de diversas formas de la insurgencia rural, bajo la etiqueta de "bandidaje", en la América Latina poscolonial. Sobre este tema ha publicado *Nightmares of the Lettered City. Banditry and Literature in Latin America, 1816-1929* (2007), así como numerosos artículos en revistas y colecciones críticas. Se encuentra completando un libro dedicado al mismo tema, para el periodo 1931-2009. Además, es editor de *Jorge Luis Borges: políticas de la literatura* (2009) y *Demons of Nineteenth Century Hispanic Literatures* (número especial de *The Colorado Review of Hispanic Studies*, 2007), así como coeditor, con Natalia Brizuela, de *Y todo el resto es literatura: ensayos sobre Osvaldo Lamborghini* (2008) y, con Carlos Jáuregui, de *Heterotropías. Narrativas de identidad y alteridad latinoamericana* (2003).

ROMÁN DE LA CAMPA ocupa la Cátedra "Edwin B. y Leonore R. Williams" de la University of Pennsylvania, Filadelfia. Su campo de especialización incluye la cultura y literatura latinoamericana en sus dimensiones transnacionales, con énfasis particular en la producción y recepción teórica. Sus ensayos han aparecido en múltiples revistas de Estados Unidos, América Latina y Europa. Entre sus libros mas recientes se encuentran: *Late Imperial Cultures* (1995), *América Latina y sus comunidades discursivas: literatura y cultura en la era global* (1998), *Latin Americanism* (1999); *Cuba on My Mind: Journeys to a Severed Nation* (2000), *América Latina: Tres interpretaciones actuales sobre su estudio*, con Ignacio Sosa y Enrique Camacho (2004); *Nuevas cartografías latinoamericanas* (2007) y *Ensayos de otra América* (2011).

ANA DEL SARTO es profesora asociada de Literatura y Cultura Latinoamericana en la Ohio State University. Ha publicado *Sospecha y goce: una genealogía de la crítica cultural en Chile* (2010); *The Latin American Cultural Studies Reader* (2004) y *Los estudios culturales latinoamericanos hacia el siglo XXI* (2003), estos últimos coeditados con Alicia Ríos y Abril Trigo. También ha publicado capítulos en los libros *Rethinking Intellectuals in Latin America* (2010), *Más allá de los (Pos)tulados* (2009), *Cultura y cambio social en América Latina* (2008), *América Latina: giro óptico* (2006), *The Latin American Cultural Studies Reader* (2006), *Estudios y otras prácticas intelectuales latinoamericanas en cultura y poder* (2002) y *Pensar en/de la postdictadura* (2001), así como diversos artículos sobre literatura y cultura latinoamericana, con enfoque en el Cono Sur, los estudios culturales, el cine latinoamericano, la teoría feminista y los estudios de género.

CLAUDIA FERMAN es profesora asociada de Literatura y Cine Latinoamericanos en la University of Richmond. Se especializa en investigación sobre literatura y cine latinoamericanos de los siglos XX y XXI. Ha desarrollado el concepto "videolit©", documentales centrados en el texto literario, con los que ha obtenido el LASA Award of Merit in Film. Entre sus últimas producciones se encuentran *Misterios cubanos,* (2005) y *Real sucio Habana* (2009); ahora trabaja en un documental sobre Roberto Bolaño. Entre sus publicaciones se pueden mencionar: *The Postmodern in Latin and Latin-o-American Cultural Narratives* y *Política y posmodernidad. Hacia una lectura de la anti-modernidad en Latinoamérica*, ganador del Premio Letras de Oro. Ha recibido las becas de investigación Fulbright-Hays y Fundación Rockefeller, entre otras. Dirige el festival de cine de la Asociación de Estudios Latinoamericanos (LASA).

SUSAN HALLSTEAD ocupa el cargo de *senior instructor* de Español en la University of Colorado-Boulder. Su libro *Argentine Dress and*

Fashion: An Interdisciplinary Reader, coeditado con Regina Root, está en proceso. Entre sus artículos publicados destacan: "Black Bodies, White Readers: The Representation of the Slave Body in Francisco and El Negro Francisco" en *Tropos*; "Pasiones fatales: consumo, bandidaje y género en *El Zarco*", coescrito con Juan Pablo Dabove en *A Contracorriente*; y "Disease and Immorality: The Problem of Fashionable Dress in Buenos Aires (1862-1880)" en *Latin American Literary Review*.

HÉCTOR HOYOS es profesor asistente de Literatura y Cultura Latinoamericana en la Stanford University. Ha publicado *Bogotá en su narrativa. La fragmentación como lugar literario* (2003) y artículos académicos sobre García Márquez, Roberto Bolaño, ficción urbana y el pensamiento tardío de Ludwig Wittgenstein. Actualmente prepara dos manuscritos, titulados *Beyond Bolaño: The Global Latin American Novel* y *El deber de la travesura: César Aira y la crítica cultural*.

MABEL MORAÑA es William H. Gass Professor of the Humanities y directora de Estudios Latinoamericanos en la Washington University in Saint Louis. Ha trabajado de manera amplia en cuestiones de teoría cultural y estudios latinoamericanos, con énfasis particular en cuestiones como colonialidad y poscolonialidad, el Barroco, la posdictadura, la violencia y los estudios culturales. Es autora, entre otros, de *Políticas de la escritura en América Latina* (1997), *Viaje al silencio. Exploraciones del discurso barroco* (1998), *Crítica impura* (2004) y *La escritura del límite* (2011). Es editora y coeditora de varias colecciones críticas, las más recientes de las cuales son *José Carlos Mariátegui y los estudios latinoamericanos* (con Guido Podestá, 2009), *Revisiting the Colonial Question in Latin America* (con Carlos Jáuregui, 2008) y *Coloniality at Large. Latin America and the Postcolonial Debate* (con Carlos Jáuregui y Enrique Dussel, 2008).

MARÍA ROSA OLIVERA-WILLIAMS es profesora asociada de Lenguas y Literaturas Romances en la University of Notre Dame. Ha publicado *El arte de crear lo femenino* (en prensa); *El salto de Minerva: Intelectuales, género, Estado en América Latina*, coeditado con Mabel Moraña (2005); *La poesía gauchesca de Hidalgo a Hernández* (1986), así como un corpus importante de artículos y ensayos. Su proyecto actual, "The Rhythms of Modernization: Tango, Ruin, and Historical Memory in the Rio de la Plata Countries", recibió un beca Fulbright de investigación. Este proyecto se ocupa de la forma en que el tango se volvió una forma de modernización y símbolo nacional en Argentina y Uruguay.

DANIEL PARTY se desempeña como profesor asociado de Música en el Saint Mary's College en Notre Dame, Indiana. Es musicólogo, especializado en estudios de música popular en contextos dictatoriales, en relación a procesos migratorios y desde perspectivas de género y sexualidad. Ha publicado en las revistas *Latin American Music Review, Popular Music and Society* y *The World of Music*, y en los libros *The Musics of Latin America* (2012), *Music and Dictatorship in Europe and Latin America* (2010), y *Postnational Musical Identitites* (2008).

ANA PELUFFO es profesora asociada de Literatura y Cultura Latinoamericanas en la University of California-Davis. Es autora de *Lágrimas andinas: Sentimentalismo, caridad y virtud republicana* (2005), editora de *Pensar el siglo XIX desde el siglo XXI: Nuevas miradas y lecturas* (2009) y coeditora (con Ignacio Sánchez Prado) de *Entre hombres: Masculinidades del siglo XIX en América Latina* (2010). Sus artículos sobre género, nación y culturas de la beneficencia en América Latina han aparecido en volúmenes colectivos y revistas especializadas del campo entre las que figuran *Latin American Literary Review, Chasqui, The Colorado Review of Hispanic Studies, Revista Iberoamericana, Revista de Crítica Literaria Latinoamericana, Confluencia, Revista Hispánica, Brújula, Cuadernos de Literatura, Siglo XIX (Literatura Hispánica)* y *Nómada*, entre otras.

ADELA PINEDA FRANCO es profesora asociada de Español en la Boston University. Además de varios artículos y capítulos en libros, es autora de *Geopolíticas de la cultura finisecular en Buenos Aires, París y México. Las revistas literarias y el modernismo* (2006) y ha coeditado la antología *Hacia el paisaje del mezcal* (con Leticia M. Brauchli, 2002) y el volumen crítico *Alfonso Reyes y los estudios latinoamericanos* (con Ignacio M. Sánchez Prado, 2007). Ha sido reconocida con una beca del US-Mexico Fund for Culture y la Fundación Rockefeller, y fue miembro del Sistema Nacional de Investigadores en México

(1999-2001). Ha sido profesora visitante en la Brown University y el Massachusetts Institute of Technology. En la actualidad, trabaja en un proyecto de libro sobre la Ciudad de México, su cultura letrada y la Revolución mexicana.

ANA PIZARRO es profesora e investigadora en la Universidad de Santiago de Chile. Ha sido profesora visitante en Wellesley, en la Universidad de Alcalá de Henares y en la Université de Montréal. De 1991 a 1993 fue directora de la Fundación Vicente Huidobro en Santiago de Chile. Sus múltiples publicaciones incluyen *Vicente Huidobro, un poeta ambivalente* (1971); *Sobre Huidobro y las vanguardias* (1994); *De ostras y caníbales. Ensayos sobre la cultura latinoamericana* (1995); *El sur y los trópicos. Ensayos sobre cultura latinoamericana* (2004): *Gabriela Mistral: el proyecto de Lucila* (2005) y *Amazonía: el río tiene voces* (2009).

JUAN POBLETE es profesor asociado de Estudios Latinos y Latinoamericanos y de Estudios Culturales en la University of California-Santa Cruz. Es autor de *Literatura chilena del siglo XIX: entre públicos lectores y figuras autoriales* (2003); editor de *Critical Latin American and Latino Studies* (2003) y coeditor de *Andrés Bello y los estudios latinoamericanos* (con Beatriz González-Stephan, 2009); *Redrawing the Nation: National Identities in Latin/o American Comics* (con Héctor Fernández-L'Hoeste, 2009) y *Desdén al infortunio: sujeto, comunicación y público en la narrativa de Pedro Lemebel* (con Fernando Blanco, 2010). Actualmente trabaja en dos proyectos de libro, sobre formas de mediación entre la cultura y el mercado en Chile y Estados Unidos, respectivamente. Ha editado dossiers especiales sobre la globalización de poblaciones latinas y latinoamericanas para las revistas *Iberoamericana* (Instituto Ibero-Americano de Berlín/Iberoamericana Editorial Vervuert/GIGA Instituto de Estudios Latinoamericanos Hamburgo), *LASA Forum* y *Latino Studies Journal*.

DIERDRA REBER es profesora asistente de Español en la Emory University. Ha publicado artículos en *Revista Iberoamericana*, *MLN*, *NOVEL* y *Journal of Latin American Cultural Studies* y de próxima aparición, en *Differences*. Su proyecto actual de libro, *Coming to Our Senses in the Age of Free-Market Capitalism*, explora el discurso afectivo con base en la representación de sentimientos, emociones y percepción sensorial en la literatura latinoamericana y los medios estadounidenses contemporáneos.

LIVIA DE FREITAS REIS es profesora de Literatura Latinoamericana en la Universidade Federal Flumense de Río de Janeiro. Es investigadora en el CNPq. En los últimos ocho años fue decana de la Facultad de Letras y actualmente es directora de Relaciones Internacionales en la UFF. Ha publicado *Fronteiras do Literário, Mulher e Literatura* (2000), *Dom Quixote: Utopias, Sentido dos Lugares* (2005) y *Conversas ao Sul, ensaios sobre literatura e cultura na América Latina* (2009). Ha publicado también varios artículos en revistas literarias de Brasil y otros países.

ÁNGEL G. QUINTERO RIVERA es profesor asociado de la Universidad de Puerto Rico. Ha sido profesor visitante en las universidades de Warwick, Illinois, São Paulo, Barcelona y Harvard. Su libro más reciente, *Cuerpo y cultura, las músicas "mulatas" y la subversión del baile* (2009) recibió el Frantz Fanon Book Award de la Asociación Caribeña de Filosofía. Entre sus otras publicaciones se cuentan *Conflictos de clase y política* (1977); *La otra cara de la historia* (1985); *Vírgenes, magos y escapularios. Imaginería, etnicidad y religiosidad popular en Puerto Rico* (1998); *Ponce: la capital alterna* (2003) y *¡Salsa, sabor y control! Sociología de la música "tropical"* (1998), que ganó el Premio Casa de las Américas y el Premio Iberoamericano de LASA.

IGNACIO M. SÁNCHEZ PRADO es profesor asistente de Literatura Latinoamericana y Estudios Internacionales en la Washington University in Saint Louis. Su obra se centra en el estudio de la emergencia y desarrollo de instituciones culturales e intelectuales públicos en México. Es autor de *El canon y sus formas. La reinvención de Harold Bloom y sus lecturas hispanoamericanas* (2002) y *Naciones intelectuales. Las fundaciones de la modernidad literaria mexicana (1917-1959)* (2009) con el que obtuvo el Premio LASA Mexico 2010 al Mejor Libro en las Humanidades. Ha editado y coeditado numerosas colecciones críticas, la más reciente de las cuales es *Arqueologías del centauro. Ensayos sobre Alfonso Reyes* (2010). Recientemente, ha completado un estudio sobre cine mexicano titulado *Neoliberals in the Mirror. Mexican Film in the Age of NAFTA*.

ABRIL TRIGO es Distinguished Humanities Professor of Latin American Cultures en la Ohio State University. Sus publicaciones principales incluyen *Critical Index of Uruguayan Theater/Índice crítico del teatro uruguayo*, coeditado con Graciela Míguez (2009); *Memorias migrantes. Testimonios y ensayos sobre la diáspora uruguaya* (2003); *The Latin American Cultural Studies Reader* (coeditado con Alicia Ríos y Ana del Sarto 2004); *Los estudios culturales latinoamericanos hacia el siglo XXI* (coeditado con Alicia Ríos y Ana del Sarto. (2003); *¿Cultura uruguaya o culturas linyeras? (Para una cartografía de la neomodernidad posuruguaya)* (1997); y *Caudillo, estado, nación. Literatura, historia e ideología en el Uruguay* (1990).

www.ingramcontent.com/pod-product-compliance
Lightning Source LLC
Chambersburg PA
CBHW052230230426
43666CB00035B/2602